本书由国家社会科学基金一般项目"儒教的传统形态与

现代转型研究"（项目批准号：11BZJ038）资助出版

白欲晓◎著

朝向儒教自身

中国儒教传统形态研究

中国社会科学出版社

图书在版编目（CIP）数据

朝向儒教自身：中国儒教传统形态研究／白欲晓著 . — 北京 ：中国社会科学出版社，2023.6

ISBN 978 - 7 - 5227 - 1887 - 3

Ⅰ.①朝… Ⅱ.①白… Ⅲ.①儒家—思想史—研究—中国 Ⅳ.①B222.05

中国国家版本馆 CIP 数据核字（2023）第 088956 号

出 版 人	赵剑英	
责任编辑	郝玉明	
责任校对	谢　静	
责任印制	王　超	

出　　版	中国社会科学出版社	
社　　址	北京鼓楼西大街甲 158 号	
邮　　编	100720	
网　　址	http://www.csspw.cn	
发 行 部	010 - 84083685	
门 市 部	010 - 84029450	
经　　销	新华书店及其他书店	

印　　刷	北京君升印刷有限公司	
装　　订	廊坊市广阳区广增装订厂	
版　　次	2023 年 6 月第 1 版	
印　　次	2023 年 6 月第 1 次印刷	

开　　本	710×1000　1/16	
印　　张	26	
字　　数	440 千字	
定　　价	138.00 元	

自　序

　　本书的思考、研究和写作，经历了较长的过程。回顾起来，大概以 2010 年发表《回到儒教自身：儒教形态引论》与 2011 年以"儒教的传统形态与现代转型研究"获得国家社会科学基金资助为节点。此前的思考和准备，正以"回到""儒教自身"这个定然是奢望的目标为中心。之后的研究和写作，则遇到意料之中的困难。所涉及的基础理论和方法问题、历史考察和思想溯源问题，乃至儒教之信仰、身份及社会结晶化表现诸具体问题，皆经历了反复的过程，有些是基本视角和方法的调整，有些则是具体学术问题的廓清和深入。这里，我想围绕"回到儒教自身"最初何以成为愿望，以及本书在"朝向儒教自身"可能获得的一些进展及存在的问题作一个交代，作为"自序"要说的话。

　　接近儒家思想，缘于 20 世纪 80 年代和 90 年代之交个人的思想困顿。缘此，便想真实地了解所身处的文化传统和外部的思想世界。在前者，是通过阅读中国儒道经典来做的，在后者则通过彼时输入的西方哲学、社会学著作而有浮光掠影的涉猎。因而，对儒家思想，一开始便无"哲学"的限定，也无"教"的意识。1996 年进入南京大学攻读中国哲学专业硕士和博士学位，一些问题便浮现出来。由于接受的学术训练多有佛学的内容，"佛学"与"佛教"以及"佛学"与"哲学"这样的问题，便常常被说及。就儒家思想来说，彼时李书有先生在课堂上反复强调的"现代新儒学始于康有为"的观点，使我对儒家之"教"有了认识。洪修平先生所指导的"儒佛道三教关系"方向，开启了我学习和思考的大门。我的硕士学位论文以"张载与道家道教关系"为主题，其"哲学"部分的成果承蒙刘学智先生审查和推荐获得发表，而"教"之意义上的交涉，因对问题本身的困惑则是不成熟的。博士课程阶段，我选择了牟宗三思想作为研究方向。最初的原因正是阅读《佛性与般若》和《才性与玄理》而为其佛学的"哲学"分析以及"教下名理"和"哲学名

1

理"的分疏所吸引，直至看到《现象与物自身》与《圆善论》中以"实践的智慧学"来说明中国之"教"与西方"哲学"的统一性，始有豁然开朗的感觉，而获得了"哲学"意义上的清明。虽然有此理解和领悟，但长期面对和思考的那个"历史的与社会的"和"思想的与文化的""教"究竟如何，仍然是一个吸引我的问题。由此便有了思考"儒教"问题的另一条线索。

当时中国大陆学界就儒教是不是"宗教"的问题有长期的讨论，海外新儒家将"儒教"界定为"人文教"而加以肯定，其背后有西方"宗教"作文化和学理上的对照。由此观察康有为儒教作为"国教"的阐述和实践，以及新文化运动对"孔教"的批判及学衡派的回护，我认识到现代中国的"儒教"论说，背后皆有自身的思想和学术设定。有两件事情刺激我再次思考"教"的问题。一是在中国港台学术刊物上看到中国台湾学者对于大陆"宗教"研究的批评，因涉及我熟悉的领域，引起了我的注意。这个批评是说，相关的研究主要是观念领域的开展和概念方面的辨析，缺乏社会学的眼光和宗教社会学的方法。彼时，南京大学的现象学研究有方兴未艾之势，我出于好奇参加了现象学课程的学习。虽然于现象学始终未入其堂奥，但对"回到实事本身"或"朝向实事本身"（Zu den Sachen selbst！To the things themselves！）的精神却有深深的触动。我想到，能否"回到儒教自身"或"朝向儒教自身"呢？就儒教来说，较之现象学在纯粹意识或存在领域所说的"本身"，"自身"似乎更能够表达儒教作为"历史的社会的存在"的丰富意蕴。当有了这个想法之后，"回到儒教自身"便在阅读和思考中成为一个想要面对和处理的问题。不过，直到本书成稿时，我反复斟酌，认为"朝向"要比"回到"更为妥当。这可以避免"回到"的提法易将"儒教自身"置定为"对象"并忽视其"在场"的可能，也表示本研究的"朝向"只是诸多"朝向"中的一个面向。

"朝向儒教自身"所面对的问题有二：何为"儒教自身"？如何"朝向"儒教自身？前者涉及基础性的认知，后者则是方法论问题。在前期的研究即《回到儒教自身：儒教形态引论》中，关于"儒教自身"有一个类似于分析命题的定义："儒教自身"就是历史上的儒教存在。只要我们承认儒教的历史存在，这个定义便是自明的。从方法论上说，这个界定是防御性的，可避免任何预先加之于"儒教"的设定，如"宗教""意识形态""道德哲学"等。不过儒教既然是一个存在，在"存在"的意义上仍可作积极的说明，即儒教是一种"历史的社会的存在"。"社会存在"是儒教"直接显明的东西"。关于"社会存在",在古典社会理论的主流思想家特别是马克思、涂尔干(E-mile Durkheim)等那里,有充分的讨论。在宏观的"历史"和"社会"认知方面,历史唯物论在说明儒教的起源和发展问题上仍具有方法论的意义。在思考涂尔干《社会学方法的准则》"把社会事实看作事物"的原则,以及社会学家应该"排除他们对于事实的成见,而直接面对事实本身"[①] 时,我意识到,涂尔干关于"社会事实"的研究以及反对"以观念代替实在"的精神,体现了与同时代的历史唯物论及现象学的某种相似的精神旨趣,对于"朝向儒教自身"可有所帮助。这样,便可以尝试在"社会事实"的意义上,对儒教这一"社会存在"作出进一步的具体说明:儒教不是一种自然的存在,也不是某种个体的心理现象或精神现象,儒教有着自身的社会性构造和形态。这个"形态"可从"社会事实"的三个方面加以观察:一是"行为方式",这是指通过个体表现但却具有社会性规定的"信仰方式、行动方式和思维及情感方式";二是社会生活中的"结晶化表现",指可以观察到的"社会事实"的表现形式;三是"集体的存在方式",即作为"集体的存在"的自然与社会的物质性条件。这是我思考"朝向儒教自身"的早期认知和方法路径。

上述理论和方法的思考,在实际研究中被推进和深化了。我们知道,涂尔干的方法论不同于传统的实证主义之处在于,它更为关注隐藏在整体背后的"结构"及其所必须满足的"功能",20 世纪结构主义和功能主义的社会理论发展可溯源于此。可注意的是,在中国传统"宗教"的研究领域,杨庆堃在 20 世纪 50 年代写作的被欧大年(Daniel L. Overmyer)誉为"研究中国宗教的《圣经》"的《中国社会中的宗教》,便借鉴了瓦哈(Joachim Wach)的宗教类型说与帕森斯(Talcott Parsons)的结构功能理论,以 diffused religion(弥散性宗教、混合型宗教)与 institutional religion(制度性宗教、独立型宗教)的区分,对中国宗教的具体组织结构与功能表现作出了分析和说明。这表明,在古典社会理论之外,还可以进一步借鉴现代社会理论的发展,对儒教作为"一个社会系统"加以分析和考察。如卢曼(Niklas Luhmanns)的社会系统论对于系统功能和结构关系的新认识,以及系统的自我指涉与自我再制的说明,可以为分析儒教这样的复杂社会系统的具体方面提供帮助。此外,

---

① [法]涂尔干:《社会学方法的准则》,狄玉明译,商务印书馆 1995 年版,第 155 页。

即使是在古典的社会理论中，韦伯（Max Weber）的宗教社会学对于中国宗教特别是儒教的文化担纲者身份和精神类型的研究，也是需面对和处理的问题。就观察和描述儒教的信仰经验来说，海德格尔（Martin Heidegger）对于"实际生活经验"特别是"信仰经验"之"形式显示"的现象学揭示，当有所帮助。相较于杨庆堃以"弥散性"和"制度性"说明中国宗教的组织特征及其社会功能关系，当代经济社会学的"嵌含"（embeddedness）理论及对照性的"脱嵌"设定，在说明儒教的社会性特征与历史性命运方面，也具有启发意义。当然，以何种方式借鉴当代社会理论及其方法，无疑是更具挑战性的工作。

在本书的研究中，我们尝试将儒教作为"一个社会系统"加以说明和分析，并区分出"信仰系统"、"身份—角色系统"和"社会嵌含中的结晶化表现"三个方面，应当说是借鉴了现当代社会理论的一些探索。需要说明的是，这里所谓的"借鉴"绝不是简单的"挪用"（appropriate），在具体研究中已细致地讨论了运用于儒教相关研究的适切性，并分析这些理论和方法之于儒教研究的局限性。主观地说，本书希望在杨庆堃之后，于中国传统之"教"在研究方法上作一些新的尝试，虽然它只是以"儒教"研究的形式呈现的。

此外还要说明的是，本书的理论分析以及方法运用，力求建立在社会历史的考察和实证性研究的基础上。但由于所涉问题复杂及主客观条件限制，在实际研究中有详略轻重。例如，儒教生成与建立的社会历史考察、儒教的"信仰系统"和"身份—角色系统"的研究，相对较为充分和细致。对于儒教的"社会嵌含中的结晶化表现"，则仅从"社会嵌含"的角度集中在礼法等制度方面，而于官方与民间的其他组织、制度、施设等具体方面，则涉及较少甚至有所忽略。再如，本书在一些问题的研究上有韦伯式"理想型"（ideal Type）的诉诸，在儒教"社会系统"的具体分析中也存在"复杂性之化约"（reduction of complexity）的倾向，没有充分照顾一些具体的经验现象。这是本书实际存在的问题。

因问题讨论的复杂性，本书整体上没有以第三级标题再作内容细分（一些章节，根据研究的具体情况仍有三级标题），为有助于了解研究的基本面貌，这里对各章的研究思路及所涉主要内容，作扼要介绍。

"绪论"首先考察了中国现代思想中的"儒教"观念，说明这些观念正是"儒教中国"现代命运的表征，是某种思想观念、文化理念乃至实践需要的投射。其次，是对"朝向儒教自身"作出理论和方法的阐明。"绪论"还就"儒教形态"作出说明。所谓"儒教形态"，指作为历史的社会的文化生命体的儒教的形式和样态。"形式"主要指儒教相对稳定的结构方式，"样态"则指儒教因历史社会条件及需要呈现出的功能关系及其变化。"绪论"提出儒教形态的研究，既要考察儒教存在的社会历史条件，也要把握儒教所植根的存在理解。

第一章，考察儒教生成的社会、历史和文化条件，并对儒教的汉代建立作出历史和制度的分析。这项工作将儒教生成的研究视域，扩大到三代特别是商周的社会、制度与文化的变迁发展，特别关注其间文明的平行性及文化开展的连续性，所谓"三代并存"。本章重点考察了周人在宗教文化和政治观念上"其命维新"的重要内容，这包括对"上帝"信仰的继承和改造，对"天"之普遍性与超越性的肯定，以及"上帝—天"信仰结构的确立。由于先周和周代历史遗存的当代考古发现，海外的中国考古学学人对于周代礼制的传统文献记载与叙述，提出了挑战性甚至颠覆性的认识，本章对这个新问题作出了回应。在儒教汉代建立的历史考察之外，本章特别对秦汉社会由"宗法封建制"向"皇权宗法制"的制度变迁作出说明。君主专制的国家政体与宗法控制的社会机体相互结合与相互作用，构成了汉及以后中国国家的基本结构。儒教自汉代建立始，便是大一统皇权国家的儒教，它整体性地嵌入皇权国家的新形态中而绵延两千余年。

第二章，对儒教作为"一个社会系统"作出说明。为了进入儒教"社会系统"的具体研究，本章从方法论的视角对现代儒教研究作出了"再探"。特别关注儒教的意识形态"宗教说"与借鉴瓦哈"宗教类型"分析及帕森斯结构功能论所作的理论探索。儒教"宗教说"的意识形态定位和社会批判方法，突破了关于"宗教"之观念的意识形态的传统认知局限，但受"宗教"定位及意识形态批判的限制，在说明儒教与其他宗教形态的功能差异等方面遇到困难。杨庆堃借鉴宗教社会学的类型分析，在"混合型宗教"与"独立型宗教"的区分中给出了"儒家思想"的定位和功能描述，但"超自然信仰"的"宗教"前定理解，结构性地将"儒教"排除在作为研究对象的"宗教"之外，表现出结构分析制约功能分析的方法论问题。本章具体的"方法再探"，沿着杨庆堃的道路，继续在帕森斯以来的结构功能主义和新功能主义的发展中，寻求借鉴。在此理论方向上，本章重点分析了卢曼的"社会系统理论"

对儒教研究的可能性帮助。在"再探"的基础上，本章尝试将儒教作为"一个社会系统"来加以说明。这个"社会系统"的概念，是在马克思的"社会存在"和涂尔干的"社会事实"基础上，在现代社会理论的开展中——特别是经由帕森斯结构功能主义系统论向卢曼社会系统理论的批判性发展的意义上，加以理解的。为此，本章特别说明了此"社会系统"的"社会"意义和"系统"认知，分析了当代社会理论的"系统"观念与方法运用于儒教"社会系统"研究的适切性。本章给出并说明了儒教"社会系统"的具体区分：信仰系统、身份—角色系统、社会嵌含中的结晶化表现。

第三章，集中于对"信仰"和"信仰经验"展开理论说明，并对作为儒教信仰源头的文王、周公和孔子的信仰经验作出历史分析和准现象学的描述。本章首先考察了当代儒学和儒教研究中对于蒂利希（Paul Tillich）作为"终极关怀"的"信仰"的借用，以说明挪用"终极关怀"来讨论儒学与儒教的超越性，陷入了文化比较意义上的"宗教"或"宗教性"说明。为克服这一缺陷，这里提出寻求一条"信仰"之"经验"显示的现象学道路。为此，本章考察了蒂利希、希克（John Hick）、海德格尔所展示的通往"信仰"的道路。特别说明海德格尔"形式显示"的现象学方法以及通过"保罗书信"对"信仰经验"的描述，并讨论"形式显示"及其现象学道路之于儒教信仰"经验"研究的适切性。本章在对文王、周公和孔子信仰经验的历史考察和准现象学描述的基础上，对其信仰系统展开分析，特别说明文王的"中"、周公的"大中"、孔子的"（时）中（庸）"的"形式显示"的意义。

第四章，具体研究儒教信仰所奠基的存在理解、儒教信仰系统的诸要素以及儒教信仰系统的结构和功能。儒教信仰奠基于人与"神—圣"关系的理解，人居于"神—圣"的十字打开之"中"，获得存在的意义与规定。"神道"是儒教"信仰"的重要维度。本章通过对"神""神道"与"神道设教"（包括"神道助教"）之信和实践的考察，对此向度作出分析和说明。"圣"（圣人、圣王）之崇拜，是儒教信仰的另一向度。本章从中国古代文化的"圣"之观念入手，揭示"圣王"与"圣人"信仰的渊源、流变和功能分化。本章最后对儒教信仰系统的结构作整体分析，并以"神道"与"圣教"概括其系统的功能作用。以"中"标识儒教信仰经验的"形式显示"并说明儒教信仰系统的"自我再制"。

第五章，专题研究儒教的"身份—角色系统"。"身份"（status）是儒教社会系统中诸行动者在与其他行动者关系中的"位置"，形成该系统的结构；"角色"（role）则是指在此系统结构中不同"身份"具有的功能。本章考察了"儒"之起源的假说与相关的实证性研究，分析说明先秦"儒士"与作为儒教文化担纲者的"儒教士"的"身份"和"精神类型"。"儒士"为"志于道"的"传道者"。"儒教士"乃自觉地为大一统皇权国家进行"神—圣"性论证并致力于政教实践的新型儒者。"儒教士"的精神类型具有复杂性，既有神义的天命信仰又有道义的圣教观念，并在不同历史和社会条件下作出调适。本章通过考察"君主""儒教士"和"民"三个重要系统要素，对儒教"身份—角色系统"的结构和功能作出分析和说明。

第六章，重点研究儒教社会"嵌含"的特征及其"结晶化表现"，特别观照儒教作为社会系统存在的内在紧张，并以"脱嵌"描述儒教近代以来的社会解体。本章首先对当代社会学"嵌含"理论及方法运用展开分析说明，并讨论其运用于儒教形态研究的适切性。其次从观念嵌含（主要是信仰嵌含）、结构嵌含和关系嵌含三个方面，分析儒教的社会嵌含。从社会嵌含的角度来看儒教的结晶化表现，可以突破"制度化与非制度化"等传统二元区分所带来的限制。通过"礼""礼制"与"法""法制"的关系，本章概括说明了儒教社会嵌含的结晶化特征。本章从儒教的"信仰系统"和"身份—角色系统"说明儒教社会系统存在的内在紧张，并以汉末儒教的危机以及从王通到王夫之的思想文化线索，对此作出观察。随着中国传统社会的崩解，儒教"脱嵌"于急剧变迁的社会结构，是历史的和经验的事实，表现为"神—圣"信仰的失落以及传统"圣教"与"治道"功能的瓦解。

在本书的"结语"中，我们对儒教的现代转型问题作了初步的思考，提出了"铸新魂、塑新形、赋新体"的主张，指出：如果儒教有不可取代的价值，儒教便不会消亡；如果儒家价值的坚守者葆有文化的创造力，儒教便可以重光；"朝向儒教自身"的学术努力，可以为把握儒教现代命运和未来发展提供帮助。

最后要说明的是，本书前期的理论思考和相关的历史和学术问题的讨论，曾作为研究所承担的国家社会科学基金项目的阶段性成果发表。这些构成本书后期研究工作之学术基础的发表，主要有：

《回到儒教自身：儒教形态引论》，《安徽大学学报》（哲学社会科学版）2010 年第 4 期；

《儒教：中国现代思想中的观念谱系》，《福建论坛》2011 年第 3 期；

《周公的宗教信仰与政教实践发微》，《世界宗教研究》2011 年第 4 期；

《旧邦新命：周人的"上帝"与"天"之信仰》，《宗教学研究》2011 年第 4 期；

《论汉初儒士的身份与精神转型》，《南京社会科学》2011 年第 9 期；

《圣、圣王与圣人——儒家"崇圣"信仰的渊源与流变》，《安徽大学学报》（哲学社会科学版）2012 年第 5 期；

《关于儒教传统形态与现代转型问题的思考》，《福建论坛》2013 年第 1 期；

《儒士与儒教士：文化身份与精神类型的探究》，《江海学刊》2014 年第 2 期；

《"神道设教"与"神道助教"——儒家"神道"观发微》，《中山大学学报》（社会科学版）2015 年第 1 期；

《徐中舒"殷儒"考释补说》，《孔子研究》2015 年第 2 期；

《王通与宋明新儒学》，《南京大学学报》（哲学·人文科学·社会科学）2018 年第 6 期；

《寻绎儒学现代开展的一条流脉》，《东南大学学报》（哲学社会科学版），2020 年第 4 期。

这里标识出来，以表达对刊载这些阶段性成果的刊物的敬意及对编辑和审稿同仁的感谢！在本书的后续研究和成稿过程中，一些观点和认识有所调整或变化，一些具体问题的讨论没有纳入，存在的失误和谬误仍由本书作者负责。这里，也敬请读者及同仁们批评指正！

目　录

绪　论

一　中国现代思想中的"儒教"观念

对于传统中国来说，身处于儒教的世界是基本的历史事实。所谓"儒教中国"（Confucian China），正是对此事实的描述。当"儒教"（Confucianism）成为"对象"而为现代思想所刻画时，这实际表明现代中国已经疏离了"儒教"的传统。现代中国思想中的"儒教"观念，正是"儒教中国"现代命运的表征。我们有必要先描述这些观念，以为"朝向儒教自身"的努力作准备。

回顾 19 世纪末以来的思想情景，可以清晰地看到，中国思想界关于"儒教"的思考与探求，通常是某种思想观念、文化理念乃至实践需要的投射。

清末民初，康有为倡儒教为"国教"，视孔子为"大地教主"，以颉颃西方基督宗教，希冀通过保教而保国、保种。① 国粹派之章太炎、刘师培等，则以"儒学"定义"儒教"，视之为"教民之遗法"，否认孔子为"教主"，试图通过论衡儒学而保存国粹。② "国教"与"国粹"，就概念言之，分别由西洋和东洋舶来，其参照的对象是"耶教"与"西学"。新文化运动时期的陈独秀、吴虞、鲁迅等，视儒教为"封建时代之道德""吃人的礼教"，呐喊"打倒孔家店"，提倡新道德、新文化。学衡派诸家，反对新文化运动的激进主义，将孔教定义为"教人为人者也"，认为"中国最之病根，非奉行孔子之教，实在不行孔子之教"③，主张"昌明国故，融化新知"的文化建设，所借

---

① 康有为设儒教为"国教"论述，从《上清帝第二书》（1895 年 5 月 24 日）至《以孔教为国教配天议》（1913 年 4 月），辛亥前后虽然有变化，如前言设教可挽救政治危局与世道人心，后言设教有益于共和政体，但都是以基督宗教为摹本和对手。

② 参见郑师渠《晚清国粹派》附录二"晚清国粹派论孔子"，北京师范大学出版社 1997 年版。

③ 柳诒徵：《论中国近世之病源》，《学衡》1922 年第 3 期。

取的是白璧德（Irving Babbitt）"新人文主义"的思想资源。①

20 世纪 30 年代，胡适、陈序经等人的"全盘西化论"，可视为五四以来反传统主义的极端表达。在他们受进化论支配的文化逻辑中，现代化就是"西方化"，所谓全部的中国文化包括儒教，因属于"传统"，所以应为"现代"所"化"，即"全盘西化"或"充分的世界化"。② 胡适便称誉五四时期"只手打孔家店的老英雄"吴虞，为"中国思想界的清道夫"。③ 在胡适看来，由于儒教基本丧失了参与新文化建设的资格，其身份只能是现代学术研究的"对象"。1933 年，何铎斯博士（Dr. Hodons）在美国芝加哥大学发表演讲，宣称："儒教已经死了，儒教万岁！"在同期而稍后的演讲中，胡适说："我听了这两个宣告，才渐渐明白——儒教已经死了——我现在大概是一个儒教徒了。"④ 有趣的是，在这个系列演讲的第一讲中，胡适声明他不是任何宗教的信徒，只是研究中国智识及宗教史的一个学人。当他在回应"儒教已死"的宣告之后，宣布"我现在大概是一个儒教徒了"，显示了某种幽默，但此幽默正表露胡适对儒教的态度。在 1933 年的演讲中，胡适对"儒教万岁"有语焉不详的另外表述。他一方面告诉听众"儒教并不是一种西方人所说的宗教"，但又说："一切能思想的男女现在都应当认清楚宗教与广义的教育是共同存在的，都应当认清楚凡是要把人教得更良善、更聪智、更有道德的，都有宗教和精神的价值；更应当认清楚科学、艺术、社会生活都是我们新时代、新宗教的工具，而且正是可以代替那旧时代的种种咒语、仪式忏悔、寺院、教堂的。"⑤ 或许胡适认为，儒教在成为学术研究的对象的同时，仍有其教育上的作用和价值，这也许是他所理解的"儒教万岁"。我们看到，一年以后，胡适

---

① 参见张源《从"人文主义"到保守主义——〈学衡〉中的白璧德》第四章第二节、第三节，生活·读书·新知三联书店 2009 年版。亦参见拙文《寻绎儒学现代开展的一条流脉》，《东南大学学报》（人文社会科学版）2020 年第 4 期。

② 在 1935 年的"中国本位的文化建设"论争中，胡适曾著文《充分世界化与全盘西化》表示："为免除许多无谓的文字上的争论起见，与其说'全盘西化'，不如说'充分的世界化'。'充分'在数量上即是'尽量'的意思，在精神上即是'用全力'的意思。"这可被视为胡适对自己立场的进一步说明。陈序经在《全盘西化的辩护》中评价了胡适的新立场："我以为在精神上，我们若用'全力'去西化，结果是在消极方面，以至否认中国固有的文化；在积极方面，还是趋于全盘西化。"相较于胡适，陈序经"全盘西化"的立场更为绝对化，但他们的文化逻辑是一致的。

③ 参见胡适《〈吴虞文录〉序》，《吴虞文录》，黄山书社 2008 年版，第 2—3 页。

④ 胡适：《儒教的使命》，载姜义华主编《胡适学术文集·中国哲学史卷》（下），中华书局 1991 年版，第 610 页。

⑤ 胡适：《儒教的使命》，载姜义华主编《胡适学术文集·中国哲学史卷》（下），第 610、613 页。

写出了自信"将来大概可以渐渐得着史学家的承认"①的《说儒》。

如果说胡适对儒教在"充分的世界化"过程中"死亡"与"万岁"的描述还显得粗疏。20世纪40年代的中国马克思主义者根据唯物史观的立场，则将儒教清晰地定义为一种建立在旧有的经济基础上的"意识形态"。毛泽东在《新民主主义论》中说："自周秦以来，中国是一个封建社会，其政治是封建的政治，其经济是封建的经济。而为这种政治和经济之反映的占统治地位的文化，则是封建的文化。"②毛泽东在谈到新民主主义文化建设时指出，在当前的半封建半殖民主义的社会中，除了帝国主义文化之外，"又有半封建文化，这是反映半封建政治和半封建经济的东西，凡属主张尊孔读经、提倡旧礼教旧思想、反对新文化新思想的人们，都是这类文化的代表"③。在规划建设"民族的科学的大众的"新文化时，毛泽东强调"应该大量吸收外国的进步文化"，对传统文化也要"剔除其封建性的糟粕，吸收其民主性的精华"④，儒教因"封建意识形态"的定位，在新文化的建设中需要被扬弃。

列文森（Joseph R. Levenson）注意到新民主主义文化实践中的这样一种现象，"人民的传统是能被重新解释的中国的过去，而以前一直作为中国的过去的儒家传统或地主传统则被完全地否定掉了"⑤。他在谈及诸如《诗经》、新乐府、民歌、木刻、剪纸乃至指南针、地动仪的发明被作为"人民性"的文化从传统中发掘出来时，将之比喻为"一条从传统的荆棘中采摘人民传统这朵美丽花朵的捷径"，正是这些花朵"可以被挑选出来作为传统的主线"⑥。显然，在这样的选择中，儒教不是什么花朵，也不会被称为主线。对此无论作何评论，事实上，马克思主义的儒教观正是中国现代儒教观中最具影响的观念之一。稍后，我们还要进一步考察这一观念谱系的发展。

我们注意到，列文森在《儒教中国及其现代命运》中基本上没有述及中国现代保守主义的思想代表——现代新儒家，这不能不说是一个奇怪的事情。列文森对儒教中国现代命运的考察，基于"冲击—回应"的理论范式，更加

---

① 姜义华主编：《胡适学术文集·中国哲学史卷》（下），第615页脚注。
② 《毛泽东选集》第2卷，人民出版社1991年版，第664页。
③ 《毛泽东选集》第2卷，第695页。
④ 《毛泽东选集》第2卷，第706—707页。
⑤ ［美］列文森：《儒教中国及其现代命运》，郑大华、任菁译，中国社会科学出版社2000年版，第123页。原文加有着重号——引者注。
⑥ ［美］列文森：《儒教中国及其现代命运》，郑大华、任菁译，第126页。

关注那些在西方力量冲击下的挣扎情形与崩解事件。在他看来，曾国藩面对西方文化对儒教的挑战所采取的策略，只能诉诸在儒教内部对传统学术分歧加以淡化和折中；张之洞试图通过中西融合来保存正统的体用主张，"只能在想象中"获得存在。① 就儒家的经学传统来说，无论是古文经学还是今文经学，都在文化冲突中因质变而失去作用。康有为采纳今文经学的命题并注入西方价值，实际上要比那种力图对经的忠诚但劳而无功的做法还要糟，因为一旦人们打算接受西方的价值，而不在乎它是否合乎儒家的准则时，经的永恒性就已经死亡了。古文经学家所倡的"六经皆史"，虽然赢得了将自己置于死地的胜利——经书的确都是历史，但从另一个方面看，经书从此也不再成其为经书了。② 至于儒教中国的政治变革，从太平天国运动到晚清民初的君主制神话的破灭，直至新中国的诞生，这些巨大的社会变革，在列文森看来，无不是儒教退出历史而进入"博物馆"的标志。在列文森这里，儒教是作为注定为"现代"所取代的"传统"而获得规定的。

笔者认为，列文森之所以不涉及新儒学这一中国现代的重要思潮，并不是因为他不关注梁漱溟、熊十力等那些被称为"现代儒者"的文化努力，也主要不是因为如批评者指出的那样无视"在中国发现历史"的可能。实际上，他视这种努力仍是西方冲击的反应而非中国传统的连续性开展，这本身就是"在中国发现的历史"。譬如，列文森在讨论教育家蔡元培的思想时，曾附带地提到了冯友兰。在他看来，蔡元培"择东西精华而取之"的要求是建立在对抽象的效用之信仰基础上的，而这实际上是对文化失败主义施用的一服安慰剂，是被迫在西方思想氛围中的操作。冯友兰主张融合欧洲的理性主义与中国的神秘传统的哲学努力，其意义只能是文化上的。"它仍然是蔡元培的思路，即努力通过促使特殊的中国价值与普遍的世界价值的配合来加强中国的地位。"③

我们不准备评述列文森的历史文化观和方法论，这里想指出的是，无论列文森"所关注和表达的究竟是个人的观念还是历史的真实"④，现代新儒家

---

① 参见［美］列文森《儒教中国及其现代命运》，郑大华、任菁译，第56—57页。

② 参见［美］列文森《儒教中国及其现代命运》第一卷第五章"'今文经'学派与传统教义"与第六章"反动与革命：近代古文经学"。

③ ［美］列文森：《儒教中国及其现代命运》，郑大华、任菁译，第98页。

④ 这是美国汉学家哈默尔（Arthur Hummel）在列文森第一部著作《梁启超与中国近代思想》（1953）出版后对其理论和方法的质疑。转引自郑家栋为列文森《儒教中国及其现代命运》中译本所作的"代译序"。

对儒教的理解和处理，的确难逃列文森对其历史情景的指认，在理论逻辑上也必须面对列文森关于中国价值与世界价值的"特殊性"与"普遍性"的两分判别。对于列文森，或许正是因为需要关注看起来能够表征社会与历史变革的"洪波"，所以无须在意那些涌动在中国社会思想内部的"潮汐"。新儒家思想是否仅是现代中国思想的一波回旋无力的"潮汐"而非代表持久方向的"洪流"，不同的立场可能会有不同的判读。单就新儒学的理论努力来说，由于其不断退入或深入"意义的世界"与"形上的世界"，看起来似乎与"历史的世界"与"生活的世界"渐行渐远了。当然，即便如此我们也无法断然否认，这种"退入"和"深入"或许正是重新"回到"与"进入"的前奏。

我们看到，在现代新儒家那里，"儒教"基本上是以"儒学"的面相而获得致思的。这首先是指，传统"儒教"在新儒家那里被处理成了"哲学的儒学（教）"。也指，新儒家对传统"儒教"作为"人文教"或"道德宗教"所作的揭示，其"教"之含义，侧重于"精神生活之根据"的"内在超越性"，而很少关注历史与社会中具体的"儒教"的存在。就"哲学的儒学（教）"与"内在超越性的儒教"来说，其致思背后皆有西方文化的对应物，这就是作为西方理性生活传统的"哲学"和信仰生活传统的"基督宗教"。由此，才有现代新儒家所作出的"生命的学问"与"知性的学问"，"实践的形而上学"与"观解的形而上学"，"人道教"与"神道教"等一系列的泾渭分明的中西判别。就此，我们不能简单地指责现代新儒家的理论努力是对西方传统的"反模仿"。这看起来简明而尖锐，却没有看到思想与文化交互过程中的历史合理性。不过，也正因为如此，笔者才认定现代新儒家对儒教的理解和处理，难逃列文森指认的时代和思想运命。

如果我们不执于一端而强作分别，就中国传统自身来说，"儒学"虽偏重于创造性的精神活动，实际上并不存在脱离"儒教"的"儒学"或"儒家哲学"。创造性的精神活动与政治的、社会的、生活的实践活动，总是一体交织和互动的，特别是对于儒教来说。"儒学"被从"儒教"中抽离出来而成为"哲学"，这正是"儒教"历史病痛的"症候"。余英时曾以宋明理学"道体"的哲学史研究为例，说明其中存在的问题。他说："哲学史家关于'道体'的现代诠释虽然加深了我们对于中国哲学传统的理解，但就宋代儒学的全体而言，至少已经历了两度抽离的过程：首先是将道学从儒学中抽离出来，其次再将'道体'从道学中抽离出来。至于道学家与他们的实际生活方式之间的关联则自始便未曾进入哲学史家的视野。"① 如此，我们也可以说，现代新儒家的"哲学的儒教"，也经历了两度抽离，首先是将"儒学"从"儒教"中抽离出来，其次再将"哲学"从"儒学"中抽离出来。我对现代新儒学抱有"同情的理解"，深知其真实的思想面向不会如此简单。或许，未来的儒学探索在经过"哲学的反省"之后可以重塑"新的儒学"。不过，"哲学的反省"与"新的儒学"如何面对以及如何回归历史与生活的世界，始终是应该思考的问题。

对儒教的"宗教性"问题的思考，是现代新儒家思想开展的重要内容。儒教"宗教性"问题的提出和回答，是文化比较与思想建设的需要，也是新儒家内在的精神要求。郭齐勇指出："面对西方精神文化的挑战和某些传教士直至黑格尔（Hegel）以来西方学界视儒学为一般世俗伦理的误导，当代新儒家的主要代表人物，无不重视儒学内部所蕴含的宗教精神的开掘。"② 回应以基督宗教为宗教范型的观念对中国传统的质疑和偏见，揭示儒教的精神传统，是新儒家对儒教"宗教性"进行相关思考的直接原因。这一讨论，更为内在的，还是现代新儒家试图在终极意义方面对儒教作为"宗教道德象征"的肯定。张灏在其思想史的论述中深刻地指出：当代中国的思想危机最根本的是"意义的危机"（the crisis of meaning），"惟有从这个背景才能把握到：新儒家学者在许多方面将自己关联于传统。他们的思想大多可视为'意义的追求'，企图去克服精神迷失，而精神迷失正是中国知识分子之中许多敏锐灵魂所感受到的问题"③。就现代新儒家肯定儒教为"人文的宗教"或"道德的宗教"来说，他们试图在新的文化语境（"宗教"）下，揭示儒教价值的终极意义及在应对人类存在问题方面的作用。"作为价值中心，这'宗教道德象征'提出一人文的透视图，这透视图是以人文世界作为其焦点。牟宗三及其同道者明白地强调儒学里超越信仰（transcendental beliefs）的意义，而在'本体'（天道）里发现到'意义'和'价值'的终极根源。……天道既是超越的，同时也是每

---

① 余英时：《朱熹的历史世界——宋代士大夫政治文化的研究》（上），生活·读书·新知三联书店2004年版，"绪说"第8页。

② 郭齐勇：《当代新儒家对儒学宗教性问题的反思》，载陈明主编《儒教新论》，贵州人民出版社2010年版，第146页。

③ 张灏：《新儒家与当代中国的思想危机》，《张灏自选集》，上海教育出版社2002年版，第88页。

个人所本有的，在这意思下，价值和意义也同时内在于（immanent）这世界。"①"内在的超越性"正是现代新儒家有关儒教宗教性探求的核心观念。

　　所谓"超越性"来自现代关于"宗教"或"信仰"的一般理解，而"内在的"则是新儒家对儒教"超越性"的特殊规定，这种特殊性是相对于基督宗教的"外在超越性"而获得的。关于"超越的"能否又是"内在的"，在观念和方法上自然会引起争论。首先是"既超越又内在"在什么样的理论逻辑上是自洽的？这当然是现代新儒学需要回答的问题。此外，还有一个历史和文化的现象需要说明。在新儒家的众多论述中，所谓"宗教性"的分析和判断常是以儒学中的精神性传统——天道性命之学——为对象来获得"内在的超越性"的理论判定。那么，儒教的宗教性是否仅体现为"儒学"精神传统之"内在的超越性"？换言之，在儒教历史传统中有无"内在的超越性"无法说明的超越性传统？

　　客观言之，现代新儒家在相关讨论中对上述困难是有所意识的。例如，他们在1958年《为中国文化敬告世界人士宣言》中，也明确肯定"中国诗书中之原重上帝或天之信仰"，"祭天地社稷之礼，亦一直为后代儒者所重视"。② 新儒家没有回避这一"宗教性"的传统的存在。牟宗三在将儒教与基督教比对时，特别提示儒教之礼乐与伦常作为"日常生活轨道"的意义，这体现了"宗教之责任或作用"。③ 唐君毅认为，儒教的宗教性在对天地、祖宗和圣贤的"三祭"之礼上有充分的表现。他说："故此祭中之精神，为一绝对无私之向上超升伸展，以达于祖宗、圣贤、天地，而求与之有一精神上之感通。则此中可不生任何流弊，而其使人心灵之超越性得表现之价值，则与一切宗教同。"④ 不过，对于现代新儒家中的前辈学者来说，通过回到儒教的历史与生活世界来说明儒教的"宗教性"，并不是他们致思的主要方向，也非其思考的核心。

　　20世纪后30年以来的新儒学的开展，对作为"哲学"与"宗教"的儒学观有了进一步的反省。杜维明在1970年的一篇文章中指出，哲学与宗教在西方可以用来描述两种泾渭分明的历史现象，哲学与宗教的独立自存是西方

---

　　① 张灏：《新儒家与当代中国的思想危机》，《张灏自选集》，第96页。
　　② 牟宗三等：《为中国文化敬告世界人士宣言》"五、中国文化中之伦理道德与宗教精神"，载封祖盛编《当代新儒家》，生活·读书·新知三联书店1989年版。
　　③ 参见牟宗三《中国哲学的特质》第十二讲"作为宗教的儒教"，上海古籍出版社1997年版。
　　④ 唐君毅：《中国人文精神之发展》，载封祖盛编《当代新儒家》，第60页。

文化的特殊性而非人类文化的普遍性，因此我们不必追问儒家是否是哲学，是否是宗教以及中国是否有哲学、是否有宗教的问题。我们所面临的问题应当如下："哲学和宗教这两个极为繁富的西方观念，是否可以帮助我们了解以儒家为主的中国文化？我们是否可以通过哲学与宗教两个层面来展示儒家的'内在资源'与'外在动力'？我们甚至可以追问：如果我们把哲学与宗教两个抽象的观念不先经过一些厘清的过程就拿来分析儒家这一系列的具体文化现象，会不会患了削足适履的谬误？如果经过仔细的检查而不会，我们的研究是否对哲学与宗教两个抽象观念的本身也可提出若干修正？"① 由于对中西文化皆有较如实的理解，文化研究的心态也较为平实和从容，杜维明对此前新儒学研究的观念和方法的反省更为理性和富有建设意义。虽然如此，由于杜维明声言"我们所要探索的主题是儒家的哲学性与宗教性，而不是作为哲学与宗教的儒家"②，他的理论重点仍然是落实在儒家心性之学的哲学与宗教的意蕴上。此意义还以一种辩证的言说方式获得表达："儒家既不是一种哲学又不是一种宗教，因为儒家既是哲学又是宗教。"③

现代新儒家的第三代学者，如杜维明、刘述先等，把握儒教的理论视野更为开阔，文化心态更为开放，对话的意识更为自觉，这使得他们的儒教观体现了面向世界和朝向未来的特征，也具有主动地参与多元文化和多层次文化交流实践的要求。不过从另一方面看，他们的儒教研究受现时代文化与哲学问题的牵引，受中西传统比较和世界宗教对话的大格局的要求，最为关注的仍是儒家的精神性传统。

论及现代的儒教观，20世纪80年代以来中国大陆学界关于"儒教问题"的讨论值得重视。大陆学界"儒教问题"的讨论，由任继愈"儒教宗教说"揭橥。在1980年发表的《论儒教的形成》中，任继愈指出：孔子所创立的儒家学说在先秦不是宗教，只是作为一种政治伦理学说与其他各家争鸣；由儒学发展为儒教是伴随着封建统一大帝国的建立和巩固逐渐进行的；从汉武帝

---

① ［美］杜维明：《儒家心性之学——论中国哲学和宗教的途径问题》，载郭齐勇、郑文龙编《杜维明文集》第1卷，武汉出版社2002年版，第162—163页。

② ［美］杜维明：《儒家心性之学——论中国哲学和宗教的途径问题》，载郭齐勇、郑文龙编《杜维明文集》第1卷，第163页。

③ ［美］杜维明：《儒家心性之学——论中国哲学和宗教的途径问题》，载郭齐勇、郑文龙编《杜维明文集》第1卷，第166页。

独尊儒术起，儒家已具有了宗教雏形，宋明理学的建立，标志着中国儒教的完成。"儒教的教主是孔子，其教义和崇奉的对象为'天地君亲师'，其经典为儒家六经，教派及传法世系即儒家的道统论，有所谓十六字真传。儒教虽然缺少一般宗教的外在特征，却具有宗教的一切本质属性。僧侣主义、禁欲主义、'原罪'观念、蒙昧主义、偶像崇拜，注重心内反省的宗教修养方法，敌视科学、轻视生产。这些中世纪经院哲学所具备的落后宗教内容，儒教应有尽有。"① 任继愈从马克思主义的唯物史观出发，将"儒教"的性质和作用概括为："同封建宗法制度和君主专制的统一政权相适应的意识形态，对劳动人民起着极大的麻痹欺骗作用，因而它有效地稳定着封建社会秩序。"② 任继愈"儒教宗教说"的目标，是为了批判中国传统的封建专制主义。

任继愈的观点，引发了关于"儒教""宗教"以及儒教在中国传统中的地位和作用，乃至传统文化的性质等一系列问题的争论。从"儒教问题"的早期争论看，争论双方在方法上皆坚持马克思主义的唯物史观，通过考察"儒教"与中国封建社会的社会存在和历史发展的关系，将"儒教"作为建立在其基础之上并为之服务的意识形态加以认识和定位。只不过一方是将"儒教"作为"宗教"的意识形态，而另一方则坚持传统的"儒教"不是"宗教"，而是作为"道德"或"哲学"之意识形态的"儒学"。③

如果坚持马克思主义的唯物史观，还是要回到社会存在决定社会意识的基本立场。在任继愈的论证中，我们看到关于中国封建社会演变发展以及与儒教形成关系的自觉考察和说明。在最初的《论儒教的形成》的文章中，他对中国封建社会的历史特征作出了宏观的把握。如封建社会维持的时间长久而稳定；封建宗法制度发展得比较完备；中央集权下的多民族的大一统国家结构形成得早，分裂不能持久；农民起义次数多，规模大；在中国的封建制度下，资本主义没有得到很好的发展等。再如，他根据汉代封建大一统国家建立的要求以及隋唐以后封建国家中央集权制完备的需要，论证儒教的萌生

---

① 任继愈：《论儒教的形成》，载任继愈主编《儒教问题争论集》，宗教文化出版社 2000 年版，第 14—15 页。

② 任继愈：《论儒教的形成》，载任继愈主编《儒教问题争论集》，第 2 页。

③ 参见冯友兰《略论道学的特点、名称和性质》；张岱年《论宋明理学的基本性质》；崔大华《"儒教"辩》；李锦全《是吸收宗教的哲理，还是儒学的宗教化？》。相关文章，载任继愈主编《儒教问题争论集》。

与最终的确立。我们注意到，在对"儒教宗教说"的早期批评中，批评者虽然也注意了社会存在与社会意识的关系，但是基本的讨论仍是局限于儒学作为"道德"或"哲学"之意识形态问题本身，以说明其理论特质及逻辑开展。就此而言，不能不说"儒教宗教说"拥有更为充分的历史视野和较为坚实的立论依据。之后的争论开展也说明了此历史眼光的作用。如季羡林在1998年的一次关于"儒教"的笔谈中说："'儒学'非学说而何？不知道从什么时候起，孔子被神化了。到了唐代，儒、释、道三家就并称三教。到了建圣庙，举行祭祀，则儒家已完全成为一个宗教。因此，我认为，从'儒学'到'儒教'是一个历史演变的过程。"①

任继愈的儒教观，实际上还隐含了这样一个理论问题，即"宗教"能否和"道德""哲学"一样，以"观念的""意识形态"等而视之？

我们知道，在马克思主义的历史唯物论中，上层建筑是指建立在一定经济基础之上的社会意识形态以及相应的政治法律制度、组织和设施的总和。意识形态是观念上层建筑，包括政治法律思想、道德、宗教、文学艺术、哲学等。此外，还有政治上层建筑，在阶级社会指政治法律制度和设施，主要包括军队、警察、法庭、监狱、政府机构和政党、社会集团等。一般言之，马克思主义对"宗教"的认识和批判，的确是作为"观念形态"而加以把握的。马克思在《〈黑格尔法哲学批判〉导言》中说："人就是**人的世界**，就是国家，社会。这个国家、这个社会产生了宗教，一种**颠倒的世界意识**，因为它们就是**颠倒的世界**"，"宗教是被压迫生灵的叹息，是无情世界的感情，正像它是无精神活力的制度的精神一样。宗教是人民的**鸦片**"。② 恩格斯在《反杜林论》中说："一切宗教都不过是支配着人们日常生活的外部力量在人们头脑中的幻想的反映，在这种反映中，人间的力量采取了超人间的力量的形式。"③ 上述对宗教的规定，都是将其视为"观念"的形态。这是否全面地说明了"宗教"的事实呢？吕大吉认为："恩格斯和马克思差不多在一切场合阐述他们的历史唯物主义的根本思想时，都是把宗教和哲学、道德、法律、艺术……放在一起，作为'社会存在'所决定的'社会意识'。而所谓'社会意识'，也

---

① 季羡林：《儒学？儒教？》，载任继愈主编《儒教问题争论集》，第413页。
② 《马克思恩格斯文集》第1卷，人民出版社2009年版，第3—4页。
③ 《马克思恩格斯文集》第9卷，人民出版社2009年版，第333页。

就是存在于人的头脑之中的'观念'形态。……宗教并不仅仅只是一种意识形态或观念形态，而是在历史上和现实生活中一种强有力的社会力量，如果只把宗教当做一种'幻想的反映'那是不够的。……各种宗教几乎都是把他们想象中的'神灵'客观化为具有感性形态的象征系统，有了这种神的感性象征，还必须有宗教象征物的安息之所或供奉之地，为信仰者提供宗教活动的场所，于是便发展出了祭坛、神庙、教堂之类。这样一来，幻想中的神灵便具有了物质存在的形式，它客观化了、社会化了。"① 笔者认为，吕大吉对马克思、恩格斯关于"宗教"论述的进一步的分析和讨论，是客观的、具有建设性的。这就是说，"宗教"不仅仅是一种观念的上层建筑即意识形态，还表现为一定的客观化的、社会化的物质存在形式，即具有与政治上层建筑相似的制度与设施。

回到任继愈的"儒教宗教说"，我们可以看到，该论说实际上并没有局限于在观念的上层建筑即意识形态范畴中讨论"儒教问题"，而是结合历史上封建国家"儒教"的制度与设施加以说明的。如任继愈说："儒教除了具有宗教的一般本质以外，儒的外壳，也有宗教的特征。它信奉'天地君亲师'。君亲是封建宗法制度的核心；《四书》、《五经》、《十三经》是儒教共同诵读的经典；祭天，祭孔，祭祖，是封建宗法制下，自天子到老百姓按等级制度举行的儒教祭祀仪式。蒙童入学塾读书，开始接受儒教的教育时，对孔子牌位进行跪拜礼。从中央到地方各州府县都建立孔庙，为孔教信徒定期聚会朝拜的场所。"② 就此而言，"儒教宗教说"实际上已超出了观念的意识形态的论域讨论儒教，这正是其面对视儒教为"道德"或"哲学"的观念意识形态说时，能够坚持"宗教说"的重要原因。

任继愈"儒教宗教论派"③ 的儒教观，是以马克思主义为指导的儒教观，既持有"意识形态"的批判立场，也有新的发展，具有历史眼光和社会意识。

---

① 吕大吉：《西方宗教学说史》，中国社会科学出版社1994年版，第567页。

② 任继愈：《具有中国民族形式的宗教——儒教》，载任继愈主编《儒教问题争论集》，第174—175页。

③ 苗润田、陈燕在《儒学：宗教与非宗教之争》中以"儒教宗教论派"对任继愈及"儒教宗教说"支持者的学派加以认定："他的这一思想得到其后学的认同和发挥，现已在学术界逐渐形成了一个'儒教宗教论派'。""儒教宗教说"的重要论述者李申，在其《儒教研究史料补》中说："从二十年前仅是任先生一人的主张，而无一人响应，到今日能被称为有一个'儒教宗教论派'，我作为赞成儒教是教说的一员，也就是作为'儒教宗教论派'的一员，是感到高兴的。不论学术界将来如何对待苗教授这个称谓，我本人作为其中的一员，是赞成这个称谓的。"相关文章，收于任继愈主编《儒教问题争论集》。

在大陆"儒教问题"论争开展的同时，在中国港台地区和海外学界则出现了"儒家伦理与东亚经济发展"的讨论。这一讨论的理论背景是马克斯·韦伯（Max Weber）的问题，即儒教的社会和精神传统为何没有发展出现代的资本主义？其现实背景则是20世纪60年代以后东亚儒教文化圈的经济崛起，讨论的焦点是儒教伦理对东亚经济发展的作用。当然，这样的讨论必然会涉及对儒教自身及其传统的认识和把握。

按照韦伯的研究，近世以来所兴起的资本主义，其精神是由基督新教的伦理驱策而致的。作为间接证明，韦伯考察了包括中国宗教在内的其他宗教传统。韦伯通过考察，认为传统中国无论是家产制官僚社会的物质因素，还是儒教传统的精神因素，皆存在着产生现代资本主义的严重阻碍。在精神因素方面，韦伯认为儒教与清教的最大不同在于："在儒教伦理中所完全没有的，是存在于自然与神之间、伦理要求与人类性恶之间、原罪意识与救赎需求之间、此世的行为与彼世的报偿之间、宗教义务与社会—政治的现实之间的任何紧张性。"① 而我们知道，在韦伯那里，"行为得根据上帝的命令，并且是出于一种敬畏上帝的态度"，是清教的"理性的伦理内涵"。② 因此相信"上帝预选说"，响应"召唤"，通过"苦行"而获得"恩宠"，就成为清教伦理的要求。虽然韦伯肯定儒教的伦理精神中也有"理性主义"，但认为儒教只是"理性地适应世界"，而清教则是"理性地支配世界"。他感叹道："西方的禁欲精神对于世界的拒斥，难以理喻地连结到另一面，亦即，对支配世界的渴望。"③ 韦伯关于儒教伦理的论断，并非没有值得讨论或反驳的地方，但无论如何，他对儒教伦理的讨论只是关于清教伦理与资本主义精神研究的一项间接性说明。因此，受儒教传统影响的东亚地区的资本主义崛起的事实，自然引发了人们重新思考韦伯的问题，"韦伯的儒家伦理观正受到巨大的经验现象的挑战"④。

---

① ［德］马克斯·韦伯：《中国的宗教——儒教与道教》，简惠美译，《韦伯作品集》Ⅴ，广西师范大学出版社2004年版，第319页。

② ［德］马克斯·韦伯：《中国的宗教——儒教与道教》，简惠美译，《韦伯作品集》Ⅴ，第309—310页。

③ ［德］马克斯·韦伯：《中国的宗教——儒教与道教》，简惠美译，《韦伯作品集》Ⅴ，第332—333页。

④ 金耀基：《儒家伦理与经济发展》，《金耀基社会文选》，台北：幼狮文化事业公司1985年版，第263页。

以东亚工业社会崛起之经验现象重新审视儒家伦理的现代意义，应该是20世纪80年代以来讨论儒教的一个问题。虽然我们可以在经验上考察儒家伦理对于促进现代东亚经济发展的作用，如家族观念所强化的群体意识，勤俭美德所促成的资本积累，重视教育所保证的人力资源优化，精英治国传统所促成的威权治理效率等。但是，经验的事实同样表明，这些传统在过去的2000年中并没有催生出资本主义。再者，从理论上看，对儒家伦理与东亚经济发展关系的讨论是通过"韦伯问题"而致思的。但在韦伯那里，新教伦理与现代资本主义之间并不是简单的因果关系，资本主义的产生还有各种特殊的历史和经济条件相配合。毋宁说，资本主义的产生是多种条件和多重原因的结果。事实上，为了反证自己的观点，韦伯在说明儒教传统无法产生现代资本主义时，不但考察了儒教的精神因素，也考察了中国传统社会的结构、制度等物质因素。因而，简单地通过寻找新教伦理的"功能代替物"，既不能合乎逻辑地反驳韦伯的论说，也无法在韦伯的论域中充分证成儒教伦理可以作为资本主义的驱策力量。虽然如此，对"韦伯问题"的回应，也使得儒教的研究者们能够引入比较宗教学和宗教社会学的视域进一步观照儒教。余英时关于中国近世宗教伦理与商人精神的考察就是其中引人注目的工作。

与韦伯一样，余英时在相关考察中并不涉及儒教是不是"宗教"这样一个必定要从某种抽象观念出发才会有所解答的问题。在他的宗教伦理的考察中，近世的儒教即宋明"新儒学"，是因其作为精神因素对社会生活特别是商业活动产生影响而获得关注的。此外，余英时也表明，他关于中国近世宗教伦理与商人精神的研究虽是"韦伯式"的，但并非要成为一个韦伯主义者。他说："我们想追问的是：在西方资本主义未进入中国之前，传统儒教伦理对于本土自发的商业活动究竟有没有什么影响？如果有影响，其具体内容又是什么？读者当不难看出，我所提的正是所谓'韦伯式'的问题。"[1] 虽然，余英时的相关论说是以韦伯的新教伦理与资本主义精神的研究为参照，但与那些在儒教中寻找新教伦理的"功能替代物"的努力实属于不同的思想谱系。也就是说，余英时对儒教伦理的研究并非是在儒家伦理与资本主义精神之间寻找和确立某种相关性，而是由于"韦伯观点的启示性"，试图说明近世的儒家伦理在

---

[1]　余英时：《中国近世宗教伦理与商人精神》，《士与中国文化》，上海人民出版社1987年版，第449页。

经济活动中的作用，最重要的是对"新儒学"精神特征及其影响的揭示。

余英时通过思想史的考察揭示了"新儒学"中存在的"紧张"。"新儒家因新禅宗的挑战而全面发展了自己的'天理'世界；这是新儒家的'彼世'，与'此世'相反而又相成。……'此世'与'彼世'一对概念即相对而成立，则其中便必然不能无紧张（tension）。"① 因此，他批评韦伯关于儒教总是对此世的秩序和习俗都采取适应态度的观点，认为儒家对"此世"绝非仅是"适应"，而主要是采取一种积极的改造的态度，其改造的根据即是"道"或"理"，"所以他们要使'此世'从'无道'变成'有道'，从不合'理'变成合'理'"。② 这样，"天理"与"人欲"之间，乃至反映在理论上的"理"与"气"之间，便存在着高度的紧张。由于"彼世"与"此世"在儒者这里是不即不离的，其克服紧张的"超越"因此也是内在的。他说："在内在超越的文化型态之下，新儒家更把他们和'此世'之间的紧张提高到最大的限度。"③

余英时关于儒教特别是宋明新儒学中存在着具有宗教意义的超越性与紧张，应该是对儒教认识的一个深化。事实上，在先秦儒者那里，如孔子之"杀身成仁"、曾子之"死而后已"、孟子之"舍生取义"，皆有超越性的诉求，也包含着存在的紧张。如果说先秦儒教的宗教性常常通过儒者个体人格与生命对道义的担当来表现，当宋明新儒学开辟出"理"的世界的时候，"理"与"气"、"天地之性"与"气质之性"、"天理"与"人欲"等对待关系的显明，便从多方面显示出儒教的超越与紧张。余英时将之视为儒家的"彼世"与"此世"的关系，揭示其内在的宗教性，虽有比照基督宗教的嫌疑，其理解却具有合理性。相比较而言，他以"入世苦行"来说明新儒学在伦理实践上的特征，则的确是落入了韦伯关于新教伦理讨论的窠臼了。因为儒家自始便不是"出世"的，即使如宋明新儒学确立了超越的天理世界；儒家自始便知"行之惟艰"，如孟子之"天将降大任于斯人也"所言。

在余英时就宋明新儒学对商人精神的影响的历史考述中，我们看到有王阳明"四民异业而同道"这样对传统贬低商人的价值系统有所松动的提法，

---

① 余英时：《中国近世宗教伦理与商人精神》，《士与中国文化》，第487页。
② 余英时：《中国近世宗教伦理与商人精神》，《士与中国文化》，第487—488页。
③ 余英时：《中国近世宗教伦理与商人精神》，《士与中国文化》，第490页。

有明清商人受儒教伦理的影响而对"勤""俭"的强调，以及"弃儒就贾"使得明清以来士人开始沉滞在商人阶层的现象，皆表明了历史的发展具有了新的趋向。但是，这些新趋向与宋明新儒学之间有什么样的关联还是值得再讨论。① 或许，正是相反的思想动因，如对新儒学伦理的疏离和批判，导致了新的商业观念和商人精神的发展。在韦伯那里，拒斥世界的禁欲精神与支配世界的渴望之所以能难以理喻地连接在一起，是因为上帝的存在。"真正的基督徒，出世而又入世的禁欲者，希望自己什么也不是，而只是上帝的一件工具；在其中，他寻得了他的尊严。既然这是他所期望的，那么他就成为理性地转化与支配这个世界的有用工具。"② 这里面并不存在着什么普遍性的东西，而是一种信念，即使是对于基督宗教来讲，那也仍是新教的特殊性。这样，在那些充斥着道德理想而希冀世界变得更"好"的儒者心中，有没有这样的特殊性或者究竟有什么样的特殊性，是值得进一步反思的。

无论如何，透过"韦伯问题"所言说的"儒教"，已然没有走出那些由先在的观念所主导的儒教研究范式，虽然言说的语境和问题意识已大不相同了。这是我们所考察的最后一个关于儒教的观念。

事实上，进一步整体性地反思现代中国思想中的儒教观念乃至当代"重建儒教"的主张，仍是一个重要的思想和学术问题。不过，这看起来超出了本书的主题——对儒教自身形态的研究。虽然如此，通过上述考察，笔者还是愿意再重申这样一个基本的判断，这就是：现代中国思想中的"儒教"观念，正是"儒教中国"现代命运的表征；那些关于"儒教"的现代规定，源自不同的文化观念和实践的需要，更主要的是观念或信念的投射。笔者尊重这些论述以及它们背后的观念与信念，因为这是与现时代的中国命运紧密结合在一起的，它们作为思想观念甚至实践努力已经熔铸于其中。不过也正因为如此，笔者认为，现代中国思想中的儒教言说，缺乏了一个最基本的向度，这就是对"儒教自身"的描述。或许只有"朝向儒教自身"，我们才能看清

---

① 例如，关于"弃儒就贾"乃至"弃儒就教（其他或民间的宗教）"的现象，李向平评价说："值得注意的是，在余英时的论述中，人们在巨大的社会动荡和社会心理变迁的时候，不是'就贾'就是'入教'，然而在这个社会行动之前，人们常常会有一个基本的选择，那就是'弃儒'。因此，儒家伦理的入世苦行作用又如何能够体现为经济行动的伦理动力呢？"李向平：《信仰、革命与权利秩序——中国宗教社会学研究》，上海人民出版社 2006 年版，第 97 页。

② ［德］马克斯·韦伯：《中国的宗教——儒教与道教》，《韦伯作品集》Ⅴ，康乐、简惠美译，第 333 页。

儒教的现在和未来。

二 "朝向儒教自身"

"朝向儒教自身"作为一种信念或愿望，可能会被视为一种幻想。什么是"儒教自身"？怎样才能"朝向"儒教自身？对相关问题的讨论构成了本节的内容。

在这里，"朝向儒教自身"的提出，显明的意义是希望在儒教的研究中能够引入一种新的眼光。听起来，"朝向儒教自身"仿佛是对现象学"Zu den Sachen selbst！"（朝向实事本身、回到实事本身）的一种模仿。不过，我们现在不是运用现象学的理论或方法对儒教展开分析，虽然现象学的方法已经在人类文化研究的一些领域有所运用，例如宗教。但是，无论是那些试图抛开宗教的历史起源和历史发展而力图把握宗教本质的"宗教现象学"，还是同时关注其历史连续性的"历史的宗教现象学"，都已经有了"宗教"的限定，这正是"朝向儒教自身"所拒斥的，即使我们对现象学的相关运用可以有所借鉴，如本书第三章对"信仰"问题的分析。德尔默·莫兰（Dermot Moran）对胡塞尔（Husserl）"回到实事本身"的说明，对于我们的儒教研究来说或许会有提醒意义。他指出，在胡塞尔这里，"返回""事物本身"并不是说"我们应该将哲学带回对事实性、经验性事物的关切"，而是"我们不能满足于运用那样的概念，其明证性基础还没有通过返回其直观中的始源而获得真正的阐明"[①]。在我看来，前述关于儒教的"宗教""宗教性"或"意识形态"这样的现代规定，也难以被我们满足地运用。现象学既是一种理论也是一种方法，此外更是一种精神。这种精神就是"朝向实事本身"，也即"排除成见"，让实事本身来说话。

"朝向儒教自身"包含双重的问题：什么才是"儒教自身"？如何"朝向"儒教自身？

关于"儒教自身"，可以尝试作这样的定义："儒教自身"即历史上的儒教存在。只要我们肯定中国及东亚的儒教历史传统，那么这个定义就是自明的。不过，这个类似于哲学上分析命题的定义，并没有告诉我们"儒教自身"

---

① ［爱尔兰］德尔默·莫兰：《现象学：一部历史的和批评的导论》，李幼蒸译，中国人民大学出版社 2017 年版，第 129 页。

的新内容。我们知道，客观地再现历史是所有关于历史的实证研究的梦想，也是一个难以企及的目标。所谓的"历史上的儒教存在"，仍然是一种关于儒教的"叙述"。这样的叙述，即使是建立在具体的历史考察基础上而自命为客观，也难以摆脱研究者的视角与观念的局限。在历史性问题的研究领域里，谁又能真正回到历史自身呢？所以"朝向儒教自身"，不过是追求一种关于"儒教自身"的更为切己的"描述"，这种"描述"贯彻了一种现象学的态度，即："在最直接显现的东西没有得到澄清之前，不得设定任何间接的东西。"①

这里所要进行的儒教研究，如果有对现象学的借鉴，首先是对"朝向实事本身"的现象学精神的引入，强调"排斥先见"。如果"儒教自身"就是历史上的儒教存在，由于现象学的眼光，既不能先验地去设定儒教的本质，也不能简单地对儒教作经验性的描述。就儒教研究来说，我们所要排除的"成见"，是那些加之于"儒教"的先在观念，诸如"宗教""哲学""伦理学说""意识形态"，等等。或许我们在对儒教加以考察和描述之后，还会达至新的观念或回到已有的某些观念，但它们不应成为出发的前提。

通向"儒教自身"的道路首先需要思考的是，什么才是儒教之直接的显明的特征？笔者认为，儒教的直接的显明的特征可描述为：一种"历史的社会的存在"。也就是说，"历史的社会的存在"是儒教"最直接显现的东西"。所谓儒教是一种"历史的社会的存在"，其意义便是：儒教不是一种自然的存在，也不是某种个体的心理现象或精神现象（虽然它可以作用于个体的心理或心灵，甚至某些观念可以发端于个体的心理或心灵），儒教有着社会性的构造、形态及其历史开展。

如此，"朝向儒教自身"就是朝向儒教之为"历史的社会的存在"自身。事实上，无论是历史唯物主义的意识形态理论还是韦伯的比较文化理论，在运用到儒教研究上都表达了关注其"历史性"与"社会存在"特征的理论旨趣。只不过如上节所说明的那样，这两种理论在被运用到儒教研究时关注更多的是"自身的""儒教问题"。我们希望有一种方法论的探索，这就是：在宏观的社会历史考察中持有历史唯物论的眼光，缺乏这种眼光，将很难把握儒教生成的社会历史因素，这是对儒教作为"历史的社会的存在"之"历史

----

① 邓晓芒：《胡塞尔现象学导引》，《中州学刊》1996 年第 6 期。

性"的把握；在中观层面，希望借鉴涂尔干关于"社会事实"的认知和分析，对儒教作为"社会存在"之"社会性"及"存在"的系统特征加以说明；在微观层面，韦伯的宗教与社会身份及其精神类型的考察、当代不断嬗变的结构功能主义，乃至卢曼的社会系统理论，甚至现象学哲学的发展如对"信仰"经验的描述和分析，在处理具体问题时有其意义，我们将从中寻求方法上的工具借鉴。当然，对于"朝向儒教自身"的具体工作，上述中观和微观层面的理论借鉴和方法运用，都应该是批判性的。也就是说，我们总是要讨论其对于儒教研究的适切性及适用范围。

笔者认为，涂尔干关于"社会事实"的社会学认知，可以帮助我们在中观的层面认识儒教作为"社会存在"的特征。这里首先对之加以说明。

如果说胡塞尔的现象学努力试图使哲学成为"严格的科学"，作为社会学奠基人之一的涂尔干，其理论贡献则是促使社会学成为一种现代意义的实证科学。值得注意的是，在涂尔干那里，早已明确表达了与胡塞尔类似的寻求"明证性"以及诉诸"操作"的理论与实践旨趣，这就是对"社会事实"的理论探讨以及对社会"现象"的实证主义研究（如社会分工、自杀、宗教等）。在 1895 年出版的《社会学方法的准则》中，涂尔干很清楚地表明自己关于"社会事实"的研究立场和方法："社会学家应该怎样排除他们对于事实的成见，而直接面对事实本身；应该怎样从事实的最客观的性质着手研究事实；应该怎样根据事实本身来确定把它们划分为健康状态和病态的方法；最后，他应该怎样在对事实的解释中和在证明这种解释的方法上体会这项原理。"① 涂尔干和胡塞尔虽然面对着不同的问题域，却有着相似的精神气质和学术旨趣。②

"社会事实"的概念是涂尔干社会理论的核心概念，也是他的社会学方法论的基础。在《社会学方法的准则》一书中，涂尔干详细地讨论了关于"社会事实"的认识。他指出如下定义包含了"社会事实"的全部内容："一切

---

① ［法］涂尔干：《社会学方法的准则》，狄玉明译，商务印书馆 1995 年版，第 155 页。该译本将作者名中译为"E. 迪尔凯姆"，为避烦琐以便与正文叙述对照，我们在脚注引用时，使用"涂尔干"这个中译名。

② 细致讨论，参见［美］梯利亚基恩（E. A. Tilliakean）：《涂尔干与胡塞尔——实证主义精神与现象学精神之比较》，任元彪译，载苏国勋、刘小枫主编《二十世纪西方社会理论文选Ⅰ——社会理论的开端和终结》，上海三联书店 2006 年版。

行为方式，不论它是固定的还是不固定的，凡是能从外部给予个人以约束的，或者换一句话说，普遍存在于该社会各处并具有其固有存在的，不管其在个人身上的表现如何，都叫做社会事实。"① 对于涂尔干来说，"社会事实"正是社会学所应该研究的独特对象，而研究的基本准则就是："把社会事实看作事物"（to consider social facts as things）。

我们已经指出，"社会存在"是儒教之最直接显明的特征。儒教作为"社会存在"，有其社会性的构造和形态。这里可借鉴涂尔干关于"社会事实"的理解对上述规定展开进一步的说明。

首先，儒教作为"社会的存在"，其"社会的"属性与"存在"的内涵可以借鉴涂尔干对于"社会事实"的描述获得更细致的说明。

涂尔干"社会事实"中的"事实"，不是通常理解的社会中的"现象"。这个"事实"，首先是指存在于个人意识之外的，一种必须服从的、带有强制力量的广义的"行为方式"，具体来说就是外在于个人意识的"行为方式、思维方式和感觉方式"。例如我们在尽家庭和社会的义务时，这些义务并不是我们自己创造的，而是外在于我们并通过教育让我们接受的，"这如同宗教信仰和宗教仪式，信徒一生下来就为他们完全准备好了一样。既然在信徒出生之前，宗教信仰和宗教仪式就已经存在，这就说明它们是存在于信徒之外的"②。我们表达思想使用的符号系统、经济活动中的货币制度和信用手段、职业活动中遵行的惯例等，皆不以个体的意志为转移而独立发挥作用。正因为如此，这样的"事实"只能用"社会的"一词来修饰，名之为"社会事实"。"这样称呼它最合适，因为十分清楚，它既然没有以个人作为基础，那就只能以社会为基础：要么以整体的政治社会为基础，要么以社会内部的个别团体，诸如教派、政治派别、文学流派或同业公会等为基础。"③ 在这里，涂尔干表明，所谓的"社会事实"，是以社会而不是以个人为基础的"行为方式"。④ 这里的"社会的"界定语，强调的是外在于个体并对个体具有普遍强制作用的

---

① ［法］涂尔干：《社会学方法的准则》，狄玉明译，第34页。
② ［法］涂尔干：《社会学方法的准则》，狄玉明译，第24页。
③ ［法］涂尔干：《社会学方法的准则》，狄玉明译，第25页。
④ "社会的"这一修饰语，实际上表明涂尔干的确试图通过"社会事实"的概念为社会学划定领域。这并不意味着"社会事实"不能成为其他学科如政治学、宗教学、历史学等的对象，而是表达了"社会的必须被社会地解释"的社会学旨趣。

性质。

帕特里克·贝尔特（Patrick Baert）认为涂尔干"社会事实"的定义揭示了社会事实的三种最重要的特征：外在的、有约束力的和普遍的。他说："涂尔干以社会事实的外在性表示它们比个人更重要，而且更具争议性的是，它们的作用不依赖使用它们的个人"；"涂尔干用社会事实的约束性质意指它们具有'强制性的和胁迫的力量'，借助这种力量它们对个人实施控制"；"普遍性，指社会事实是这样的信念和实践，它们既不是个别的也不是普遍的属性，相反它们所指的是那些感情、思想和实践，要是人们生活在其他群体，这些感情、思想和实践就会是不同的。社会事实具有公共的—集体的形式，与它们的个别的应用相反"。①

如果我们不带有偏见地去观察，在传统中国的漫长历史过程中，儒教正是这样一种"社会性"的存在，它是一种公共的—集体的行为方式，对于置身其中的个体来说，是具有外在性和强制性的。这样的判断当然会引来争议。例如，这种公共的—集体的行为方式并不是一开始就存在的，在儒教产生之前，显然是无所谓普遍性的。再如，强调儒教这一社会存在的外在性和强制性，如何解释儒教开展过程中儒者个体的担当和创造？

在笔者看来，第一个问题实际是超出涂尔干"社会事实"的理论域，因为涂尔干是就既成的社会现象来抽象说明其社会性质，至于各种社会现象的起源，他虽有诉诸社会条件的思考，但基本上不将其作为相关讨论的中心。对此，我们的儒教研究，当然不能为涂尔干的问题意识所限定，我们需要对儒教何以成为传统中国的公共的—集体的行为方式作出历史的和文化的说明。

关于第二个问题，涂尔干"社会事实"的观念是不是一种"社会实在论"（social realism），以及他对"社会事实"的"强制性"的肯定是否忽视了个体的意志与选择，曾引起诸多争议。但是，涂尔干对个体行为的社会性根源的关注，有其深刻之处。在运用到儒教问题的研究中，我们对于儒者个体的文化担当意识和理论与实践的创造性应该重视，但也不能否认这些儒者仍然处身于儒教中国的传统之中，甚至那些儒教的反叛者和逃避者，也同样

① ［英］帕特里克·贝尔特：《二十世纪的社会理论》，瞿铁鹏译，上海译文出版社2005年版，第6—7页。

如此。

关于"社会事实"的"事实"，在涂尔干这里，首先包括了那些具有强制力量的"行为方式"，是指外在于个人意识的"行为方式、思维方式和感觉方式"。关于这样的"社会事实"，涂尔干为了避免判断过程中的主观性，还进一步诉诸社会生活的某种集体特征。他说："我们知道，社会生活具有一种既使自己保持同一性又能使自己结晶化的特性。集体的习惯除反映它所制约的个人行为以外，还以法律条款、道德准则、民间格言、俗语和社会构造的事实等固定的形式表现出来。由于这些形式是长久存在的，而且不因它们的不同的应用而变化，所以它们是观察家们能够经常看到的、不给主观印象和个人所见留下活动余地的固定客体或永恒标准。"①

值得注意的是，涂尔干的"社会事实"不但包括了那些具有强制力量的"行为方式"，还包括那些"与集体生活的实体有关的事情"，例如社会构成的基本要素的数量与性质，它们的结合方式与所能达到的融合程度，乃至地区的居民分布、道路的数量与性质、居住的形式等。他借用自然科学的分类，称"行为方式"为"生理学的社会事实"，而"集体的存在方式"为"解剖学的或形态学的社会事实"。② 笔者认为，我们在理解涂尔干"社会事实"概念的时候，还要关注相关的"集体的存在方式"方面的问题。

作为"社会存在"的儒教，其"存在"的内容和特征也可以借鉴涂尔干"社会事实"的描述和研究，来作中观层面的把握和说明。

儒教曾广泛作用于传统中国社会的信仰活动、思想观念、礼法习俗、政治制度等各个方面，但我们在认识儒教时，通常只是笼统地视之为一种文化或制度性的存在，缺乏更为细致的分析。涂尔干关于"社会事实"的讨论，实际上区分了三个层次的问题。一是"行为方式"，这是指通过个体表现但却具有社会性规定的"行为方式、思维方式和感觉方式"。二是社会生活中的"结晶化"内容，指可以观察到的"社会事实"的表现形式，如法律条款、道德准则、民间格言、俗语以及与之相配合的社会构造等，在具体关于宗教的研究中，这是指"仪式"和"教会"。三是"集体的存在方式"，这是"社会事实"的社会学条件，即作为"集体的存在方式"的自然与社会的物质性

---

① ［法］涂尔干：《社会学方法的准则》，狄玉明译，第63页。
② ［法］涂尔干：《社会学方法的准则》，狄玉明译，第32页。

条件。

首先，儒教作为社会存在，是一种具有社会性的信仰方式、行动方式和思维及情感方式，儒教中的个体的信仰、行为、思想乃至情感既受这种社会性制约，也是这种社会性的表现。其次，儒教作为社会存在，还表现为社会生活中的观念性和物质性的"结晶化表现"，如具体的礼仪规范、道德规范、法律制度乃至与之相应的社会构造，如宗庙社稷、家族组织、礼法施设等。最后，儒教作为社会存在，是一定的"集体的存在方式"的产物。这种"集体的存在方式"，在涂尔干的社会分析中通常是指"社会事实"的社会学条件，主要是指社会要素的构成形式和组织方式以及一些具体的社会条件，如经济形式、人口资源、社区形态、道路交通等。我们在进行儒教研究时，当然也必须关注儒教的社会学条件，这是一个重要的方面，因为儒教并不是一种简单的"社会事实"，而是一种"历史性"的"社会存在"。

现在，我们可以朝向"儒教自身"并对之加以描述。所谓"儒教自身"就是儒教的"历史的社会的存在"。儒教作为"社会存在"，有其社会性的构造和形态，这就是具有社会属性的"行为方式"（包括信仰方式、行动方式、思维和情感方式等）及其社会生活的"结晶体"（礼仪规范、道德规范、礼法制度乃至与之相应的社会构造），这样一种社会存在有其自然与社会等物质性的条件，具有作用于个体与社会的"功能"。此外，儒教作为"社会存在"有其"历史性"，其结构和功能经历产生、调整和演化的过程。儒教作为"历史的社会的存在"的上述特征，是我们"朝向儒教自身"研究的基础。

在思考近代以来的社会学研究的方法论时，涂尔干曾明确批判"以观念代替实在"的倾向。他指出，人类精神有一种自然的倾向，即如果不对其周围的事物形成一套用以指导自己行为的观念，就无法生存于这些事物之中。"所以，我们自然倾向于以观念来代替实在，甚至把它们作为我们思考、推理的材料。我们不是去观察、描述和比较事物，而只满足于解释、分析和综合自己的观点；我们用思想的分析去代替实在的科学分析。"① 在涂尔干看来，这种"以观念代替实在"的分析并不一定排除对事实的观察，但是事实的介入这时只起次要的作用，"事实是作为例子或证据被引用"②，而不是被研究

---

① ［法］涂尔干：《社会学方法的准则》，狄玉明译，第35页。
② ［法］涂尔干：《社会学方法的准则》，狄玉明译，第35页。

的对象。不得不承认，涂尔干所批评的这种方法论，存在于许多的研究之中，也包括我们所关注的"儒教研究"。

此前已经说明，以往的儒教研究常常不是以观察和描述既有的儒教为目标，而更多的是主张、论证和说明自己关于儒教的观念。这样，就难以避免涂尔干所指出的方法论问题，即："我们的思考不是设法去理解既有的和现有的事实，而是企图去直接完成那些更加符合人们所追求的目标的新事实。"① 应该提到的是，马克思于1847年写作的《哲学的贫困》，对蒲鲁东借黑格尔哲学来演绎经济学有过类似的批判。在马克思看来，如果"有一个英国人"（指李嘉图）"把人变成了帽子"，那么"有一个德国人"（指蒲鲁东所假借的黑格尔）"就把帽子变成了观念"，蒲鲁东的"我们所论述的不是**与时间次序相一致的历史**，而是**与观念顺序相一致的历史**"，不过是将历史生成的生产关系视为固定不变的、永恒的范畴，"因而整个现实世界都淹没在抽象世界之中，即淹没在逻辑范畴的世界之中"。② 这是历史唯物论对"以观念代替实在"的批判。笔者认为，就儒教研究来说，避免"以观念代替实在"具有一般的方法论意义。这个"实在"即儒教的历史的"社会事实"。

在如何把握"社会事实"的方法论问题上，涂尔干曾提出过一个重要原则。这就是"把社会事实看作事物"（to consider social facts as things）。涂尔干的这一方法论，表现出了鲜明的实证主义风格。正如帕森斯所解释的那样，"把这一点的含意说得更明白些就是，社会学家必须把社会生活的事实看做是'事物'——指的是外部世界的物体——即可以观察的事实。它符合作为实证科学全部发展过程基础的认识论，即强调经验的和可以观察的成分"③。不过，涂尔干的实证主义方法论，并不同于通过经验和观察以寻求对某种实体和规律加以把握的传统的实证主义方法论，而是更为关注隐藏在整体背后的"结构"以及整体构成所必须满足的"功能"。

关于20世纪社会理论中的结构主义和功能主义，帕特里克·贝尔特明确地将涂尔干视为这两大互有关联的思潮与方法的先驱。他说："20世纪的大多数观点受到某些19世纪的先驱者的影响。结构主义和功能主义具有许多共

① ［法］涂尔干：《社会学方法的准则》，狄玉明译，第37页。
② ［德］马克思：《哲学的贫困》第二章"政治经济学的形而上学"第一节"方法"，人民出版社2009年版，第597—600页。
③ ［美］T. 帕森斯：《社会行动的结构》，张明德等译，译林出版社2003年版，第386—387页。

同点，因为他们都采纳了涂尔干的整体论的社会图像。按照整体论的学说，要把社会作为整体加以研究，而且这个整体不能变为仅仅是各个组成部分的总和。"① 他指出，结构主义者探究制约和决定人们的行动和思想的基本的社会结构，每个个人本身并不是必然地感觉到结构的存在，而且他们更是难得意识到那些真正相同的结构的制约效应。而功能主义者则相信存在着所谓普遍的功能先决条件，即任何社会系统如要继续存在下去，有许多功能或需要必须予以满足。例如，一个系统要不致解体，就需要其成员间的最低限度的团结。因此，功能主义者关注各种社会实践是如何满足（或可能满足）它们所根植于其中的较大系统的主要需求的。就如结构主义者关注人们很少注意到的潜在的结构那样，功能主义者则专注于所牵涉的个人往往没有意识到的功能。② 事实上，在 20 世纪，许多社会理论家尝试着将这两种方法结合在一起，"两者都支持关于社会的整体论的理念。在这种社会理念中，子系统与实践的相互关系是关键的。两者都假定社会科学家的任务是弄清有目的的行动的意识层面背后的较深层的实在——对结构主义者来说，隐蔽的领域指未被注意的结构，而功能主义者则寻找潜在的功能。功能主义与结构主义都极度轻视能动行动的作用，他们把重要性赋予超越个人的较广泛的社会力。最后，功能主义与结构主义的参照系强烈反对解释学与现象学的解释性要求"③。

结构主义和功能主义联盟的典范是 A. R. 拉德克里夫-布朗（A. R. Radcliffe-Brown）和塔科特·帕森斯（Talcot Parsons）的结构功能主义。关于后者，杨庆堃20 世纪 50 年代末在其典范性著作《中国社会中的宗教》中曾有借鉴，特别是在对 diffused religion（弥散性宗教）与 institutional religion（制度性宗教）的区分上。在"作者自序"中，杨庆堃明确说："在社会学的概念中，分散性（diffuseness）与专一性（specificity）（塔科特·帕森斯）为我们提供了一个解释宗教在中国传统社会中地位问题之结构方面的钥匙。"④ 这个区分涉及对儒教传统的认知和定位，我们将在第二章中专门讨论。

20 世纪 70 年代，结构功能主义遭遇到"解释的社会学"如下观点的挑战：即人具有自我，人具有反思自己的行动和他人的行动的能力，人的行动

---

① ［英］帕特里克·贝尔特：《二十世纪的社会理论》，瞿铁鹏译，第 2 页。

② 参见［英］帕特里特·贝尔特《二十世纪的社会理论》，瞿铁鹏译，第 2—3 页。

③ ［英］帕特里克·贝尔特：《二十世纪的社会理论》，瞿铁鹏译，第 35 页。

④ C. K. Yang, *Religion in Chinese Society*, "*Preface*", Waverland Press, 1991.

不只是社会结构对他们影响的产物，相反人们会主动地解释他们周围的现实，并依此行动。①"解释的社会学"的挑战虽然导致了结构功能主义的衰落，但后者通过对相反观点的吸收，于20世纪90年代出现"新功能主义"的复兴。如德国的尼克拉斯·卢曼的"社会系统理论"以及美国的亚历山大·杰弗里（Alexonder. C. Jeffrey）的新功能主义的论述等。

根据帕特里克·贝尔特的理解，新功能主义具有如下的内在特点：像功能主义一样，新功能主义把注意力放在社会系统的不同组成部分的相互关系上，但是与大多数功能主义者不同，新功能主义对不同的子系统间的潜在冲突特别敏感；某些早期功能主义倾向于低估文化对其他社会部分的影响，而新功能主义者拒绝任何简化论或单一原因的论点；某些功能主义者不考虑社会生活的微观的维度，他们认为它们与社会理论的目的不相干，而新功能主义者则在某种程度上注意到秩序在我们日常互动中持续地产生出来；某些早期功能主义者把社会互动看作既定的，而新功能主义者则认识到在现代社会它的成问题的性质；先前的功能主义者对社会变迁的阐述根据日益增长的且不可逆的分化来设想社会发展，而新功能主义者如科洛米则承认反分化与不平衡分化。②上述对新功能主义的整体特征的描述，对我们的儒教研究在理论和方法上有启发性。此外，笔者认为系统功能理论的当代发展，特别是卢曼的社会系统理论，在儒教的微观研究层面，如儒教"信仰""身份"及"社会结晶体表现"等子系统方面，可提供重要的理论和方法参照。对此，我们将在进入儒教具体系统的研究之前，在本书第三章中作进一步的说明。

我们认为，真实地"朝向儒教自身"，必须对儒教这一社会存在加以描述和说明。前面已经说明，儒教作为"社会存在"，有其社会性的构造和形态，这就是具有社会属性的"行为方式"和嵌含于社会中的"结晶化表现"，以及作为"集体的存在方式"条件，同时儒教的"社会存在"也是一个历史性的过程。

这里，我们先简要地说明儒教的结构与功能。儒教的结构首先是儒教的信仰要素与身份要素所构成的内部结构；其次是这种结构与社会条件和历史环境之间的关联（嵌含），这种关联通过各种精神的和物质的结晶体表现出来。儒教

① 参见［英］帕特里克·贝尔特《二十世纪的社会理论》，瞿铁鹏译，"导论"中的讨论。
② 参见［英］帕特里克·贝尔特《二十世纪的社会理论》，瞿铁鹏译，第60—61页。

存在作为一个社会系统，既有内部结构的协调以及通过这种协调对社会共同体的整合与团结，也有对外部环境的适应乃至改造，以实现儒教的社会、政治和文化目标。这就是儒教的功能。在上面的表述中，根据儒教社会存在的"历史性"，我们已经充分地注意到儒教这一结构—功能体的"过程性"特征。也就是说，无论是儒教的结构还是功能，它们都处在一个系统自身的不断调节的过程中，同时也与具体的社会历史条件具有互动关系。

对"历史性"和"过程"的强调，既是由于儒教这一结构—功能体的历史性特征所决定，也是对"解释学社会学"批判的回应。"许多批评家认为，由于功能主义把重点放在'社会静力学'，因此它内在地是非历史的。功能主义的研究与共时性类型的分析相联系。在这类分析中，一幅社会的快照被视为足以把握稳定的机制。针对这种非历史的偏见，有人证明，即便为说明社会秩序的目的，历时分析也是必需的。"① 我们注意到，在结构功能主义的社会理论大师那里，这样一个问题也通过不同的方式获得了新的处理。如 A. R. 拉德克里夫－布朗对"过程"非常重视，他说："过程、结构和功能这三个概念就包含在对人类社会体系阐释的方案之中。这三个概念在逻辑上的相互关联，原因就在于'功能'一词描述过程和结构之间的关系。我们可以将这一理论用来研究社会生活方式的延续，也可以研究这些方式的变化过程。"② 帕森斯在其早期著作中虽然忽视了与长期变迁相关的问题，但在晚期著作中则依靠与生物进化的类比提出了"进化变迁的范式"，对社会系统的分化、分化系统适应能力的升级以及原初价值系统在较高水平上的普遍化作出了新的理论发展。③

应当指出，虽然结构功能主义在发展过程中对"过程"和"变迁"的关注，有助于改变自身重视结构的共时性特征以及功能分析的图式化问题，但在根本上仍没有走出"社会静力学"的理论范式。这提醒我们在儒教研究中，需要将"过程"的概念进一步拓展为"历史"的观念。所谓"历史"观念，是指不但要关注儒教内部结构的调整以及与外部环境的适应，还要关注这一结构—功能体的起源以及与社会历史环境相互作用中的变迁和发展。就此而言，历史唯物论的观念和方法有其重要意义。这样，我们获得的就不是一幅关于儒教的"社

---

① ［英］帕特里克·贝尔特：《二十世纪的社会理论》，瞿铁鹏译，第59页。

② ［英］A. R. 拉德克里夫－布朗：《原始社会的结构和功能》（一），丁国勇译，九州出版社2007年版，"导论"第31页。

③ 参见［英］帕特里克·贝尔特《二十世纪的社会理论》，瞿铁鹏译，第51—52页。

会快照”，也不是一幅幅连续性的“社会快照”，而是关于儒教“形态”的把握。

三　“儒教形态”引论

“儒教形态”，是在前述关于儒教研究的思想史考察和方法论批判基础上提出的把握儒教历史特征与结构功能的新概念。这里将通过对“儒教形态”这一概念的说明，为本书的具体研究作出导引。

所谓“儒教形态”，指作为历史的社会的文化生命体的儒教的形式和样态。“形式”指儒教相对稳定的结构方式，“样态”则指儒教因应社会历史条件和自身需要而呈现出的功能特征及其变化。“形式”和“样态”是从不同的视角对儒教展开的观照，其间存在着复杂的关联，因为结构和功能在事实上总是一体的。

“儒教形态”，首先肯定儒教是一种历史的文化生命体，这一生命体在漫长而具体的历史过程中经历了起源、成长、分化、兴衰等阶段。

对于儒教在近代的解体是否意味着消亡，虽然存在着辩诤，但儒教在历史上经历了阶段性的发展，却是基本的共识。例如，从儒家思想的视角关注儒教命运，便有儒学的“三期说”（如现代新儒家）或“四期说”（如李泽厚等）的考量；以儒教为宗教说的任继愈、李申也明确地划分出儒教发展的具体阶段。因而，问题不在于是否承认儒教有其具体的发展历程，而在于如何看待这一过程。笔者认为，儒教的历史发展是一种文化有机体的生命历程，儒教产生之后，虽存在着“样态”的改变，但生命体的“形式”即内在结构方式与外在表现样式在现代以前没有发生凤凰涅槃式的死亡与重生。就此而言，笔者赞同现代新儒家肯定中国文化（主要指儒学）作为“活的生命”之吁求。[①]　就儒教来说，这种生命的肯定当不限于“精神性”的传统。

将历史文化作为生命体加以看待和研究，对于现代学术并非新论。在历史与文化研究领域，如斯宾格勒和汤因比的“文化形态学”或曰“历史形态学”，便是突出代表。这一文化形态史观，“实际上是把文化（或文明）作为一种具有高度自律性的，同时具有生、长、盛、衰等发展阶段的有机体，并试图通过比较各个文化的兴衰过程，揭示其不同的特点，以分析、解释人类历史的发展进程”[②]。

---

① 参见牟宗三等《为中国文化敬告世界人士宣言》，载封祖盛编《当代新儒家》，生活·读书·新知三联书店1989年版。

② 张广智：《西方文化形态史观的中国回应》，《复旦学报》（社会科学版）2004年第1期。

在《西方的没落》中，斯宾格勒（Oswald Spengler）批判了近代以来自然科学观念对历史研究的侵蚀，在历史观上提倡"世界作为历史"（world as history）的形态学观，也即"世界历史的形态学观"（conception of a morphology of world history）。他说："它重新深刻地检视世界的形式、运动及其最终意义，但这一次是按一种截然不同的安排去检视的，不是把它们放在一个无所不包的总图中，而是把它们放在一个生活的图景中，不是把它们看成已成的事物（things become），而是把它们看作方成的（things becoming）事物。"①"至今为止，我发现没有人仔细地考虑过那把一个文化的各个部门的表现形式内在地联系起来的形态关系（morphological relationship）。"②斯宾格勒所说的"形态关系"，指文化各个部门表现形式的内在的、具体的、有机的关联。正因为如此，斯宾格勒反对用古代史、中古史和近代史这样的质性规定来线性地描述世界历史，强调"世界历史是各个伟大**文化**的历史"③，要求通过把握具体文化的形态来认识世界历史的多元和多样。

汤因比（Arnold J. Toynbee）则通过面对自然环境和人文环境挑战的应战，来说明具体文明的起源和盛衰。他同样强调将具体文明作为生命有机体加以把握。索罗金（Pitirim A. Sorokin）评述说："汤因比所说的'文明'不仅仅是一个'历史研究的范围'，而是一个统一的体系，或是一个整体，其各个局部是由一些可能发生关系的联系连接在一起的。因此，在他的'文明'的任何一个可能发生关系的体系里，局部必须互相依赖，局部要依赖整体，整体也要依赖局部"，他引述汤因比《历史研究》的论断："文明乃是整体，它们的局部彼此相依为命，而且都互相发生牵制作用……这是处于生长过程中的文明的特点之一，它们的社会生活的一切方面和一切活动都彼此调和成为一个整体，在这个整体里，经济的、政治的和文化的因素都保持着一种非常美好的平衡关系，由这个正在生长中的社会的一种内在的和谐进行调节。"④

作为"儒教形态"研究的引论，我们不需要评述斯宾格勒和汤因比的文化形态史观可能存在的问题。例如，斯宾格勒历史观念中的文化隔绝说以及

---

① ［德］斯宾格勒：《西方的没落》，齐世荣等译，上册，商务印书馆1991年版，第17页。
② ［德］斯宾格勒：《西方的没落》，齐世荣等译，上册，第18页。
③ ［德］斯宾格勒：《西方的没落》，齐世荣等译，上册，第306页。
④ ［美］索罗金：《汤因比的历史哲学》，载［英］阿诺德·汤因比：《历史研究》下卷，曹末风译，上海人民出版社1966年版，"附录"第463页。

对文化差异性的夸大；汤因比文明分类和特征概括上的主观性，作为"文明验尸人"（索罗金语）的粗略武断以及关于文化的悲观主义宿命论等。就我们的研究来说，由于作为对象的儒教较为明确，所涉及的论题也相对具体，在一定程度上可以避免文化形态史观关于文化与历史的宏大叙事所招致的理论难题。"儒教形态"研究可借鉴文化形态史观关于文化的生命性、整体性以及"文化形态"的观念，帮助我们认识儒教的历史与结构特征。

我们的研究将把儒教作为一种文化生命体，探讨它的起源和发展。以此为指导，考察儒教的这一生命体的起源与雏形将成为重点。重新审视三代文化特别是殷周文化之间的因继损益，将成为我们认识儒教起源及雏形的基础。我们将指出，虽然制度化的儒教在汉代才真正建立起来，但是使儒教在精神观念上得以奠基的存在理解、信仰乃至制度方面的重要因素，在殷周之际和西周时期便已经出现。对相关问题的考察，特别是对儒教的起源与形成的研究，将成为关注的重要问题之一。

"儒教形态"，还指儒教作为文化生命体，有着自身的结构与功能的"形态"特征。

以上论述中，我们曾说明涂尔干的"社会存在"概念有助于在中观层面说明儒教的社会性构造和作用。把社会作为生命有机体加以研究，也是社会学的一个重要传统。例如，社会学的创始者孔德（Comte）曾以生物学为样板，建议将社会学划分为社会解剖学和社会生理学，以研究社会的器官（结构）和功能。涂尔干划分"社会事实"的"生理学"和"解剖学的或形态学"的理论和方法，实际开创了社会学领域的"形态学"研究。不过，西方社会学所说的"形态"，更主要的是指社会的基本构成要素的关联和表现，如人口、土地、生产活动、社会活动的物质性形式及其数量与性质、结合方式和融合程度等。这种所谓的"解剖学"意义上的"形态"，关注的是社会存在的物质性基础与社会学条件，与我们所说的"儒教形态"的"形态"并不相同。这里有必要对"儒教形态"的"形态"作进一步的说明。

我们关于"儒教形态"的研究，并非仅仅是关于儒教的物质性基础与社会学条件的"形态学"考察，而主要是关于儒教的结构和功能的"形态"研究。为说明这一关于"形态"的理解，我们先来看社会学对相关问题的处理。

我们注意到，涂尔干在他的社会学的考察中，通常会在原因的探讨和问题的解决上回到他的所谓的形态学的社会事实上来。如在《社会分工论》的讨论中，他指出，现代社会里法律和道德失范状况的形成，是与传统法人团体（职业群体）的丧失密切相关的，而社会失范的解决也要依赖新的法人团体的建立而搭建起功能和谐完备的新型社会。再如，在涂尔干这里，如果要认识"自杀"这样一种通常以个体形式所表现的社会现象，必须考察普遍的宗教信仰、一般的婚姻家庭和职业状况，以及社会的一体化程度等社会形态问题。A. R. 拉德克里夫－布朗在讨论涂尔干的功能主义社会学时曾对涂尔干的"社会生理学"与"社会形态学"的区分作出过说明和发展。在他看来，"功能"这个概念被运用到人类社会的研究中，"是基于社会生活和有机体生活的相似性"，涂尔干"做出了关于这个概念的系统阐述，该阐述被应用到严格的社会科学研究中"①。他说："如果在这些概念的基础上，我们进行关于人类社会和社会生活实质的系统调查，就会发现三个问题。第一，关于社会形态学的问题，包括社会组织结构的类型、异同点以及分类方法。第二，关于社会生理学的问题，也就是社会组织结构所起的作用。第三，关于发展进步的问题，即新型的社会组织结构的衍生。"② A. R. 拉德克里夫－布朗所关注的问题有两个方面，一是在运用功能概念时要考虑到社会组织也处于不断的变动之中，即所谓"发展进步"的问题；二是人类社会与有机体活动的不同。

　　这里我们要注意的是第二个方面。A. R. 拉德克里夫－布朗认为，人类社会和有机体活动有两个不同点。他说："首先，在动物有机体内部，我们可以在不考虑有机体功能的情况下，对其组织结构进行观察。因此形态学的研究可以独立于生理学。但是对于人类社会而言，作为整体的社会结构仅仅可以通过功能来评述。社会组织结构的一些特征，例如个人和团体的地理分布情况，可以得到直接的考察。但是构成组织结构的大多数社会关系，例如父子、买卖及统治者与被统治者之间的关系，却无法得到观察，只有通过这些关系在社会活动中所起的作用来进行研究。也就是说，社会形态学的建立并不能完全独立于生理学。"③ 其次，在 A. R. 拉德克里夫－布朗看来，动物有机体在生命过程中无法改变组织结构的类型，例如猪永远不能变成河马，而在历史发展过程中，社会却可以在不破坏连续性的前提下改变其

---

① ［英］A. R. 拉德克里夫－布朗：《原始社会的结构和功能》（二），丁国勇译，第 391 页。
② ［英］A. R. 拉德克里夫－布朗：《原始社会的结构和功能》（二），丁国勇译，第 397 页。
③ ［英］A. R. 拉德克里夫－布朗：《原始社会的结构和功能》（二），丁国勇译，第 397 页。

组织结构类型。

在这里，笔者所关注的是 A. R. 拉德克里夫 – 布朗关于在人类社会的研究中"社会形态学的建立并不能完全独立于生理学"的论断。我们可借之说明所谓"儒教形态"的"形态"与"社会形态学"的"形态"的区别。

从理论上讲，如果我们对人类社会的组织结构及其功能展开"社会生理学"的研究，就必须考虑到这样的组织结构及其功能所赖以存在的"形态学"条件。但是，正如 A. R. 拉德克里夫 – 布朗所说的那样，外在的自然与物质条件可以通过观察而获得，但是建立在这样的条件基础上的社会关系及其构成却需要回到"社会生理学"的研究才能获得说明。这里显然存在着技术上的困难。当我们研究某种简单的社会存在时，可能这一社会存在的"形态学"内容还容易把握，但是当我们所研究的对象是长时态的复杂的社会存在时，"社会生理学"和"社会形态学"之间的关联便难以获得清晰和准确的说明。这样，通过生理学的"功能"来把握和说明"形态学"的"实在"就成为方法论上的必然选择。

不过，在技术性的原因之外，还有社会存在自身方面的问题。例如面对"儒教"这样的社会存在，我们通常会探究这样一个问题：究竟是东亚的经济生产方式和社会组织形式导致了儒教的形成和衍变，还是后者影响并最终规定了前者？在笔者看来，对于"儒教"这样的社会存在，它的"生理学"功能和社会学意义上的"形态学"的"实在"，实际上存在着相互"塑造"的关系。当然，如果从发生学的角度看，一个社会存在的"形态学"条件可能具有先决的作用。在这里，历史唯物主义有其方法论上的重要性，只要不诉诸简单化和观念化。我们将此方法运用于儒教生成的社会历史研究，便可以视为对于儒教这一生命体得以存在的"社会形态学"说明。这样，我们所说的"儒教形态"不是上述"社会形态学"意义上的"形态"，而是"社会生理学"意义上的结构与功能（在此先不涉入结构与功能的关系说明）。

研究"儒教形态"，需要对儒教何以成为传统中国公共的—集体的行为方式作出历史的和文化的说明。儒教的行为方式，包含儒教的信仰方式、行动方式、思维和情感方式。这样的行为方式，奠基于儒教关于世界的理解基础之上，对社会中的个体与群体具有规制性的作用。

虽然我们不设定"儒教是宗教"，但现代宗教学理论从人类存在的境遇和需要出发来说明宗教的起源和功能的思考，仍能够帮助我们理解儒教何以成为传统中国的公共的—集体的行为方式。在现代宗教理论中，有的理论从集体存在的境遇来认识宗教，如孔德的"人性宗教"观、涂尔干的"集体的宗教"理论等；有的理论是从个体的存在境遇出发说明宗教，如威廉·詹姆斯（William James）的"作为个人经验的宗教"等。当然，更多的理论并不把集体的境遇与个体的需要相对立。我们这里无暇对这样一个问题作出评述，只是要说明，"宗教"之于人类的确有某种"人类学"的原因，这就是涂尔干所说的"人性的本质的、永恒的方面"，威廉·詹姆斯所说的那种作为孤独个体的人与神圣对象之间的情感、行为和经验。①

在关于"宗教"的研究中，涂尔干首先关注的是作为宗教观念之基础的"实在"，"这个实在就是人"，就是人的"宗教本性"。正因为如此，他才强调应该去考察简单社会中的最原始的宗教。他说："我们之所以把它作为研究的主题，是因为它似乎比别的宗教更适合使我们理解人的宗教本性，也就是说，它似乎更便于我们展示出人性本质的、永恒的方面。"② 此外，我们也可以看到，这种选择还有方法论上的考虑。"原始宗教不仅可以帮助我们分解宗教的组成要素，而且还具有方便解释的巨大优点。既然各种事实显得更简单了，它们之间的关系也就会更明显些。人们据以说明自身行为的理由还没有因为研究和反思被加以阐发，还没有质变；它们和真正决定其行为的动机还具有更接近、更密切的关系。"③ 在涂尔干看来，在所有的信仰体系和膜拜体系中，必然存在着某些基本的表现或概念以及仪式态度，尽管它们的形式多样，却都具有同样的客观指涉以及同样的功能。如果对原始宗教的考察，能够最为直接显明地揭示这种客观内容，我们还有什么必要去涉足复杂社会中的复杂宗教呢？正因为如此，涂尔干的"宗教"定义便直接和明了："宗教是一种与既与众不同、又不可冒犯的神圣事物有关的信仰与仪轨所组成的统一体系，这些信仰与仪轨将所有信奉它们的人结合在一个被称为'教会'的

---

① 威廉·詹姆斯将宗教定义为："各个人在他孤单时候由于觉得他与任何种他所认为神圣的对象保持关系所发生的情感、行为和经验。"［美］威廉·詹姆斯：《宗教经验之种种》，唐钺译，商务印书馆 2002 年版，第 28 页。

② ［法］涂尔干：《宗教生活的基本形式》，渠东、吉喆译，上海人民出版社 2006 年版，第 1 页。

③ ［法］涂尔干：《宗教生活的基本形式》，渠东、吉喆译，第 6 页。

道德共同体之内。"① 神圣世界与凡俗世界的二元区分是涂尔干"宗教"定义的核心，对神圣世界的信仰以及奉行这一信仰的仪式是宗教的核心要素，宗教的功能在于使以之作为共同信仰的集体成员，把这些共同观念转变为共同的实践。

涂尔干理解宗教所提出的神圣世界与凡俗世界的二元对立曾引起很大的争议，他始终坚持这样的区分，虽则也作出了某些调和。帕森斯对此有所批评，进而强调神圣与世俗之间差异的一致性。此外，帕森斯还从涂尔干将研究局限于差别极其细微的社会出发，进一步质疑他关于宗教表象与社会结构关系的认识"是否适用于更加复杂的社会"②。我们这里，还难以对这一宗教社会学问题作出具体讨论。关于"复杂性"问题，卢曼的社会系统理论有重要的说明，本书第三、四章将结合儒家作为"一个社会系统"的研究作专题讨论。这里先要注意的是，涂尔干的宗教理解有一个重要的方面，这就是他关于人类的"宗教本性"的认识。

涂尔干关于神圣世界的肯定，实际上是奠基于对人类的"宗教本性"的思考，即他所称的"人性的本质的、永恒的方面"。表面看来，涂尔干的这一观念是退回到神学的"人性论"或某种抽象的"人性论"观念，然而事实并非如此。这种关于人类的"宗教本性"的理解，不过是一种社会学意义的"人性论"。也就是说，这种"人性论"是由人之存在的"社会性需要"来奠基的。涂尔干在讨论"集体信仰"和"个体信仰"时，曾充分地说明了这一点。他说："真正的宗教信仰总是某个特定集体的共同信仰，这个集体不仅宣称效忠于这些信仰，而且还要奉行与这些信仰有关的各种仪式。这些仪式不仅为所有集体成员逐一接受；而且完全属于该群体本身，从而使这个集体成为一个统一体。每个集体成员都能够感到，他们有着共同的信念，他们可以借助这个信念团结起来。集体成员不仅以同样的方式来思考有关神圣世界及其与凡俗世界的关系问题，而且还把这些共同观念转变成为共同的实践，从而构成了社会，即人们所谓的教会。"③ 因此，宗教之所以产生和存在，完全是由于人类社会集体生活的需要，这种需要就是所谓的人类的"宗教本性"。

---

① ［法］涂尔干：《宗教生活的基本形式》，渠东、吉喆译，第42页。
② ［意］罗伯托·希普里阿尼：《宗教社会学史》，高师宁译，中国人民大学出版社2005年版，第78页。
③ ［法］涂尔干：《宗教生活的基本形式》，渠东、吉喆译，第39页。

对于这种集体特征的"宗教本性"是否适用于说明个体的宗教信仰，涂尔干也给出了明确的肯定。在他看来，传统社会中的个体膜拜不是个体特有的、自主的宗教体系，而仅仅是这些个体所属的整个教会的共同宗教的某些方面。甚至对现代出现的日益摆脱集体宗教的个体信仰，涂尔干在他的宗教考察的结论部分还是强调这种个体信仰的集体特征和社会性。他说："在人们的沉思默想中，也许可以精心设计出一种哲学，但是并不能创造信仰。因为信仰不是别的，而是温暖，是生命，是热情，是整个精神生活的迸发，是个体对自身的超越。如果不是从外部，那么个体又从何处来补充自己的能量呢？单靠自己的力量，他怎么能够超越自身呢？能够振奋我们精神力量的唯一生命之源，就是由我们的同类构成的社会；能够维持和增加我们自身力量的精神力量，只能是从他人那里获得的。"① 在涂尔干看来，无论是集体宗教还是个体信仰，都是人类具有社会性的"宗教本性"的表现。

相对于涂尔干从人类的社会性的"宗教本性"来理解这一问题，威廉·詹姆斯更多的是诉诸个体的经验和体验。后来的理论发展对此有所折中，如英格尔（J. Milton Yinger）在其论著《宗教、社会与个人》中强调宗教经验必然会受到社会、文化和个体人格的影响，企图从一种单一的理论角度来看待各种宗教是徒劳无益的，宗教的功能在于为人的生活提供一种目标，能够为诸如死亡、痛苦、不公正以及生存状态中的任何邪恶提供一种意义，"宗教就是要努力相对化个人的理想以及他的恐惧，其做法是，使它们从属于一种绝对善的观念，使它们与人类群体共同拥有、并且经常相互冲突的需要和愿望更加和谐"②。如此看来，涂尔干从集体存在的境遇来说明宗教，可能对个体信仰的特殊需要有所忽视，但涂尔干并没有忽视个体。在宗教问题上，他强调的是集体存在的宗教需要对个体信仰具有决定作用。

涂尔干关于人类存在的"宗教本性"的揭示有其合理性。这种"宗教本性"既不是神启的，也不是简单的个体的心理作用，而是社会性的。也就是说，"宗教"的"人类学"原因必须通过人类的社会存在和过程获得解释。正因为如此，涂尔干的宗教研究虽然以获得关于宗教的本质为目标，但他对于"神圣"与"凡俗"的区分不能简单地被视为抽象的观念假设，因为这个

---

① ［法］涂尔干：《宗教生活的基本形式》，渠东、吉喆译，第404—405页。

② 转引自［意］罗伯托·希普里阿尼：《宗教社会学史》，高师宁译，第171页。

区分诉诸实证的检验，例如关于各种宗教信仰类型及仪式的考察，从而保持了经验性的意义。虽然本书所展开的"儒教形态"研究并不预先设定儒教是宗教，但是涂尔干关于"宗教"的人类学原因的"人的宗教本性"的探究，仍具有启发意义。

无论如何看待"儒教"，"儒教"在传统中国社会得以产生和存在，也应有其"人类学"的原因，只是在这种"人类学"原因之外，同样存在着社会、历史的动因。我们或许可以将"儒教"的"人类学"原因和社会历史动因合称为中国社会的"儒教本性"。这种"儒教本性"源于传统中国人关于世界的基本理解，也植根于传统中国的社会和历史需要之中。我们关于儒教的研究，既要考察儒教存在的具体的社会和历史的条件和需要，也要把握儒教所植根的存在领悟。

笔者认为，古代中国人所具有的存在领悟，是考察儒教之"人类学"原因的重要维度。在传统中国的历史开展中，人对于自身存在的理解独具特色，也经历过重要的变化。我们将通过研究表明，传统中国社会中人对自身存在的理解，是在人与"神—圣"的关系中获得的。人处身于"神之道"和"圣之教"之中，并以之作为自身的存在规定和行动指引。儒教的行为方式，无论是超越层面的信仰与理念，如上帝—天命、天道—性命、圣王—圣人，还是社会生活领域的行为与规范，如敬天法祖、仁道礼法，无不受到这种观念与结构的深刻影响。儒教的思维方式，如天人之际的思考、性命之原的探求，也受到这样一种关于世界理解的引导和制约。儒教的情感方式，如亲亲、仁民、爱物乃至礼之节情与乐之感发，正是这样一种关于世界的理解在个体和群体心灵中的体现。"儒教形态"，也即儒教的结构和功能，以及其"结晶化"的表现，都受之规定或影响。正是这种存在理解与社会历史要求的双重促动，儒教得以成为传统中国最为重要的社会存在。

探寻儒教这一文化生命体的起源与发展，把握儒教植根的存在理解，认识儒教的结构特征与功能作用，观照儒教在历史社会变迁中的演进，构成了"儒教形态"研究的基本内容。本书试图通过这一研究，为"朝向儒教自身"探寻道路，也为把握儒教的现代命运和未来发展提供借鉴。

第一章　儒教生成的社会历史考察

如果把儒教视为"社会存在"，我们必须关注儒教产生的社会历史因素以及儒教具体的历史生成。事实上，无论是传统的儒学研究还是儒教研究，起源问题总会成为考察的重心。但是，正如绪论中已经说明的那样，我们的儒教研究不是从某种观念的预设出发，也不简单地诉诸"儒学"在先秦的起源和发展。这里将儒教生成的研究视域，扩大到三代特别是商周时期的社会、制度与文化的变迁，特别关注其间文明的平行性及文化开展的连续性，以期对儒教的生成有更深入的认识。儒教在汉代的建立，是一个基本的历史事实。本章还将在历史与制度的坐标中考察汉代儒教的兴起。

第一节　三代："文明孤岛"与"文化并存"

夏商周三代，无论是在传统语境还是在现代研究中，皆被视为中国古代文明的源头阶段。认识和理解三代特别是商周时期的社会、制度与文化的发展，是我们考察儒教历史生成的前提。

关于三代的历史，先秦流传的文献多有记述，西汉司马迁据此对三代历史加以记录和说明。在《史记·三代世表》中，司马迁根据所掌握的材料认为，五帝和夏商周三代及殷商以前的帝王世系和纪年因古远已不可知，周以来的历史特别因孔子著《春秋》，是可以确定和著录的。不过，司马迁在西汉仍见到多种记载黄帝以来年数的谍谱（虽"彼此乖异"），因而依据《五帝系谍》《尚书》排列出黄帝至共和元年的世系表。关于《尚书》中的《虞书》《夏书》所记载的历史是否实有其事，曾引起不同的看法。疑古派的现代领袖顾颉刚在将《诗经》《尚书》和《论语》的古史观加以比较后，建立了一个假设："古史是层累地造成的，发生的次序和排列的系统恰是一个反背"①，怀疑并否定先秦文献关于尧舜禹的记载。《尚书》中《尧典》《舜典》《皋陶谟》开篇即"曰若稽古"，表明这是后人（应是春秋战国时人）根据远古传说和流传下的旧材料追记的，也说明记载者所托的古事，并非向壁虚构，应包含了一些流传已久的历史材料和信息。

在先秦的儒家文献中，上古三代的文化常常被描述为一种有序的演变。例如：

> 哀公问社于宰我。宰我对曰："夏后氏以松，殷人以柏，周人以栗，使民战栗。"（《论语·八佾》）
>
> 有虞氏禘黄帝而郊喾，祖颛顼而宗尧。夏后氏亦禘黄帝而郊鲧，祖颛顼而宗禹。殷人禘喾而郊冥，祖契而宗汤。周人禘喾而郊稷，祖文王而宗武王。（《礼记·祭法》）

在上述叙述中，三代的礼仪与制度在有序的发展中，显得灿然明备。这样的认识，应该受到孔子的观念影响。《论语·为政》：

> 子张问："十世可知也？"子曰："殷因于夏礼，所损益，可知也；周因于殷礼，所损益，可知也。其或继周者，虽百世，可知也。"

《论语·八佾》又记：

> 子曰："夏礼，吾能言之，杞不足征也；殷礼吾能言之，宋不足征也。文献不足故也。足，则吾能征之矣。"

在孔子看来，夏商周三代的礼制是因继损益的。正因为如此，孔子称夏礼和殷礼自己还能言之。这里的因益的内容，究竟何指，孔子并未言明，不过从"郁郁乎文哉！吾从周"（《论语·八佾》）看，孔子显然是承认周代的礼制因借鉴夏商而最为文盛、完备。

---

① 顾颉刚：《古史辨自序》，河北教育出版社 2003 年版，第 54—55 页。

后儒就孔子之言解三代礼制之因继损益的内容多出己见。汉代马融疏解上引《论语·为政》言"损益"时称："所因为三纲五常，所损益谓文质三统"①，显然是以汉以来的名教与历史观念加以解说。朱熹在《论语章句集注》中承马融之说加以发挥："三纲五常，礼之大体。三代相继，皆因之而不能变。其所损益，不过文章制度小过不及之间。而其已然之迹，今皆可见。"②在马融和朱熹看来，三代之礼大体是相继不变的，其内容就是三纲五常，三代之礼的损益不过是文质的节序变化。朱熹甚至认为，这种损益只是文章制度的或过或不及的调整，并不是最重要的。马融和朱熹关于三代礼制的理解，可谓"三代一体"论，这样的理解当然是非历史的。就孔子对三代礼制变迁的理解来讲，他既强调"因"也强调"损益"，或许他更为肯定"损益"的重要性。"周监于二代"，所谓"监"不过是"鉴"的意思。正如《尚书·召诰》所言："我不可不监于有夏，亦不可不鉴于有殷。"

今人对于三代特别是商周的社会与文化的认识，继承了孔子关于礼制的"损益"的观念，同时也由于进化论眼光使然，将这种观念扩大而施之于社会、文化诸多方面，将商周制度与文化的变迁视为一种革命性的结果，"损益"之变革成为考察的中心。同时，由于新的考古材料，如殷商的甲骨文献的发现、夏与早商文化遗址的发掘等，也引发了新的思考，对商周的社会文化关系有了更为深入的认识和理解。

王国维在《殷周制度论》中说："中国政治与文化之变革，莫剧于殷、周之际。"③按照王国维的观点，商周之际的变革要远比夏商之间剧烈，最重要的是"立子立嫡"制度，由此而有宗法制与封建制。在王国维看来，"欲知周公之圣与周之所以王，必于是乎观之矣"④。王国维的这一"殷周变革论"影响很大，几成后来理解殷周社会与制度变迁的不刊之论。不过，也有学者更为关注"周因于殷礼"的因袭关系，揭示殷商制度的连续性。胡厚宣在《殷代封建制度考》中依据甲骨文献资料，详细考证了殷代自武丁以降殷王对诸妇、诸子、功臣、方国的封建情况。他总结说："盖今人每以中国文化之变革，莫剧

① （清）阮元校刻：《十三经注疏（附校勘记及识语）》，浙江古籍出版社1988年版，下册，第2463页中栏。
② （宋）朱熹：《论语章句集注》，《四书五经》（宋元人注），中国书店1985年版，上册，第8页。
③ 王国维：《观堂集林》，河北教育出版社2003年版，第231页。
④ 王国维：《观堂集林》，第244页。

于殷周之际，中国一切传统的文化礼制，大半皆由于周公之制礼。据吾观之，周起西土，在早期几无文化可言，及入中土，乃全袭殷商之文化，几乎无所变革，故殷与西周实为一个文化单位，其剧变不在殷周之际，乃在东周以来。周初之文化制度，不特非周公一人所独创，且亦非周代所特有。举凡周初之一切，苟非后世有意之傅会，则皆可于殷代得其前身也。"① 胡厚宣明确反对王国维的"殷周变革论"，而持有"殷商西周一体"的认识，认为真正的变革发生在东周，周初的文化制度并非周公所独创，乃得之于对前代的继承。

胡厚宣依据甲骨文献的考察是言之有据的，但是，殷商的宗法封建制度与周的宗法封建制度究竟还是有不同之处。王国维所明言的是"立长立嫡制"，其他形式的继承制度似乎无法替代说明。钱杭对周承继殷商宗法制度的发展以及彼此的区别作出考察。他指出："王国维认为商代没有宗法，因为商代没有嫡庶之制。其实，更符合事实的说法，应当是商代没有如同周代那样严格、完整和高度伦理化的嫡庶制。商代的嫡庶制是初级形态的。西周的嫡庶制并非周氏宗族本来就有的，周族入主中原之前的宗法发展程度并不比商代的一般水平高。'周因于殷礼'。周代宗法制度的兴盛，建立在商代已经打下的基础之上，商、周两代宗法，构成了一个发展的序列。"② 观察西周初期的王位继承，的确可见最初并非"立长立嫡制"，武王有长兄伯邑考，成王也非嫡长子。根据钱杭的考察，周公结束传统的"兄终弟及"的继承制，并非因为其无法为周人所接受，而是周公面对武庚与三监叛乱所造成的严峻的政治局面所进行的现实政治选择。钱杭还进一步强调："孔子的'损益'，是以周代为本位对殷礼实行的改造，实质上，'损益'是互相的。周礼不仅是'损益'殷礼的结果，同时也是殷礼对先周礼制'损益'的结果。在西周宗法制度的形成问题上，也许是后者占了更值得注意的比重。"③ 钱杭关于周礼与殷礼"相互损益"的认识，具有启发性。周礼固然是"损益"殷礼而来的，但周礼在形成过程中也受到了殷礼的"损益"。这实际上揭示了商周之历史上共在、文化上共存的关系。

需要说明的是，上述关于商周文化变迁的新认识，基本上建立在殷墟甲骨卜辞的研究基础上。这样，现代学者就逐渐走出传统文献的想象和描述，

---

① 胡厚宣：《甲骨学商史论丛初集》，河北教育出版社 2002 年版，第 79—80 页。

② 钱杭：《周代宗法制度史研究》，学林出版社 1991 年版，第 2—3 页。

③ 钱杭：《周代宗法制度史研究》，第 12 页。

对三代文化具有越来越客观的眼光。

20世纪，除殷墟文化遗址的考古外，仰韶文化、大汶口文化、龙山文化、陶寺遗址、二里头遗址、郑州商城、偃师商城、洹北商城等文化遗址的发现以及周原、沣镐等周文化遗址的发掘等，为我们了解中国上古特别是三代的历史与文化提供了新的材料。正是在这些考古发现的基础上，当代学者才有可能进一步分析和研究夏商周三代文化的关系与变迁。

张光直曾根据现代考古发现指出，从大处看，夏商周三代文化在物质上的表现，其基本特点是一致的。（一）三代考古遗物所显示的衣食住一类的基本生活方式都是一样的。三代都以农耕为主要生业，以粟黍为主要作物，以猪狗牛羊为家畜；衣料所知的有麻丝；在建筑上都是茅茨土阶，以夯土为城墙与房基。房基的构造都是长方形或方形的，背北朝南。（二）三代贵族都是以土葬为主要埋葬方式，尸体的放置以仰身直肢为常，墓坑都是长方形或方形竖穴墓，都有棺椁。这种共同的埋葬方式表现共同的宗教信仰，尤其是对死后世界的信仰。三代也都有骨卜，表现借占卜沟通生死的习惯。（三）在器物上看三代文化虽有小异，实属大同。陶器皆以灰色印纹陶为特征，器形以三足和圈足为特征。常见的类型如鼎、鬲、甗等表示相似的烹饪方式。铜器中皆以饮食器为主，表示在祭祀上饮食的重要。酒器中都有觚爵一类成套的器物。张光直由此断定，"从物质遗迹上看来，三代文化是相近的：纵然不是同一民族，至少是同一类民族"[1]。他还根据考古发掘和文献记载对夏商周三代都城分布和都制的认识指出，夏商周三代的政府形式与统治力量的来源也是相似的，全世界古代许多地方有青铜时代，但只有中国三代的青铜器在沟通天地上、在支持政治力量上有独特的表现，"从这个角度来看，三代都是有独特性的中国古代文明的组成部分，其间的差异，在文化、民族的区分上的重要性是次要的"[2]。

张光直关于三代文化具有共同特征的认识，是从三代考古发现的最一般的方面加以把握的，例如基本的生产与生活方式、墓葬与器物的形制以及体现信仰的物质遗存等。当然，三代文化在具体的方面仍然有着较大的差异。

---

① ［美］张光直：《夏商周三代都制与三代文化异同》，载《中国青铜时代》，生活·读书·新知三联书店2013年版，第69页。

② ［美］张光直：《夏商周三代都制与三代文化异同》，载《中国青铜时代》，第70页。

中国近百年考古工作关注的仍是这些具体内容的演化或断裂，以此来把握不同时期文明的具体面貌与类型变化。但是，根据考古发现对三代文明形态所作的整体认识仍具有重要意义，特别是在将中国古代文明与其他文明相比较时就更是如此。例如比较中国古代与世界其他地区的青铜文明，可知背后不同的宗教意识和宗教文化，而这种宗教意识和宗教文化在中国三代的发展中是属于同一类型的。

由于受传统的三代"革命"说和近世以来各种形式的历史进化论的影响，夏、商、周三代的历史和文化发展通常被理解成一种因政治力量的强弱、社会发展水平的高低、民族来源的不同乃至道德的优缺所造成的历史和文化更替，有着"所同不胜其异"的变革进化认识。这样一种关于三代的历史文化观，被张光直称为"文明孤岛"观。他说："现在很清楚，我们有必要对过去三代历史基本认识的两个要素作一根本的检查。其一是强调三代的纵向继承关系，其二是把三代的发展看成是像处于野蛮大海中的一个文明孤岛那样的观点。经过对考古学旧资料和最近新资料的推敲，我必须断言，上述两种观点是正确理解中国古代史的重大障碍。我确信，关于三代的横向关系的概念，才是古代中国诸国家形成的观念。"① 所谓"三代的横向关系"，是指三代在历史上的并存关系和文化上的同气相求，张光直也称之为"三代并存"。

对于"三代并存"的特征，张光直从多个方面作出说明。如从年代学方面看，三代虽然是一个接着一个，可是夏、商、周不仅仅有年代上的依次相连的部分，如商在推翻夏朝之前、周在灭商之前皆已经成为一个强大的政治实体。换言之，夏和商是两个年代学上的并列体——或至少是部分重叠——的政治集团，商和周也是如此。从另一个方面看，夏的后裔杞国，是商、周两朝存在的方国之一；商亡后的继承者宋国，也是周代的诸封国之一。"因此，三代的相互关系不只是依次相承替，亦表现为该诸国同时并存。就整个北部中国的历史来说，同时并存应被看作为主要的关系，而三代的更迭则可以看作是三个国家相关权力变更的标志。"② 在社会组织和社会发展的水平上，张光直认为夏、商、周有着同样重要的特征，即"宗族以城邑为统治机构"。

---

①　〔美〕张光直：《早商、夏和商的起源问题》，载郑杰祥编《夏文化论集》（下），文物出版社2002年版，第453页。

②　〔美〕张光直：《早商、夏和商的起源问题》，载郑杰祥编《夏文化论集》（下），第455页。

三代在王族的继承制上也有非常重要的相似点，商和周都有王族血统成员分封制度，这种制度与古代中国由聚落而城邑的文明发展是分不开的。

基于以上考察，张光直提出，传统把握三代文明的"孤岛模式"——"即三代像孤岛一样被野蛮大海所包围而且前后相承的模式"——是不恰当的。"相反，今天的三代考古学却指出了中国文明的起源表现为并行和互相联系的发展模式；这种模式使人们可以看到，遍及华北和中原的广大地区有一大批文明国家，而且它们的形成是并行的相互联系和相互影响的。夏朝、商朝和周朝这些名词均各有至少两个不同的意义。第一，每一朝都指一个时期……。第二，它们各指一个朝代的统治，即像晚周及其以后史家们所相信的那样，在夏代，夏国家的统治者是被许多方国拥戴到至高无上的地位。在商代，商国的王室亦被给予这样的地位；在周代，周王们被认为拥有最高统治权。但夏、商、周又是三个政体或国家，它们的相互关系是平行的：这三个国家（及其相应的礼仪）可能在三个朝代都存在，尽管它们之间的相互政治权力有所更替。"①

张光直"三代并存"的观点有值得说明的地方。从国家形态上看，所谓的"三代共存"，并不是指三个国家鼎足而存在，而是指在一个王朝占统治地位的时候，相对弱小的族群或被"革命"的国家，仍有其存在和影响，如商之于夏与杞之于商，周之于商与宋之于周。从文化上看（所谓的礼仪），所谓的"三代共存"是指三代文化的平行发展与相互影响，即使在一个朝代被"革命"之后，文化的影响因其继祚之封国的存在仍然会有所保存，而继起的朝代在当初的文化发展中便曾经受到过影响。因此新朝的文化，既保有前朝的因素也会有新的发展，这正是所谓的"因"与"损益"。"三代并存"说所要批评的，正是过分强调损益而忽视新旧文化平行发展与相互作用的事实。

客观言之，在关于三代文化的差异与变革的考察中，现代学术对三代之间的连续性与共通性早有所关注。傅斯年在作于1931年之前的《夷夏东西说》中，通过对古史传说与文献记载中的夷、夏、商、周崛起方位的地理考察，将三代之前与三代时期的中国文明发展分为东西两个系统。在他看来，夷与商属于东系，夏与周属于西系，"这两个系统，因对峙而生争斗，因争斗

---

① ［美］张光直：《早商、夏和商的起源问题》，载郑杰祥编《夏文化论集》（下），第456页。

而起混合，因混合而文化进展"①。丁山写于 1934 年的《由三代都邑论其民族文化》，在"三代异族"的基础上强调"三代文化异征"，所谓"夏与殷周，实亦非同族类。故其制度文物，生活习惯，颇多不同"②，但由于运用了新的考古材料，也注意到上古至夏商时期文化的连续发展。例如，他根据李济的殷墟考古研究以及梁思永的后岗考古发掘报告的结论，即"殷人文化，确已进于青铜器时代；而铸铜之艺术，则皆因袭古代陶器的形制与花纹"，认为："殷人，承袭夏后氏文化，自小屯与仰韶所录殷墟彩陶与河南仰韶彩陶之花纹相较，其花纹形色，极其相似，吾人不能不信十八年（1929）殷墟出土之彩陶，确如李先生说为仰韶时代传来之古董。夏殷两代之文化，即此三数彩陶残片，不难推测其嬗递之迹。"③ 我们知道，梁思永的殷墟后岗考古，揭示了"后岗三叠层"，即小屯、龙山和仰韶三种文化的堆积关系，加之 20 世纪 50 年代的二里头文化的发现，勾勒出上古至三代中国文化发展的可能序列。二里头文化的发现者徐旭生是较早探索夏文化的著名学者，在二里头文化发现之前，他曾于 1941 年写出《我国古代部族三集团考》的文章。在这篇文章中，他考证华夏、夷、蛮三族为中华人的三个主要来源。他说："对较古的春秋时期或战国时期的传说仔细爬梳，还不难看出此前的部族的确分为三个不同集团的痕迹。此三集团对于古代的文化全有像样的贡献。他们中间的交通相当频密，始而相争，继而相亲；以后相争相亲，参互错综，而归结于完全同化。"④ 由以上可见，传统的研究虽然所关注的是上古三代之民族与发源的区别，但是也没有完全忽视彼此在华夏大地上的历史共存关联。

从 20 世纪 30 年代开始，由于马克思主义唯物史观的引入，在上古及三代的历史研究中有了不同的眼光，也有了新的认识。对于文献中的古史传说，马克思主义史学家持有怀疑和批判的态度。他们除了以历史唯物论及其社会发展学说为武器之外，也非常关注现代以来的考古发现并以之作为古史研究的材料。例如，关于夏代，郭沫若在 1930 年出版的《中国古代社会史论》中并无说明讨论，认为《尚书》始于唐虞、《史记》始于黄帝的历史起源记载，

　　① 傅斯年：《夷夏东西说》，载刘梦溪主编《中国现代学术经典·傅斯年卷》，河北教育出版社 1996 年版，第 188 页。

　　② 丁山：《古代神话与民族》，商务印书馆 2005 年版，第 38 页。

　　③ 丁山：《古代神话与民族》，第 48—49 页。

　　④ 徐旭生：《中国古史的传说时代》，广西师范大学出版社 2003 年版，第 45 页。

皆不可信，而由于中国的古物属于有史时期的只出到商代，可以断言："商代才是中国历史的真正起头。"① 在20世纪50年代写作《奴隶制时代》时，郭沫若虽仍然坚持上述观点，但已经注意到新的考古发现带来的信息，如河南偃师二里头等地发现的"二里头文化"为探讨夏文化所提供的线索。他重新判断了《尚书》的说法，认为："夏民族的统治是存在过的，但它的文明程度不会太高，当时的生产情形，顶多只能达到奴隶制的初期阶段。"② 关于夏商周三代的社会性质，郭沫若在《中国古代社会史论》中认为商代和商代以前都是原始共产社会，西周是奴隶制社会，春秋以后则是封建社会，而在《奴隶制时代》一书中，则将夏商和西周判断为奴隶制时代，奴隶制的下限在春秋与战国之交，从战国时期中国进入封建社会阶段。在20世纪30年代，吕振羽、翦伯赞等也肯定中国古代经历了奴隶社会阶段，主张殷商奴隶社会论和西周封建说。侯外庐在1946年出版的《中国古代社会史论》中，将马克思关于亚细亚生产方式的论述作为考察中国古史的原则，强调要"谨守考证辨伪的治学方法"③，把中国古代散沙般的资料和马克思主义历史科学的古代发展规律，作一个统一的研究。关于中国古史，他说："我断定中国奴隶社会开始于殷末周初，经过春秋战国，到秦汉之际终结。"④ 20世纪50年代以后，关于古史分期的讨论除了上述说法之外，还有金景芳等的"秦统一封建说"，尚钺、王仲荦等的"魏晋封建说"等。⑤

通观上述两期运用唯物史观研究古史的成果，我们可以看到，其主线是以"五种社会形态"的理论对中国历史的发展过程和形态加以认识和把握，奴隶制与封建制的分期与特征问题成为讨论的焦点。由于所关注的问题超越了一般的文献的考证和对考古材料的说明，扩大到生产与生活方式的演变、工具的进化、土地与财产制度、阶级与宗法关系、法律与国家制度、社会意识形态等诸多方面，极大地拓宽了研究视野，使得对上古三代的社会特点有了更为综合的认识。在今天看来，"五种社会形态"的理论是否适合说

---

① 郭沫若：《中国古代社会研究》（外二种），河北教育出版社2004年版，第14—15页。
② 郭沫若：《奴隶制时代》，中国人民大学出版社2005年版，第12页。
③ 侯外庐：《中国古代社会史论》，河北教育出版社2003年版，第5页。
④ 侯外庐：《中国古代社会史论》，第4页。
⑤ 参见王仲荦《关于中国奴隶制社会的瓦解及封建关系的形成问题》，《文史哲》1956年第3、4、5期。

明中国的古代社会，是一个重要的无法回避的问题。这里，我们无意也无力对相关理论和分期展开讨论，只是要说明：在唯物史观的眼光中，上古三代的社会形态虽然被看作单线的演进变革，但是变革并非以朝代的更替为标志。

中国古史研究的新思考和新成果在相当的程度上已经说明，关于三代的"文明孤岛"说已经被动摇和改变，更为全面和深入地把握"三代并存"的古史特征成为研究的方向。"三代并存"说展示了另一种文化的景观：仿佛是在文明光影交错的大海中，新的文化岛屿隆起了，但旧岛屿并没有沉没，仍然与新岛屿相辉映，而在动荡的海水深处，它们的根基始终是相连的。人们就此不能没有疑问："文明孤岛"说或许忽视了三代文化的彼此联系与相互作用，但"文化并存"说是否又夸大了它们的联系与作用呢？需要注意的是，当代关于三代"并存"的诸多认识，建立在近百年来的考古发现上，也建立在对中国文明自身特征越来越深入的认识基础上。"三代并存"说指明了三代作为相似的自然社会条件的产物，有着共通性和一致性。就三代文化来说，从时间上看，有着平行发展的过程，从内容上看也有着连续性的影响和作用。

对于儒教研究来说，认识到中国的古代文明在相当长的历史发展过程中所具有的连续性特征和相互影响的表现方式，是十分重要的。这有助于我们将儒教放入中国古代文明的整体进程中加以把握，即使儒教在某种意义上可视为新的社会形态的文化表征。

第二节　先周社会：多元传统与文明形态

在传统的儒教研究中，对商周之际社会和文化巨变的认定是一个基本的出发点。对此，我们不妨将视界延伸扩大，考察一下殷周鼎革之前的先周社会与文化，在此基础上认识儒教形成的远缘和近因。

一般认为，所谓"先周"是指"武王克商以前周人先公先王"[①] 时期。根据许倬云的理解，"先周"的定义应有四个层次："由近及远，最晚的一段，文武建国以前，可说是先于周朝，其地区当是岐山周原；早些，古公亶父迁

---

① 李学勤主编：《中国古代文明与国家形成研究》，云南人民出版社 1997 年版，第 481 页。

来岐山以前，是先于周人之为周人的时期；更早一段，是脱离戎狄的时期；最早的一段，则是周人集体记忆中的远源。"① 在许倬云看来，这四个阶段中，现有的考古发现能够加以说明的是"先于周代的一段及先于周人之为周人的一段"，前者是岐周诸遗址的文化，后者是迁来岐山以前的文化，以碾子坡文化为代表。最初的两个阶段，特别是远祖时期最不易追寻，更难证实，"然而，一个族群的集体记忆，虽有不少难以稽考的传说成分，对于该一族群的自我认同，仍有重要意义"②。我们这里对先周文化的考察，亦以后面的两阶段为重点，特别是岐周时期和文王、武王建国这一阶段。对于这一时期，除《诗经》《尚书》《逸周书》《国语》《史记》等文献可以稽考之外，还有西周彝器铭文以及周原考古的新近发现可作说明。虽然，仅仅通过古史文献难以对此两期之前的周部族文化加以确切认定，但是正如许倬云所说的那样，一个族群的集体记忆一定会对这个族群的文化发展产生重大影响。我们对于先周社会与文化的考察，同样不能忽视古史文献和古史传说中的周人的自我叙述。

《诗经·大雅·文王》曰："周虽旧邦，其命维新。"朱熹在《诗经集传》中认为此篇乃"周公追述文王之德，明周家所以受命而代商者"，他又说"周邦虽自后稷始封，千有余年，而其受天命，则自今始也"。③"旧邦新命"恰可作为说明周人社会与文化演进的基本观念，关键在于"旧邦"传统和"新命"之"新"究竟如何？两者之间的关系怎样？

关于周部族的起源，《史记·周本纪》追述至"后稷"，"后稷之兴，在陶唐、虞、夏之际"。《国语·周语》记载蔡公谋父说"昔我先王世后稷以服事虞、夏"④，太子晋谏言周灵王的话中也有"自后稷之始基靖民，十五王而文始平之"⑤，也说后稷兴于虞夏，姬周从后稷至文王共有王十五位。《国语》和《史记》的记载留有一个疑问，那就是：如果后稷兴于"陶唐、虞、夏之际"，如何至文王而仅历十五王呢？我们认为，无论怎样理解有关后稷的古史记载与传说，周部族约兴起于夏商之际，其文化与夏商文化有着密切的联系

---

① 许倬云：《西周史》（增补本），生活·读书·新知三联书店2001年版，第35页。
② 许倬云：《西周史》（增补本），第35页。
③ （宋）朱熹：《诗经集传》，《四书五经》（宋元人注），中册，第119页。
④ （清）徐元诰撰，王树民、沈长云点校：《国语集解》（修订本），中华书局2002年版，第3页。
⑤ （清）徐元诰撰，王树民、沈长云点校：《国语集解》（修订本），第100页。

并鲜明地表现出农业文明的特征是可以肯定的。正如宋镇豪所概括的那样："周的社会发展，早先基本走的是土著化发展之道，与中原夏商相比，毫无疑问显得晚迟和弱小，当中原商王朝更替了存在数百年的夏王朝之际，周人的发展似乎才刚刚具备了其国家社会的素质。周的建国之道，很大程度上取决于中原政治文化的先导作用，它构成了中国早期国家发展中的另一种模式。"①以下所要做的，正是对先周时期的文化传统及其多元特征的考察，以说明周文化的基本模式和发展过程中的变革。

周部族的发祥地，按照《史记·周本纪》的记载，最初帝舜"封弃于邰"，《诗经·大雅·生民》亦有"即有邰家室"的说法，邰即今陕西武功县。《史记·周本纪》又说，不窋末年，夏后氏政衰，不窋失其官而流落戎狄之间；公刘时期，周人虽在戎狄之间，但复修后稷之业，自漆、沮渡渭；庆节立，国于豳地；古公亶父时离开豳，渡漆、沮，逾梁山，止于岐下；文王时期，又自岐下而迁都丰。根据以上记载，周人活动于今陕西中西部的泾、渭二水一带，至古公亶父时始定居于岐下周原。1931 年，钱穆发表《周初地理考》，依据地名的考证，提出周族始源于晋南的说法，认为《诗经·大雅·公刘》"于京斯依""于豳斯馆"以及《史记·周本纪》的庆节"国于豳地"所说的京与豳，在汉代的临汾，今山西闻喜、新绛一带，此后关于周族的起源地，学术界又有"甘肃青海说""客省庄二期文化说（陕西说）""黄土高原说""豫西说"等多种说法。②相关说法虽有自己的依据，但从现有的考古材料来看，都没有得到直接的证实或存在着相当的疑问。

现有的考古发现能够说明的周族历史，始于古公亶父定居岐下前后。迁岐之前或稍晚时的文化，有碾子坡考古发现可以说明，迁岐之后则有周原的考古发现可以证实。正如同样持周族起源于晋南说的许倬云在回答饶宗颐的疑问时所说："不窋以前周人历史，实在相当渺茫"，"周人与夏人之间究竟是何缘源，今日仍不能断言。史阙有间，他日史料更多时，或可再作推论"。③实际上，讨论周族起源地望的一个重要原因，就是要探查当时周部族与夏王朝的关系。对此，在没有确实的证据之前，最好以俟来日。根据古史传说和

---

①　李学勤主编：《中国古代文明与国家形成研究》，第 480 页。
②　参见李民、张国硕《夏商周三族源流探索》，第四章第一节"有关周族起源诸观点的分析"，河南人民出版社 1998 年版。
③　许倬云：《西周史》（增补本），第 75 页。

现有的考古发现，我们首先关注的是周部族在迁徙发展过程中所受到的文化影响以及自身的文化表现。

周部族出现于夏、商两大部族兴盛和交替时期，不能不受到夏商的影响。此外，周部族在迁徙过程中也与其他部族有着密切的联系，文化上也有相当的关联。在关于先周文化所受影响的讨论中，笔者赞同邹衡《论先周文化》的"多种文化因素相互融合说"，虽然其中有些判断仍需进一步的证明。邹衡所言的"先周文化"，是指武王克商以前周人的早期文化。这样，对先周文化的考察自然可以追溯至商部族的起源之际。不过，由于是严格地依据考古材料来展开说明，邹衡所确定讨论的先周文化，"其年代大约相当于商代祖甲以后，直到商纣灭亡"①。按照先周文化"多种文化因素相互融合说"的研究，形成先周文化的因素主要有三个：一是来自以殷墟为代表的商文化，主要表现为先周文化中大量存在的商式铜器；二是来自山西境内的光社文化，主要是指先周文化中最具代表性的褐色连裆陶鬲，也有青铜武器等；三是来自甘肃境内的辛店文化和寺洼文化，这主要是指先周文化中最具代表性的双耳、高领、分裆陶鬲。就其人群而言，主要包括三大集团：一是来自东北方（陕东、晋西）的姬周集团；二是来自西方（甘肃）的羌姜集团；三是其他居民集团，有原住民，也有外来的可能包括夏族的遗民和商王朝领域的各族。② 对于这样的观点，学术界有不同的认识。不少学者指出，周族在形成过程中，尽管曾受到过姜族、夏遗民、商族等其他族群文化的影响，但不可能使周族本身的特点发生质的变化，周族不是一个大混合体，不能把非周族的文化遗存混合在一起作为先周文化看待。③

在笔者看来，先周文化的"多种文化因素相互融合说"，并不否认姬周作为周族群的主体，也不会导致对姬周文化传统主体地位的否定，这一说法能够客观地说明先周文化的多元传统和多元特征。至于姬周主体文化的特点，正是需要在这样一种认识之下进一步把握的。只有客观认识三代文化的关联，特别是先周与商文化的关系，对于周文化才会有基本的判断。

从姬周国家的建立来看，先周可视为由原始部落而发展成国家的一个漫

---

① 邹衡：《论先周文化》，载《中国考古学会第一次年会论文集》，文物出版社 1980 年版，第153 页。

② 参见邹衡《论先周文化》，载《中国考古学会第一次年会论文集》第 153—156 页。

③ 参见李学勤主编《中国古代文明与国家形成研究》，第 482—483 页。

长的过渡过程，其中经历了不同的阶段。根据晚近关于社会进化的理论，我们可以对先周社会的演化有一个基本的判断。在西方学界，从 20 世纪 50 年代开始，"酋邦"这一概念被广泛使用，以界定人类社会由早期原始部落向国家演进的过渡阶段。朱利安在编写《南美印第安人手册》时，注意到加勒比地区在欧洲人征服之前，曾经存在着一种既区别于部落社会，又不同于正式国家的社会类型，从而使用了"酋邦"（chiefdom）对之加以说明，"自 60 年代以来，塞维斯（Elman R. Service）等人类学家们提出了'酋邦'（chiefdom）社会这样的结构类型，并按照社会进化的观点把民族学上的各种社会加以分类，构想其演进程序为：游团（bands，地域性的狩猎采集集团）——部落（tribes，一般与农业经济相结合）——酋邦（chiefdoms，具有初步不平等的分层社会）——国家（states，阶级社会）"①。"游团——部落——酋邦——国家"作为一种社会演进模式，是按照社会进化的观点将民族学上可以观察到的各种类型的社会加以分类排列而成的，就具体的文明区来作分析，还需要通过考古学的实证加以说明。张光直将上述社会演进模式与中国考古学发现所揭示的各个发展阶段相对应，提出：旧石器和中石器时代相当于游团阶段；仰韶文化相当于部落阶段；龙山文化相当于酋邦阶段；从三代（夏商周）到春秋、战国、秦汉相当于国家阶段。② 王震中则认为，上述社会演进模式"逻辑色彩很强"，在借鉴时应该有所变通，由于各文明毕竟是在不同的生态环境和区域内成长起来的，必然带有各自的个性特征和区域文明的特点。他认为，如果依据世界各地的考古发现，可以将世界第一批原生态的文明起源划分为三大阶段：即由大体平等的农耕聚落形态发展为含有初步分化和不平等的中心聚落形态，再发展为都邑国家形态，"中国文明起源的具体历程可以描述为：社会尚未分层的农耕聚落形态——开始分化和分层了的原始宗邑聚落形态——已形成文明的城邑国家形态"③。王震中的社会发展描述，是根据世界各地农业文明的起源与发展的特征而作出的，其间更关注中国古代文明的特点。我们认为，这一划分，可以与塞维斯等人的社会演进模式相对照而加深我们对于中华文明的认识。

---

① 王震中：《中国文明起源的比较研究》，陕西人民出版社 1994 年版，第 6 页。
② 参见［美］张光直《从夏商周三代考古论三代关系与中国古代国家的形成》，载《中国青铜时代》，第 52 页。
③ 王震中：《中国文明起源的比较研究》，第 9 页。

需要指出的是，虽然我们可以根据上述社会发展的描述将中国夏商周三代的文明界定为"国家阶段"或"城邑国家形态"，但是，由于三代历史发展的不平衡性，三代在共存的过程中实际可能处于不同的阶段。或许在商已经进入"国家阶段"或"城邑国家形态"时，姬周可能仍处于"酋邦阶段"或"中心聚落形态"，而先周在古公亶父迁岐前后应处于"酋邦阶段"或"中心聚落形态"向"国家阶段"或"城邑国家形态"的发展过程中。对此，我们可以在周人的自我描述和古史的记载及传说中发现相关信息，也可以在先周的考古发现中获得较为确实的证据。

《诗经·大雅·生民》曰：

> 厥初生民，时维姜嫄。生民如何？克禋克祀，以弗无子。履帝武敏歆，攸介攸止，载震载夙。载生载育，时维后稷。

这是周人歌咏其民族起源的诗歌。姜嫄履天帝足迹感孕而生契，与《诗经·商颂·玄鸟》"天命玄鸟，降而生商"之简狄吞玄鸟之卵而生契的叙述一样，将本民族的起源诉诸圣灵感孕。这样的感生神话见之于世界上的许多民族，通过女始祖感孕而神化其男性祖先，其中包含了图腾崇拜和祖先崇拜的文化信息。就商周感生神话来说，玄鸟可能就是原始商民族的图腾，而姜嫄"履帝武敏"，其中的"帝"应该就是周民族所崇拜的最高神灵。在这里，"帝"显然是人格神，表现出周人的原初信仰的特征。周民族的男性祖先契，被周人作为农业神而歌颂和信仰。《诗经·大雅·生民》：

> 诞实匍匐，克岐克嶷，以就口食。蓻之荏菽，荏菽旆旆。禾役穟穟，麻麦幪幪，瓜瓞唪唪。
> 诞后稷之穑，有相之道，茀厥丰草，种之黄茂。实方实苞，实种实褒，实发实秀，实坚实好，实颖实栗，即有邰家室。

契（后稷）诞生之后，播种豆、谷、麻、麦、瓜等作物，获得丰收，发明了整田、选种、壮苗等方法，在邰地繁衍生息。值得注意的是，契（后稷）还发明了祭祀，所谓"后稷肇祀"，在自己部落里祭祀"帝"。《诗经·大雅·生民》：

> 卬盛于豆，于豆于登。其香始升，上帝居歆。胡臭亶时，后稷肇祀。
> 庶无罪悔，以迄于今。

在这里，契（后稷）正是周部族的最高祭司。

《史记·周本纪》根据上述传诵对周部族的起源加以说明：

> 周后稷，名弃。其母有邰氏女，曰姜原。姜原为帝喾元妃。……弃
> 为儿时，屹如巨人之志。其游戏，好种树麻、菽，麻、菽美。及为成人，
> 遂好耕农，相地之宜，宜谷者稼穑焉，民皆法则之。帝尧闻之，举弃为
> 农师，天下得其利，有功。帝舜曰："弃，黎民始饥，尔后稷播时百谷。"
> 封弃于邰，号曰后稷，别姓姬氏。后稷之兴，在陶唐、虞、夏之际，皆
> 有令德。

上面的记述中，包含了一些新的历史信息，如"姜原为帝喾元妃"，帝尧"举弃为农师"，帝舜命之"播时百谷"等。这些说法，特别是契为尧舜农师，出于《尚书》。《尚书·尧典》有"黎民阻饥，汝后稷，播时百谷"，《尚书·皋陶谟》也记禹向舜报告"暨稷播，奏庶艰食鲜食"。所以，司马迁说："后稷之兴，在陶唐、虞、夏之际，皆有令德。"（《史记·周本纪》）前面我们已经指出，如果根据司马迁关于周王世系的排定，姬周的兴起时代是否能够追溯至陶唐、虞、夏之际是存在疑问的，较客观的判断应是兴起于夏商之际。不过，无论怎样，周部族以农业为基本生产方式和生存基础是可以肯定的。按照塞维斯和王震中的社会演进的描述，我们可以判断契（后稷）时代，周人的社会应大致处于与农业经济相结合的"部落"形态或社会尚未分层的"农耕聚落形态"。虽然在《诗经》和古史传说中，契（后稷）时代周人已居邰并具有较为高级的祭祀宗教的活动，似乎表明周部落已经具有向"酋邦"形态或"中心聚落"形态过渡的特点。

如果从《诗经·大雅·公刘》和《诗经·大雅·绵》对周部落从邰迁豳、再由豳迁岐的描述，可以清楚地看到周部族在这一漫长的阶段中已经发展至"酋邦"形态或"中心聚落"形态，直至古公亶父由豳迁岐前后，已经具有了"国家"或"城邑国家形态"。

《诗经·大雅·公刘》叙述公刘率周部族来到豳地进行察水、相地、开垦、修建城邑的生产定居活动，所述"既登乃依，乃造其曹"，"食之饮之，君之宗之"，"其军三单"等，说明周人已经有了上下等级的分化以及宗族和军事组织。《诗经·大雅·绵》描述了古公亶父（太王）率周人由豳迁岐的情况。周原土质肥美，古公亶父相宅筑室，构画疆界，宣导沟洫，平治田亩，一派农业民族定居生产的景象。最为重要的是，周邦这时已经有了国家的基本架构。如有官属和辅佐相导之臣，有用作国家祭祀的神庙与社坛，所谓"乃召司空，乃召司徒，俾立室家。其绳则直，缩版以载，作庙翼翼"；有作为王都的大型城邑，有太王居住的巍峨宫室，还有"戎丑攸行"的军事征伐。一个以姬周族为主体的，由多部族组成的新兴国家至此颇具规模。

当代的考古发现也证明了古公亶父由豳迁岐前后，周部族已经发展至"城邑国家形态"。从1942年石璋如为寻找文献记载的周代都城，对传说中的邰、豳、岐、丰、镐等地进行考古调查开始，直至2004年陕西岐山周公庙遗址的发掘，对先周时期周人文化遗存的考古工作已经有了丰硕的成果。1978年，中国社会科学院考古研究所泾渭考古队发现了陕西长武县碾子坡周文化遗址和墓地，使得周人居豳时期的文化面貌得到了揭示。[①] 这表明，古公亶父由豳迁岐前后，姬周的文化形态具有连续性，是一脉相承的。20世纪70年代以来岐山凤雏村早周甲组建筑基址、凤雏召陈村西周建筑群的发掘，周甲骨文的发现等，使我们可以判定，迁岐之后周人已经具有了成熟的"城邑国家形态"。"古公迁岐，实标志着周早期国家由此进入了较成熟的阶段。"[②]

公季、文王之时，姬周国家获得了大发展。公季执国，四方之国已有归服。《史记·周本纪》："公季修古公遗道，笃于行义，诸侯顺之。"西伯在位，天下之士多有归顺，"诸侯皆向之"，严重威胁到商王朝的统治。拘羑里之后，文王表面服从商纣，实际上修明内政，协和邦交，并讨伐犬戎和不归服的方国。《史记·周本纪》："西伯阴行善，诸侯皆来决平。……明年，伐犬戎。明年，伐密须。明年，败耆国。殷之祖伊闻之，惧，以告帝纣。纣曰：

---

① 参见胡谦盈《南邠碾子坡先周文化遗存的性质分析》，《考古》2005年第6期。

② 李学勤主编：《中国古代文明与国家形成研究》，第502页。

'不有天命乎？是何能为？'明年，伐邘。明年，伐崇侯虎。自岐下而徙都丰。"至文王由岐下迁都丰的时候，周邦实际已完全崛起，至武王即位后，终革殷命。

从考古材料所透露的信息看，先周文化有着来自多重方面因素的影响，有殷商文化、光社文化、辛店文化和寺洼文化等。从族群融合的方面看，姬周集团也对羌姜和其他部族、方国的文化有所接纳。从姬周族的起源与发展看，我们可以对先周社会作出一些基本的判断。

先周社会是建立在农业文明基础上的，通过吸纳西北地区的游牧文明，而发展出以农业为主、农业畜牧业并举的综合经济形态。在周人的起源追溯中，周部族的始祖后稷被奉为农业神，其后的公刘、古公亶父皆以农业立国，至迁岐之后，农业在周国家的发展中始终居重要地位。"周族很早就是个重视农业生产的民族。虽然它比夏族、商族后起，它之所以能够后来居上，就是由于重视发展农业的结果。"① 周人视姜嫄为女始祖，姜嫄履天帝足迹而生周族，据《史记·周本纪》，姜嫄是有邰氏女。《史记》张守节《正义》引《说文》云："邰，炎帝之后，姜姓，封邰，周弃外家。"② 虽然对于"邰"究竟在陕西还是山西有不同的认识，但此文化信息说明周部族与姜姓之族有着密切的关系。如徐旭生说："姬、姜两姓的关系从来已久，绝不能分属两族"，"姜与羌本属同源，为西方著名的氏族"。③ 羌是活动在西北的族群。《诗经·大雅·绵》有"古公亶父，来朝走马。率西水浒，至于岐下。爰及姜女，聿来胥宇"，记载古公亶父娶太姜为妻。有学者认为，姜嫄感生的神话是周人后来的追溯，来自不窋之后周族窜入夷狄的历史记忆，更是受迁岐之后周姜联盟的影响。如李峰说："从文献上可明确知道周、姜联姻始于此时，及于西周，大约有七个王有姜姓配偶。古公亶父所娶之太姜可能即出自已经来到关中的羌人部族。"④ 周文化吸纳姜、羌文化的重要表现可能既在于在重视农业生产的基础上发展畜牧业。在碾子坡遗址的发掘中，除了碳化的农作物如高粱，各种不同用途的农业生产工具如石斧、骨铲，还出土了大量的牛、猪、马、羊等牲畜的骨头，其中牛骨占半数以上。周人以农业为主，农业与畜牧

---

① 杨宽：《西周史》，上海人民出版社2003年版，第26页。

② （汉）司马迁：《史记》，中华书局1959年版，第111页。

③ 徐旭生：《中国古史的传说时代》，文物出版社1985年版，第122、123页。

④ 李峰：《先周文化的内涵及其渊源探讨》，《考古学报》1991年第1期。

业并举的经济形态正是后世中国社会的基本经济形态。

就周人的社会形态言，从始祖弃开始，父系家长制即已建立，到公刘时，父系家长权力已是至高无上，古公亶父迁岐之后，周邦内部已经形成了以宗法为核心的社会形态。《诗经·大雅·公刘》中已有"君之宗之"的说法。对此，毛注曰："为之君为之大宗也。"朱熹《诗集传》说："宗，尊也，主也，嫡子孙主祭祀，而族人尊之以为主也。"① 朱凤瀚说："'宗'本义是宗庙，西周人作诗咏颂祖先采用'宗之'一语，其义当是指奉公刘为宗子之义……当然，公刘时代是否确如诗所言已有以后那种大小宗的宗法制度难以确知，但在姬姓周族内部已将公刘之类首领奉为君主，则用以强调尊卑关系、主从关系的等级制度已在周族内发展到相当的程度，宗法制度的内涵实已存在。"②

从周人的社会发展看，从早期的农耕聚落形态发展为原始宗邑聚落形态，直至迁岐之后的城邑国家形态，形成了以姬周族为中心，以归服的部族方国为联盟的国家结构。后世所言的"邦内甸服，邦外侯服，侯卫宾服，夷蛮要服，戎狄荒服"（《国语·周语上》）的国家形态多为理想，但其观念应导源于此。

我们知道，考古材料更多的从物质文化方面揭示精神文化的内容，其间的联系也多是考古文化的联系。此外，先周的社会形态也处于不断演进之中，周民族的精神开展，特别是古公亶父之后直至武王克商之际姬周"城邑国家"的文化与精神表现的复杂内容，还需要进一步说明。在这种文化与精神的表现中，我们需要特别关注周文化与商文化的关系。

第三节　旧邦新命："上帝"与"天"的信仰

一般认为，周人的宗教观念和文化精神在殷周鼎革的过程中得到了充分的体现，这就是以"天命"取代殷人的上帝崇拜，而强调"天命靡常"（《诗经·大雅·文王》），"皇天无亲，唯德是辅"（《左传》引《周书》语）。不过，周人的宗教观念和文化精神是在漫长的历史过程中形成的，不会如观念

---

① （宋）朱熹：《诗经集传》，《四书五经》（宋元人注），中册，第134页。
② 朱凤瀚：《商周家族形态研究》（增订本），天津古籍出版社2004年版，第235页。

的表述那样简单，与殷商宗教信仰的关系，也不会如政治鼎革那样判然有别。

就先周时期周人的宗教信仰来说，"上帝"崇拜始终是存在的，"天"之信仰即使在克商后，也并没有替代"上帝"信仰。周人的"上帝"信仰与"天"之信仰有着复杂的关系。"上帝"信仰虽受商人"上帝"崇拜的影响，但有不同。导源于周民族发展中的不断的精神塑造，因应了"其命维新"的政治和文化需要，周人"上帝"与"天"之信仰有新的发展。

周人的"上帝"信仰，在周民族的历史的叙述和殷周之际的历史文献中有充分的说明。《诗经·大雅·生民》叙述女始祖姜嫄"履帝武敏歆"而生后稷，视周族为上帝感生的后裔。描述周部族迁移到岐下直至文王时期的史诗《诗经·大雅·皇矣》曰："皇矣上帝，临下有赫。监观四方，求民之莫。"上帝临视人间四方，观夏商两朝政教不行，向西眷顾，使周人停于岐下；又说"帝迁明德，串夷载路。天立厥配，受命既固"，眷顾周人的"上帝"与为之"立厥配"的"天"并言，周人因"上帝"和"天"而受命；又曰"帝省其山，柞棫斯拔，松柏斯兑。帝作邦作对，自大伯王季"，"帝谓文王：予怀明德，不大声以色，不长夏以革。不识不知，顺帝之则"，周邦国之兴与王季承命皆由于"上帝"，"上帝"警戒文王并赋予文王明德，所谓"顺帝之则"。

《生民》《皇矣》等诗篇，或许是西周时期周人对自己邦国历史的追述，但是崇奉敬仰"上帝"显然是先周乃至西周时周人根深蒂固的信仰和文化观念。"临下有赫"，"乃眷西顾"，"帝命不（丕）时"的"上帝"，既是周人信仰的至上神，也是周人崇拜的保护神。从"帝省其山""帝谓文王""上帝临女"来看，这个至上神和保护神是有人格特征的。《尚书·金滕》记载周公祈告先王欲代武王受天之罚，称先王"命于帝庭，敷佑四方"，这是西周时周王室信仰上帝的明确记载。

"上帝"究竟是周人原有的神灵还是来自商人的信仰，对此有不同的认识。傅斯年认为，周人的上帝是从东方搬到西土的，亦即借自殷商的。他的证据有两点：一是《国语·鲁语》所谓"商人禘喾而祖契，郊冥而宗汤。周人禘喾而郊稷，祖文王而宗武王"；二是《诗经·大雅·皇矣》有"皇天上帝，临下有赫"，"乃眷西顾，此维与宅"。傅斯年说："这个上帝虽在周住下所谓'此维与宅'，然而是从东方来的"，"商人的上帝是帝喾，周人向商人借了帝喾为他们的上帝，所以虽种族不同，至于所禘者，则是一神。"① 在周人这里，帝喾已经从商人的祖先神演变成了超越族群意义的全民的上帝。傅斯年的结论是："周人袭用殷商之文化，则并其宗教亦袭用之，并其宗神系统中之最上一位曰'上帝'者亦袭用之。上帝经此一番转移，更失其宗神性，而为普遍之上帝。于是周人以为'无偏无党'，以为'其命无常'矣。"② 除傅氏之外，顾立雅（H. G. Greel）也持有周人上帝承袭商人说。他的《释天》（1935 年）一文在统计《诗经》《尚书》中西周作品及金文中"天""帝"出现次数后提出，上帝是商之部落神，天为周人部落神，至殷周二民族接触后，天帝乃成为一神之异名。顾立雅在 1970 年又发表《天神的源流》一文，仍强调周人征服商后的诗中洋溢着一种对上帝的敬仰之情，《大雅·生民》咏姜嫄"克禋克祀""履帝武敏歆"而生后稷，此"帝"无疑是所禋祀之天神，即诗中屡言之上帝，诗末言"上帝居歆，胡臭亶时。后稷肇祀，庶无罪悔，以迄于今"，也表明周人自后稷时代始即已祭上帝，遂一直蒙受上帝之福佑，"可见周民族已将自己的形成、生长的史实与对上帝的崇拜融合在一起"③。

笔者认为，《诗经》诸篇的确体现了周人的上帝信仰，这种信仰不会是在克商之后才出现的，且不能排除在周部族的发展过程中曾受到殷人上帝信仰的影响。周人作为后起的部族，在强势的殷文化面前有所吸收和借鉴既非常可能，也十分正常。王晖也指出，如果不承认周人接受了殷人的上帝，就无法解释《尚书·召诰》中"皇天上帝改厥元子，兹大国殷之命"的说法，既然"皇天上帝"是周人的上帝，为什么还要"改厥元子"呢？王晖认为："周人在先周时期由于季历与殷王室贵族之女通婚、文王与帝乙之女通婚，周人不仅接受了殷人的祖先神，在岐周对殷人的先祖先王祭祀——周原甲骨刻辞便是证明；而且也接受了殷人的上帝尊神。"④ 殷周王室之间有姻亲关系，殷周为舅甥之国，见之于文献。如《诗经·大雅·大明》有"挚仲氏任，自彼殷商，来嫁于周"，还有"文王嘉之，大邦有子"，说明王季和文王都是娶

---

① 傅斯年：《性命古训辨证》，载刘梦溪主编《中国现代学术经典·傅斯年卷》，河北教育出版社 1998 年版，第 75 页。

② 傅斯年：《性命古训辨证》，载刘梦溪主编《中国现代学术经典·傅斯年卷》，第 81 页。

③ 朱凤瀚：《商周时期的天神崇拜》，《中国社会科学》1993 年第 4 期。

④ 王晖：《商周文化比较研究》，人民出版社 2000 年版，第 48 页。王晖还进一步考察了周人祭祀上帝的时间以及周人眼中的上帝原型，以此说明周人的上帝的确来自东方的殷民族。参见该书第 49—54 页。

殷商贵族之女为妻。

如果说，殷周之间的姻亲关系还不能直接说明殷周信仰与文化的关联，1977 年春于周原凤雏出土的周原甲骨更给我们提供了有关商周信仰关系的新信息。从内容上看，周原甲骨卜辞中有祭祀殷人先祖先王的内容。例如，周原 H11：84 号卜辞记载对太甲的祭祀，周原 H11：82 号卜辞记载对太戊的祭祀。此外，周原卜辞还表明周王在周原似乎设有祭祀殷商先王的"宗"和"必"。例如，周原 H11：1 号卜辞记载在"宗"里祭祀"成唐（汤）"，H11：112 号卜辞记载在"必"里祭祀"武丁"。[1]虽然，有学者根据古人祭祀"神不歆非类，民不祀非族"的说法，怀疑周人是否会祭祀殷人的先公先王[2]，但我们认为这样的祭祀观念也并非确然不移的。如若不然，《国语·鲁语》所谓"商人禘喾而祖契""周人禘喾而郊稷"的记载便无法解释。当然，即使承认周人承接了殷人的上帝信仰，也并不意味着周人的"上帝"即殷人的"上帝"，而不具有宗教与文化上的新的改造。

周人"其命维新"的宗教与文化的改造，突出地表现在"上帝"信仰所具有的独特内涵以及对"天"的崇拜上。

周人的"上帝"信仰与商人的"上帝"信仰有着较大的差异，这种差异表现出周人信仰的发展和特殊性。朱凤瀚对于殷周"上帝"在神的性质上有比较，概括地说：商人的上帝虽主宰天廷诸帝臣，但与祖先神及自然神间没有明确的上下统属关系，周人之上帝则与周人祖先神及自然神之间皆有统属关系；对于商人，上帝是一种强大而意向又不可捉摸的神灵，但西周时期周人的上帝已被周人奉为保护神；商人的上帝看不出具有理性，恣意降灾或降佑，但周人却赋予上帝主持正义、有明确的是非观念的品格。[3] 由此判断，周人的"上帝"既是与周人祖先神和自然神有统属关系的至上神，也是周民族的保护神，同时还是一位具有理性品格的神灵。与之相对照，殷人的上帝虽然也具有至上神的特征，但与殷人的祖先神和自然神没有统属关系，对于殷民族，"上帝"仍是一种异己性的非理性的存在。这里需要通过相关问题的辨

---

① 周人是否为祭祀殷商先王而设立宗庙，有不同的看法，但是从周原甲骨卜辞看，周人祭祀殷商先王是历史的事实。参见仵君魁《周原甲骨来源辨》，《中国考古学研究论集——纪念夏鼐先生考古五十周年》，三秦出版社 1987 年版。

② 参见杨升南《周原甲骨族属考辨》，《殷都学刊》1987 年第 4 期。

③ 参见朱凤瀚《商周时期的天神崇拜》，《中国社会科学》1993 年第 4 期。

析，以说明周人"上帝"崇拜所具有的新的文化意义。

关于殷商的"上帝"崇拜，陈梦家在《殷墟卜辞综述》中有详细的考证。他的结论是：

> 殷人的上帝或帝，是掌管自然天象的主宰，有一个以日月风雨为其臣工使者的帝廷。上帝之令风雨、降祸福是以天象示其恩威，而天象中风雨之调顺实为农业生产的条件，所以殷人的上帝虽然也保佑战争，而其主要的实质是农业生产的神。先公先王可以上宾于天，上帝对于时王可以降祸福、示诺否，但上帝与人王并无血统的关系。人王通过了先公先王或其他诸神而向上帝求雨祈年或祷告战役的胜利（卜辞"告某方于某祖"，即此类）。……殷人的上帝是自然的主宰，尚未赋予人格化的属性；而殷之先公先王先祖先妣宾天以后则天神化了，而原属于自然诸神（如山、川、土地诸祇）则在祭祀上人格化了。①

这里首先需要指出的是，陈梦家根据殷墟甲骨卜辞所作出的殷人"上帝"实质是农业生产的神的判断值得注意。我们已经说过，周民族以农业立国，姜嫄"履帝武敏歆"而生后稷，后稷后世也被奉为农业神。这说明了周人之所以能够承袭商人的"上帝"信仰，有着生产方式以及与之相配合的宗教观念等社会和文化原因。其次，在陈梦家的考察中，殷人的"上帝"与"自然神"和"祖先神"有着统属关系，但"上帝"与商人的祖先神并无血统关系，地上的人王可以通过宾于帝所的先公先王和自然神以求得上帝的福佑。陈梦家比较殷周的天帝观念，认为在殷人那里"王与帝非父子关系"，"在周有天的观念而以王为天子"。②

关于殷人的"上帝"是不是至上神，有不同的看法。晁福林认为殷代的神权基本上呈现着三足鼎立之势，即以列祖列宗、先妣先母为主的祖先神，以社、河、岳为主的自然神，以帝为代表的天神，三者各自独立、互不统属，以"帝"为殷代最高神的传统认识，是错误地估价了它在殷人心目中的实际地位；帝只是殷代诸神之一，而不是诸神之长，居于殷代神权崇拜显赫地位

---

① 陈梦家：《殷墟卜辞综述》，科学出版社1956年版，第580页。
② 陈梦家：《殷墟卜辞综述》，第581页。

的是殷人的祖先神；整个有殷一代，并未存在过一个统一的、至高无上的神灵。① 他的论证，一方面说明殷人的"上帝"在支配气象如"令雨""令风"以及干预社会如"降祸""降灾"等方面仅仅是一种盲目的力量，还指出在殷代祭典的祭祀种类、祭品的多寡、祭祀的次数等方面，帝比之祖先神等均望尘莫及。例如关于祖先神的卜辞有15000多条，而关于帝的仅600多条。晁福林说明殷人的"上帝"与祖先神及自然神之间并不存在隶属关系的一个重要证据，就是通常被用来证实殷人的先王先公死后"宾于帝所"的这版一期卜辞：

> 贞，咸宾于帝。　　　　贞，咸不宾于帝。
> 贞，大［甲］宾于帝。　贞，大甲不宾于帝。
> 贞，下乙［宾］于帝。　贞，下乙不宾于帝。（合集1402）

甲骨文"宾"字一般解为"迎迓"或"做客"。晁福林认为，从上引此例可以看到咸（大乙）、大甲、下乙（祖乙）为帝所迎，他特别指出，论者在引用这版卜辞时往往只罗列上引的几例，却漏引以下四条：

> 甲辰卜……贞，下乙宾于［咸］。　贞，下乙不宾于咸。
> 贞，大甲宾于咸。　　　　　　　贞，大甲不宾于咸。（合集1402）

同时又指出，论者对下列属于一期卜辞的先祖间相"宾"的辞例也都避而不谈：

> （1）贞，大甲不宾于咸。（合集1401）
> （2）父乙宾于祖乙。父乙不宾于祖乙。（合集1657）

晁福林说："为什么要避开这些辞例呢？可能是因为这些辞例中'于'字之后的先祖名称和论者常引的那几例卜辞中的帝，实处于同等地位。这显然是对帝为'至上神'之说的一个有力否定。若将'大甲宾于咸'、'父乙宾于

---

① 参见晁福林《论殷代神权》，《中国社会科学》1990年第1期。

祖乙'之类的卜辞与'下乙宾于帝'比较，便可看出咸（大乙）、祖乙等祖先神和帝一样可以宾迎某神上天。如果说天上有一个神的世界的话，那么祖先神和帝一样是这个天国的主人，而不是客人。"①

晁福林关于殷人的上帝是与祖先神平等的"非至上神"的观点，有值得商榷的地方。陈梦家在《殷墟卜辞综述》中完整地引用了晁福林用来作为论证的那版一期卜辞的内容，他的说明是："卜辞所记，先王先公宾于帝，先王先公互宾。"② 陈梦家认为，虽然殷人的"上帝"与祖先神之间无血缘关系，但是先公先王可以上宾于天，人王通过先公先王或其他诸神向上帝求雨祈年或祷告战争的胜利。显然，在陈梦家看来，殷人的祖先神与"上帝"还是不平等的。晁福林说："卜辞里没有任何迹象可以说明天上的先祖要将人世的祈祷转告于帝。所谓的'转告'于帝之说纯属子虚。"③ 不过，胡厚宣曾在《殷墟卜辞中的上帝与王帝》中指出，由先王"宾于帝"可知，先祖是时王向帝表达企望的中介。朱凤瀚也指出，这种解释有相当的道理，在卜辞中可见到有商王在先祖庙中卜问上帝之行为的辞例。对于引起争论的这组卜问咸、大甲、下乙是否"宾于帝"并卜问大甲、下乙是否"宾于咸"的卜辞，朱凤瀚解释说："分析此组卜辞，知商王是要了解究竟大甲、下乙（祖乙）哪一个王可以宾于帝，这是核心的问题。但所以又要卜大甲、祖乙是否会作宾于咸（巫咸，大戊时有权力之巫师），可能是因为巫咸作为巫，具有与天神沟通的特殊权力，希望通过咸来使太甲、祖乙实现与上帝之交往。"④ 笔者基本赞同朱凤瀚的说法，在这里"上帝"和咸并非有同等地位，"上帝"虽然并没有把祖先神和自然神的权力全揽在手中，却拥有较高的权能。的确，在殷人的信仰中，祖先神是殷人祭祀的主要对象，祖先神也拥有"上帝"所不具有的对商人的庇护作用，相对于相信祖先神之有求即应来说，上帝显得既不近人情也缺乏赏善罚恶的理性。不过，也正是因为如此，周人才能够对殷人的"上帝"信仰加以改造和发挥，使其在民族和国家发展过程中产生重要而积极的作用。

如前所述，在《诗经·大雅·生民》中，周人将民族的起源追溯至姜嫄

---

① 晁福林：《论殷代神权》，《中国社会科学》1990 年第 1 期。
② 陈梦家：《殷墟卜辞综述》，第 573 页。
③ 晁福林：《论殷代神权》，《中国社会科学》1990 年第 1 期。
④ 朱凤瀚：《商周时期的天神崇拜》，《中国社会科学》1993 年第 4 期。

"履帝武敏歆"，视自己为"上帝"的后裔，在《公刘》和《绵》中，周人歌颂了公刘迁豳和太王迁岐的功绩，并未言及"上帝"。而在《皇矣》中，"皇矣上帝，临下有赫"，"乃眷西顾，此维与宅"，"上帝"在周人迁岐之后已被视为至上神和保护神。也就是说，周人对上帝的信仰可能由来已久，但是上帝成为周人的至上神和保护神则随着国家的建立和发展而形成，体现出文化和政治发展的新的需要。朱凤瀚说："《大雅》中像《生民》、《公刘》、《绵》几篇歌颂文王以前的史诗，并未以上帝为保护神或根本未言上帝，似较客观地表现了周人在迁至岐周建国以前或刚建不久时较朴素的思想感情与宗教观念。……但是在《皇矣》、《文王》、《大明》等主要歌颂文王而作于西周时期的诗篇中，上帝已明显地具有了保护神的形象，诗中因而洋溢着对上帝极其尊崇的宗教情感：'有周不显，帝命不时。文王陟降，在帝左右。'于是使上帝与周邦和文王达到极和谐的统一。这表明周王国建立后，周人的上帝崇拜观念有重要的发展。"① 朱凤瀚认为，周人建立此种上帝观显然是出于政治统治的需要，是利用这种宗教观神化自己的政权，从思想上瓦解商遗民的反抗情绪。

笔者认为，周人将"上帝"确立为至上神，除了克商之后直接的政治意义之外，还有文化上的意义。周人在克商之前即已秉持了这种"上帝"观，这既可以承接有广泛影响的"上帝"信仰，也可以通过将"上帝"改造为周人的至上神而使周民族和国家存在的神圣性得到充分的证明。由于在殷人那里，对"上帝"的信仰仍然不及对殷人祖先的祭祀崇拜，周人将"上帝"作为最高信仰，有助于打破殷商宗教文化的狭隘性，建立一种新的宗教文化以争取其他部族和方国的归服。另外，"上帝"作为周人的保护神，也改变了殷人"上帝"不可捉摸的非理性色彩，有助于确立一种宗教与政治的新的秩序。

这里要补充的是，通常认为"上帝"信仰于西周早中期之后在周人那里已经式微，这个认识是不符合实际的。例如，西周晚期周厉王所作的青铜器㝬钟，其铭文中有"惟皇上帝、百神保余小子，朕猷又（有）成亡竞，我唯嗣配皇天"②。这里先言"皇上帝"后言"皇天"，可见"上帝"信仰之重要

---

① 朱凤瀚：《商周时期的天神崇拜》，《中国社会科学》1993 年第 4 期。
② 中国社会科学院考古研究所编：《殷周金文集成》（修订增补本），中华书局 2007 年版，第 1 册，第 304 页。

性。周厉王所作的另一件青铜器瘨簋，其铭文中有"坙（经）擁（雍）先王，用配皇天"，又有"其各（格）前文人，其频在帝廷陟降，中縪烈大鲁（旅）命，用令保我家、朕立（位）"①，意为作此簋是为了安顺配祭皇天的先王，先王们频频在帝廷与人间陟降，继承并传达着上帝的命令，能够善保周家等。此处先言"皇天"，是就先王配祀说，而"上帝"之存在，则是以"帝廷""帝命"有形象的表达。由上述西周后期的钟鼎彝器铭文看，西周时期周王仍信仰"上帝"。在这种信仰中，"上帝"与祖先神之间有着统属关系并对人间发挥影响。

周人"其命维新"的宗教与文化的改造，还突出地表现在对"天"的崇拜以及对"天"与"上帝"关系的理解和调适上。

相较于"上帝"信仰，对"天"的信仰应是周人所独有的。《尚书》关于虞夏和商的记载中，有"天"之崇拜与信仰的内容。如《尧典》"帝曰：'吁！静言庸违，象恭滔天'"；《皋陶谟》记"天叙有典""天秩有礼""天命有德""天讨有罪"，并言"天聪明，自我民聪明。天明畏，自我民明威"；《汤誓》有"有夏多罪，天命殛之"；《盘庚》说"先王有服，恪谨天命"，等等。《虞夏书》中所记帝尧、皋陶等对"天"的信仰，显然没有根据。《商书》诸篇言商王的"天"之信仰，在甲骨卜辞发现之后，更遭到了强烈的怀疑而基本判断不是商人的观念。因为从所见的商代的文字资料看，"天"并未成为商王室崇拜的对象。在《商书》中，所言之"天"有时即"上帝"的同义语。如《汤誓》既说"有夏多罪，天命殛之"，也称"夏氏有罪，予畏上帝，不敢不正"。

郭沫若在《先秦天道观之进展》文中说："这儿却有一个值得注意的现象，便是卜辞称至上神为帝，为上帝，但决不曾称之为天。天字本来是有的，如像大戊称之为'天戊'，大邑商称之为'天邑商'，都是把天当为了大字的同意语。……天字在初本没有什么神秘的意思，连《说文》所说的'从一大'，都是臆说。卜辞既不称至上神为天，那么至上神称天的办法一定是后起的，至少当得在武丁以后。我们可以拿这来做一个标准，凡是殷代的旧有的典籍如果有对至上神称天的地方，都是不能信任的东西。那样的典籍《诗经》

---

① 中国社会科学院考古研究所编：《殷周金文集成》（修订增补本），第4册，第2689页。

中有《商颂》，在《尚书》中有《商书》。"① 傅斯年则认为："且天之一字在甲骨文虽仅用于'天邑商'一词中，其字之存在则无可疑。既有如许众多之神，又有其上帝，支配一切自然力及祸福，自当有'天'之一观念，以为一切上神先王之综合名。且卜辞之用，仅以若干场所为限，并非记当时一切话言之物。卜辞非议论之书如周诰者，理无需此达名，今日不当执所不见以为不曾有也。"② 傅斯年考虑到卜辞的特殊性，认为有可能没有反映出殷人"天"的信仰观念，但是卜辞是占卜祭祀的记录，商时若有郊天之祭祀，卜辞中必然不会一无所见。许倬云也指出，卜辞中有相当于天的"达名"，即"上下"的"上"，但"上帝"在卜辞中每为合文，可说明未用"天"来表示神明义。③ 综上，"天"在虞夏和商时皆没有作为至上神而被信仰，对"天"的信仰可以说是周人所独具的。

那么，周人"天"之信仰是如何发生的呢？其与商人的"上帝"信仰以及周人原有的"上帝"信仰有着怎样的关系呢？

周人"天"的信仰，见之于《诗经》《尚书》等文献以及周钟鼎彝器铭文。据顾立雅统计，天之用作神祇义，《诗经》中有一百零四次；《尚书》的《周诰》十二篇中，见了一百一十六次；所选金文中，天见了九十次，大部分（七十七次）用于天子一词，其余的为皇天君或天君。④ 如此，我们暂时无须列举相关文献与钟鼎彝器铭文中周人对"天"的崇拜。这里首先需要认识的是周人何以以"天"为信仰的对象。

郭沫若认为周人"天"的思想因袭了殷人的"上帝"观念，是把殷人的"上帝"改换成"天"，通过强调"天命靡常"来对周革殷命加以说明。⑤ 我们在本节前半部分已经说明了周人自身仍有"上帝"信仰，周人的"天"之信仰的起源并非仅仅为了取代殷人之"上帝"这样简单。

在周人"天"之信仰起源的诸说中，许倬云的解释颇具社会与历史的眼光：

①　郭沫若：《先秦天道观之进展》，《中国古代社会研究》（外二种），第 248 页。
②　傅斯年：《性命古训辨证》，载刘梦溪主编《中国现代学术经典·傅斯年卷》，第 81 页。
③　参见许倬云《西周史》（增补本），第 105—107 页。
④　参见许倬云《西周史》（增补本），第 108 页。
⑤　参见郭沫若《先秦天道观之进展》，载《中国古代社会研究》（外二种），第 257—259 页。

周人崇拜自然的天，殆亦有缘故。由先周以至克商，周人活动的范围全在晋陕甘黄土高原的西半边，地势高亢，雨量稀少，平均年降雨量在五百毫米，比之秦岭汉水区有一千毫米年雨量，相去甚远。……因此周人日日看到的是经常晴朗，笼罩四野，直垂落到视线尽头的一片长空，这样完整而灿烂的天空，但能予人以被压服的感觉。由于苍天的无所不在，到处举目四瞩，尽是同样的苍穹，默默的高悬在上，因此天就具备了无所不在，高高监临的最高神特性。①

周人的"天"之信仰，与周人的自然地域条件和生存环境有密切关联。这样的解释当然是具有启发性的。许倬云还举出了一些佐证来作说明。如《诗经·小雅·小明》中"明明在上"一类的诗句，描写了对"天"的崇敬的心情。再如，迄于秦汉之时，除了天子有"上帝""泰一"之类祭祀外，官家认可的许多有关天的祭祀，莫不在雍州境内。此外，在古代传说中，天与帝常常起冲突。如《史记·殷本纪》中有殷帝武乙做偶人视为天神而射之的"射天"记载；《史记·宋世家》也有"盛血以革囊，悬而射之，命曰射天"的故事；《山海经·海外西经》还有"刑天与帝争神，帝断其首"，刑天"操干戚而舞"的神话。许倬云说："上面两项佐证中，天神祭祀遍布陕甘，说明了天神崇拜的地域性；而射天故事及刑天传说也说明了帝与天两个观念的转移，并非完全是意念的演变，其中仍有族群对峙与竞争的可能。总之，'天'之属于周人固有信仰，不无蛛丝马迹可寻。"②

在笔者看来，考虑到周族是一个擅长和依赖农业生产的民族，周人对天的信仰还当有更为深刻的社会原因，天对农业生产自然有决定作用，"天"为农业民族所信奉也是非常自然的。不过，在先周后期和西周时期，"天"的功能日益复杂，我们可以通过考察，来进一步认识周人"天"之信仰的特征。

朱凤瀚根据西周文字资料，认为神灵的"天"的权能主要有三个方面。(一)天主宰王朝兴亡。《诗经》《尚书》中的西周文献多言天终绝殷之命，如《尚书·召诰》"弗吊天降丧于殷"等。西周早期铜器何尊铭文言："惟武王既克大邑商，则廷告于天，曰：'余其宅兹中国，自之乂民。'"等。(二)天选

---

① 许倬云：《西周史》（增补本），第107页。

② 许倬云：《西周史》（增补本），第108页。

立君主。如《尚书·多方》言夏王暴政，于是"天惟时求民主，乃大降显休命于成汤，刑殄有夏"。又如，《左传》襄公十四年："天生民而立之君，使司牧之"，虽是东周人所言，但符合西周时对天的看法。（三）天降佑或降灾于人世。降佑之例，如《周颂·我将》"我将我享，维牛维羊，维天其右之"，《大雅·下武》"昭兹来许，绳其祖武，于斯万年，受天之佑"；降灾害之例，如《尚书·大诰》"弗吊！天降割于我家，不少延"，《诗经·大雅·云汉》"天降丧乱，饥馑荐臻"，指天降旱灾，等等。① 朱凤瀚对"天"的权能的考察，涉及社会政治和农业生产等多方面。在周人这里，"天"就是自然和社会的主宰。其实，我们在《尚书·皋陶谟》这篇西周时人所作的历史描述中，也可以清楚地发现周人信仰之"天"所具有的无上的权能。所谓"天叙有典"，"天秩有礼"，"天命有德"，"天讨有罪"，"天聪明，自我民聪明""天明畏，自我民明威"等。"天"向下国颁布礼法，"天"授命有德之人而讨伐有罪的君王，"天"倾听关注下民的疾苦并根据民意来降佑或降灾。"天"有至上的权能，是周人所信仰的至上神。

我们在前面的考察中已经说明，直至西周，在周人的信仰体系中"上帝"仍被奉为周人的保护神，也具有至上神的地位。如此，周人信仰中的"天"与"上帝"是怎样的关系呢？周人又是如何在信仰体系中对两者加以安排的呢？在先周直至克商的这一历史变迁中，这种安排反映了周人怎样的宗教观念和政治意识呢？笔者认为，对上述问题的考察和认识，可以帮助我们真实和深入地把握殷周之际周人的文化观念和政治设计。

从宗教观念看，周人将作为部族起源与保护神的"上帝"作为崇拜对象，又信奉"天"，构成了"上帝—天"的信仰与崇拜。

关于周人"上帝—天"信仰，古代的经典和注释多以"上帝"即"天"肯定"上帝"与"天"的同一性。如《尚书·召诰》记召公言："呜呼！皇天上帝，改厥元子兹大国殷之命"，也说"天既遐终大邦殷之命"。这里的"皇天上帝"并称，而"天"也可代指"皇天上帝"。不过，在周人的"上帝—天"的信仰与崇拜中，"上帝"信仰与"天"之信仰实具有不同的功能，"上帝—天"之信仰形态也具有新的意义。

如前所述，在殷人那里，"上帝"信仰不及对祖先的祭祀崇拜。周人将

---

① 参见朱凤瀚《商周时期的天神崇拜》，《中国社会科学》1993 年第 4 期。

"上帝"作为最高信仰，有助于打破殷商宗教传统以祖先崇拜为中心的民族狭隘性，建立一种新的宗教文化以争取其他部族和方国的归服；作为周保护神的"上帝"，也改变了殷人"上帝"不可捉摸的非理性色彩，有助于确立一种宗教与政治的新秩序。不过，以"上帝"作为周民族保护神，并没有彻底打破宗教文化上的种族中心观念。以"上帝"作为保护神，固然可以证明周克商和建国得到了神灵之护佑，但由于"上帝"乃周人的保护神，对于其他邦国和部族来说，"上帝"仍然具有异己性，不足以使周人获得统治天下的合法性。更为重要的是，虽然相较殷人的"上帝"，周人的"上帝"已具有某些理性的特征，如分辨是非、主持正义等，但是如果单单以保护神"上帝"作为信仰，则无法保证周人自己能够以殷为鉴、戒慎恐惧，避免重蹈殷商的覆辙。这样，在先周时期和西周初年，"天"这一周人的传统信仰便被赋予了新的意义。相对于"临下有赫""监观四方"的"皇矣上帝"，"天"的人格神色彩相对淡薄；"天"以其高高在上"於穆不已"的存在和象征，更容易被塑造成"天下"万邦所信仰的对象。周人在殷商鼎革的过程中，将"天命"与"德"直接关联起来，作为"获命"的合法性证明（我们将在第四章考察文王、武王和周公的信仰经验时，详细说明其中的复杂性）。在周人这里，相较于"上帝"，"天"之信仰更具有超越族群中心及人格特征的普遍性和超越性，同时也表现出较为鲜明的道德理性色彩。

实际上，就超越族群中心的普遍性来说，如前所述，"天"之信仰有可能是周人在迁徙发展过程中吸纳西北民族的信仰而形成的。笔者认为，"天"之所以为周人所信仰，除了可能受到其他民族的影响之外，最根本的原因在于，先周时期的周部族是一个生活在黄土高原上的以农业为主要生产方式的民族。许倬云从地理环境来说明周人的"天"之信仰的发生，已见前述。其实从周克商之后"天"一直便是中国古代信仰的核心来看，"天"之信仰与中国古代社会的生产和生活方式，即农业文明的生产方式和生活方式有密切关系是毋庸置疑的。天高高在上，笼罩下界，既是巨大的自然存在，也被奉为具有普遍主宰作用的神灵，显现其自然的、宗教的乃至道德的力量。

"天"之所以能够取代"上帝"成为一种普遍的和超越的信仰，也与"天"之在上和高远有关。郭沫若指出，凡是《诗》、《书》、彝铭中所称的"帝"都是指天帝或上帝，"上下"本是相对的文字，天上的"上帝"是相对于地上的"下帝"而言的。① 晁福林则认为，殷代"天"的概念实际上是以"帝"来表达的，如卜辞习见的"帝令雨"意即天令雨、"帝降旱"意即天降旱，"也可以说殷代帝与天是合而为一的概念"。② 这样，在周文化内部，"天"之信仰与"上帝"信仰并不冲突和矛盾，一是作为普遍的、超越的存在而"於穆不已"，一是作为周民族的保护神而"临下有赫"。而对被征服的殷商遗民来说，由于"天"可被视为"帝"的指代或所在，"天"之信仰也容易和方便被接受。

这里要补充说明的是，无论是先周还是西周，"天"之信仰从来都没有取代"上帝"崇拜而独占信仰的圣殿。例如，《逸周书·世俘》记有周王祭祀帝、天的活动。《史记·封禅书》也言周人"郊祀后稷以配天，宗祀文王于明堂以配上帝"。可见"上帝"与"天"在西周时期仍然是周人祭祀信仰的对象。无论如何，在周人的信仰和祭祀体系中，"上帝"和"天"都占有重要地位。笔者认为，周之以后稷配祀天，是为了神话姬周部族之神圣渊源；而以文王配祀上帝，则是说明姬周国家在文王这里"受命"。"上帝—天"的信仰构成了周人信仰的基本内容和结构。

前面我们已经指出，相对于周人的"上帝"崇拜，"天"在周人这里已经被赋予了理性的特征。由于"天"是非族群中心的，是超越的，天之降佑和降灾便不会因族群、地域的不同而有异。周人正是以此来说明殷商如何丧失天命，而姬周何以获得天命，也以此警戒周人以殷为鉴，以德配天，葆有天命。与之相关的内容在《尚书·周书》、《诗经》之《大雅》《周颂》等文献中多有记载和说明，也为一般讨论所常用，兹不再引。

这里还要指出的是，"天"在周人的信仰中并没有完全褪去人格神的色彩而归于彻底的理性化和道德化。如《尚书·周书·酒诰》："弗惟德馨香祀，登闻于天，诞惟民怨。庶群自酒，腥闻在上，故天降丧于殷，罔爱于殷，惟逸。"说商纣王和群臣酗荒于酒，腥秽闻于上天，故天降丧亡于殷。再如，《诗经·大雅·大明》说"天""赫赫在上""天监在下"。这里的"天"显然也是有人格的。此外，由于"上帝—天"的信仰结构，"上帝"崇拜和"天"之信仰往往被混同为一，也使得"天"无法褪去人格神的色

---

① 参见郭沫若《先秦天道观之进展》，《中国古代社会研究》（外二种），第 248 页。
② 朱凤瀚：《商周时期的天神崇拜》，《中国社会科学》1993 年第 4 期。

彩而呈现为纯粹的理性存在。例如，同样在《诗经·大雅·大明》中，那个临下有赫的"天"也被称为"上帝"，所谓"昭事上帝，聿怀多福"，"上帝临女，无贰尔心"。在古代文献和信仰中，"上帝"和"天"也经常被混同而称为"皇天上帝"或"昊天上帝"等。如《尚书·召诰》记召公言："呜呼！皇天上帝，改厥元子兹大国殷之命。"直至明清两代的天坛祭天，其神主仍为"皇天上帝"。这表明，在中国古代信仰中，"天"虽然被赋予理性的色彩，但始终保持了某种人格化的特征。

这里可以作简要结论：周人对"上帝"信仰的改造和利用，对"天"之普遍性与超越性的肯定，以及"上帝—天"信仰结构的确立，是周人在宗教文化和政治观念上"其命维新"的重要内容。

第四节　"宗子维城"：传统叙事的新挑战与回应

历来谈论儒教或儒家的起源，总是要回溯至周公"制礼作乐"与孔子之"吾从周"。周公是西周政教观念和实践的核心人物，孔子是"礼教"之革新与发扬的主要代表。由于近百年来特别是 20 世纪 50 年代以来有关先周和周代历史遗存的考古发现，海外中国考古学界对于周公"制礼"以及孔子"复礼"等传统文献记载与历史叙述，提出了挑战性甚至颠覆性的认识。本节将重点考察美国加州大学洛杉矶分校的罗泰（Lothar von Falkenhausen）教授有着代表性的最新研究成果，以作为我们关于儒教生成之社会历史考察所需面对和回应的工作。

1993 年，罗泰在 *Antiquity* 发表《论中国考古学的编史倾向》，对考古学在中国的发展提出了直率的批评和建议。所谓"编史倾向"，从消极方面说，是关注权力正统的想法及对历史事件的意见；从积极方面看，则是"历史学家一直明白原始材料与精确年代学的重要性"[①]。罗泰认为，这种传统史学的关注成为今天中国考古学的基础，使得人们倾向于将发掘出来的材料与传统文献的记载联系起来。其结果是将传统的历史叙事延伸到没有文字的远古阶段，并服务于现代意义的民族建构。他在回顾中国现代考古学的历程后，提

---

① ［美］罗泰：《论中国考古学的编史倾向》，陈淳译，《文物季刊》1995 年第 2 期。

出应将考古学从补充、证明历史文献的依附中独立出来。①

　　罗泰的上述观察和批评是否准确客观，国内学者有过具体回应。② 事实上，罗泰坚持将这个立场运用于自己的中国考古学研究中，代表性的著作就是 2006 年出版的 *Chinese Society in the Age of Confucius*（1000 – 250 *BC*），该书有一个副标题：*the archaeological evidence*，书名直译应是：《孔子时代的中国社会（公元前 1000—前 250 年）：考古的证据》。③ 2017 年，罗泰的这部论著的中文译本出版，中译本名为：《宗子维城：从考古材料的角度看公元前 1000 年至前 250 年的中国社会》④。这里所关注的，是该书从考古学的立场，对传统文献记载与历史叙述中有关周公与孔子礼制贡献的颠覆性认识。

　　罗泰著作的中译本何以题名为《宗子维城》？据 2005 年罗泰所作的"英、日文版序"，中文书名"宗子维城"是北京大学李零教授所起。罗泰的中国学生、南京大学历史系张良仁教授，在介绍中译本时说道："中文版从翻译到出版迁延时日，前后耗时近十年。我因参与本书审校，所以知晓其中之艰难"，"他自己非常爱惜羽毛，译稿出来后，找了三位学者（包括我）审校三遍，自己又最后审校一遍，才把书稿交付出版社"⑤。这表明，书名的副题也为罗泰教授所认可。此外，英文本著作的扉页上，除"谨以此书纪念俞伟超先生"的题词外，还有《诗经·大雅·板》那段有"宗子维城"的中文诗句及其英译文作为题记。在"英、日文版序"中，罗泰说它"与本书的内容直接相关"⑥。

　　罗泰在"引论"中对他的著作有一个整体的说明：

　　① 参见［美］罗泰《论中国考古学的编史倾向》，陈淳译，《文物季刊》1995 年第 2 期。

　　② 参见李零《说考古"围城"》，《读书》1996 年第 12 期；田旭东撰《中国考古学于先秦史研究的作用》，收入《周秦社会与文化研究》，陕西师范大学出版社 2003 年版。

　　③ *Chinese Society in the Age of Confucius*（1000 – 250 *BC*）：*the archaeological evidence*，UCLA Cotsen Institute of Archaeology Press 2006. 下文引用简称为 CSAC。关于罗泰的著作，直接的疑问会是：何谓"孔子时代"且何以用这个时间跨度来标识？在著作英文本出版的同年，京都大学的吉本道雅教授译出了日文本，书名则译为《周代中国的社会考古学》，此后檀国大学沈载勋教授的韩文译本，将书名译为《孔子时代的中国社会：考古的证据》。需要说明的是，无论是英文本，还是日、韩文译本，其封面上都有"宗子维城"四个篆体汉字。

　　④ 参见［美］罗泰《宗子维城：从考古材料的角度看公元前 1000 年至前 250 年的中国社会》，吴长青、张莉、彭鹏等译，上海古籍出版社 2017 年版。以下引用简称为《宗子维城》。

　　⑤ 张良仁：《建德垂风、维城之基——读罗泰教授〈宗子维城〉（上篇）》，《文汇报》2019 年 6 月 14 日 W12 版。

　　⑥ ［美］罗泰：《宗子维城》，吴长青、张莉、彭鹏等译，第 3 页。

　　中国考古学和所有考古学一样，跨越人文科学和社会科学两个领域。本书侧重社会科学方面，主要分析中国青铜时代晚期（约前1000—前250年）有关社会结构、社会互动和社会变化的考古材料。①

由这个开宗明义的说明可见，罗泰侧重强调考古学的社会科学的方面，实际上是对考古学相对独立性的强调。那个英文书名中"孔子时代"的时间标识，不过是"中国青铜时代晚期"的代称，他所要做的是有关这一时期的社会考古学研究，所依据的则是"考古材料"。我们注意到，中译本这里的"考古材料"，英文本原为 archaeological evidence②，直译应是"考古的证据"。由于这个翻译是原作者所认同的，我们本无须再去斟酌。不过，"材料"和"证据"应该是有区别的，evidence（证据）是为了证明事实或观点所提供的"信息"（information，date），后者也可称为"材料"，但"证据"本身不是"材料"而是对"材料"的"说明"或"解释"。这也正是中译本书名的副标题要翻译为"从考古材料的角度看"的原因。实际上，将英文本原来的副标题 the archaeological evidence 译为"考古的证据"是最恰当和简明的，韩文版的译名正是如此。这里的讨论并非吹毛求疵，而是指出将 archaeological evidence 译为"考古材料"实际隐含了一种立场，仿佛有一种独立于"说明"或"解释"的"材料"自为存在。关于这个态度，我们还可以由罗泰接下来的表述来作说明，罗泰接着说：

　　那么考古材料（date）能为我们的研究提供什么样的知识呢？在多大程度上，这些知识是真正新的，而不只是重温我们从传统文献上已经获知的内容？如果有的是只有考古学才能提供的知识，那么这些知识是什么？我们又该如何获得更多、质量或许更好的新信息（information）呢？只有有了新信息，我们才会有依据来解决中国青铜时代晚期考古资料（archaeological evidence）和文献记载之间的诸多冲突。③

_____

① ［美］罗泰：《宗子维城》，吴长青、张莉、彭鹏等译，第1页。
② CSAC，第1页。
③ ［美］罗泰：《宗子维城》，吴长青、张莉、彭鹏等译，第1页；CSAC，第1页。

由这段话可见，罗泰对于考古"材料"（date）、"信息"（information）和"证据"（evidence）是有区分的。"材料"是获得知识所依据的素材；"信息"是"材料"所显示的特征，它可以形成新的知识；而"证据"是由"材料"和"信息"作某种判断的依据。因而，这段引文中的"中国青铜时代晚期考古资料"，其中的"考古资料"应该翻译为"考古的证据"。可以肯定，以罗泰的专业眼光，不会对上述"材料""信息""证据"加以混用，但这里存在的翻译上的问题，并不能简单地归结为译者的疏忽，这些译文是由作者审校过的。笔者认为，根本原因是罗泰侧重考察"社会科学方面"的客观主义立场起了作用。由于罗泰观察所得的中国青铜时代的考古证据与文献记载之间存在冲突，为了使考古学从对文献的传统依附中摆脱出来，便自然地倾向于将实际上是"说明"或"解释"之结果的"证据"，当作似乎是能够自为呈现的客观"材料"。

关于考古证据与文献之间的冲突，罗泰所特别提到的是：孔子生前中国社会基本制度的起源问题。在他看来，依据传统文献，孔子及其弟子认为他们那个时代政治及宗教制度的基本原则，在周代早期就已确立了，他们奉文王、武王、周公、召公为圣人，认为周公"制礼作乐"（having created the Zhou ritual code）①，使人民在秩序井然的等级社会里各安其位，在宗教活动中各司其职，孔子的任务是"述而不作"，以恢复并推行周公式的理想秩序为己任。罗泰说：

> 但是，现代考古学已经显示，有关西周早期的这种看法很可能是一个历史虚构，是后人将一个哲学理想投射到模糊的、由选择性记忆而建构起来的过去。正如我们在第一、二章中谈到的，西周（约前1046—前771年）到孔子生前的考古发现，已经可以让我们确定，这套让孔子朝思暮想的礼乐制度（the ritual institutions），实际起源的时间，并不在西周早期，而是相对较晚。事实上，在西周的前两百年里，周代基本上承袭了商代（约前1600—前1046年）的传统。只是在西周晚期，公元前850年前后，周王朝才创立他们自己独特的礼乐制度（distinctive rituals），

①　［美］罗泰：《宗子维城》，吴长青、张莉、彭鹏等译，第2页；CSAC，第2页。

以及由此而来的一套新的政治体制。①

客观言之，任何关于先秦史特别是先秦儒家的研究者，面对这段描述都不会等闲视之，因为它基本推翻了传统的认识。在这里，周公"制礼作乐"的说法不过是一个"历史的虚构"，孔子"周监于二代，郁郁乎文哉，吾从周"（《论语·八佾》）的向往仅仅是一种"理想的投射"。我们知道，关于周公"制礼作乐"，传统文献有两处直接述及，言周公摄政后"六年朝诸侯于庙堂，制礼作乐，颁度量而天下大服"（《礼记·明堂位》），"六年制礼作乐"（《尚书大传》）。由于上述文献为后起，中国的现代史家对这个说法是有修正的。如杨向奎说："说礼乐是出于某一位古人的制作，根据史实和我们的理解是不可能的，但周公对于传统的礼乐有过加工和改造，这是事实，是没有疑问的。"② 坦率地说，当看过罗泰在《宗子维城》前两章就此问题所作的考古学的实证性分析后，笔者不禁感叹，这种修正也被动摇甚至否定了。

这里先要指出的是，罗泰依据考古材料否定的是周公"制礼"的传统说法，而没有言及"作乐"问题。中译本《宗子维城》往往随顺通常的说法，将英文本的"制礼"或"礼制"翻译成"制礼作乐"或"礼乐制度"，这通过前两段引文中我们为了对照而括注的英文词汇可以看到。需要强调的是，无论周公"制礼"是不是一个虚构，周公"作乐"或将传统的祭祀乐歌加以重新润色或配乐，在《诗经·周颂》中有明确的体现。现在，我们有必要集中于罗泰所讨论的"礼制改革"（ritual reform）或"礼制重构"（reorganization of ritual practices），来看他的考古分析以及得出的结论。

罗泰认为，在周朝历史上，至少发生过两次大规模的礼制改革，第一次是"西周晚期礼制改革"，第二次是发生在孔子之前约半个世纪"春秋中期礼制重构"。这些改革都是因为王权及国家体制衰落，想通过礼制革新来稳定社会秩序。罗泰认为，如果不是考古学家近八十年来的持续努力，我们今天就根本不会知道有这两次改革，因为传世文献中都没有明确的记载。他说：

　　考古材料（the excavated data）有力地证明，孔子及其同时代的人根

---

① ［美］罗泰：《宗子维城》，吴长青、张莉、彭鹏等译，第 2 页；CSAC，第 2 页。
② 杨向奎：《关于周公"制礼作乐"》，《文史知识》1986 年第 6 期。

本不是在还原一个遥远的过去，他们的思想在当时也不是多么惊人的创新。当时大规模革新的浪潮已持续了近百年，并且充分体现在当时的礼乐活动（the ritual practices）中。孔子他们无非是通过反思，给当时的历史变革以哲学的表述。基于这种认识，我们有必要重新评估所谓早期儒家思想创新的本质，尤其是其创新的程度。①

如此说来，不但周公"制礼"是一种"历史的虚构"，甚至孔子的"复礼"也不过是一百余年前"礼制革新"的直接结果，并不具备本质上的创新意义。在笔者看来，任何一个先秦儒家的研究者，都想要了解罗泰如何依据考古材料得出上述结论。

罗泰用来说明"礼制改革"的考古材料，首先是 1976 年发现于陕西扶风的庄白一号青铜器窖藏，其次是 20 世纪 50 年代至 90 年代的几处墓地考古个案。

位于陕西扶风、岐山县交界的周原遗址，有着丰富的先周和西周文化遗存。从清末开始，这里屡有青铜器窖藏发现。这些青铜器是周王室同姓或异姓王臣氏族的世传重器，据推断是公元前 771 年王室东迁时被仓促埋下的。在庄白一号青铜器窖藏中，发现了迄今为止数量最大的一批西周青铜器组合，其中 73 件为有铭铜器，铭文中多次提到周代宫廷中担任史官的微氏族，可以判断这些礼器为微氏族祭祖所用。从庄白一号青铜器窖藏出土的青铜器上，罗泰发现了"礼制改革"的信息，体现为可以观察到的三个同时的变化。第一，代表周晚期装饰风格出现前后的器类有明显不同。最显著的是，从商代至西周中期最流行、类型最繁多的"酒器"此时已经消失，而西周晚期和东周时期的铜器组合以列鼎和簋为中心，编钟的地位也变得更突出。罗泰说："几乎可以肯定，西周晚期人们不会骤然停止饮酒，但是他们确实不再用酒来供奉祖先了，而醉酒致幻（在商代或许是祭祀仪式的核心部分）的痕迹也消失了。"② 第二，出现了按照严格制度规定各级贵族的用器配套标准。如在庄白一号青铜器窖藏中，由于某些原因，鼎并未出现，但"八簋"的出现暗示有一套与之搭配的"九鼎"。此后，这种新兴而严格的用器制度在周文化圈内

① ［美］罗泰：《宗子维城》，吴长青、张莉、彭鹏等译，第 2—3 页；CSAC，第 2—3 页。
② ［美］罗泰：《宗子维城》，吴长青、张莉、彭鹏等译，第 52 页。

普遍得到遵守。第三，出现了一些可以选择的简单的、普通的器形，如鬲、盨和簠等，反映了一种去其繁复且与日常活动相联系的礼仪改革愿望。

罗泰选择的墓地考古个案，具有代表性。首先，是陕西宝鸡南郊的鱼国氏族墓地，其年代从西周早期中段至西周中期晚段，可用于"说明西周晚期礼制改革之前的情形"；其次，是山西曲沃天马—曲村的晋国氏族墓地，其年代从西周早期延续至东周第一个世纪，"跨越了西周晚期的礼制改革"；最后，是河南三门峡上村岭虢国氏族墓地，其年代为西周晚期到春秋早期阶段。此外，罗泰还特别考察和比较了山西侯马上马墓地，其年代从西周晚期延续至春秋晚期，最晚一期墓葬处于向战国过渡期。

虽然，罗泰通过墓地的年代、墓葬与墓地的布局、性别差别等考古材料的分析，对"西周中期的礼制改革"展开了多方面观照，但核心证据仍然出自"用器制度"的分析和说明。罗泰说，"西周晚期礼制改革的一个新特征是，青铜容器成套出现，并与贵族等级相对应"[1]，这种特征的出现，经历了一个过程。如在鱼国墓地，氏族首领与低等级亲属的墓葬之间的差异最清晰地体现在随葬品的绝对数量上，但标准的组合完全没有出现；天马—曲村墓地的大部分墓葬所出青铜器很少，只能看到当时人们对于鼎和簋的偏爱，其中四座早期墓葬出土有"三鼎二簋"；相比之下，上村岭墓地实施用器制度的证据比较明确，成套的"七鼎""五鼎"发现于少数墓葬，更多的墓葬则含有成套的"三鼎""二鼎""一鼎"，与之伴出的成套的簋也自成序列，通常为偶数且比成套的鼎少一件。

罗泰对"春秋中期礼制重构"的证明，主要基于对山西侯马上马墓地考古材料的统计学分析和比较性说明。由于上马墓地所发掘的 1387 座墓葬基本代表了该墓地的几乎全部墓葬，所获考古材料较为完整丰富。罗泰认为，"我们在此墓地看到的任何规律都不是一种偶然的印象"，"我们可以从中抽取一些统计资料，分析其所属氏族的内部社会分化"[2]。不过，上马墓地出土材料有一些显著特征仍需得到解释。例如，该墓地缺乏铭文器物以说明墓地代表了哪一个氏族或姓族；从葬具和随葬品的统计看，等级较低的单棺无椁墓占据了总数的 83.00%，而含青铜礼器的墓葬仅有 1.70%，含陶制礼器的有

---

① ［美］罗泰：《宗子维城》，吴长青、张莉、彭鹏等译，第 104 页。
② ［美］罗泰：《宗子维城》，吴长青、张莉、彭鹏等译，第 142 页。

0.60%，其他的多为含有实用陶器、杂项器物的墓葬，占81.20%，不含任何随葬品的墓葬仍有15.30%。虽然，上述令人瞩目的差异可以作为一个氏族内部等级差异（从统计上看也包括性别差异）的标识，但即便是有礼器的墓葬在礼器组合上也呈现混乱的情况。这表明了什么呢？罗泰考虑了多种可能，如上马氏族整体的等级太低，所以其成员一般不能拥有礼器；或者不多见的器物组合是在特殊情形下如作为奖赏、嫁妆抑或战利品而获得的。不过罗泰还提到了一种可能：

> 或者，这是否为具有原始儒家思想的礼制专家反对浪费资源及反对厚葬而提倡的节俭品德呢？我们没有肯定的答案，但后者在春秋时代的思想环境中并非完全不可能。①

罗泰引用《论语·八佾》"礼，与其奢，宁俭"，作为原始儒家提倡节俭的说明。笔者认为，他倾向于以此解释上马墓地所出现的情况。罗泰指出，从上马墓地看，礼制改革的新规则在理想和事实之间存在着差距，墓主所拥有的地位也并非一定能够表现在物质上：

> 它暗示，对于上马氏族成员来说，正确的礼仪态度可能比壮观的礼器炫耀更为重要。这种情况与早期儒家的思想颇为吻合。对于中国思想史研究来说，上马资料之所以重要，因为可能反映此类"早期儒家"态度的情况延续体现在上马墓地的考古材料上，其年代最早到孔子生前至少两个世纪，一直到其身后大约半个世纪。因此它至少在某种程度上削弱了儒家思想的原创性。②

坦率地说，相对于西周晚期"礼制改革"的说明，罗泰这里所作的春秋中期"礼制重构"的分析显得单薄。这不仅有依据一个墓地的考古材料来了解一般的礼制安排与普遍的礼制观念的困难，还在于罗泰所引入的"原始儒家"或"早期儒家"，究竟何指并非自明。说孔子儒家"礼，与其奢，宁俭"不过是

---

① ［美］罗泰：《宗子维城》，吴长青、张莉、彭鹏等译，第169页。
② ［美］罗泰：《宗子维城》，吴长青、张莉、彭鹏等译，第182页。

"早期儒家"礼仪态度或思想的延续，或许也是一种联想。孔子"汝为君子儒，毋为小人儒"，正是告诫不要做过去的"谋食"的小人儒，而要求儒者"谋道"，这体现了孔子儒家对此前儒家的批判以及孔子思想的开创性。孔子在说"礼，与其奢，宁俭"之后，接着便说"丧，与其易，宁戚"（《论语·八佾》），显然是要强调礼之情感因素的重要作用或即"以仁释礼"，这显然不能归之于对所谓"早期儒家"的继承。不过，我们现在可以理解罗泰所说的"孔子时代"，为何要从孔子诞生之前的五个世纪一直延续到孔子之后的二百余年，这是一个描述在诸多方面有着巨大变革的历史概念。

这里我们要回到最初的疑问：那个出现在不同文本封面且最后作为中译本题目的"宗子维城"，对于罗泰的研究来说，究竟有何意义？

如前所述，在罗泰著作的英文本扉页上，《诗经·大雅·板》包含"宗子维城"的那段诗句（包括其英译文），以传统句读的方式被作为题记出现：

> 价人维藩。大师维垣。大邦维屏。大宗维翰。
> 怀德维宁。宗子维城。无俾城坏。无独斯畏。

其中，"宗子维城"被翻译为"the sons of your lineage as a fortress"[①]，看起来正是中文句义的直译。不过，在罗泰的论著中，lineage 有专门的意义，他提出可以用汉语"氏族"来翻译但又不能简单地以汉语意义指认，它与 clan（姓族）和 ethnic group（民族），构成了人类学、考古学意义上的人群及社会组织的区分。罗泰强调，由于他的著作所使用的分析用语来自现代社会科学，所以在翻译成汉语的时候会引起困难，因为汉语用词通常都是有历史的，其早期的定义会干扰我们现在对它们的理解。罗泰举例说：

> 例如，在讨论"氏族"（lineage）和"姓族"（clan）时，指的是一种特别的亲属集团。这是社会人类学家命名的抽象概念，非常适合跨文化比较研究。在本书中，我将使用 Roger M. Keesing 的定义："氏族是一个血缘集团，其成员通过一系列联系可以追溯到一个大家都知道的父系或者母系祖先……而一个更大的血缘集团是［其成员］认为他们来自一

---

① CSAC，题记。

个共同祖先，但是不知道其实际的关系。这种血缘集团称为姓族。①"

对此，罗泰又提出两点说明。首先，之所以选择"氏族""姓族"或"民族"这些通用的术语，是希望在描述社会组织的基本层次问题上少一些争议，"用它们来整理现有的资料，以便进行社会分析"。其次，这些词语在意义上绝非相当于原来的中文词义，如"lineage（氏族）"并不对应古代文献里的"氏"和"族"，在有些情况下，"tribe（部落）""corporation（群体）"或"family（家族）"可能是更加合适的理解。罗泰说：

> 探究"氏"与"族"在早期文献中的精确含义是文献学、语言学的任务，其结果或许可以用作本书这类研究的资料。但是，这种研究应该独立进行，而与基于考古资料进行的关于社会基本单位的研究分开。②

这样，我们便可知道，罗泰将"宗子维城"中"宗子"英译为"the sons of your lineage"，有着严格的人类学与社会考古学的意义。所谓"宗子"，是指具有可实际追溯之共同祖先的血缘集团的子弟（the sons）。在上述诗句中，"大宗为翰"之"大宗"，被译为 the Major Lineage，也是在"氏族"的意义上使用的。罗泰通过周原铜器窖藏以及几处墓地个案的考古材料的分析，便是要发现有关"氏族"之祖先崇拜或丧葬遗存所体现的制度和观念信息。因而，他对说明"氏族"身份的内容特别关注，在讨论周文化圈向外部的扩张和与外部的融合时，"姓族"或"民族"这样的概念，则成为分析性的工具来对社会组织作出区分。

可以明确地说，由于罗泰"宗子"概念被赋予的现代学术意义，他的"宗子维城"，脱出了传统文献意义而具有某种修辞性。不过，既然罗泰也肯定相关文献学、语言学的探究可作为"材料"而有所助益，我们不妨简单考察一下"宗子维城"的传统文献学意义，将之与罗泰所赋予的语义相比较，看一看所能够呈现的意义。这对于评述罗泰有关"周公制礼"与西周晚期"礼制改革"的认识，也会有新的帮助。

---

① ［美］罗泰：《宗子维城》，吴长青、张莉、彭鹏等译，第24页。
② ［美］罗泰：《宗子维城》，吴长青、张莉、彭鹏等译，第25页。

《毛诗正义》说《板》为"凡伯刺厉王也"。凡伯为周公的后裔、周厉王的卿士，他作此诗为讽谏厉王。其中"价人维藩，大师维垣，大邦维屏，大宗维翰"，郑玄《笺》曰："价，甲也。被甲之人，谓卿士掌军事者。大师，三公也。大邦，成国诸侯也。大宗，王之同姓之适子也。王当用公卿诸侯及宗室之贵者为藩屏垣幹，为辅弼，无疏远之。"其中"怀德维宁，宗子维城。无俾城坏，无独斯畏"，郑玄《笺》曰："和女（汝）德，无行酷虐之政，以安女（汝）国，以是为宗子之城，使免于难。遂行酷虐，则祸及宗子，是谓城坏。城坏则乖离，而女（汝）独居而畏矣。宗子，谓王之适子。"王者为天下之大宗，宗子乃王之适子，与王同姓之小宗的适子也为宗子，适子即嫡子。孔颖达《疏》曰："以礼有大宗、小宗，为其族人所尊，故称宗子。天子则天下所尊，故谓之大宗也。"《疏》又曰："宗子，王之适子也，有天下者皆欲福及长世，恐子孙之不安，故言以德为城，使免于患难。"① 这里将"宗子维城"解释为王者修德以为"宗子"之避祸之屏障（所谓"城"）。朱熹的《诗集传》，没有延续"凡伯刺厉王"的说法，而视《板》为"忧时感事"之诗。朱熹解"大宗"为"大族"，解"宗子"为"同姓"，解"宗子维城"为"有德"则"得助"，"不然，则亲戚叛之则城坏"②，其义与《毛诗正义》所说相同。不过，从句法上看，"宗子维城"与前文所述"价人""大师""大邦""大宗"为"藩屏垣翰（幹）"相同，意为"宗子就象城一样"，而不必迂曲地说成王者之德行可为宗子之屏障。

由以上可知，传统文献如《板》中"大宗""小宗""宗子"所表达的意义，与罗泰关于"lineage（氏族）"的现代学术定义，在根本点上没有不同，它们皆指示了一种有着共同祖先的血缘集团。不过，其中的"大"和"小"，不仅有血缘分化的意义，更主要是宗法上的区分，罗泰称之为"树状氏族组织"，他将其描述为："一个氏族分化出一个大宗和几个小宗，它们之间的地位并不平等；这些等级不同的氏族分支或支系共同构成了社会秩序的基石。"③这里所描述的，正是中国古代文献中的"宗法"意义。

需要指出的是，罗泰对西周晚期的礼制改革的说明，在根本上离不开传

① 以上所引参见（清）阮元校刻《十三经注疏（附校勘记及识语）》，上册，第548页下栏、550页上中栏。

② 参见（宋）朱熹《诗经集传》，《四书五经》（宋元人注），中册，第136—137页。

③ ［美］罗泰：《宗子维城》，吴长青、张莉、彭鹏等译，第68页。

统文献有关"大宗""小宗"的叙述，甚至他根据庄白一号出土的微氏家族祭祀礼器"墙盘"等铜器的铭文的解读，对所谓"西周晚期礼制改革"时间的确立，也离不开传统文献关于"宗法"的描述。

"墙盘"铭文颂扬了周王的功德与微氏祖先的业绩。所记载的周王世系为：文王—武王—成王—康王—昭王—穆王—共王；微氏族世系为：高祖—烈祖—乙祖—亚祖—文考—墙。由于铭文追溯穆王后又赞颂了时王，通常推断其为共王时期的器物。关于这两个世系能否对应，相应的是"墙盘"的断代，考古学界有不同的认识。① 在此问题上，罗泰的判断是：上述两个世系没有对应关系，"墙盘"应为周孝王时期铸造。对此，他从铜器风格与"人口学"两个方面加以说明。我们先看后者。

"人口学"的问题是指，在上述记载中周王世系为七代，微氏族只有五代，若将"墙盘"定于共王时代，则代际的平均年数有较大的差异。罗泰认为，最为合理的结论是，墙盘铭文记录的微氏世系并不完整，铭文似乎跳过了自微氏始祖即高祖至"乙祖"之间的几代祖先。"乙祖"是"折"的父亲，在折器铭文中称为"父乙"。为了合理地说明这个问题，罗泰诉诸宗法制度中"大宗""小宗"的分化。罗泰认为，上述铜器铭文所罗列的先祖，可归为"近代祖先"与更为久远的"焦点祖先"两大类。"近代祖先"主要包括献器者的父亲和祖父，"焦点祖先"则包括献器者所属干系（大宗）和支系（小宗）的始祖。庄白一号窖藏铜器铭文将整个微氏族大宗的始祖称为"高祖"，将墙与痶所在小宗的始祖即"折"称为"亚祖"。后一称谓虽然不见于任何传世文献，却出现在好几篇其他西周晚期的铜器铭文中。罗泰说：

> 这就证实了"亚祖"与整个氏族大宗的始祖相隔好几代。而那些向"亚祖"献祭的人或是来自氏族大宗分出并成为该氏族的一个小宗，或是已经将自身重建为一个新的、低一级的氏族支系；"亚祖"就是这些氏族内次一级的始祖。②

---

① 定"墙盘"为恭王时器的，主要有唐兰、裘锡圭、李学勤、于豪亮、黄盛璋等。定为穆王时器的，主要有徐仲舒、伍士谦、李仲操等。晁福林定夷王时器。参见晁福林《"墙盘"断代再议》，《中原文物》1989 第 1 期。

② ［美］罗泰：《宗子维城》，吴长青、张莉、彭鹏等译，第 68 页。

为了说明氏族分化的这种"树状氏族组织"，罗泰进一步引用《礼记》所言"宗法"制度加以说明：

> 这样一个系统见之于儒家经典"三礼"之一的《礼记》"大传"和"丧服小记"篇中。这部文献成书于公元前 1 世纪，但包含了更早的内容。"大传"和"丧服小记"记载，支系每隔五代就会从氏族（"族"）的干系（"宗"）中分出来。……只有干系氏族的嫡长子才能一直保有氏族始祖的等级地位。他们负责祭祀氏族的始祖，代表所有支系永远维持祭祀活动。对于其他"焦点祖先"——即氏族分支或支系氏族的始祖——的祭祀活动同样也会这样继续进行下去，而所有其他祖先在五代之后就会被移出常规的祭祀活动。①

罗泰认为，以上的表述虽然有些理想化，但庄白一号窖藏铜器铭文所用的称谓表明，"至少在墙的年代，周代贵族的氏族组织还是遵循了这些一般原则"。② 由诉诸"大宗""小宗"的宗法制度，罗泰重新梳理了微氏族的世系表，较之传统的判断，墙与疢的时代相对延后。这样，罗泰所说的礼制改革便可以确定在西周晚期，即相当于疢的时代。

关于铜器的艺术风格方面，罗泰主要是从"疢器"属于西周晚期来作说明的。此外，还有"折器"的问题。张良仁教授认为，罗泰在讨论庄白一号窖藏铜器的风格时，将折器归入西周早期，而在讨论微氏族世系时，则把折放到了西周中期。他说："这样看来，'礼制改革'始于何时，还是一个待解之谜。"③ 笔者认为，有关"礼制改革"的时间问题，"艺术风格"的证据主要是"疢器"，这点罗泰有细致的说明，但更重要的是微氏族世系的重新梳理。在这个说明中，我们可以看到传统"宗法"观念的重大影响。

至此，我们可以确定："宗子维城"之于罗泰的著作，不仅仅具有修辞意味，更是一种历史叙事。在这个叙事中，周初所确立的"宗法"制度，通过

---

① ［美］罗泰：《宗子维城》，吴长青、张莉、彭鹏等译，第 68—70 页。
② ［美］罗泰：《宗子维城》，吴长青、张莉、彭鹏等译，第 70 页。
③ 张良仁：《建德垂风、维城之基——读罗泰教授〈宗子维城〉（上篇）》，《文汇报》2019 年 6 月 14 日 W12 版。

考古材料分析的方式得到了具体呈现。对于这个叙事来说，作为文献材料的儒家经典，仍然起到了重要作用。

在前面的讨论中，我们对罗泰所说的"西周晚期礼制改革"与"春秋中期礼制重构"有简单的了解和评价，更为细致的评述不可能在此作出。不过，我们可以回到罗泰所质疑的"周公制礼"，对相关问题作一个基本的判断。

我们上一节讨论过，王国维曾说殷、周之际变革的最根本处，在于旧制度废而新制度兴、旧文化废而新文化兴，周代制度与殷商制度最大的不同，第一便为"立子立嫡之制"，"由是而生宗法及丧服之制，并由是而有封建子弟之制、君天子臣诸侯之制"①。对此，虽然有不同的意见，如认为甲骨卜辞中的"大示""小示"似乎表明殷商时期也有宗法的存在，不过应该承认的是：宗法作为制度的真正确立是在周公这里实现的。周公通过还政成王，使王位继承的"立子立嫡"制度成为定法，又以这种为天子、诸侯所设的继统法通大夫以下而为宗统，确立了宗法及丧服之制。

此外，我们把握"周公制礼"，需要区分"礼制"与"礼仪"。周公制礼是要确立一套以礼治国的"礼制"，而这样的"礼制"包括并发展出各种礼之节文，亦即"礼仪"。一方面，我们不能把"礼制"与"礼仪"相混淆，以具体的"礼仪"代"礼制"，如仅仅依据考古材料所呈现的列鼎制度、葬具与葬品的规格、性别的差异等来怀疑周公是否曾经"制礼"或说明"礼制"的变革；另一方面，我们也要承认"礼制"总是通过"礼仪"而具体化的，后者往往随着时代的变迁而有所"损益"。后世礼之典籍或实践中对"礼仪"的严格细致的规定，不必在周公那里便已经出现。对周公"制礼"的认识，更应重视其"礼制"所体现的观念和精神。我们不能简单地以考古材料没有展现出后世儒家典籍所描述的礼仪规范，来怀疑周公制礼的事实。客观言之，罗泰所描述的两次礼制改革，并非没有体现周公"制礼"或"礼制"的精神，特别是"引德入礼"的影响和作用。而孔子的"以仁释礼"，也不因前数十年的礼仪变化而减少其创造性。

虽然如此，罗泰对周原青铜器窖藏和多个墓地考古个案的分析和比较，对周文化圈内部的差异与外部的扩张和融合所开展的考古学分析，以及社会考古学方法的运用，仍能够对我们考察儒教的社会历史生成的研究以多方面

① 王国维：《观堂集林》，第232页。

的启发。在 2009 年的访谈中，罗泰谈及"既有文献"与"考古材料"时说："我主张在研究的时候要采用平行研究的方法，不混合。就是说，一方面要用适当的方法研究文献，一方面用另一套适当的方法研究考古材料；最后能得出结论的时候再把它们结合到一起。我认为这种'分进合击'的方法才是正确的方法。"①

由本节的讨论可以看到，罗泰在考古"分进"的研究中往往也与历史文献"暗通款曲"，如在"宗子维城"的分析和叙事上。这是历史研究的整体性、复杂性所致。对此，罗泰在《论中国考古学的编史倾向》中引用的夏鼐先生的一段话，应该能够说得清楚。夏鼐强调，考古学研究和利用文献记载进行的狭义历史学研究为"关系密切而各自独立的部门"，同时也说它们是"历史科学（广义历史学）的两个主要的组成部分，犹如车子的两轮，飞鸟的两翼，不可偏废"②。罗泰引用夏鼐的话，是对夏鼐强调考古学的独立性在当时"并非普遍被认可"感到遗憾。今天，我们当然乐见考古学"分进"带来的突破和刺激，同时应该意识到，在考古材料的分析和解释上，传统文献学所提供的信息仍然有着潜在的影响甚至重要的作用。"分进"中仍需"并行"，如车之两轮、鸟之双翼，以不断地收"合击"之效。

我们认为，在考古材料和考古学研究没有或无法对传统文献的记载产生根本性的颠覆时，如本节所考察的周公"制礼"，我们还是应该尊重传统文献的记载，虽然总是应持有审慎的态度。关于文王、周公及孔子之于儒教的信仰和文化作用，我们将在第三章研究儒教的"信仰系统"时，详细说明。现在我们将对儒教在汉代的建立作出考察，以作为儒教生成的社会历史研究的最后内容。

第五节　儒教建立的历史与制度分析

儒教在汉代的建立，从根本上说是中国社会长期演进和文化发展的结果。秦汉大一统皇权国家的建立，代表了传统的封建国家形态向新的皇权国家形

---

① ［美］罗泰、李志鹏：《考古：匡正书本上的历史》，载张冠梓主编《哈佛看中国》，人民出版社 2010 年版，第 205 页。

② 夏鼐：《什么是考古学》，《考古》1984 年第 10 期。

态转型的实现，儒教的建立适应了这样的历史需要。儒教自汉代建立始便是大一统皇权国家的儒教，它整体性地嵌入皇权国家的新的国家形态之中而绵延两千余年。我们有必要放大视界，在更为宏观的历史与制度的坐标中考察儒教的兴起。

儒教在汉代的建立，大致应以汉武帝采纳董仲舒"天人三策"所进行的意识形态变革和制度更化为标志。《汉书·武帝纪》史臣《赞》曰："孝武初立，卓然罢黜百家，表章《六经》。遂畤咨海内，举其俊茂，与之立功。兴太学，修郊祀，改正朔，定历数，协音律，作诗乐，建封坛，礼百神，绍周俊，号令文章，焕焉可述。后嗣得遵洪业，而有三代之风。"史臣《赞》对汉武帝所作的表彰，一是意识形态上的独尊儒学，所谓"罢黜百家，表章《六经》"；二是政教制度上的建设，如祭祀制度上的修郊祀、建封坛、礼百神等，国家政治制度上的改正朔、定历数等，文教制度方面的兴太学、立五经博士、作诗乐等。

汉武帝的意识形态变革和政教制度建设，通常被称为"复古更化"。如钱穆说："武帝以英年即位，即锐意革新，谋兴礼乐。其事虽经一度挫折，终于走上复古更化的路。"[①] 其实，复古未必为真，更化是其实。"复古更化"的主张，出自董仲舒的贤良对策。董仲舒说："今汉继秦之后，如朽木粪墙矣，虽欲善治之，亡可奈何。法出而奸生，令下而诈起，如以汤止沸，抱薪救火，愈甚亡益也。窃譬之琴瑟不调，甚者必解而更张之，乃可鼓也；为政而不行，甚者必变而更化之，乃可理也。当更张而不更张，虽有良工不能善调也；当更化而不更化，虽有大贤不能善治也。故汉得天下以来，常欲善治而至今不可善治者，失之于当更化而不更化也。……夫仁、谊、礼、知、信五常之道，王者所当修饬也；五者修饬，故受天之祐，而享鬼神之灵，德施于方外，延及群生也。"（《汉书·董仲舒传》）董氏主张恢复古代的圣王五常之道与《春秋》大一统之常经通谊，从儒家的立场来说，当然是"复古"。但董氏在回答武帝"三王之教所祖不同，而皆有失，或谓久而不易者道也，意岂异哉"的策问时，也指出"三王之道所祖不同，非其相反，将以救溢扶衰，所遭之变然也"，明确肯定政治制度应该根据"所遭之变"，亦即具体的历史社会变化加以改制损益，所谓"继治世者其道同，继乱世者其道变"（《汉书·董仲舒

---

① 钱穆：《国史大纲》（修订本），商务印书馆1996年版，上册，第144页。

传》)。董仲舒所主张的"复古",与其说是要恢复三代之制,毋宁说是在政治指导思想上坚持和发挥儒家的理想,所谓"王者有改制之名,无变道之实"。

钱穆在考察"汉武一朝复古更化之最有关系者"时,特重其政治制度变革诸端:设立五经博士并为博士设立弟子员;君国长官察举属吏的制度;禁止官吏兼营商业;开始打破封侯拜相之惯例而使宰相不为一阶级所独占。在钱穆看来,"如郊祀、巡狩、封禅等,皆虚文无实际,此则汉武误于方士神仙家言,以及文学辞赋之士之务为铺张夸大。然亦因当时儒生,自不能与此两派划分清楚之界限"①。钱穆对西周至秦汉有一个基本判断,即由贵族封建政体的建立、衰落向代表平民社会、文治思想的统一政府的演进。因此,他特别重视从制度上考察这一演进的表现。笔者认为,汉武一朝的"复古更化"即使是"托古改制",也包含儒家理想的新发展,特别是汉代《春秋》公羊学所强调的"大一统"观念,其中的信仰内容与宗教性施设,也非"虚文无实际者"。但笔者赞同钱穆将汉代的制度与文化变革放入更为广阔的历史与文化视域中加以考察的观念。儒教在汉代的出现,如果是社会与文化演进的结果,其兴立就不是简单的复古或托古,其表现也不能简单地归为帝王喜好或时代风尚的影响,而蕴含着势所必至的历史与文化力量。

如前所述,王国维曾对殷周之变作过经典性的说明,所谓:"自其里言之,则旧制度废而新制度兴,旧文化废而新文化兴。"②王国维所言之新制度,主要是指周代之宗法制与封建制,所谓新文化是通过宗法封建制以及周公之制礼作乐,"纳上下于道德,而使社会形成一道德之集团"③。胡厚宣不同意王国维的判断,他依据甲骨文献资料考证了殷代自武丁以降的封建情况,指出"殷与西周实为一个文化单位,其剧变不在殷周之际,乃在东周以来"④。胡厚宣没有具体说明东周以来文化变革的具体内容。近有学者接续其说,强调东周以降至秦汉时期社会与文化变革的重要意义。如陈明认为:"周秦之变的意义完全不在殷周之变之下","中国政治与文化之变革,莫剧于周秦之际。……秦人之制度大异于周人者,一曰废封建而立郡县,罢侯置守,秦人

---

① 钱穆:《国史大纲》(修订本),上册,第147页。

② 王国维:《观堂集林》,第232页。

③ 王国维:《观堂集林》,第232页。

④ 胡厚宣:《殷代封建制度考》,《甲骨学商史论丛初集》,第79页。

所以统治天下削平六国旧族，中央集权，郡县乡里，法令统一，'事无大小，皆决于上'。二曰设二十等爵之制，以源于皇权的政治性身份结构系统取代商周以来血缘型身份结构系统，'以法为教，以吏为师'，天下士农工商一是成为帝王直接之编户齐民。此二者乃'专用天下适己'之专制组织，天下为一姓之天下之保证也。是制也，行于中国二千年而不易者也"。① 陈明所说的"周秦之变"，实际是指"东周秦汉之变"，因为他肯定"汉承秦制"亦尊儒术而形成"霸王道杂之"的皇权国家体制。笔者认为，"殷周之变"与"周秦之变"在中国古代政治与文化的发展中皆有重要意义，问题的关键，是弄清由殷周之变到周秦之变发生的变化，以及此两大变革的政治与文化影响如何作用于秦汉以后的中国社会。

本书第一章在讨论商周文化连续性时曾说明，宗法制特别是王位的嫡长子继承制度并不只是姬周才有，同时指出只是在周这里，特别是西周初期，王位的"立长立嫡"相继制度、大宗小宗制度乃至封建制度真正定型并确立下来；文化上的德性意识与道德观念，在周公那里也仍然为"天意"所笼罩，"道德之集团"的形成仍以"上帝—天"之信仰为基础。从西周后期至春秋战国，政治上最显著的变化，是宗法制度的逐渐松弛与封建制度的日益崩坏，而文化上最引人注目的变革，则是为回应"周文疲惫"与社会变革而展开的天命信仰改造与思想争鸣。不过，任何制度与文化的巨变，都是各种社会和历史复杂因素作用的结果，其中也包括制度与文化自身的原因。对此我们需再作考察，以说明皇权国家体制何以在秦汉成为必然的政治选择，以及儒教如何成为新的统一国家的意识形态。

事实上，西周国家在其中期已呈现出危机的症候。在《史记·周本纪》中，司马迁描述了西周的"王道"由昭王之时的"微缺"到穆王之时的"衰微"，直至"懿王之时，王室遂衰"。《汉书·匈奴传》载：懿王时，"戎狄交侵，中国被其苦，诗人始作，疾而歌之曰：靡室靡家，猃允之故"。杨宽称，周室"盖自昭王以后逐步衰落，到懿王时国力衰退，因而戎狄开始入侵"②。来自西部的猃狁的入侵，是西周中期国家危机的原因之一。崔述《丰镐考信录》说："懿王之崩，子若弟不得立而立孝王；孝王之崩，子不立而仍立懿王

---

① 陈明：《儒学的历史文化功能》，学林出版社 1997 年版，第 51—52 页。

② 杨宽：《西周史》，第 839 页。

子，此必皆有其故，史失之耳。否则孝王乃懿王弟，兄终弟及而传之兄子，与事理为近，然不可考矣。《史记》又称诸侯立懿王太子燮，按立君大事，自有朝廷大臣主之，非若春秋之世王室微弱，乃籍外兵以复国也，诸侯安得操其权乎？"① 崔述看到懿王崩而王位兄终弟及，孝王崩又传位于兄子，不符合立长立嫡之周制，但他认为其中必有其故而失记，并非如《史记》所说乃诸侯操弄的结果。杨宽不同意崔述的意见，他认为："崔氏的这个说法不确。此时西周王室已经衰弱，势力强大的诸侯开始干预王位，因而先是兄终弟及，继而又传之兄子。《礼记·郊特牲》说：'觐礼，天子不下堂而见诸侯。下堂而见诸侯，天子之失礼也，由夷王以下。'郑玄注：'时衰微，不敢自尊于诸侯也。'因为周夷王（懿王之子——引者注）等乃诸侯所拥立，当然不敢自尊于诸侯。"② 我认为，杨宽的证据似更有力，其判断应该更符合事实。不过，这里可能存在的一个因素是，懿王崩时太子燮年幼，故先是兄终弟及，后又传之兄子。即使如此，上述王位继承上的变故说明，在西周中期，立长立嫡制度并非得到严格遵守，而诸侯操权以及夷王觐礼下堂而见诸侯的失礼举动，也表明诸侯势力日益强大，封建制度中王室与诸侯的关系发生了重要变化。夷王之后，西周经厉王、宣王、幽王而国事日衰，其间虽经共和时期的恢复，但终以犬戎的入侵而覆国为结局。《周本纪》曰："平王立，东迁于雒邑，辟戎寇。平王之时，周室衰微，诸侯强并弱，齐、楚、秦、晋始大，政由方伯。"周国家遂进入了一个新的阶段。

由以上可见，西周从中期开始的危机，一方面是戎狄的入侵所形成的安全危机，另一方面是由宗法制度和封建制度的松弛所造成的政治危机，加上厉王、幽王时期内外交困的治理危机，多重危机交织在一起，最终导致了西周国家的颠覆。平王东迁以后，周室衰微，政由方伯，周国家遂进入了一个新的阶段。

传统关于西周灭亡原因的讨论，大多会涉及上述诸方面，但对形成诸种危机的根源，则较少有全面的考察。对此，李峰曾从西周国家的地理条件、地缘政治以及封建制度的结构性冲突诸方面考察西周灭亡的原因，较为全面细致，对于我们认识封建制度的崩坏以及具有相似地缘条件的秦、西汉何以

---

① 转引自杨宽《西周史》，第 839 页。
② 杨宽：《西周史》，第 839—840 页。

发展出新的国家形态有着重要的启发性。李峰认为："西周国家的产生，可以说是一个政治企图与地理现实相协调的产物。"① 周人最初深居远离商文明中心的西部内陆，东西部地域政治和文化间的差异对周人形成了巨大的挑战。周灭商后，营建东部行政和军事中心洛邑和在东部平原封建姬姓诸国成为周王朝的战略安排。这样，形成了一条横贯东西的权力中轴线，为西周国家配备了一种至关紧要的稳定性力量和因素。李峰还指出，对于周王朝来说，王畿所在的渭河谷地扮演着一种基地的角色。从这里，周人可以进一步向邻近的泾河上游实行扩张，以及在陕北黄土高原或者甘南渭河上游地区采取军事行动。只有当渭河谷地的安全得到保证，西周国家才能正常运作。西周的覆灭，直接的原因便是戎狄的入侵对王畿的毁灭性破坏。② 李峰的研究，揭示了西周封建制度的地理和地缘政治的原因，为我们认识这一历史现象和制度现象提供了新的视角。

在上述认识的基础上，我们可进一步了解宗法制和封建制自身存在的问题。李峰指出，西周政权制度中的两个基本关系的变化导致了王朝的政治危机，一是王室与东部地方封国之间的关系，二是王权与陕西王畿内贵族家族权力之间的关系，"从制度史的角度来看，这些变化如果不是必然的，也一定是自然的，因为他们都根植于西周国家的社会结构中。西周中期以降，周王失去了对这两种关系的掌控，由此严重危及到西周国家的基础"③。事实上，上述西周政权制度中的两个基本关系，便是建立在宗法制基础上的封建关系。

我们知道，宗法制是以血缘关系为纽带的制度，在西周初期表现为王位的嫡长子继承制、大宗小宗制、封建制。所谓"封邦建国"，乃周王将其王室宗族之分支或功臣分封于各地以拱卫周室。依据宗法制度，分封于各地的诸侯"小宗"必须服从周之"大宗"，而在诸侯那里，诸侯之宗子也有"大宗""小宗"之别，由此而形成自上而下的宗法关系。事实上，在西周的政治生活中，很难估计这种"宗法制"在多大程度上能够保障诸侯臣服于周王，并且

---

① ［美］李峰：《西周的灭亡——中国早期国家的地理和政治危机》，徐峰译，上海古籍出版社2007年版，第104页。

② 参见［美］李峰《西周的灭亡——中国早期国家的地理和政治危机》，徐峰译，第一章"西周国家的基础：建构政治空间"。

③ ［美］李峰：《西周的灭亡——中国早期国家的地理和政治危机》，徐峰译，第127页。

也有很多诸侯并非王室后裔，可以不必遵从王室的那套"宗法"制度。① 的确，就一般的推想，异姓诸侯由于与周王室在宗法关系上没有直接的关联，其忠诚度或相对较低，但由于宗法制遍及上下并同时构成诸侯国自身的政治结构，同姓异姓之别在西周时期，很难对以王室为大宗的宗法制度构成真正的挑战。虽然，异性诸侯的分离倾向，始终是封建国家的天然缺陷。

在笔者看来，宗法封建制的根本矛盾可能在于，随着时间的推移，血缘关系和宗法结构一定会疏离松动。这就是《礼记·丧服小记》所载的"别子为祖，继别为宗"，"祖迁于上，宗易于下"的过程。郭伟川也指出："至西周中后期……侯国诸姬与周王室的血缘关系已日渐淡薄，为了维护本国的利益，对于周王室的需索和要求，如出征的兵役、职贡之财赋等等，已没有周初那样的热衷，甚至会加以抵制，以'亲亲'及'尊尊'为核心思想的周礼逐渐出现了危机。"②如果说宗法血缘关系随着时间的推移而松动疏离是一种"自然"的倾向的话，西周封建制国家的崩解，实具有某种"必然"性。

李峰指出，西周的政府运作实际上是以"恩惠换忠诚"原则为基础的，周王通常通过土地赏赐来获得官员和贵族的忠诚，为了维持这种忠诚，周王就必须持续地施与这样的恩泽，"周王不能仅停留在同一个水平上的土地赐予；他必须提高赐地的水平，因为作为回报的忠诚会日益下降。到了一定时候，王室恩惠这种投资甚至根本得不到任何回报。当这种现象发生时，西周王朝就面临崩溃了"③。日本学者白川静，依据岐山附近出土的成群彝器与铭文所记载的周王对贵族的赏赐，判断西周中期在王畿内部有诸多豪族的兴起。他强调："到西周后期，以成周为据点剥削庶殷、周边异族诸邦、淮水流域诸夷以增进其富强的周王室，随着畿内诸豪族的兴起，逐渐将其利益转让与诸豪族，从而导致了王室的衰微。"④

由以上分析可见，西周的封建制存在着结构性的矛盾，亦即王权为强化自己就必须削弱自己，封建既可以巩固和扩大王权，同时也必然培养出离心和反叛的力量，从而导致王权的衰落与崩溃。

我们认为，西周的灭亡由外部的戎狄入侵和宗法制的天然松动及封建制

① 参见［美］李峰《西周的灭亡——中国早期国家的地理和政治危机》，徐峰译，第131页。
② 郭伟川：《两周史论》，北京图书馆出版社2006年版，第188页。
③ ［美］李峰：《西周的灭亡——中国早期国家的地理和政治危机》，徐峰译，第144—145页。
④ ［日］白川静：《西周史略》，袁林译，三秦出版社1992年版，第123页。

的历史分化这些相互交织的基本因素所导致。事实上，与西部和北方部族持久的军事和文化对抗，是此后华夏国家几千年来始终面临的问题。除了自身的结构性矛盾必然导致政治危机和治理危机之外，西周封建制在应对这种来自外部的严峻挑战所表现出的无力与失败，也使得其无法历史地延续下去。秦汉帝国的建立以及新的制度选择，早已在危机和挑战中埋下了伏笔。

20世纪以来的中国古史研究，对于春秋战国时期的社会性质、生产方式、经济形态、思想文化等方面有着全面细致的考察。笔者认为，无论如何判断东周的社会与文化发展，就基本的国家形态和政治制度看，东周实际处于西周封建制国家形态向秦汉皇权国家形态的过渡阶段。秦汉皇权国家的国家观念以及制度与文化施设，正孕育于这个过渡时期。

白川静指出，西周与东周无论是从历史上还是地域上都并非互相承接，西周灭亡、周室东迁后，东方列国登上历史的舞台，成为新历史的承担者。因此他反对将西周和东周视为一体而附加若干特点的观点。[①]不过，东周社会呈现出新的特征而与西周社会相区别，也是一个历史的过程。春秋时期，三家分晋、田氏代齐、六国称王，是东周巨变的时期。在此阶段，周王仍为共主，传统的宗法礼乐制度尤有保存，但七国争雄使得王纲解纽、礼乐崩坏。笔者认为，春秋早中期仍延续着西周的基本政治模式和礼乐文化，直至春秋末至战国，东周国家与社会才发生了根本性的改变。

中国的现代史学家对春秋承继西周的特征也有充分的关注。如柳诒徵在论"周代之变迁"时指出："西周之政教，至春秋时，有相沿而未变者，有蜕化而炯殊者"，相沿者"无过于尚礼一事"，蜕化者"首在列国之分域"。[②]马克思主义史学家侯外庐，则通过对"亚细亚生产方式"的探讨和中国古代"城市国家"的起源与发展的考察，揭示中国古代社会的发展特征。侯外庐认为，所谓"亚细亚生产方式"，与西方"古典的古代"的奴隶制生产方式在本质上属于同一类型，但发展路径和特征不同。"如果我们用'家族、私产、国家'三项来做文明路径的指标。那么，'古典的古代'是从家族到私产再到国家，国家代替了家族；'亚细亚的古代'是由家族到国家，国家混合在家族里面，叫做'社稷'。因此，前者是新陈代谢，新的冲破了旧的，这是革命的

①　参见［日］白川静《西周史略》，袁林译，第128页。

②　参见柳诒徵《中国文化史》上卷，东方出版中心1996年版，第204—208页。

路线；后者却是新陈纠葛，旧的拖住了新的，这是维新的路线。前者是人惟求新，器亦求新；后者却是'人惟求旧，器惟求新'。"① 侯外庐对中国古代社会"国家混合在家族里""氏族遗制保存在文明社会里"②的新陈纠葛的认识，对把握中国西周至秦汉的社会发展具有重要的意义。这里，我们不涉及亚细亚生产方式与社会分期问题的讨论。值得注意的是，传统的史学观点和马克思主义史学的研究成果，大多承认东周早期社会与西周的承继关系，特别肯定春秋战国之际直至秦汉是中国社会发生重要变革的时期。我们需要认识的是西周向东周的连续性发展中这种变革的历史动因与内在逻辑。

我们在前面讨论中指出，军事上无法应对外部的戎狄入侵和宗法制的天然松动与封建制的历史分化，是西周灭亡的原因。笔者认为，考察东周在承继西周的过程中所发生的变革，也可以从这几方面因素入手。当然，这样的考察必须结合东周社会生产方式的历史变化。

历史地看，周室继西周宣王南征而"丧南国之师"后，其拥有的直接军事力量所谓"王师"便遭到重创。至犬戎入侵而衰落，周王室实际已不再具有控制四方的军事能力。东迁后，周王室对内依赖其名义上的天下共主的地位使东方诸国臣服，军事上则是凭借诸侯的力量讨伐不臣，对外则完全依靠各封国的力量来应付四夷特别是北方游牧民族的侵扰。周王室丧失控制封国和应对外族侵略的军事能力，为东周社会的巨变提供了历史契机。周天子军事上的彻底失败以公元前 707 年繻葛之战为代表。由于郑国与周王室交恶，周恒王率领虢国、蔡国、陈国、卫国的军队讨伐郑国。战争中，郑庄公击溃了陈、蔡、卫等国的军队，又合击周天子的中军，致周恒王被箭射中肩膀，率军突围而逃。此战标志着周天子丧失了原先尚能维持的"王命"，从此"礼乐征伐自诸侯出"，周王室天下共主的地位仅存名义上的作用。

春秋时期，新兴大国的崛起与应对外部夷狄的入侵有密切的关系。《史记·秦本纪》载："周避犬戎难，东徙雒邑，襄公以兵送周平王。平王封襄公为诸侯，赐之岐以西之地。"秦国的分封，直接的原因便是周室西方拱卫的军事需要，秦国也借此而崛起。楚本南方蛮夷之国，《史记·楚世家》记载："（武王）三十五年，楚伐随。随曰：'我无罪。'楚曰：'我蛮夷也。今诸侯皆为

---

① 侯外庐：《中国古代社会史论》，第 24 页。

② 侯外庐：《中国古代社会史论》，第 22 页。

叛相侵，或相杀。我有敝甲，欲以观中国之政，请王室尊吾号。'随人为之周，请尊楚，王室不听，还报楚"，"成王恽元年，初即位，布德施惠，结旧好于诸侯。使人献天子，天子赐胙，曰：'镇尔南方夷越之乱，无侵中国。'于是楚地千里。"周室由不加楚尊号到"天子赐胙"而承认楚国，正是希望楚国能够控制南方夷越以"无侵中国"。《史记·齐太公世家》载："（桓公）二十三年，山戎伐燕，燕告急于齐。齐桓公救燕，遂伐山戎，至于孤竹而还。燕庄公遂送桓公入齐境。桓公曰：'非天子，诸侯相送不出境，吾不可以无礼于燕。'于是分沟割燕君所至与燕，命燕君复修召公之政，纳贡于周，如成康之时。诸侯闻之，皆从齐。"这是诸侯打着"尊王攘夷"的旗帜称霸天下的开始。

《史记·匈奴列传》记载东周时期戎狄的分布，称"各分散居谿谷，自有君长，往往而聚者百有余戎，然莫能相一"。吕思勉认为："四夷为中原患者，莫如北族"，"战国之世，燕、赵、秦、魏并起而攘斥之。魏有河西，上郡，赵有云中、雁门、代郡，秦有陇西、北地，以与胡界边。而燕秦亦袭破东胡，置上谷、渔阳、右北平、辽西、辽东五郡。赵自代并阴山至高阙，燕自造阳至襄平，秦于陇西、北地、上郡，皆筑长城以拒胡。及始皇并留过，燕、赵之地亦皆入于秦。秦又使蒙恬收河南地，因河为塞，因边山县堑溪谷可缮者治之，起临洮至辽东万余里。而北干山脉以南，尽为秦之地矣。"[1] 与北方游牧民族的军事对抗，是华夏国家始终面临的问题。这种对抗，由地理气候环境和生产生活方式所决定，表现为游牧文明与农业文明的持久性对抗。不论华夏国家以何种形式存在，这种来自外部的巨大压力始终作用于国家的政治、经济与社会生活，是华夏国家向统一国家演进的客观原因之一。当周王室无力应对外部挑战而将维护国家安全的重任委于诸分封大国时，各诸侯国通过强兵而争霸天下，也就获得了政治上的合理性。

如前所述，西周的封建制存在着结构性的矛盾。王权为强化自己就必须削弱自己，以"赏赐换忠诚"来巩固王权必然地培养出离心和反叛的力量。东周时期，由于社会生产力的发展，如铁器的使用和土地的拓殖，加之兼并活动的加剧，比较大的诸侯国已拥有强大的国力。周王室因王畿隘小和财富困窘，更是无力维持传统的统治模式，封建制的崩坏已成为现实。由于传统

---

① 吕思勉：《中国民族史》，中国大百科全书出版社1987年版，第34—35页。

的封建制是建立在宗法制基础上的，封建制的崩解实与宗法制的松弛相伴随，两种因素的交织使得东周的社会政治呈现新的特征。

笔者认为，西周的政治制度可以概括为"宗法封建制"。这种制度的理想是建构出"家（宗法）国（封建）一体"的政治形态，亦即宗法的血缘伦理结构与封建的国家治理结构的同构和一体。[①] 就"宗法封建制"来说，宗法是基于族群父系血缘关系而确立的，这种制度所规范的是宗族血缘伦理关系，所谓的"立长立嫡""大宗小宗"制度，正是这种规范的体现；封建则是建立在西周国家治理的政治需要基础上的，这种制度所规范的是周王室与各分封国家的政治关系，宗法制与封建制的结合是建立在宗法基础之上的。当宗法关系的松弛自然地发生之后，传统政治制度中宗法与封建的相互配合也就走到了尽头。

就东周以降特别是春秋战国之际来说，宗法制依然存在并发挥着作用，但其所规范调整的范围已不断地分化和缩小。天子一系仅及王室，诸侯一系多维持于公室，卿、大夫、士则各领有其家。宗法制虽然在社会的各个层级发挥着组织和规范的作用，但统合国家于一体的政治功能已经不复存在。童书业在比较西周春秋宗法制度与魏晋宗法制时指出："西周春秋时代，宗法制曾扩大成政治系统，而在魏晋南北朝时期，宗法制只与社会制度相结合，与政治制度的关系较少。"[②] 由扩大成政治系统的宗法制度到仅作为维系社会生活的宗法制，经历了一个较长的历史过程，而其关键的转折点则在春秋战国之际。前此，宗法制与封建制相结合，构成了合内外于上下的国家政治制度；此后，封建制为郡县制所代替而走向解体，其间虽有暂时的反动——如汉初、西晋之众建亲戚以为屏藩，但宗法关系已难以成为国家政体的基质，宗法主要作为统合与维系家族、家庭等社会关系、伦理关系和经济关系的要素存在。笔者认为，从政治与社会制度演变的角度看，这一过程，可以概括为由"宗法封建制"向"皇权宗法制"的演进，秦汉正是"皇权宗法制"建立和完善

---

① 吕思勉指出："古代封建之制，与宗族之制，关系最密"，"古代天子诸侯间之关系，实多宗族之关系。天子之抚诸侯，宗子之收恤其族人也。诸侯之尊天子，族人之祇事其宗子也。讲信修睦，同族之相亲也。兴灭继绝，同族不相翦也。盖一族之人，聚居一处，久则不足以容，势不得不分殖于外，此封建之所由兴。而分殖于外者，仍不可不思所以联结，此宗法之所由立。"吕思勉：《中国制度史》，上海教育出版社1985年版，第419、373—374页。

② 童书业：《论宗法制与封建制的关系》，《童书业古代社会论集》，中华书局2006年版，第438页。

的重要时期。

"皇权宗法制"可由与"宗法封建制"相比较，获得概念的说明。如果说"宗法封建制"是以宗法关系为基础而将宗法原则落实于封邦建国的政治施设而统合二者为一体的制度，"皇权宗法制"则是强化君权专制从而将宗法关系限制于一定范围并发挥其作用的制度；在"皇权宗法制"下，政治上的"尊尊"原则从传统宗法意义上的"尊尊而亲亲"[①] 中分化出来，成为主导性的政治原则。宗法关系虽然仍普遍地存在并发挥着凝聚和规范社会、家族乃至家庭的一般作用，但宗法原则实际是在君主专制集权的政治原则下而获得肯定和强调；与"宗法封建制"所成就的"封建"的国家形态不同，"皇权宗法制"所塑造的是"皇权一统"的国家形态。上述概念描述，需要历史的说明以及理论上的进一步分析。

东周以来，传统的宗法封建制彻底崩解。宗法封建制的特质是将社会政治纳入宗法关系之中而加以建构，宗法与封建一体而使后者从属于前者。东周制度形态的演变，其总体方向是传统的封建形态经由诸侯霸政向皇权形态的转变。在这一过程中，宗法制度本身也呈现出新的特征，主要表现为：（1）宗法所调整的社会阶层与社会关系的扩大；（2）宗法与政治的组织分离。

关于东周的宗法制度，钱杭指出有两种基本的类型。一是以"亲亲""尊尊"兼重为原则的鲁国类型；一是以偏重"尊尊"为原则的秦、晋类型。鲁国类型的宗法伦理结构，其形成与西周宗法传统的深刻影响密不可分，表现为："以西周'尊尊而亲亲'的宗法伦理传统为理论框架的基础"；"以父子关系为主线，以维护族权、夫权为宗旨，兼重母子、兄弟关系"；"与特重父子关系的宗法伦理类型比较，此类型具有更大的包容性"。[②] 鲁国类型的宗法伦理结构，继承了西周"尊尊"与"亲亲"相结合的宗法观念，并将这种特重父子关系的宗法观念扩大到母子、兄弟关系，从而编织出一面严密的宗法网络，体现出宗法所调整的社会阶层与社会关系的扩大。鲁国类型的宗法伦理结构波及的区域，有齐、郑、卫、宋等国。秦、晋类型的宗法伦理结构，偏重以"尊

---

① 《汉书·地理志》："周公始封，太公问：'何以治鲁？'周公曰：'尊尊而亲亲。'太公曰：'后世浸弱矣。'故鲁自文公以后，禄去公室，政在大夫，季氏逐昭公，陵夷微弱，三十四世而为楚所灭。""尊尊而亲亲"作为周公规定的治鲁原则，"尊尊"之权力和政治上的等级秩序正由"亲亲"所肯定的是血缘与宗法上的伦理关系而来，"尊尊"就是"亲亲"，两者本为一体。

② 钱杭：《周代宗法制度史研究》，第170页。

尊"为原则,对宗法伦理有特殊的要求,"是用君臣之间绝对隶属的关系模式来设计宗法伦理的基本形态,而不是从宗法伦理原有的内在逻辑构成中抽象出它的基本形态(如鲁国类型的宗法伦理结构)。因此,他们特重宗法诸关系中的父子关系,并且,适应君主专制集权政治的需要,尤为强调这对关系中的绝对的单向的父权"[1]。也就是说,秦、晋类型的宗法伦理结构,强调"尊尊"原则中的单向度的权利,从而建立起一套适应君主专制政体的宗法规范。钱杭特别指出,鲁国型的宗法伦理在思想观念由孔子的儒学所体现,而秦晋型宗法伦理结构实际孕育出以韩非思想为代表的法家理论体系,而法家理论并不一般地否认宗法制度的意义,法家反对的是任何企图削弱君主集权思想和行为。[2] 这一判断,可以帮助我们认识东周宗法关系的变化在观念领域的复杂表现。

对于宗族本身来说,以"亲""尊"兼重为原则的鲁国类型的宗法伦理,相较于秦、晋类型具有更强的凝聚力,后者则特别有利于"君主专制统治的形成"[3]。虽然钱杭认为从宗法伦理本身看,鲁国类型应被视为东周宗法伦理的代表,但是,秦、晋类型的宗法结构实际体现了宗法与政治的"组织上的分离"的历史趋势。笔者认为,如果跳出具体国家的宗法形态,东周宗法制度的变化,实际既表现为宗法与政治的组织分离,也表现出宗法关系对社会各阶层和各种社会关系的渗透。前者以秦晋型为代表,后者由鲁国型为表率。这样的变化,是由春秋战国时期土地制度由领有到占有,卿士大夫由附庸公室到聚族而兴,国家之间军事对抗、兼并等多种社会经济、政治因素所导致的。

虽然宗法的关系结构因不同的文化传统和国家发展路径而呈现出类型的差异,但从整体上看,宗法与政治的组织分离,表明西周以来传统的国家形态正在发生着重要的变化。钱杭指出,宗法与政治的关系在春秋以后成为尖锐的时代课题。"此时,各类贵族宗族获得了充分的发展。同时,国家政权的各项职能也开始完善,一个统一的、封建专制的中央集权体制,正在逐步实现。这两种力量尽管在相当多的场合中可以相合,但由于前者的基础是父系宗族中的血缘关系,后者的基础是全国范围内的阶级关系,两者的根本出发

---

① 钱杭:《周代宗法制度史研究》,第171—172 页。
② 参见钱杭《周代宗法制度史研究》,下编"东周宗法制度"第六章第二、三节。
③ 钱杭:《周代宗法制度史研究》,第174 页。

点因此就是对立的。前者只有融入后者，而不是与后者平行，或者对抗，才能为自己保有在新形势下生存的机会。这是一个历史的趋势。宗族逐步脱离政治系统，不再成为国家政权结构中的一个政治实体，世卿世禄逐步让位于官僚郡县制度，宗族逐步非贵族化，宗族首领逐步担负起国家基层人员的职责，国家对宗族具体事务不再直接插手，从而使宗族内的宗法具有相对独立的性质等，就是在这一历史趋势日益明朗化的前提下，初步实现了的。"① 宗法逐步脱离政治系统，正是东周国家经由诸侯霸政而突破传统的宗法封建制走向君主专制的重要表现。

应该说，君主专制制度的建立所指向的并非仅仅是"阶级关系"的调整，大一统的君主专制还有军事、经济上迫切需要。如应对来自北方游牧民族的侵扰和破坏，治水平土的经济社会发展需要对地域分割的打破等。应对北方游牧民族侵扰的军事之需要等，我们前面已述及。经济与社会发展的变化主要表现在"废井田、开阡陌"。《汉书·食货志》："周室既衰，暴君污吏慢其经界，徭役横作，政令不信，上下相诈，公田不治。故鲁宣公'初税亩'，《春秋》讥焉。于是上贪民怨，灾害生而祸乱作。陵夷至于战国，贵诈力而贱仁谊，先富有而后礼让。是时，李悝为魏文侯作尽地力之教……行之魏国，国以富强。及秦孝公用商君，坏井田，开阡陌，急耕战之赏，虽非古道，犹以务本之故，倾邻国而雄诸侯。然王制遂灭，僭差亡度。庶人之富者累巨万，而贫者食糟糠；有国强者兼州域，而弱者丧社稷。"土地制度变化的背后是社会经济发展和国家领土扩张的需要，一些大国，如秦国借此取得了争霸天下的优势。

就制度层面来说，宗法与政治的组织分离，表现为君主脱离了传统宗法关系的限制而行使其专制的权力。钱穆指出："宗法封建时代，君权未能超出于宗族集团之上。……郡县制的国家，则君权渐脱离亲属关系之束缚。"② 吕思勉在《中国制度史》中将君权的演进描述为：（一）君脱离亲族之关系，而成其为君；（二）臣子之权渐削；（三）君与教务渐疏，政务日亲。③ （一）（二）两方面实际是相应的。"君主亦必为一族中人。……然君主所治，不独一族，使

①　钱杭：《周代宗法制度史研究》，第228页。
②　钱穆：《国史大纲》（修订本），上册，第83页。
③　参见吕思勉《中国制度史》，第十章"政体"。

对同族之人，专论亲戚之关系，国法必为之破坏。故国愈大，所辖之民愈众，则其法愈严，而君主之亲族，能与君主论亲族之关系者即愈少"，"故君权日张，臣权日削也"。① 此二者皆体现出君主权力脱离宗法的限制而日益独立地发挥作用。至于"君与教务渐疏，政务日亲"，指的是君主政治由古代的"政教不分"转为"主教者仅存虚号，秉政者实有大权"②，强调的是君主制度发展过程中君主不再依赖神道的合法性转而对政治权力的倚重，似不足以说明秦汉大一统皇权国家帝王合政教为一的努力。后世大一统皇权国家的政与教，有着更为复杂的关系。

郡县制取代传统的分封制，是宗法与政治组织分离的另一制度表现。郡县制的出现是一个历史的过程，其间有着复杂的政治、军事原因，但郡县制在秦汉成为地方行政体制的主导形式则是以打破传统的宗法分封制为前提的。

郡县在春秋时已出现，如晋、楚久行县制。钱穆指出："盖内废公族，外务兼并，为封建制破坏、郡县制推行之两因。"③"内废公族"，出于新兴政治力量在政治上瓦解传统宗法势力的需要。如晋顷公时，六卿弱公室，尽灭公族，分其邑为十县，各令其止为大夫。郡县制的建立还有着军事扩张和地方治理的原因，所谓"外务兼并"。吕思勉也指出："县之设，一为政治所自出，一为甲兵之所聚"，"春秋战国之县，概多灭国为之，亦有以治理之密设也"，"盖统一之途，不外吞并人国，开拓荒地二者。县之设，由吞并人国者多。郡之设，则由开拓荒地者多也"。④ 郡县的出现，或因强国兼并而成之，如陈、蔡灭国为县；或由拓殖御边而为之，如赵置云中、雁门、代郡，燕置上谷、渔阳、右北平、辽东郡，魏置河西、上郡等，既是扩张领土的结果，也出于抵御戎狄的需要。废封建而行郡县，实乃大势所趋。秦统一天下之后的制度选择早已寓于此大势之中。《史记·秦始皇本纪》载赵绾与李斯关于政体的争议，正是封建与郡县之争。李斯所言，强调传统封建制在政治上难以维系统一的国家，主张"皆为郡县"，始皇以"天下共苦战斗不休"为理由而反对封建，虽从现实政治需要出发，实也具有同样的眼光。

---

① 吕思勉：《中国制度史》，第454—455页。
② 吕思勉：《中国制度史》，第457页。
③ 钱穆：《国史大纲》（修订本），上册，第82页。
④ 吕思勉：《中国制度史》，第428—431页。

柳诒徵称"秦之政策最大者，即以诸侯之地，分为三十六郡之法"，他评价说："实则始皇时代之法制，实具伟大之精神，以一政府而辖制方数千里之中国，是固国家形式之进化，抑亦其时思想之进化也。"① 废封建而行郡县，是国家制度之改造，其背后所隐含的是宗法与政治组织分离的政治理念。钱穆指出："郡县政令受制于中央，郡县守令不世袭，视实际服务成绩为任免进退，此为郡县制与宗法封建性质绝不相同之点。自此贵族特权阶级分割性质封建，渐变而为官僚统治之政府。"② 传统的封建制依据血缘宗法关系建立国家的政治组织，郡县制则将政治组织从宗法中独立出来，以君主集权的官僚治理，打破传统的贵族分割与世袭。秦之废封建行郡县，为汉所继承。吕思勉说："高祖虽灭项籍，然谓一人可以专制天下，此当时之人心所必不许，而亦非高祖之所敢忘也。是时之所欲者，则分天下而多自予，使其势足以临制诸侯；又多王同姓，俾其势足相夹辅耳。……抑后来高祖之灭异姓，非诡谋掩袭，即举兵相屠，此犹楚、汉之相争，初非共主之征讨也。是时所务者，为锄异姓，树同姓，惠、文以后，则所患者转在同姓矣。于是众建而少其力之策稍行，封建遂名存实亡矣。"③ 由于汉初独特的政治形势，封建虽有反复，但终难违历史之势而退出政治舞台。

我们将秦汉的国家制度称为"皇权宗法制"，是因为经由"宗法与政治组织的分离"，在政体上成就了君主集权的皇权国家体制，社会生活的机体仍由"宗法"所维系。君主专制的国家政体与宗法控制的社会机体相互结合与作用，构成了秦汉国家的整体结构。

前面在描述宗法制度的演变时曾指出，宗法关系对贵族之外其他社会阶层的渗入以及宗法所调整的关系范围在父系之外的扩大，是东周以来宗法发展的重要特征。秦汉的皇权国家体制打击了传统的宗法贵族势力，但宗法关系仍根深蒂固地存在于普遍的社会之中并发挥着维系社会的作用。侯外庐根据汉人编制的保存秦文献的《石鼓文》《急就》篇等对秦国的文化特征加以考察。他认为，秦国之所以特别强大，是因为它和周族的姬姓诸国不同，较容易摆脱氏族制度的束缚，但是，《急就》篇等仍反映"秦人在兼并六国的前

① 柳诒徵：《中国文化史》上卷，第 289—290 页。
② 钱穆：《国史大纲》（修订本），上册，第 83 页。
③ 吕思勉：《秦汉史》，上海古籍出版社 2006 年版，第 557 页。

后，还保存着氏族遗绪"①，如篇中有相当多的祀祖和姓氏的罗列。侯外庐指出："秦人的郡县制仍然是用旧日的血族组织做基础，而在属人的单位上加上属地的单位。……秦人'开阡陌'，无疑是放弃了土地贵族所有制，但其结果，在郡县制之下旧贵族就蜕化为豪强……。豪强之所以代替氏族公族，是由于血族单位依附在郡县制度里面。"② 我们认为，依附于土地的农业生产方式和聚族而居的生活方式，是宗法关系牢固地存在于中国传统社会的基本原因，即使是在新的皇权国家体制下，宗法关系仍然普遍地存在并发挥作用。

关于秦国的宗法，还有一个问题需要说明。秦国在商鞅变法后施行"分家析产"的制度，"民有二男以上不分异者，倍其赋"，"令民父子兄弟同室内息者为禁"（《史记·商君列传》），这样的政策对家庭的结构和规模会产生很大的影响，被认为会导致家庭伦理的败坏，如汉代贾谊便称之为"败俗"。"分家析产"是秦汉时期普遍存在的现象，如汉吕后《二年律令》的《户律》《置后律》等都有类似的要求。③ "分家析产"有经济的、制度的多方原因，需要说明的是，"分家析产"在中国古代社会并不会导致宗族聚居的瓦解。"在诸子均分析产继承制下，每个子孙都可以从父祖手中获得部分田宅。这样，父传子，子传孙，再传曾孙，等等，代代分割相传。同一家族或宗族成员就会在父祖的田宅旁聚居生活下来，形成家族、宗族聚居的分布状况。"④ "如果不是实行诸子均分制，而是像西欧中世纪社会那样实行嫡长子继承制，就不会形成宗族聚居局面。"⑤ 笔者认为，只要宗族聚居是一种社会的常态，无论是"分家析产"还是"同居共财"，宗法的组织和规范功能便一定会在普遍的范围内发生持久的作用。

在秦汉的皇权国家形态下，宗法普遍地发挥作用的原因还在于国家的行政权力既没有深入社会最基础的细胞——家庭与家族，也不试图取代宗法在基层社会的组织和教化的功能。

---

① 侯外庐：《中国古代社会史论》，第281页。
② 侯外庐：《中国古代社会史论》，第282页。
③ 关于秦汉家庭"分家析产"制度的分析，可参见李卿《秦汉魏晋南北朝时期家族、宗族关系研究》，上海人民出版社2005年版，第一章第二节。
④ 李卿：《秦汉魏晋南北朝时期家族、宗族关系研究》，第83页。
⑤ 杨际平等：《五—十世纪敦煌的家庭与家族关系》，第201页注释2，转引自李卿《秦汉魏晋南北朝时期家族、宗族关系研究》，第83页。

柳诒徵指出："秦、汉政体，虽为君主专制，而其地方行政，犹有周代人民自治之遗意。"①《汉书·百官公卿表》："县令、长，皆秦官，掌治其县。……大率十里一亭，亭有长。十亭一乡，乡有三老，有秩，啬夫，游徼。三老掌教化。啬夫职听讼，收赋税。游徼徼循禁贼盗。"《汉书·高帝纪》：三年二月癸未，"举民年五十以上，有修行，能帅众为善，置以为三老，乡一人。择乡三老一人为县三老，与县令、丞、尉以事相教，复勿徭戍。以十月赐酒肉"。吕思勉称汉置三老，后世恒以为美谈，"实由乡遂之职，自古相传"，"本出于民间之自相推择者"，"有教化人民之责"②，实乃地方自治传统的延续。《后汉书·爰延传》："为乡啬夫，仁化大行，民但闻啬夫，不知郡县。"《后汉书·仇览传》："选为蒲亭长。劝人生业，为制科令，至于果采为限，鸡豕有数，农事既毕，乃令子弟群居，还就黉学。其剽轻游恣者，皆役以田桑，严设科罚。躬助丧事，赈恤穷寡。期年称大化。"柳诒徵评论说："可知秦、汉之时，人民言论甚自由，而地方之事，多由民自主，民治甚于官治。"③ 三老、啬夫等，从官职来说或为小吏，实乃选乡里、宗族中有德行者为之，其职责在于组织乡里和教化子弟，所谓"民治甚于官治"。

当代学者对于秦汉帝国体制下的维系社会基层组织的宗法存在也有说明。如陈明认为，秦建立的一县一乡一里的垂直隶属型行政系统，中央的控制也只能达到县一级，县以下的乡里佐吏则仍须选任当地之士，"这说明商鞅制定的二十等爵制事实上没有也不可能完全取代社会社区固有的家族血缘组织"④。杜正胜更是从广泛的意义上指出："在中国，不论地方行政组织如何细密，统治机能如何有效，基层社会的秩序仍多依赖血缘族群来维系。"⑤

事实上，君主专制的国家政体与宗法控制的社会机体相结合，正是秦汉以来皇权大一统国家的基本形态。"皇权宗法制"正是对于这一国家形态的概括。

儒教在汉代的建立是一个基本的历史事实。如果将儒教的建立放入秦汉以来国家形态的演进和制度变革的整体背景下加以考察，我们可以看到儒教

①　柳诒徵：《中国文化史》上卷，第 292 页。
②　吕思勉：《秦汉史》，第 579—580 页。
③　柳诒徵：《中国文化史》上卷，第 294 页。
④　陈明：《儒学的历史文化功能》，第 56 页。
⑤　转引自陈明《儒学的历史文化功能》，第 56 页。

之所以能够在汉代被建立起来，是由于它因应了大一统皇权国家的需要；而儒教之所以能够成为新皇权国家的意识形态并发挥出前所未有的制度功能，也是因为其自身的特质满足了"皇权宗法制"的新要求。

关于汉初政治与意识形态关系的变迁，钱穆曾有细致的描述："汉之初兴，未脱创夷。与民休息，则黄老之说为胜。及于文、景，社会富庶，生气转苏。久痿者不忘起，何况壮士？与言休息，谁复乐之？而一时法度未立，纲纪未张。社会既蠢蠢欲动，不得不一切裁之以法。……其时物力既盈，纲纪亦立，渐达太平盛世之境。而黄老申韩，其学皆起战国晚世。其议卑近，主于应衰乱。惟经术儒生高谈唐虞三代，礼乐教化，独为盛世所憧憬。自衰世言之，则见为迂阔而远于事情。衰象既去，元气渐复，则如人之病起，舍药剂而嗜膏粱，亦固其宜也。后人谓惟儒术利于专制，故为汉武所推尊，岂得当时之真相哉。"① 汉初黄老之学的提倡，出于恢复社会生机、与民休息的需要。黄老之学的特征，本就是以道论法、道法结合，文景二帝的政治活动既取黄老之阴柔，也执申韩之刑名，皆是黄老之学的具体应用。钱穆认为黄老申韩"主于应衰乱"，而儒家礼乐教化"为盛世所憧憬"，颇能说明儒术随着汉初政治形势的转变而取代黄老刑名的现实原因。不过，汉武推尊儒术虽然不能简单地归结于"儒术利于专制"，但儒术何以为汉皇权国家所独尊，却不能仅从具体的政治形势加以说明。

儒术之被独尊，更主要的是由于传统儒学经由儒教士的改造，既为大一统皇权国家提供了政治合法性的证明，也擘画出国家与社会治理的现实途径，从而整体性地适应了"皇权宗法制"国家形态的要求。如果正面地描述汉代儒教，由汉武更化至宣元时期确立地位，由新莽另开端绪再至后汉明章时期的经义一统、法典天下，儒教在两汉的发展实有其历史的过程。

汉代儒教的建立与发展，其最基本的逻辑乃在于如何适应"皇权宗法制"国家形态的要求，一方面以神道观念和制度建设巩固大一统的皇权，另一方面将儒家的圣教理想和措施落实于整个社会。以董仲舒为代表的汉初儒教士自觉地为大一统皇权国家的王权和政教秩序提供论证，而为汉武帝的政教更化所采纳。武帝罢黜百家，在意识形态和制度建设上独尊儒术。不过，由于汉武帝所面临的内外政治环境，他的政教更化更主要地体现为对皇权的强化

① 钱穆：《两汉经学今古文平议》，商务印书馆 2001 年版，第 199—200 页。

以及中央应对外部威胁的动员与扩张。儒教的社会教化的主张实际是在宣成时期才得以全面落实的。① 考察武帝之后的昭帝、宣帝、元帝时之政治可知，昭帝承武帝穷兵黩武、海内虚耗之弊，"轻徭薄赋，与民休息"（《汉书·昭帝纪》），实乃过渡阶段，真正使汉皇权国家重上轨道的是宣成之政。就儒教的巩固和发扬而论，孝宣时期最为重要，既继承了关于王权的神道信仰，同时也通过统一经义予之证明，又在更为广泛的社会层面将儒教的圣教主张加以落实，史臣《赞》称之为"中兴"。

汉宣帝虽也用刑名，实际乃习儒与崇儒的皇帝。霍光在请立其为皇帝的奏议中称之："师受《诗》《论语》《孝经》，操行节俭，慈仁爱人"（《汉书·宣帝纪》）。从汉宣帝施政的具体措施看，他的确不遗余力地将儒教的主张加以具体落实。本始元年下诏加汉武帝尊号，除赞美武帝平定戎夷的事功之外，更肯定武帝"建太学，修郊祀，定正朔，协音律；封泰山，塞宣房"（《汉书·宣帝纪》）的功德，继承汉武所奠立的宗教与文制。对于宗亲诸侯，宣帝根据儒家的观念采取怀柔政策。关于国家治理，宣帝颇重养民蓄民，以孝道和礼制教化百姓。宣帝还肯定婚姻之礼的教化功能。在对外政策上，宣帝文武并用，既以武力平西羌，也以恩德怀远人，绥安匈奴，消弭北方的边患。

汉宣帝巩固儒教的重要措施还表现在儒教经学的发展与礼制的发扬。《汉书·宣帝纪》载，甘露三年（前51），"诏诸儒讲《五经》同异，太子太傅萧望之等平奏其议，上亲称制临决焉。乃立梁丘《易》、大小夏侯《尚书》、穀梁《春秋》博士"。此乃汉代经学史上重要的"石渠阁议"。清末经学家皮希瑞称："非天子不议礼，不制度，不考文；议礼、制度、考文，皆以经义为本。后世右文之主，不过与其臣宴饮赋诗，追《卷阿》矢音之盛事，未有能讲经议礼者。惟汉宣帝博征群儒，论定五经于石渠阁。"② 汉宣帝以天子之尊称制临决，所谓议礼、制度、考文，出于以儒教经义和礼制治世的需要。

记载石渠阁议的《石渠奏议》早已佚失，不过从唐代杜佑《通典》所引

①　金春峰指出："武帝时期，虽然提倡礼治和礼制的建设，但《公羊春秋》的主要精神是强调大一统和'大义灭亲'，贯穿着严法的精神。由于战争等特殊情况，除了封禅以外，实际的礼制建设没有受到重视。宣帝的'稽古礼文'则真正把礼治、礼制的建设提到了首位。"金春峰：《汉代思想史》，中国社会科学出版社1997年版，第323页。

②　（清）皮希瑞：《经学历史》，中华书局2008年版，第117页。

述的内容看,石渠阁议关于礼制的讨论充分而细致,涉及嘉、军、凶礼等各方面,以宗法为根据规范各种礼仪。① 《汉书·儒林传》称:"自武帝立《五经》博士……初,《书》唯有欧阳,《礼》后,《易》杨,《春秋》公羊而已。至孝宣世,复立《大小夏侯尚书》,《大小戴礼》,施、孟、梁丘《易》,《谷梁春秋》。"汉宣帝诏诸儒讲《五经》同异的结果,是使传统未立于学官的经学流派被容纳进来。这里最值得注意的是在《春秋》公羊学外,复立了谷梁学,显示出汉宣帝对《春秋》谷梁学的重视。金春峰对这一经学变化的解释颇具启发性。他指出:"《公羊》学虽也强调宗法等级制度的建设,但《公羊春秋》突出宣传的思想是拨乱世,反诸正,大义灭亲,要求对乱臣贼子毫不留情地进行镇压。其矛头是针对诸侯王的叛乱活动的,目的是强化中央集权的等级制度的权威。……但儒家思想的另一面:重礼义教化,重宗法情谊,他也是十分重视的。这是缓和统治集团内部矛盾的需要,也是稳定封建统治的长远利益的需要。而和董仲舒的《公羊》学相比较,《谷梁春秋》正是强调后一方面的。所以《谷梁春秋》受到重视,是形势的变化造成的。比较《公羊春秋》和《谷梁春秋》,可以看出,两者的不同,主要在于《谷梁春秋》十分重视礼制的教育,礼的观念被提到了突出地位。"② 金春峰对宣帝提倡《春秋》谷梁学的分析,归结于现实政治的需要,但他对《公羊春秋》注重维护大一统王权与《谷梁春秋》重视礼制的具体考察③,颇能说明儒教自身的特质及其作用。

武帝时期董仲舒所提倡的《春秋》公羊学,对神话皇权和强化中央集权有着重要的意义,但是汉皇权国家本身仍然是建立在宗法社会的基础之上的,因此以宗法观念为核心的礼制对社会关系的规范和调整始终是儒教所关心的重要问题。从宣帝一朝的政治实践看,除综核刑名的具体施政措施外,神话王权并以"大一统"的观念巩固中央集权与提倡礼义教化、宗法情谊来规范和维系社会整体,始终是并行的。

如果我们跳出经学系统的纷争,从孝武到孝宣,由于整体性地适应"皇

---

① 《通典》引石渠阁议全在"礼"门,具体问题有:"宗子孤为殇","乡请射告主人,乐不告","诸侯之大夫为天子、大夫之臣为国君服","父卒母嫁,为之何服","大宗无后,族无庶子,已有一嫡子,当绝父祀以后大宗不"等。

② 金春峰:《汉代思想史》,第324—325页。

③ 参见金春峰《汉代思想史》,第325—326页。

权宗法制"的需要，儒教得以建立与真正地巩固。汉宣一朝对礼制的强调，正是在稳固皇权一统的中央集权之后试图将儒教的宗法观念与礼制落实于整体社会。《汉书·魏相丙吉传》史臣《赞》曰："故经谓君为元首，臣为股肱，明其一体，相待而成也。是故君臣相配，古今常道，自然之势也。近观汉相，高祖开基，萧、曹为冠，孝宣中兴，丙、魏有声。是时，黜陟有序，众职修理，公卿多称其位，海内兴于礼让。"从赞美君臣关系的方面，史臣跳开了汉武一朝，实际说明武帝时期皇权得到了充分的强化，而孝宣之朝"公卿多称其位，海内兴于礼让"，正表明儒教对皇权的神话与对社会的教化获得了全面的落实。正因为如此，我们将汉武帝独尊儒术作为汉代儒教建立的标志，而将儒教的真正确立判定为汉宣时期。

由本节研究可见，汉代儒教建立的背景，是华夏国家由传统的"宗法封建制"向新型的"皇权宗法制"的历史演进。儒教得以建立并发挥作用的根本原因，在于适应"皇权宗法制"新型国家的需要，既以神道观念和制度建设巩固大一统的皇权，又试图将儒家的圣教理想落实于整体社会。

第二章 儒教作为"一个社会系统"的说明

对儒教生成的社会历史条件及汉代儒教建立的社会与制度因素的考察，为儒教这一"历史的社会的存在"之系统分析奠立了必要的基础。从本章开始，我们将对儒教作为"一个社会系统"（a social system）的问题展开研究。如本书"绪论"部分已经说明的那样，这是一个儒教研究的中观和微观的问题。在中观层面，我们需要讨论此"社会系统"之"社会"和"系统"的意义；在微观层面，我们要考察此"系统"的复杂性结构及其功能。本章希望对上述两个层面的基础性问题作出说明。这包括，我们在什么意义上理解"社会系统"，以及用什么方法来说明儒教"这一社会系统"，后者可视为具体的"方法论再探"。在"绪论"部分，我们已经提出并分析涂尔干的"社会事实"在理论和方法上的可能的借鉴作用。不过，即使就中观层面的研究来说，这仍然需要具体分析并批判性地说明其对于儒教研究的适切性。此外，就儒教具体的"系统"研究来说，当代社会系统理论和方法的发展，在分析儒教"社会系统"的具体问题或儒教具体的"社会系统"之子系统的问题时，仍可以作具体方法的借鉴，虽然这种借鉴常常是工具性的。

我们注意到，在20世纪儒教的研究中，已经有诸多成果体现出自觉的方法论意识或涉入现代社会理论的系统分析脉络。在本章的开始，我们首先就自觉地运用或建构某种方法论来对儒教社会系统开展研究的成果加以考察，以为后续的理论和方法再探提供比较和参照。此后，我们将提出儒教作为"一个社会系统"的分析和说明。

第一节 意识形态论与宗教类型说

本书"绪论"评述现代儒教观念时，特别考察了以任继愈为代表的"宗教说"。这一"儒教宗教说"，是在唯物史观的立场上以意识形态的分析方法对儒教作为"宗教"的说明。此后，李申在《中国儒教论》以及《宗教论》第3卷"宗教的社会功能"中，对儒教作为宗教的具体表现及社会功能进行了专门细致的考察和分析。另一个典范性的研究，是20世纪50年代末由杨庆堃在其重要著作《中国社会中的宗教》中所作的社会学研究和分析。这项研究，借鉴了瓦哈的宗教社会学与帕森斯的结构功能理论，以diffused religion（弥散性宗教、混合型宗教）与institutional religion（制度性宗教、独立型宗教）的区分①，对中国宗教的组织和功能作了细致考察，也对儒教（儒学）之宗教特征有基本论断，被誉为"研究中国宗教的《圣经》"②。

以上两项研究，皆有自身的"宗教"理解，在方法上，也有意识形态分析与社会学结构功能分析的不同。不过，从杨庆堃著作的副标题"宗教的现代社会功能与其历史因素之研究"来看，二者实有交叉之处，特别是在诉诸"历史"和"社会"的观念上，有相似的旨趣。此外，上述两项典范性的研究都必须面对和解决的基本问题是：儒教与其所置身社会的关系——无论是与社会的物质性条件特别是制度的关系，还是与社会的观念传统特别是信仰的关系。我们将看到，在回答这个基本问题时，两种研究对儒教系统的复杂性特别是其整体性地与传统社会制度、观念与信仰的结合有着自觉的认识。接下来，我们将聚焦于"儒教与其所置身社会的关系"问题，来考察上述研究的方法得失，揭示其背后的观念预设，为我们的具体理论和方法选择提供批判性的参照。

任继愈曾结合"中国封建社会"的历史特点和历史进程，完整表述了儒教作为"宗教"的意识形态的特征及功能定位。他首先对"中国封建社会"作了简单概括，如：时间长久而稳定，宗法制度比较完备，中央集权下的大一统国家结构形成较早并持久，农民起义次数多规模大，资本主义没有得到很好的发展，经历了建立、重建、兴盛、停滞、僵化阶段等。他说：

> 封建社会的上述历史特点和历史过程，造成了以儒教为中心的封建意识形态，这种同封建宗法制度和君主专制的统一政权相适应的意识形

---

① 关于杨庆堃对瓦哈与帕森斯的借鉴，特别是diffused religion与institutional religion两个概念的溯源、区分、使用及翻译是一个复杂问题，这里仅一般性地提示而将在后文作具体分析讨论。

② 这是欧大年（Daniel L. Overmyer）在杨庆堃《中国社会中的宗教》中译本"荐序"中的话，参见［美］杨庆堃《中国社会中的宗教——宗教的现代社会功能与其历史因素之研究》，范丽珠译，上海人民出版社2007年版，第16页。

态，对劳动人民起着极大的麻醉欺骗作用，因而它有效地稳定着封建社会秩序。为了使儒家更好地发挥巩固封建经济和政治制度的作用，历代封建统治者及其思想家们不断地对它加工改造，逐渐使它完备细密，并在一个很长时间内，进行了儒学的造神活动：把孔子偶像化，把儒家经典神圣化，又吸收佛教、道教的思想，将儒家搞成了神学。这种神学化了的儒家，把政治、哲学和伦理三者融合为一体，形成了一个庞大的儒教体系，一直在意识形态领域占据着正统地位，对于巩固封建制度和延长其寿命，起了十分巨大的作用。①

这段文字，是任继愈的儒教作为"意识形态"的"宗教说"最集中的表述，也是对其社会功能的具体说明。

本书绪论部分在讨论任继愈的"儒教宗教说"时已经指出，他的研究在"意识形态"的理解上具有突破性的认识。即"宗教"不仅仅是一种观念的上层建筑即意识形态，还表现为一定的客观化的、社会化的物质存在形式，即具有与政治上层建筑相似的制度与设施。任继愈没有局限于以观念的上层建筑即意识形态来讨论"儒教问题"，而是结合中国传统社会封建宗法制度和君主专制制度，并从"儒教"之信仰施设与制度安排来作说明。在儒教的社会功能方面，儒教"意识形态"之"宗教说"，贯彻了马克思《〈黑格尔法哲学批判〉导言》与恩格斯《反杜林论》中的宗教批判，把儒教视为维护宗法制度和封建专制的意识形态，对劳动人民起着"麻醉欺骗"的作用。

从儒教"宗教说"的理论效应看，其"宗教"的意识形态定位以及功能批判，招致了一些批评性的回应。如冯友兰说："在封建社会中，宗教是为统治阶级服务的，儒家也是为统治阶级服务的。但也不能因此就说儒家是宗教。因为一个社会的上层建筑，都是为统治阶级服务的。但是，上层建筑也分为许多部门，每个部门各有自己的特点，不能说上层建筑的一个部门，只因为它是上层建筑，就与其它部门没有分别。"② 这里的"上层建筑"，是"意识形态"的替代说法，因为"意识形态"正是"观念的上层建筑"。冯友兰的看法是，不能用"宗教"的意识形态来代替和说明"哲学"的意识形态。崔

---

① 任继愈：《论儒教的形成》，载任继愈主编《儒教问题争论集》，第2页。
② 冯友兰：《略论道学的特点、名称和性质》，载任继愈主编《儒教问题争论集》，第89页。

大华梳理了中国传统的"儒教"观念，认为儒学虽然理论形式不断发生变化，但"伦理"的理论核心和本质并没有变化，宋明理学完成的不是"造神运动"，而是对儒教伦理道德根源的哲学论证和改造。李锦全也认为，儒学是"哲学"而不是"宗教"，至于宋明理学，是儒学的哲理化，而不是儒学的宗教化。由于不接受儒教的"宗教"定位，自然也不会完全接受意识形态批判关于儒教功能的判断。① 必须说明的是，儒教"宗教说"在作"意识形态"分析和批判时，并不否认此"宗教"的意识形态可以和其他的观念形态相结合，甚至相融合。如前面引文中说："这种神学化了的儒家，把政治、哲学和伦理三者融合为一体，形成了一个庞大的儒教体系，一直在意识形态领域占据着正统地位，对于巩固封建制度和延长其寿命，起了十分巨大的作用。"这是儒教"宗教说"在面对视儒教为"道德"或"哲学"的主张和批评时，能够自我辩护的原因之一。

　　就"儒教宗教说"以及与之谱系相似的意识形态论说看，其理论定位是明确的，意识形态分析和批判的方法运用是自觉的。事实上，"儒教宗教说"之所以能够突破观念的意识形态限制，之所以能够在意识形态的观念领域对"伦理""政治""哲学"加以"融合"，仍然是由儒教系统自身的复杂性特别是儒教与其所置身的中国传统社会复杂关系所致。这正是任继愈在说明"儒教宗教说"之前，对"中国封建社会"的历史特点和历史进程首先作出说明的原因。

　　"儒教宗教说"由于意识形态的"宗教"定位，对儒教"功能"的考察，便离不开对其意识形态功能的说明，其方法是意识形态的功能分析法与社会批判法。李申《宗教论》第3卷"宗教的社会功能"，可谓"儒教宗教说"功能研究的代表。在他的考察中，特别关注"宗教"的"社会功能"，具体为包括儒教在内的宗教对军事、政治、法律、经济、教育、哲学、科学、道德及文化艺术等多方面的作用。② 这体现了"儒教宗教说"对"宗教"的社会性以及意识形态观念复杂性的认知，其儒教的功能分析既诉诸意识形态的批判，又体现出湮没于宗教功能一般性表述以及与其他宗教功能混同的特征。

---

① 参见崔大华《"儒教"辩》；李锦全《是吸收宗教的哲理，还是儒学的宗教化?》，二文载任继愈主编《儒教问题争论集》。

② 参见李申《宗教论》第3卷，中国社会科学出版社2010年版。

如此，意识形态之"宗教说"在说明儒教与其置身的社会之物质的与制度的、观念的与信仰的复杂关系方面，在对儒教功能作出清晰的把握方面，仍然面临巨大的挑战。

"儒教宗教说"在意识形态定位的基础上，对儒教作为宗教作出了整体性的批判说明与功能描述。与之相对照，杨庆堃的中国宗教研究，由于社会学的视角以及功能分析方法的运用，中国宗教便被放入所置身的社会生活和组织类型中加以分析，并试图将儒教（儒学）与其他的中国宗教传统进行区别，进而比较性地把握其类型特征与功能作用。

杨庆堃在《中国社会中的宗教》"绪论"中开宗明义地说他的研究是"试图回答这个问题"：

> 在中国社会生活和组织中，宗教承担了怎样的功能，从而为社会生活和组织提供了一个存在与发展的基础，而这些功能是以怎样的结构形式来实现的？因此，这个研究的最基本的目的，是对一些重要的事实（facts）做出功能的解释，以便揭示一个宗教与社会秩序的关系模式，而非致力于对中国宗教作系统详尽的说明。[1]

他接着又说：

> 基于这个研究目的，瓦哈的结构性观点与蒂利希（Paul Tilich）的功能性观点将在定义宗教时予以结合，将宗教界定为用来应对人类的终极问题的信仰系统、仪式活动和组织关系。那些终极问题是这样一些问题，如人类死亡的悲剧、不公正的遭遇、不期而至的挫折、摧毁人类社会联系的不可遏制的敌意的威胁，以及澄清教义以应对现实经验中的矛盾现象。[2]

从上述说明看，杨庆堃的研究对象是宗教在中国社会生活和组织中的功能，其目标是认知"一个宗教与社会秩序的关系模式"，这"一个"模式当然是

---

[1]　C. K. Yang, *Religion in Chinese Society*, Waverland Press, 1991, p. 1.

[2]　C. K. Yang, *Religion in Chinese Society*, p. 1.

指中国社会中的关系模式。与任继愈"宗教"的意识形态说一样，杨庆堃的研究也是从一个有关"宗教"的定义出发。他的定义，结合了瓦哈的宗教社会学关于"宗教"的结构性观点与蒂利希系统神学关于宗教的功能性观点，将"宗教"界定为"用来应对人类的终极问题的信仰系统、仪式活动和组织关系"。这里所说的蒂利希的功能性观点，便是将构成宗教核心的"信仰"理解为"终极关怀"，即"应对人类的终极问题"。"终极关怀"是蒂利希1957年出版的《信仰的动力学》所提出并讨论的问题，他称"信仰是终极关怀的状态"①。杨庆堃写作《中国社会的宗教》，正是这个时候。所谓瓦哈的结构性观点，主要体现在瓦哈《宗教社会学》（1944年）第一部分"方法论导言"之第2章"宗教经验及其表现"。在那里，瓦哈将宗教的经验表现区分为三类：理论表现（教义）、实践表现（仪式）与社会表现（团体）。②我们可以直观地看到，杨庆堃关于宗教的定义，如其所言，结合了瓦哈与蒂利希关于"宗教"的认识。

金耀基、范丽珠在评述杨庆堃的研究时指出："在方法论上，杨氏遵循的是涂尔干和帕森斯的传统，但是他的理论兴趣却与韦伯更为接近"，又说："从结构功能主义学说的观点看，杨氏受到帕森斯关于发散性和特殊性概念的启发，将瓦哈的'功能观点'创新扩展成为两种泾渭分明的宗教。这种概念的创新提供了一个有说服力的解释框架，使得多元的、复杂的和看起来杂乱无章的宗教现象变得清晰而易于理解。"③上述方法论讨论，明确地将杨庆堃的研究放入由涂尔干到帕森斯而来的结构功能主义的传统之中，也注意到韦伯的理解社会学运用于杨氏中国宗教研究的借鉴意义（稍后我们会说明，杨庆堃 diffused religion 与 institutional religion 的划分，可归为韦伯所言的"理想型"）。

不过，金耀基、范丽珠的上述方法论说明还有含混之处，主要是在有关帕森斯与瓦哈的方法论影响方面。首先，杨氏区分两种宗教类型，主要不是借鉴其"功能观点"（前面第二段引文已经说明，杨氏将功能问题的说明归于蒂利希），而是对瓦哈的宗教类型学加以改造的结果。其次，杨庆堃在《中国

① ［美］蒂利希：《信仰的动力学》，成穷译，商务印书馆2019年版，第一部分"信仰是什么？"
② 参见 Joachim Wach, *Sociology of Religion*, University of Chicago Press, 1944, pp. 17－34。
③ ［美］杨庆堃：《中国社会中的宗教》，范丽珠译，"序言"第5页。

社会中的宗教》"作者自序"中明确说："在社会学的概念中，分散性（dif-fuseness）与专一性（specificity）（塔科特·帕森斯）为我们提供了一个解释宗教在中国传统社会中地位问题之结构方面的钥匙。"① 因此，对杨庆堃如何运用帕森斯的这两个概念并将其与瓦哈的宗教类型区分结合起来，还需要作具体说明。以下我们将结合以上两点，对杨庆堃 diffused religion 与 institutional religion 的划分加以讨论，并以此观察杨庆堃对儒学（儒教）的认知与定位。

杨庆堃《中国社会中的宗教》第十二章专门讨论了中国社会中的 diffused religion 与 institutional religion，他特别提道：

> 在备受赞誉的《宗教社会学》中，瓦哈区分了两种类型的宗教团体（groups）：一类是"合一于自然团体"（identical with "natural groups"），一类是"专一宗教的组织"（"specifically religious" organizations）。总体上，这个区分对理解中国社会与亚洲社会中的宗教生活，是一个极为有用的工具（tool）。由于这个区分具有的意义及普遍的适用性，瓦哈的概念可以此被扩展（broadened）为两种宗教类型的区分：institutional religion 与 diffused religion。②

这里需要特别提醒的是，瓦哈的原有区分是宗教团体（groups）的类型区分，而不是宗教类型的区分。杨庆堃为了理解和分析中国社会中的宗教生活，发展出 institutional religion 与 diffused religion，它们是区分宗教类型的概念工具。杨庆堃对这两种类型作了说明：

> 为了本研究的目的（理解宗教生活在中国社会中的功能——引者注），institutional religion 被认为是有神论意义上的一种宗教生活的体系，它具有：（1）一个关于宇宙和人类事务的独立的神学或宇宙论解释；（2）一种由符号（神祇、灵魂和祂们的形象）构成的独立的崇拜形式及礼仪；（3）一个全体信徒的组织，以方便解释神学观点与开展宗教崇拜。由于独立的观念、仪式和结构，将其设定（assume）为具有独立

---

① C. K. Yang, *Religion in Chinese Society*, "Preface".

② C. K. Yang, *Religion in Chinese Society*, p. 294.

的社会组织的性质，并因此以一个 institutional religion 对其加以称谓。另一方面，diffused religion 被认为是一种将其神学、仪式及信徒如此紧密地混合于（diffused into）一个或更多的世俗组织的宗教，以至于成为世俗组织的观念、仪式和结构一个部分。[①]

这里，无论如何翻译 institutional religion 与 diffused religion 这两个概念，首先应该意识到，它们是杨庆堃为了研究宗教在中国社会中的功能及结构特征所作的宗教类型的理论区分，是韦伯意义上的"理想型"（ideal Type）。其次，这两个概念正如杨庆堃所说，是对瓦哈"合一于自然团体"（identical with "natural groups"）与"专一宗教的组织"（"specifically religious" organizations）的"扩展"，并不等于沿袭瓦哈的概念。

有学者敏锐地注意到瓦哈宗教社会学对杨庆堃研究的影响[②]，但必须指出的是，在瓦哈那里并无"合一性宗教"与"专一性宗教"之宗教类型的概念或专有称谓。"合一"与"专一"，是宗教的、社会的组织类型的区分，即信徒究竟是合一于自然身份的团体（如血缘、家庭、地方甚至自然的宗教的团体），还是由于社会、政治和文化结构的日益分化而脱开自然身份以专一于一个宗教的独立组织。就宗教组织来说，瓦哈有这样的说明："专一宗教的组织，可以以一个较大社会或政治单位（部族或邦国）中特殊的宗教团体或以一个由伦理或政治的分离追随者所信仰的宗教，来做说明。"[③] 因此，我们在翻译杨庆堃 institutional religion 与 diffused religion 时，应该意识到这两个概念不同于瓦哈的宗教组织类型区分的概念。

卢云峰注意到杨庆堃 20 世纪 50 年代的《儒家思想与中国宗教之间的功能关系》，认为在这篇文章中杨庆堃将瓦哈的"合一性宗教"（identical religion）和"专一性宗教"（special religion），改造为"diffused religion"和"specialized religion"。[④] 如上所说，在瓦哈那里没有"合一性宗教"（identical religion）和"专一性宗教"（special religion）这两个宗教类型的概念与区

---

① C. K. Yang, *Religion in Chinese Society*, pp. 294–295.

② 参见卢云峰、吴越《略论瓦哈对杨庆堃之宗教社会学研究的影响》，《北京大学学报》（哲学社会科学版）2018 年第 6 期。

③ Joachim Wach, *Sociology of Religion*, p. 57.

④ 参见卢云峰《论"混合宗教"与"独立宗教"》，《社会学研究》2019 年第 2 期。

分，瓦哈区分的是两种与宗教关联的共同体或团体的类型。客观地说，杨庆堃这篇文章所使用的"diffused religion"和"specialized religion"概念和区分，是他的新造。这个新造，还需要在杨庆堃所说的帕森斯的分散性（diffuseness）与特殊性（specificity）概念上加以理解，才能被解释清楚。

简单地说，帕森斯认为价值取向规定了人的行动指向的最终目的，行动者在与其他行动者互动的过程中必然面对和进行选择，此即价值取向的"模式变量"。它可概括为五对二分选择：情感性与情感中立性（Affectivity vs. Affective Neutrality）、利己性与公益性（Self-Orientation vs. Collective-Orientation）、普遍性与特殊性（Universalism vs. Particularism）、先赋性与达成性（Ascription vs. Achievement）、专一性与分散性（Specificity vs. Diffuseness）。所谓 specificity 与 diffuseness，是帕森斯"模式变量"中的一对，其意义以及杨庆堃如何"借用"，我们将在本章第二节中补充讨论。这里特别提及贝尔特的解释，按照他的理解，这每一对的第一项是滕尼斯（Feidinand Tönnies）意义上的"社会"的特征，第二项则与"共同体"相联系，"帕森斯不是试图确立一种特定的关系是**社会的**还是**共同体的**，他的模式变量使他能确立在**什么含义**上关系是这种还是那种类型"①。实际上，在对社会系统的分析中，"模式变量""又独特地充当了描述社会关系、区分社会结构的类型学工具。因此通过这一理论，两个层次的现象——行动者的主观取向同社会系统的结构类型——沟通起来"②。杨庆堃对帕森斯的 diffuseness 与 specificity 概念的借用，在这个意义上也可以看作试图结合社会关系的演变与信仰团体的结构变化，对中国宗教的组织类型及功能作出的说明。

杨庆堃的英文论文《儒家思想与中国宗教之间的功能关系》的中译本，将"diffused religion"与"specialized religion"翻译为"混合宗教"与"特化宗教"。该文对这两个概念作了如下说明：

> 为了便利讨论，我们将首先区别混合宗教（diffused religion）与特化宗教（specialized religion）。混合宗教是其组织与其他世俗制度相混合，如家庭祖先崇拜，国家的祭天大典，以及各行业对其守护神的崇拜等。

---

① 参见［英］帕特里克·贝尔特《二十世纪的社会理论》，瞿铁鹏译，第49页。
② 贾春增主编：《外国社会学史》（第三版），中国人民大学出版社2008年版，第189页。

另一方面，特化宗教则有独立的地位与组织，行使特定的宗教功能，但也可以行使其他衍生的功能。佛教、道教、风水，以及其他专业化的巫术与泛灵信仰，如黑巫术（sorcery）、占卜等，都属于这一类。①

这里，混合宗教（diffused religion）的特征是其组织和功能与其世俗制度相混合，特化宗教（specialized religion）的特征是具有独立的地位、组织并行使特定功能。这样，便可以理解为何在 1960 年前后写作的《中国社会中的宗教》中，杨庆堃将 specialized religion 改为 institutional religion，并在"制度"的意义上对这一宗教类型加以强调。

如前所述，diffused religion 与 institutional religion 是杨庆堃为了理解和分析宗教在中国社会中的功能而发展出来的概念工具，具有韦伯"理想型"（ideal Type）的意义。结合上面概念的分析，其内涵分别为"组织功能混合型宗教"与"组织功能独立型宗教"，可简称并翻译为："混合型宗教"与"独立型宗教"。② 作为韦伯"理想型"意义上的理智构造的概念工具，"混合型宗教"和"独立型宗教"既突出了经验事实中具有共性的东西，又无须囊括所有的经验事实，而起到认知中国宗教的作用。只有在这个理解基础上，我们才能在杨庆堃的宗教类型区分中把握他对儒教（儒学）的认识和定位。

"混合型宗教"（diffused religion）与"独立型宗教"（institutional religion）的区分，使得杨庆堃很好地说明中国社会中宗教的存在以及两种宗教类型的形态与功能。关于"混合型宗教"，他借鉴瓦哈《宗教社会学》"宗教"与"自然团体""社会""国家"的关系分析，从几个方面加以说明。首先是"家庭整合中的宗教"，表现为祖先崇拜、灵魂和命运观念、丧礼与祭祀仪式、宗祠等。其次是"社会与经济团体中的宗教"，表现为拟血缘的兄弟会与姊妹会、秘密会社、行业神崇拜、庙会、应对危机的公共仪式等。再次是"政治国家"层面的宗教，有早期政治生活中的"原始宗教"，如祖先崇拜、对天等

①　［美］杨庆堃：《儒家思想与中国宗教之间的功能关系》，段昌国译，载《中国思想与制度论集》，台北：联经出版社 1976 年版，第 334 页。

②　有关 diffused religion 与 institutional religion 的译名问题，中西学界有多方讨论。可参见 Weller、范丽珠、陈纳、Madsen、郑筱筠等：《制度性宗教 VS 分散性宗教——关于杨庆堃〈中国社会中的宗教〉的讨论》，《世界宗教文化》2010 年第 5 期。卢云峰在《论"混合宗教"与"独立宗教"》中，论证并主张将这两个概念译为"混合宗教"与"独立宗教"，具有启发意义。这里译为"混合型宗教"与"独立型宗教"，表达概念构造的"理想型"意义。

自然神的崇拜、占卜与祭祀、阴阳五行观念与信仰等；还有汉代以后的国家宗教，表现为天命的运作、皇权的神圣化、神道设教的政治伦理信仰、信仰的垄断及对宗教的管理等。"独立型宗教"，主要以三种方式存在：其一是原始宗教中有独立身份（职业）及组织（行业）的部分，如巫师、卜者、风水师的活动等；其二是普世救赎型高级宗教，如佛教、道教，具有公开存在的法律地位、独立的神职人员及制度等；其三是混合型宗教团体，如被长期政治压迫而处于地下或半隐蔽方式存在的宗教团体。"普世性宗教和这些教派都发展了它们的神学观、仪式以及独立于世俗社会制度的功能和结构的组织体系。"①

在功能方面，杨庆堃通过"独立型宗教"与"混合型宗教"的比较进行说明。上述三种形式的"独立型宗教"在传统社会和生活中发挥了重要功能。与"混合型宗教"满足集体需要不同，它们在很大程度上为组织中的个体提供解决特殊问题精神需要。与"混合型宗教"紧密结合于世俗制度的功利性利益不同，"独立型宗教"在不受世俗的制度、生活模式限制的专业教职人员的努力下，系统地发展了神学、仪式和宗教组织。虽然"独立型宗教"使宗教以一种独立的形式表现出来，但在传统社会组织的整体架构中，其结构性地位与它的功能性价值并不相称。"在混合型宗教和儒家正统思想的主导下，独立型宗教被迫处于一个弱势的结构性地位，严重地限制了对世俗社会制度的直接影响。"②

这里我们需要面对一个问题，即杨庆堃的中国宗教的类型区分及功能描述中，"儒教"在哪里？

可以肯定地说，杨庆堃既没有给予"儒教"以"宗教"的身份，也没有在"混合型宗教"或"独立型宗教"中给予"儒教"以明确的定位。在他的讨论中，Confucianism 通常以"儒家思想"的面目出现。这个立场，正体现在我们已经讨论过的《儒家思想与中国宗教之间的功能关系》，这篇文章是1954 年美国远东学社以"中国思想与制度之关系"为主题的学术会议论文③，从题名之"儒家思想"与"中国宗教"的区分便可知其立场。在 1961 年出版

---

① C. K. Yang, *Religion in Chinese Society*，p. 301.

② C. K. Yang, *Religion in Chinese Society*，p. 303.

③ 参见段昌国为《中国思想与制度论集》所写的"译序"。

的《中国社会中的宗教》中，有大量的内容涉及"儒家思想"，并在该书第十章专题讨论了"儒家思想"的"宗教面向"（religious aspects）。

杨庆堃不给予"儒教"以"宗教"的身份定位，可从他的"宗教"定义找到直接的原因。在前期的那篇文章中，他开宗明义地说：

> 在这篇讨论中，所谓"儒家思想"并不单指孔子与孟子的思想，也同时指自古发展至今的儒家学派。"宗教"一词在文中是指人与神灵及超自然力量的相互关系。①

在《中国社会中的宗教》的"绪论"中，杨庆堃专门讨论了"宗教"与汉语中的"教"（他列举了"佛教""白阳教"，但没有言及"儒教"）。他说：

> 超自然因素在我们的宗教定义中是一个非常重要的因素，因为它明显地存在于中国人的宗教生活中，从而成为我们此项研究的对象。当然这并不表明如果没有超自然信仰的存在，我们就要忽视其他宗教现象的存在。②

这里值得注意的是，杨庆堃承认在超自然信仰的宗教之外，还存在着非超自然信仰的宗教现象存在。我们前面提到，杨庆堃实际上认同蒂利希以"终极关怀"来规定信仰。但在他的研究中，显然认为超自然因素是中国人的宗教生活的关键因素。他接着对比古汉语中可以作宗教（religion）理解的"教""道""宗"这些名称：

> 上述有关宗教（religion）的名词有一个共性，就是引导人生。而超自然的思想在词意上似乎不那么明显。但是在中国人现实的宗教生活中，宗教是建立在对神明，灵魂信仰和源于这种信仰的仪式行为、组织的基

---

① ［美］杨庆堃：《儒家思想与中国宗教之间的功能关系》，段昌国译，载《中国思想与制度论集》，第320页。

② ［美］杨庆堃：《中国社会中的宗教》，范丽珠译，第19—20页。

础上。对宗教典型的中国式论述，是将超自然因素作为中心对象、区别宗教与非宗教的标准。①

杨庆堃将超自然因素作为标准以区别宗教与非宗教，"儒教"或"儒家思想"便只有"宗教的面向"而本身便非"宗教"。他关于中国宗教传统中"独立型宗教"与"混合型宗教"的认识，也以此为核心标准。如前者的第一个重要特征便是具有"一个关于宇宙和人类事务的独立的神学或宇宙论解释"，而"混合型宗教"则是一种将其神学、仪式及信徒紧密地混合于一个或更多的世俗组织的宗教。② 由于杨庆堃将"儒家思想"视为理性主义而非落脚于"超自然信仰"，因而它既不是"独立型宗教"也不能归属于"混合型宗教"。儒家思想的"宗教面向"，被归为原始宗教的超自然因素的遗存与功能性的运用。

不过，在杨庆堃对儒家思想的功能性分析中，"儒教"或"儒家思想"与"宗教"能够通过结构性的互补与功能性的渗透共同作用于中国传统社会。这是他的基本判断。他在《儒家思想与中国宗教之间的功能关系》的"结论"部分有如下表述：

> 儒家以其大部分理性主义的结构原则与道德价值系统，在中国社会制度中占着支配的地位。同时，宗教的影响，就其超自然意义来说，深入中国人社会生活的每一方面，但是宗教在社会组织中并未发展成一般结构上的重要地位。这种宗教影响是对儒家的结构原则与价值系统给予超自然的认可，因而成为它的一项运用工具。③

这里，杨庆堃给予了儒家以理性主义的思想定位和中国社会制度的支配性结构地位，同时也认为"宗教"的"超自然"因素可为儒家的这种结构性地位及其价值性的功能落实，提供神学证明和工具运用。这样，便从结构特别是功能上肯定了儒家思想与宗教的互补与渗透。虽然这个互补与渗透

---

① ［美］杨庆堃：《中国社会中的宗教》，范丽珠译，第 20 页。
② 参见 C. K. Yang, *Religion in Chinese Society*, pp. 294 – 295。
③ ［美］杨庆堃：《儒家思想与中国宗教之间的功能关系》，段昌国译，载《中国思想与制度论集》，第 347 页。

在具体运作上有主从关系。在他看来，这种主从的运作关系是由下列几点因素造成的：（1）儒家思想中的某些宗教成分的存在；（2）宗教与道德的分离，形成儒家与宗教之间的合作；（3）中国宗教在组织上的弱点，使得宗教在社会组织上处于从属地位，不得成为社会结构上的支配因素。[①] 就（1）来说，杨庆堃承认儒家思想中有"某些宗教成分的存在"，在《中国社会中的宗教》一书中，这种宗教成分是归之于传统宗教的遗存和儒家思想对传统宗教的工具性的运用，在道德教化和社会政治方面儒家思想具有支配性地位。不过，杨庆堃最后强调：

> 宗教组织的薄弱，部分根源于政治上对宗教组织不断的压迫与控制，部分也可能是中国宗教的某些特性，如不同信仰的多神论以及巫术等。但是最重要的因素也许是中国人社会生活中，混合宗教的支配地位。因为混合宗教本身并未拥有独立的组织与人员，因而一直处于它们与之混合的社会制度其世俗领导集团的控制之下。[②]

上述所言之"宗教组织"，在早期的《儒家思想与中国宗教之间的功能关系》中，特指 specialized religion（被译为"特化宗教"），在《中国社会中的宗教》中则改称为 institutional religion（我们译为"独立型宗教"）。这里值得注意的是他将宗教组织薄弱的最重要的原因，归之于"中国人社会生活中，混合宗教的支配地位"。即在与儒家思想相对的中国"宗教"中，肯定"混合宗教"（diffused religion——我们译为"混合型宗教"）相对于"独立型宗教"的支配性地位。

本书第一章的相关研究表明，观察汉代的"儒教"实际上可以发现"神道"与"圣教"的双重内容。由于杨庆堃以"人与神灵及超自然因素的关系"来界定"宗教"，儒教的"神道"被归于传统宗教的遗存和功能性运用，而儒教只能被化约为"理性主义的结构原则与道德价值系统"而以"儒家思想"名之，被排除于宗教类型区分之"独立型宗教"与"混合型宗教"之

---

① 参见［美］杨庆堃《儒家思想与中国宗教之间的功能关系》，段昌国译，载《中国思想与制度论集》，第347页。

② ［美］杨庆堃：《儒家思想与中国宗教之间的功能关系》，段昌国译，载《中国思想与制度论集》，第347页。

外。实际上，相对于佛教、道教这样的"独立型宗教"，如果我们要在杨庆堃的宗教类型区分中给儒教定位的话，儒教可被视为更具有类似于"混合型宗教"的特征。有一点便如上面引文所言："混合宗教本身并未拥有独立的组织与人员，因而一直处于它们与之混合的社会制度其世俗领导集团的控制之下。"本书第五章关于儒教的"身份—角色系统"的研究特别是"儒教士"身份类型的考察，将说明这个问题。

从方法论上看，杨庆堃对中国社会中的"宗教"的结构与功能分析，因其"宗教"定义，结构性地将"儒教"排除在"宗教"之外，但在功能分析中，既需要说明"儒家思想"对"独立型宗教"（如儒家对佛教、道教）的支配地位，又必须面对"儒家思想"对"混合型宗教"无所不在的功能性作用（如对社会生活中血缘家庭、社会组织和经济、国家政治多种宗教活动的作用），表现出结构优先于功能的方法论倾向，以及结构分析制约功能分析的方法论缺陷。

客观言之，当杨庆堃试图将中国宗教的功能放入历史进程中加以考察，如强调儒家思想在汉代以后的变化以及佛教、道教之"独立型宗教"建立背后的历史社会因素，有助于松弛"宗教"的结构设定与结构分析的限制，但整体上并没有改变结构优先于功能的理论和方法取向。这当然不仅是杨庆堃的具体研究中存在的问题，而且与结构功能主义理论及其方法本身有关。虽然，在帕森斯之后，结构功能主义有新的开展如新功能主义，但在运用到中国宗教以及儒教的研究中，却很少再有杨庆堃这样自觉与系统的运用。

无论如何，当论及杨庆堃的关于中国宗教的社会学研究时，他对"混合型宗教"与"独立型宗教"的"理想型"的构造和区分，特别是对"混合型宗教"的说明，留下了重要的遗产。就本书前述对儒教生成、建立与发展的考察来说，笔者甚至倾向于认为儒教可以作为他所说的"混合型宗教"的代表。当然，作此判断，又会陷入"宗教"的前设之中，因此使用"类似于混合型宗教"的描述或许是一种勉强的选择。此外，即使儒教可作为"混合型宗教"的代表，儒教与杨庆堃所说的其他混合型宗教——如"家庭整合中的宗教""社会与经济团体中的宗教"乃至"国家宗教"——的关联和界限又在哪里且是什么呢？这样的疑难，使得儒教研究继续停留在杨庆堃的结构与功能分析所达至的地方，便远远不够了。

由于我们需要对包括结构和功能在内的儒教形态作出说明，从中国宗教和儒教的社会学研究看，前述杨庆堃借鉴瓦哈的宗教类型区分，特别是对帕森斯结构功能主义理论和方法的引入，与我们此前已详细讨论的运用涂尔干"社会事实"观念以及"把社会事实看作事物"的方法论原则，在社会理论的开展上具有一定的连续性。杨庆堃在宗教类型区分中借鉴了帕森斯的"模式变量"中的"专一性与分散性"（Specificity vs. Diffuseness），虽然有学者认为他的研究主要受到瓦哈影响，实际缺少"典范性"。① 不过杨庆堃研究的最重要的贡献，还是在中国宗教以及"儒家思想"的研究中引入了结构功能主义的眼光和方法。我们的"方法再探"可以沿着杨庆堃的这条道路，在帕森斯以来的结构功能主义和新功能主义的发展中，如从默顿（Robert K. Merton）与卢曼等人那里，寻求理论和方法的可能的借鉴，同时也在前述儒教的意识形态研究的批判中汲取历史和批判意识，以避免结构功能分析成为既有社会结构和社会观念之证明的僵化与保守。

这里，先提示卢曼的"社会系统理论"可能对我们儒教研究的帮助。在一般的意义上，他的理论以对传统形而上学的批判为哲学基础，反对就"系统"作理论预设，具有现象学眼光并在方法上坚持整体和系统的取向，与我们"朝向儒教自身"摆脱"儒教"的先行预设，系统地说明"儒教"形态，有相似的旨趣，可以为处理儒教问题提供具体的方法借鉴。

第二节 "儒教"作为"社会系统"的预备性讨论

接下来的两节，我们尝试将儒教作为"社会系统"（Social System）来加以说明。严格地说，这个"社会系统"的概念，是在现代社会理论的意义上，特别是经由帕森斯结构功能主义系统论向卢曼的社会系统理论的批判性发展的意义上加以理解的。如上一节所说，杨庆堃对于中国宗教功能的研究，借用了帕森斯的价值取向"模式变量"及结构功能分析方法。这一具体研究及结构功能分析方法的运用，可与卢曼的社会系统理论一起，为我们儒教社会系统研究的"方法再探"及儒教社会系统的具体分析，提供理论参照和方法借鉴。在本节中，我们先对上述问题加以讨论。下一节将尝试对儒教作为"一个社会系统"作出说明。

---

① 参见卢云峰《论"混合宗教"与"独立宗教"》，《社会学研究》2019 年第 2 期。

克内尔（Georg Kneer）和纳塞希（Armin Nassehi），曾以韦伯、涂尔干、帕森斯为例，说明社会学中"整体论与系统论"的思考方式。韦伯的"理解社会学"是以解释的方式来理解社会行动，其方法论的出发点仍是"主体所意指的意义（Sinn）"，认为人是有意图地将此意义赋予行动，社会学家的工作就在于"理解地"重构主体的行动处境，并且按照行动的社会定位来找出规律及法则。与之相对照，涂尔干有另外一个出发点。对他来说，主体在行动中所意指的"意义"并不是社会事物的基本构成物，主体心理之外的"社会事实"的交互作用（连带性）才是决定性的立论点，它表达了行动者之间的"全社会关系"，因而社会秩序是"集体意识"的相关物。① 克内尔和纳塞希认为，当将社会行动视为一个社会关联的元素时，"社会学的系统论思想就出现了"：

> 社会学的系统论——不管思想来自何处——是从当下的系统关联来说明个别元素的行为。社会系统——即全社会、家庭、社团、组织、党派、国会、公司或信仰团体等等——将行动的共同性组织起来，并因此给予社会过程一个骨架，一个方向，也就是一个**结构**（Strukur）。②

可以看到，这个评述在说明现代社会学的系统思想时，强调了涂尔干的影响。接续这个思想线索的，便是帕森斯的"结构功能系统论"。在这个系统论中，"结构"指不由环境关系的波动所决定的那些系统要素，而"功能"则标示一个社会系统的动力面向，也就是某些社会过程，这些社会过程应能保证系统结构的存续与稳定：

> 这种类型的社会学首先要研究的是社会系统的结构，以便能说明那些为了维持系统而必须被执行的诸功能。结构功能理论说明了引导着行动过程的结构框架，并且在功能分析上决定出，哪些行动对系统保存是有功能性的或反功能性的。在此，特有的社会事物，即社会学的对象，

---

① 参见［德］克内尔、纳塞希：《卢曼社会系统理论导引》，鲁贵显译，台北：巨流图书公司1998年版，第36—39页。

② ［德］克内尔、纳塞希：《卢曼社会系统理论导引》，鲁贵显译，第40页。

也不是那些来自于个体的独立行动，反而是这些行动在各自社会系统背景中的结构与功能面向。①

上述表述可作为帕森斯式的"结构功能系统论"的概括性说明。一般来说，帕森斯的社会理论经历了以社会行动理论为中心的早期阶段和 1950 年以后的社会系统理论。如上一节所说，杨庆堃前期的"diffused religion"和"specialized religion"的区分是对帕森斯社会系统理论中价值取向之"模式变量"的分散性与专一性（Diffuseness vs. Specificity）的借用，卢曼对帕森斯思想的继承和批判也主要是他后期的社会系统理论。由于考察帕森斯的社会理论不是我们的目标，这里仅就帕森斯关于社会行动理论和社会系统理论的一些论述，结合杨庆堃在中国宗教功能分析中的借用，特别是卢曼对帕森斯结构功能系统论的批判，来看我们儒教社会系统研究可资借鉴的方面。

在《社会行动的结构》（1937 年）和《朝向一个一般的行动理论》（1951 年）中，帕森斯对社会行动理论作了系统研究和说明。在后面这部著作的第二部分"价值、动机和行动系统"中，帕森斯和西尔斯（Robert R. Sears）对"行动理论"有一个特别说明，指出这个概念是在前面第一部著作的基础上修正和扩展而来的，受到精神分析理论、行为心理学和文化人类学发展的影响和作用。② 我们仅依据这部著作，对帕森斯"行动"概念和理论作简要说明。

帕森斯和西尔斯给出了"行动理论"的界定："行动理论是一个分析生命机体（living organisms）行为（behavior）的概念体系。"③ 当一个"行为"可以通过并以如下方式加以分析，就被称为"行动"（action）：（1）行为是由目的或目标或其他预期事态引导的；（2）发生在一个环境（situation）中；（3）被规范地约束；（4）涉及能量、努力或"动机"的消耗。帕森斯以一个人驾驶汽车去湖边钓鱼来作说明。钓鱼作为"目的"是他行为的引导；道路、汽车等是他的"环境"；其驾驶行为被严格"规范"；此外还有能源、操控、关注道路状况等"消耗"。当任何一个生命机体的"行为"以上述四

---

① ［德］克内尔、纳塞希：《卢曼社会系统理论导引》，鲁贵显译，第41页。

② 参见 Talcott Parsons, *Toward a General Theory of Action*, Harvard University Press, 1951, p. 53. footnote 1。

③ Talcott Parsons, *Toward a General Theory of Action*, p. 53.

个概念加以分析时，就是"行动"。帕森斯指出，任何一个行动都是行动者（actor）的行动，它发生在一个由对象所构成的环境中，对象可以是其他行动者，或是物质的或文化的对象。每一个行动者都有一个朝向对象的关系的系统，这被称作行动者的"系统指向"。行动不是经验地分离的，它发生在"系统"中。系统有三种组织模式，这就是社会系统、人格系统和文化系统。他说："社会系统、人格系统和文化系统是行动理论的重要主题。"①

这里我们着重来看帕森斯对"社会系统"的说明：

> 作为一个行动系统的社会系统有如下特征。（1）它包括两个或更多行动者之间的互动过程；这个互动过程本身就是观察者关注的中心。（2）行动者面对的情境被指向包括其他行动者。其他的行动者（他者）是意识投射（cathexis）的对象。他者的行动作为信息被认知地考虑进去。他者的各种取向可以是要追求的目标或实现目标的手段。因此，他者的取向可以是评价判断的对象。（3）（在一个社会系统中）存在着相互依存的部分是协调一致的行动，在这种行动中，协调一致乃是集体目标取向的或共同价值观的一种功能，也是一个规范和认知期望的共识的功能。②

以上我们可以看到，帕森斯对"社会系统"的界定，是在行动者与其他行动者（一个或多个）的关系中界定的，虽然其出发点仍然是与其他行动者相对的行动者，但社会系统的特征正在于行动者的互动和相互依存及部分的协调一致。这与他对"人格系统"的最主要界定是不同的。"人格系统"的特征是："它是一个由个体的行动者的行为的相互联结而组成的。"③ 虽然帕森斯也强调一个单一的行动者的目标或规范也会受到其他行动者的影响和限制，这仍然是在前述"行动"的意义上而言的。在对行动系统的另一子系统"文化系统"的界定中，他说："这个系统既不是由互动的诸行动构成，也不是由单个行动者（就其本身而言）的行动组织所构成，而是由价值观、规范和符号的组织所构成，这些价值观、规范和符号指导着行动者的选择，并限制了

---

① Talcott Parsons, *Toward a General Theory of Action*, p. 55.

② Talcott Parsons, *Toward a General Theory of Action*, pp. 54 – 55.

③ Talcott Parsons, *Toward a General Theory of Action*, p. 55.

行动者之间可能发生的互动类型。"① 这也就是说，文化系统可以为社会系统和人格系统中的行动者——无论是多个还是单个——提供价值规范等指导，也限制行动者互动的类型。这实际也在上述"社会系统"第（3）点强调集体目标取向和规范性共识中体现。正因为如此，帕森斯强调对"文化系统"的分析之于行动理论的重要性，因为"价值标准"和"文化模式"在社会系统的组织化和人格系统的互动上，在目的取向和行为规范方面，具有引导作用。帕森斯将行动者对于"环境"的取向分析性地分为"动机取向"（表现、期待，计划）和"价值取向"（认识标准、审美标准和道德标准）。"价值取向使人在各种但非随机的选择下遵守某些规则，这种选择倾向于形成一个价值取向系统，使个体遵守一套彼此不相冲突的组织规则。"② 他指出文化价值有两个主要作用方式，一方面通过互动在学习的过程中建构人格系统，另一方面通过参与社会约束体系而具有特别的意义，这个约束体系是与社会结构的作用关联的。

接下来，帕森斯进入价值取向的"模式变量"（pattern-variables）的讨论。如前所述，杨庆堃对于中国宗教之"diffused religion"和"specialized religion"的区分，便借自帕森斯"模式变量"中的一组"Specificity vs Diffuseness"。

由于一个行动者在环境中不得不面对诸多困难取向，一系列的选择必须在环境对行动者具有决定性意义之前做出，具体来说是五对二分选择，这五对选择的二分之所以称为模式变量，"是因为任何特定的取向（以及由此而产生的任何行动）都以这五对选择模式为特征"③。这五对二分选择是：（1）情感性与情感中立性（Affectivity vs Affective Neutrality），（2）利己性与公益性（Self-Orientation vs Collective-Orientation），（3）普遍性与特殊性（Universalism vs Particularism），（4）先赋性与达成性（Ascription vs Achievement），（5）专一性与分散性（Specificity vs Diffuseness）。前三组模式变量出自各种取向模式中非生物性的高阶层次：前述（1）是行动者必须选择是接受对对象的直接认知和情感投射的满足，还是根据其对行动系统其他方面的后果来评价这种满足。前述（2）是如果行动者决定评价，他必须选择是否把社会系统或子系统的道德标准放在首位。

① Talcott Parsons, *Toward a General Theory of Action*, p. 55.

② Talcott Parsons, *Toward a General Theory of Action*, p. 59.

③ Talcott Parsons, *Toward a General Theory of Action*, p. 76.

前述（3）是无论行动者是否决定给予这种道德标准以首要地位，他必须选择是认知标准还是欣赏标准占主导地位。如果认知标准优于欣赏标准，行动者将倾向于根据对象与某个广义参考系的关系来定位对象；如果欣赏标准优于认知标准，行动者将倾向于根据对象与自己或动机的关系来定位对象。另外两组变量模式出于对象环境的内在不确定性：前述（4）是作为与给定选择关联的社会对象，它们是质量的复合物还是性能的复合物，取决于行动者如何选择看待（see）它们。前述（5）是"社会对象要么在功能上是分散的（functionally diffuse）（以便行动者满足所有可行的需求），要么在功能上是特定的（functionally specific）（以便行动者只满足特别规定的需求），这取决于行动者选择如何看待它们，或者在文化上期望他如何看待（see）它们"①。

帕森斯认为，上述五对模式变量可以用来分析包括社会系统、人格系统和文化系统在内的一切行动系统，五对选择的组合构成了所有可能的社会关系。对此，我们无须再作考察和说明，而是具体去看第五对模式变量即专一性与分散性何以能够为杨庆堃"借用"来分析中国宗教的结构和功能。当然在杨庆堃那里，这并不是一个得到清楚说明的问题，以至于有学者认为"帕森斯的理论体系太过庞杂……杨庆堃自己也没有在非常严格的意义上使用它"②，甚至在一定意义上否定帕森斯理论之于杨庆堃研究的作用。③ 从我们方法再探的要求来说，对杨庆堃的"借用"，还可以再作一些说明。

帕森斯对第五对变量有概括的说明："第五对模式变量提出了限定行动者与社会对象关系的可选择模式。它也明显是一个关系范畴，既非说明行动者的一般特征，也非说明对象的固有属性，而是说明一个即有的行动者与特定对象的关联方式的一个方面。"④ 这个可选择的模式，是指行动者在面对社会对象时，是应该对对象的诸多方面作出反应，还是对它们的有限定处作出反应，亦即他允许自己参与对象的范围究竟如何。解决这一难题有两个选择，或是对行动者所"关注"对象的范围不作固有或事先的限制，或是只根据对象的一种有限的和特定的意义类型加以取向。前者便是所谓"分散性"（Dif-

---

① Talcott Parsons, *Toward a General Theory of Action*, pp. 76 – 77.

② Weller、范丽珠、陈纳、Madsen、郑筱筠等：《制度性宗教 VS 分散性宗教—— 关于杨庆堃〈中国社会中的宗教〉的讨论》，《世界宗教文化》2010 年第 5 期。

③ 参见卢云峰《论"混合宗教"与"独立宗教"》，《社会学研究》2019 年第 2 期。

④ Talcott Parsons, *Toward a General Theory of Action*, p. 87.

fuseness），后者即"专一性"（Specificity）。帕森斯具体分析了这对选择模式在文化系统、人格系统和社会系统上的运用与表现。

对于文化系统，"分散性"作为一种规范性模式，是在给定的情况下，行动者对某一对象不优先说明对该对象的兴趣、关注，但范围随环境需要的程度而变化。"专一性"作为一种规范模式，是在一个给定的环境类型下，行动者将他对给定的对象类型的关注局限于一个特定的领域，而不允许其他经验上的可能关注涉入。在人格系统方面，"分散性"指这样一种需求倾向，即行动者从自我和对象的本性以自我需要出发对对象作出反应，其意义随着场合而变化。"专一性"则指这样一种需求倾向，即行动者对某一特定对象作出反应的方式仅限于此对象的特定意义模式或语境。在社会系统方面，帕森斯是这样界定的：

> 社会系统方面。（1）分散性：一种角色期待（role-expectation），即角色承担者在相关的选择点上将接受一个社会对象的任何潜在意义，包括对于他的义务，这与他的其他利益和义务是一致的，并且他会把这种角色期待优先于将角色定位局限于特定意义范围的任何倾向。（2）专一性：在相关的选择点上，角色承担者的角色期待将仅在特定社会对象的相关范围内，无论这个范围是作为一个情感投射的对象还是工具性手段或条件，并且他将这种期待优先于任何其他的倾向，那些倾向包括在一个期待模式中对象的没有被明确界定的潜在意义方面。①

如果我们将上述界定与前述帕森斯对第五对模式变量的说明加以比较，便可以看出，这里是从行动者的"角色期待"出发，说明行动者对社会对象意义的不同选择方式。"分散性"是接受一个社会对象的任何潜在意义，而"专一性"是将社会对象限制在一定范围内而接受其特定的意义。实际上前述那个定义即："社会对象要么在功能上是分散的（functionally diffuse）（以便行动者满足所有可行的需求），要么在功能上是特定的（functionally specific）（以便行动者只满足特别规定的需求），这取决于行动者选择如何看待它们，或者

---

① Talcott Parsons，*Toward a General Theory of Action*，p. 84.

文化上期望他如何看待（see）它们。"① 在此，帕森斯已经从行动者满足需求的价值选择与社会对象的功能两个方面，把专一性与分散性这个模式变量讲清楚了。

需要补充的是，在与《朝向一个一般的行动理论》同年出版的《社会系统》（1951 年）中，帕森斯对行动理论作了更系统的说明并明确宣布使用新的"方法"，即在"'结构的—功能的'层次"上展开分析。② "因为一个社会系统是一个行动者之间互动过程的系统，它是参与互动过程的行动者之间关系的结构，本质上是社会系统的结构。"③ 一个行动者在社会系统中与其他行动者互动关系中的"位置"，被称为"身份"（status）；行动者在与其他行动者的关系中，其行为从社会系统的功能意义上看，被称作"角色"（role）。为了更宏观地分析社会系统，帕森斯提出可以使用一个比"行为"（act）更高次序的"社会系统的单元"，即"身份—角色"（status-role）。我们可以看到，这个概念与前述分析"分散性"与"专一性"从"角色期待"出发说明社会对象的功能是一致的。在这里，是把行动者之间的关系结构，直接看作"社会系统的结构"，将行动理论的具体解释与社会系统的分析说明联系起来。在此基础上，帕森斯又将社会制度与角色期待、社会结构结合起来。他说："制度可称为角色的身份关系规制化的一个整体构成，在所探讨的社会系统中具有战略性的结构意义。制度应被视为比角色更高层次的社会结构单位，它实际上是由多种相互依存的角色模式或其组成部分构成的。"④

有关帕森斯的结构功能社会系统论的其他内容，我们将在稍后结合卢曼的批评和发展来作讨论。在本书第五章关于儒教"身份—角色"系统的研究中，也将借鉴帕森斯关于"行动"特别是"行动者"的"身份"和"角色"的结构功能分析。这里再回到杨庆堃，对其借用帕森斯价值取向的"模式变量"以及结构功能分析的研究，作一个最后的说明。

杨庆堃将他对帕森斯行动者价值选择模式变量"专一性与分散性"的借

---

① Talcott Parsons, *Toward a General Theory of Action*, p. 77.

② 参见 Talcott Parsons, *The Social System*, "Preface", Collier-Macmillan Canada Ltd, 1964。

③ Talcott Parsons, *The Social System*, p. 25.

④ Talcott Parsons, *The Social System*, p. 39.

鉴，称为"解释宗教在中国传统社会中地位问题之结构方面的钥匙"①。但他并没有对这个"钥匙"作具体说明，而是借来将中国宗教区分为"diffused religion"与"institutional religion"。上一节的研究已经说明，这两个概念的内涵分别是"组织功能混合型宗教"与"组织功能独立型宗教"，可简称并翻译为"混合型宗教"与"独立型宗教"。通过我们以上的分析，现在看来，杨庆堃对帕森斯的"借用"并非概念上的"挪用"（appropriate），而是真实地对帕森斯结构功能系统论及其分析方法的借鉴。

在《中国社会中的宗教》中，杨庆堃虽然从他所认知的"宗教"出发，即"将宗教界定为用来应对人类的终极问题的信仰系统、仪式活动和组织关系"，并强调"超自然因素在我们的宗教定义中是一个非常重要的因素"②，但是他对中国宗教的具体分析则是通过社会角色及身份的结构关系所构成的社会组织，来看每一种社会组织中的宗教的结构和功能，试图回答："在中国社会生活和组织中，宗教承担了怎样的功能，从而为社会生活和组织提供了一个存在与发展的基础，而这些功能是以怎样的结构形式来实现的？"③ 在上一节的研究中，我们说明了杨庆堃借鉴瓦哈《宗教社会学》"自然团体""社会""国家"等社会组织的分类对中国传统社会的各种组织类型及其宗教形态作社会学的考察，但他对"家庭整合中的宗教"、"社会与经济团体中的宗教"、"政治国家"层面的"混合型宗教"，以及"普世救赎型"高级宗教如佛教、道教等"独立型宗教"的分析，是在帕森斯的结构功能意义上作出的。他对于诸类型组织基于社会身份关系所具有的结构特征，以及组织成员基于社会需要和价值取向而对宗教所作的形态和功能选择的说明，特别是对民间宗教的功能分析，背后有着帕森斯社会系统理论的支撑和方法论的帮助。杨庆堃的中国传统社会中的宗教研究，虽然没有在方法论上进行系统的讨论和说明，但整体上可视为借鉴帕森斯"结构功能系统论"的部分理论和具体方法在解释中国传统社会与宗教复杂关联上的运用。

杨庆堃将儒教指认为"儒家思想"，他的"儒家思想"的研究也贯彻了结构功能分析方法。在他的"宗教"定义下，由于"儒家思想"被规定为不

---

① C. K. Yang, *Religion in Chinese Society*, "Preface".

② C. K. Yang, *Religion in Chinese Society*, p. 1.

③ C. K. Yang, *Religion in Chinese Society*, p. 1.

落脚于"超自然信仰"的理性主义，因而既不是"独立型宗教"也不能归属于"混合型宗教"，又由于儒家"在中国社会制度中占着支配的地位"，从而将"宗教"（无论是"独立型宗教"还是"混合型宗教"）的超自然信仰、组织和仪式上的功能，当作儒教思想功能性的补充和工具性的运用。① 在上一节中，我们特别指出，如果跳出杨庆堃的"宗教"定义，甚至可以倾向于将儒教看作他所说的"混合型宗教"的代表。当然这一判断定会面对有关"宗教"前设的纷繁争议，也留下了如何厘清儒教与所谓混合型宗教乃至"国家宗教"的关联和界限等困难问题。进而言之，在中国传统社会生活包括宗教生活中，即使作"儒家思想"与"混合型宗教""独立型宗教"（如佛教和道教）的类型（后两者是"理想型"意义上的）区分，如何说明三者之间实际存在的复杂关联和功能渗透，仍然面临着来自社会历史事实的挑战。这种对帕森斯"结构功能系统论"的借用，存在着单向的结构归因以及结构分析优先于功能分析的局限。

　　杨庆堃的中国宗教研究存在的另一个重要困难是：如何说明传统中国社会中"独立型宗教"的产生，又如何解释近代以来社会变迁中的宗教角色的变化？由于他对帕森斯的借鉴停留在其结构功能理论的前期阶段，未及帕森斯后期关于社会变迁问题的研究，他对中国宗教上述问题的分析，在古代阶段是诉诸一般的社会历史分析特别是社会政治的需要，在近代则诉诸社会政治运动与信仰和社会生活的"世俗化"的解释，而没有可能像帕森斯那样将结构功能主义贯彻于社会变迁问题并在分析模式上有新的发展。例如，关于"独立性宗教"之道教、佛教的兴起，杨庆堃的判断是：汉帝国的建立使得"支离破碎的地方传统宗教不再适合庞大而统一的帝国社会的需要"，"宗教的整合功能有助于缩小地方与个体间的差异，及社会统一，这种功能对于巩固王朝的社会政治秩序非常重要"。② 再如，他在考察中国社会从19世纪后半期到现代中国社会变迁中的宗教角色变化时说："现代社会一个

---

　　① 参见［美］杨庆堃《儒家思想与中国宗教之间的功能关系》，段昌国译，载《中国思想与制度论集》，第347页。

　　② ［美］杨庆堃：《中国社会中的宗教》，范丽珠译，第113页。如果以政治整合功能来理解道教、佛教这样的"独立型宗教"产生的原因，如我们前面考察所揭示的那样，在汉大一统皇权国家中所确立的"儒教"更能体现这种社会需要和政治功能，不属于杨庆堃所说的"高级的救赎宗教"、组织和功能独立于世俗组织及其功能的"独立型宗教"，如此，则对"独立型宗教"产生的归因解释显然是不充分的。

值得关注的问题是世俗化潮流。世俗化削弱了宗教在中国社会生活中许多重要方面的作用，尤其是影响了近代中国知识分子对于宗教的看法，而中国的社会政治领袖恰恰是来源于这群知识分子。"①

可注意到的是，杨庆堃特别考察了中国近现代的"儒教"运动——他称之为"儒学宗教化运动"——的兴起与失败，将其视为"面对西方强权，为巩固正统儒学并维护中国文明的地位的共同努力"②。其失败的原因，一方面是发动运动的儒家知识分子"压根就反对把有组织的宗教体系作为道德政治秩序中一支独立力量"，另一方面则是"受到了分散型宗教（我们译为"混合型宗教"——引者注）自身权限的不利影响。因为分散型宗教依赖于世俗制度的活力……当世俗制度被严重地削弱而无法满足新形势的需要时，宗教因素可能会失去发挥作用的结构基础"。③ 这里虽然有肯定"儒教"传统之"宗教因素"而将其归于"混合型宗教"之嫌，且是从宗教功能的意义上说明近代儒教运动的兴起与失败，但这个功能说明只是诉诸文化的和政治的需要，是以社会的政治和制度变迁来解释中国宗教的现代角色变化。这里我们不必苛求杨庆堃的研究，因为即使他将帕森斯后来发展出的那一套分析行动系统功能及变迁的 AGIL——适应（Adaptation）、目标达成（Goal-attainment）、整合（Integration）、潜在模式维系（Latent patter-maintenance）的模式和方法——运用到中国宗教及其现代变迁的考察中，能否说明中国传统宗教的历史变化和结构功能变化，仍然是一个复杂曲折的困难问题。换言之，帕森斯以说明分析现代社会为主要目标的结构功能系统论，是否适合于解释中国传统社会，仍然是一个充满疑问和困难的问题。

面对杨庆堃由"宗教"之前设和帕森斯结构功能分析方法的运用带来的困难，现在我们将目光"转向"帕森斯结构功能主义系统论的当代发展者和批判者——德国社会理论家卢曼，来看是否有助于"悬置""宗教类型"的判断，而对儒教作为"一个社会系统"的研究有所帮助。

卢曼的社会系统理论中的"系统"概念，有着当代自然科学系统论的基础，也是对传统形而上学哲学批判的结果。

① ［美］杨庆堃：《中国社会中的宗教》，范丽珠译，第 308 页。
② ［美］杨庆堃：《中国社会中的宗教》，范丽珠译，第 309 页。
③ ［美］杨庆堃：《中国社会中的宗教》，范丽珠译，第 320 页。

高宣扬曾考察卢曼（他译为"鲁曼"）所受当代生物学系统模式的影响。他指出，西方传统系统论的演变，经历了从古希腊到中世纪的几何学系统模式、近代的物理学系统模式。到了 20 世纪，随着自然科学特别是最新生物化学关于生命的研究成果，出现了生物学系统模式："生物学系统模式所强调的，是事物和整个世界结构中的内在因素之间的相互关系。这种关系的形成及其运作，不是由系统之外的其他因素决定的，而是以系统内部各因素间的相互关系作为基础。"① 当代系统理论成果的"基本点"，"就是肯定一切系统，都具有不同程度的自我生产性和自我参照能力"，"都强调了系统的生命特征"，卢曼的社会系统理论的形成，"正是将当代系统论的这个最根本的成果加以集中的一个理论结果"。②

克内尔和纳塞希在介绍卢曼社会理论的同时，具体说明了智利的生物学家及神经学家玛图拉纳（Humberto R. Maturana）与法芮拉（Francisco J. Varela）在生命和神经系统研究中揭示的"自我指涉"和"自我再制"对卢曼"系统"概念的影响。玛图拉纳和法芮拉的研究揭示，"神经系统建立起一个自我指涉的（selbstreferentiell）③ 封闭系统，它与世界没有直接的接触，这样一来就可以导出认识论上的推论：认知过程与感知过程并不提供一个真实自身的图像，反而是制作出系统内的建构（konstruktion）"④。"自我再制"（Autopoiesis）⑤ 概念运用于规定有生命的系统，"自我再制系统是由一个（互动着的诸组成部分的）递回性网络所组成的，其进行方式是，诸组成部分一再地透过它们的互动生产出同一个网络"⑥。克内尔和纳塞希接下来的问题是，卢曼以什么方式将上述理论"引入社会学内"？这也是后面我们结合"儒教"研究所要了解和说明的问题。

卢曼关于"系统"的认识，背后有着对传统形而上学本体论和认识论的哲学反思。在 1997 年出版的主要著作《社会的社会》中，卢曼对传统"本体论"有一个说明：

---

① 高宣扬：《鲁曼社会系统理论与现代性》（第 2 版），中国人民大学出版社 2016 年版，第 52 页。
② 高宣扬：《鲁曼社会系统理论与现代性》（第 2 版），第 52 页。
③ 高宣扬译为"自我参照"。
④ ［德］克内尔、纳塞希：《卢曼社会系统理论导引》，鲁贵显译，第 73 页。
⑤ 高宣扬译为"自我生产"。
⑥ ［德］克内尔、纳塞希：《卢曼社会系统理论导引》，鲁贵显译，第 72—73 页。

作为本体论，我们想标示的是一种观察方式的结果，它从"存在/不存在"这一区分出发，并且将所有其他区分置于这一区分之后。在只有存在才在和不存在不在这一假设中，这一区分具有其不可模仿的说服力。①

卢曼对传统本体论的批判是联系其认识论的，即这里所说的"一种观察方式"，正如他自己的建构论也是从"观察"出发的。他认为，传统本体论的认识论总是从"存在/不存在"区分出发。这种认识论，设定所有存在者都具有某种本质内核。依照这种本体论的逻辑思考问题，"总是设定了一种'事物图式'（Dingschema），并且将世界按照'存在/不存在—公式'（Sein/Nicht-sein-Formel）进行分类和规整。存在是什么，这一点人们在考察世界之前已经'知道'。……人们相信，世界上的事物是按照'原因/后果—图式'进行的，即一切事物的存在都基于某种可以辨识的原因"②。虽然西方人基于这种认识去利用自然、建构科学、组织生活，但是在自然、科学和生活三个领域，这种认识论得出的结论都与预期目标相去甚远。这引起两种反应，"一种是'旧欧洲式的'反应，主要认为要以更大的努力寻找正确的'存在设想'（Seins-vorstellung），寻找正确的因果关系。另一种是'新欧洲式的'反应，要求改变提问方式：即不再问'是什么'（was ist），而应该问'在哪些建构条件下某种事物才能理解为实存的或是由什么样的因果关系决定的?'基于这一观点，存在和因果性假设本身应该理解为建构"③。由于对传统本体论及其认识论的反思与批判，卢曼主张一种建构主义的认识论，"它主张将人的认识过程和外在世界看作各自'封闭'的两大系统；同时，它还强调认识过程的对象并不一定同认识的主体及其思想过程有直接的关联"④。

卢曼借鉴生物学系统模式及通过批判传统本体论而对"系统"所作的理论探索，符合我们将"儒教"视为一个"生命体"的认识，也在一定意义上使得避免对其作"本体论"预设（仿佛"儒教"有一个既定的"本质"而仅需要将其揭示出来）的努力，获得哲学方面的说明。必须强调的是，卢曼的社会系统理论是当代社会理论发展与变革的产物，也是对功能高度分化的现

---

① 转引自秦明瑞《系统的逻辑——卢曼思想研究》，商务印书馆 2019 年版，第 40 页。
② 秦明瑞：《系统的逻辑——卢曼思想研究》，第 19—20 页。
③ 秦明瑞：《系统的逻辑——卢曼思想研究》，第 20 页。
④ 高宣扬：《鲁曼社会系统理论与现代性》（第 2 版），第 21 页。

代社会所作分析的理论成果，它在什么意义和方式上适用于中国传统社会中的儒教的分析研究，应该是我们始终需要提醒自己的问题。

卢曼关于"系统"的认识，经历了不同的阶段，有着复杂的理论演进。① 这里仅就其"系统"观念的重要开展加以说明。这个开展，在前期是以"系统"与"环境"的复杂性关系的讨论对传统"结构功能系统论"展开批判的理论转向，在后期则是将"系统"作为"自我指涉系统"的范式转换。

高宣扬指出，从20世纪50年代末开始，卢曼便充分意识到批判传统"结构—功能论"是建立新的系统理论的基础。卢曼认为，对任何一个系统而言，不是先有结构而后决定其功能，而是先有功能的运作才产生系统的结构，传统的"结构—功能论"不但将结构看作固定不变的形式，而且以狭隘的因果观点来说明结构与功能的关系，"他认为传统的结构功能论的错误是仅仅考虑到系统结构的维持条件，因此，这些结构功能论无法正确地理解结构的变化，或者它们往往把局部的系统同整个的系统加以混淆"②。卢曼系统观念变革的动因，是必须面对现代社会功能分化所导致的"复杂性"，传统的结构功能论在解释这一问题上存在重要缺陷。在他看来，"复杂性"是系统与周在世界（环境）的基本关系面相：

> 这种**复杂性**一方面构成了系统同复杂的环境的交错关联，在某种意义上说，周在世界的复杂性使得系统本身处于**不确定**的**各种可能性**之中。但另一方面，这种复杂性又迫使系统为了维持其自身的功能和结构的完整性，而尽可能地采取对环境进行选择的处理方式。这种处理方式的基本特征，**就是选择性地进行简化或化约的过程**。③

上述"系统/环境"区分以及"系统"面对"环境"复杂性为维持自身功能运作的"简化"选择，在一定意义上可适用于分析所有的社会系统。这对于我们的儒教"社会系统"研究，有其启发性意义。

首先要指出的是，所谓"复杂性"既包括时间上的复杂性，也包括空间

---

① 参见高宣扬《当代社会理论》（第2版），中国人民大学出版社2017年版，下册，第十四章"卢曼的社会系统理论"第二节"'系统'及其相关概念"的详细考察。
② 高宣扬：《当代社会理论》（第2版），下册，第627—628页。
③ 高宣扬：《当代社会理论》（第2版），下册，第628页。

上的复杂性。正如我们关于儒教"社会系统"的研究，并不排斥传统的历史和社会分析，只是需要进一步在系统的自身的层面说明其特征。其次，"系统"面对"环境"具有开放性。卢曼说："开放的系统维持同其环境的实际运作关系，并且通过使得这些关系有组织地连结在一起的方式而维持系统自身。"① 这里隐含着系统既有高度的自主性又与环境保持着密切协调的认知。可以为我们观察儒教面对其他社会系统如何与环境相区分并保持互动，提供基本视角。此外，"系统/环境"区分既可以适用于系统与周在世界的区分，也适用于系统内部诸因素之间。当我们分析儒教这一社会系统自身各要素之间的关系时，这种认识和方法上的操作便可运用其中。

1983 年，卢曼在《法社会学》第二版"序言"中提到系统理论的"范式转换"。他说："由于自我指涉系统研究领域的贡献。一般系统理论在过去 10 年中已经取得长足进展，我们多少可以谈论一下范式转换，即以自我指涉概念取代环境开放性概念，并因此使系统之开放与封闭的结合成为可能。"② "自我指涉系统研究领域的贡献"，指前述玛图拉纳和法芮拉在生命和神经系统研究中揭示的"自我指涉"和"自我再制"，也包括贝塔朗菲（Bertalanffy）的一般系统理论的进展。这个范式转换，在卢曼看来是以"自我指涉"代替此前的"系统/环境"区分。关于卢曼"自我指涉"的含义，克内尔和纳塞希有一个详细说明：

　　按照卢曼的说法，指涉（Referenz）是一种运作，这个运作是做出一个区别（Unterscheidung；distinction），并且标示（Bezeichnung；indication）其中一边，即我们只有借着 A/-A 这个区别才能指涉或标示 A 这一面。自我指涉是指，一个区别（例如 A/-A）借着所标示的一边（例如 A），来指认出自我（即以 A 来指涉 A/-A 这个区别）。

克内尔和纳塞希特别提醒，在玛图拉纳及法芮拉那里，自我指涉性及自我再制是指两件不同的事实：自我指涉是针对封闭系统的自我关联性，自我

---

① 　Niklas Luhmanns, *The Differentiation of Society*, Columbia University Press, 1983, p. 33. 转引自高宣扬：《当代社会理论》（第 2 版），下册，第 632 页。

② 　［德］卢曼：《法社会学》，宾凯、赵春燕译，上海人民出版社 2013 年版，第 37 页。

再制概念则是强调具有生命的系统的自我再制之特性与自我维持之特性，"玛图拉纳及法芮拉拒绝将自我再制概念移植到社会关联上"①。那么，卢曼是如何将这两个概念纳入社会理论的构想中的呢？卢曼在《意识的自我再制》中指出，虽然"自我再制"概念是为了定义生命这个概念而被引入的，但是我们也可以继续将概念抽象化，"正是自我再制概念，促使我们去找出系统这个单元进行生产及再生产时的自主形式，也就是说，至少要顾及到一个可能性，就是，具生命的系统、意识系统及社会系统，以不同的方式实现其特有的自我再制方式"②。卢曼在《意识的自我再制》中将"自我再制"这个概念加以抽象化（一般化）表述为：

> 当系统以那些构成它（译注：即系统）的元素，来生产及再生产出构成它（译注：即系统）的元素时，我们将系统标示成是自我再制的。一切能被这类自我再制系统当作单元来运用的东西——即系统的元素、系统的过程、系统的结构，以及系统本身——同样都是由系统中的这类单元所规定的。③

如果说在自然的生命系统中，系统可通过其组成部分的自我生长实现自我再制，那么"心理系统"和"社会系统"又是如何运作的呢？

在卢曼看来，"心理系统"也是一个自我再制的系统。虽然任何心理系统都需要大脑、身体、周围的物质环境的协助，然而意识与脑部的运作是完全不重叠的，它们仅是"结构耦合"，即彼此相互依存而作为对方的环境。我们通过大脑的运作过程无法推断出特定的意识经验，也无法从意识所产生的思想得知其需要哪一种脑部的运作过程，意识是新出现的秩序层次。由此，卢曼将心理系统的特有元素称为"想象"（Vorstellung）及"思想"（Gedanke）。意识是由一个意识状态移到另一个意识状态，由一个思想移到另一个思想。卢曼将意识理解为自我再制的系统，正在于这个系统以自己的元素（"思想"与"想象"）来持续地生产自己的元素。

---

① ［德］克内尔、纳塞希：《卢曼社会系统理论导引》，鲁贵显译，第71页。
② ［德］克内尔、纳塞希：《卢曼社会系统理论导引》，鲁贵显译，第75页。
③ Niklas Luhmanns，*Die Autopoiesis des Bewußtseins*，Soziale Welt 36（1985），p. 403. 转引自［德］克内尔、纳塞希：《卢曼社会系统理论导引》，鲁贵显译，第76页。

将生命系统的"自我再制"移植到社会的现象领域，社会系统便被描述为经由自己的元素的生产来生产并维持自己。卢曼将社会系统的元素，称为沟通（Kommunikation）。社会系统是沟通系统，将沟通与沟通不断地衔接起来，系统就再生产自己。克内尔和纳塞希说："根据自我再制系统理论的基本看法，社会所发生的事件是'沟通制造沟通'的自我指涉过程。在任何一刻，每个沟通都在制造自己的下一个沟通——要不然社会系统就停止运作。"① 在卢曼这里，沟通在有机系统、神经系统与心理系统的层次上是被排除在外的，沟通所建立起的独立的、新的秩序层次只存在于社会系统。但是，沟通始终在其特有的沟通运作中受到意识系统的刺激、引发和干扰，沟通与意识处于互补的关系，"社会与心理系统在结构上是相耦合的（ strukturell gekoppelt）"②，即彼此相互依存而作为对方的环境。

　　接下来的问题是，心理系统和社会系统是如何运作的？对于后者来说，其"沟通"是以什么形式进行的？这涉及卢曼的"意义"（Sinn）理论。对于上述问题，克内尔和纳塞希有一个高度概括性的说明："心理系统藉由意义以封闭的意识关连这个形式来运作；社会系统藉由意义以封闭的沟通关连这个形式来运作。"③ 由于他们的说明非常简略，也由于卢曼主要是在社会系统问题上讨论"意义"，更由于我们需要为儒教研究提供参照，以下将结合卢曼晚期重要著作《社会的宗教》（1997 年）（特别是第一章"意义形式的宗教"与第二章"符号化"）的相关论述加以说明。此外，卢曼此前发表的文章《社会、意义、宗教——以自我指涉为基础》，在这里也有重要的参考价值。

　　关于"意义"，卢曼说："为心理系统和社会系统的每一个形式建立（Formbildung）所用的最一般的无法超越的媒介，我们称之为'意义'。"④ 这里先要说明的是"形式"与"媒介"的区别。由"媒介"的概念可以确定的是，"意义"无法被观察。卢曼在此有一个注释："这里就容易联想到哥特式

　　① ［德］克内尔、纳塞希：《卢曼社会系统理论导引》，鲁贵显译，第 89 页。
　　② ［德］克内尔、纳塞希：《卢曼社会系统理论导引》，鲁贵显译，第 90—91 页。
　　③ ［德］克内尔、纳塞希：《卢曼社会系统理论导引》，鲁贵显译，第 95 页。
　　④ Niklas Luhmanns，A Systems Theory of Religion，edited by André Kieserling，translated by David A. Brenner & Adrian Hermann，Stantord University Press，2013，p. 7. 中译参见 ［德］卢曼著，基瑟林（André Kieserling）编，《社会的宗教》，周怡君等译，台北：商周出版社 2004 年版，第 13 页，这里的中译文有改动。

的教堂建筑，它们的特色就在于：只让断裂的、可区别的光线进入建筑物内，借此让作为媒介的光线①可以被看见。我们将此理解为一种象征：宗教要求让意义变得可以被观察，可以被描述。"② 由卢曼的这个描述，我们也可以形象地理解，光是"媒介"，因门窗的构型进入建筑物的断裂的、可区别的"光线"可看作"形式"。在此，作为"媒介"的"意义"具有不可观察性，就像光无法被观察一样。

这样，我们便可理解卢曼的"意义"定义。他试图在各种心理的和社会的系统之"形式"之上，寻找形式建立得以可能的最一般的"媒介"。他说："所有的心理与社会系统，只能在意义这个媒介里，决定并复制它们的操作。"③ 这里可附带补充的是，卢曼所说的作为"媒介"的意义，不是普通所言的"有意义"与"无意义"之"意义"，因为每个肯定都预设了新的否定，同样每个否定都预设了新的肯定。"意义"这个媒介指出了自身的界限，不过这个界限没有可超越的一条线，而是一个"视域"，而这个界限（视域）是无法逾越的。因此，我们只能碰触界限的内部面，并且透过界限的形式得知：一定有某些东西在界限之外，并且每个特定的意义都包含其本身的可否定性，而没有无法被否定的"世界意义"。卢曼说："意义只能是既是肯定也是否定。如果我们将这区别的其中一面拿掉的话，那么另外一面也就同时失去意义。我们可以得出这样的结论：每个意义（而且也可说是，每个终极意义）自身的统一性都只能是个吊诡，也就是肯定与否定、真实与非真实、好与坏的一体两面，无论是从肯定面或否定面去看。所以没有了作为所有其他东西基础的统一性。"④ 卢曼认为，纯粹模态理论的"现实性"（实现）与"可能性"（潜能）可以用来定义"意义"这个概念。如果某事物在实现的体验或沟通里指涉其他可能性的话，那么这个事物就是有意义。同样，对作出上述区别的观察者来说，"意义是现实性与可能性的差异的统一体"⑤，不过，这个作为意义的"媒介统一体"，在"形式"的实现中（表现在时间里），只能发生

---

① 引者按：这里应译为"光"，英译便为"making the medium of light visible"，参见 Niklas Luhmanns，*A Systems Theory of Religion*，p. 262。

② ［德］卢曼著，基瑟林编：《社会的宗教》，周怡君等译，第 44 页脚注 16。

③ ［德］卢曼著，基瑟林编：《社会的宗教》，周怡君等译，第 44 页。

④ ［德］卢曼著，基瑟林编：《社会的宗教》，周怡君等译，第 46 页。

⑤ ［德］卢曼著，基瑟林编：《社会的宗教》，周怡君等译，第 48 页。

在其中的一面，也就是"区别"的可操作面。在此，即使意义在使用意义的操作里能够被实现，媒介自身仍然是看不见的。我们同样可以借用卢曼所举的哥特式建筑中光透过窗户的例子来加以理解，"光线"是可见的，而"光"不可见。

在卢曼看来，我们必须在意义这个媒介的形式领域里寻求宗教，而这便会遇到"到底哪些区别能够定位宗教"的问题。而当我们针对区别提问时，就是在对作区别的观察者提问：谁是宗教的观察者？神学家的回答可以是一个出乎意料的答案：上帝。如果我们不去接受这个宣称，那么就要说明"世界是如何产生种种区别"，这就需要对作区别的观察者进行观察（二阶观察）。在这里，"观察者"取代了古典的"主体"概念，"那个能够产生并再制意义媒介的操作，是在真实世界里进行，而非在实在性①之外的超验领域里"②。卢曼指出，观察者与世界的区别有别于观察者与被观察者的区别，世界作为"环境"而存在，而后者之二阶观察（观察者对观察者的观察）是在观照的区别之内活动，而不是在区别之外，因而任何观察都有"盲点"。卢曼解释说："只有当二阶观察者看到：一阶观察者看不见自己看不见他所看不见的，而只有在这样的情况下，二阶观察者才能将一阶观察者当作观察者（而非当作实体）来观察。"③ 这个解释，使我想到中国诗人卞之琳的诗篇《断章》："你站在桥上看风景，看风景的人在楼上看你。明月装饰了你的窗子，你装饰了别人的梦。"诗的第一句，可作为卢曼所说的"观察的不可观察性是观察成为可能的条件"④ 的形象说明。诗的第二句，可以帮助我们了解卢曼所说的区别的"再进入"概念，这个概念是为了说明形式如何"再进入"形式里，亦即："**区别**如何'再进入'那些透过它而被区别的事物里"，"换言之：我们必须在可观察者那里（要不然还会在哪里呢？），把可观察的与不可观察的**差异**变得可观察"。⑤ 在此，卢曼说："当意义形式的意义回溯到可观察与不可

---

① 卢曼这里对"实在性"有一个说明："如此一来，实在性就成为一种修辞性的构造，也就成为'顺服于书写和阅读正统习俗'。"显然，这个"实在性"是一种社会的实在性。参见［德］卢曼著，基瑟林编《社会的宗教》，周怡君等译，第 57 页。亦参见 Niklas Luhmanns，*A Systems Theory of Religion*，p. 7。

② ［德］卢曼著，基瑟林编：《社会的宗教》，周怡君等译，第 57 页。

③ ［德］卢曼著，基瑟林编：《社会的宗教》，周怡君等译，第 60 页。

④ ［德］卢曼著，基瑟林编：《社会的宗教》，周怡君等译，第 60 页。

⑤ ［德］卢曼著，基瑟林编：《社会的宗教》，周怡君等译，第 65 页。

观察的差异的统一体，而且为此找到一种形式的话，那么意义形式就会被体验为宗教性的。"① 由此，"宗教作为最后的终极思想（AbschluBgedanken），只能提供一个吊诡，并且相应的操作方式，也只能是一般所谓的'信仰'。从这个方向看来，宗教性意义的指涉也没有定论。我们总是可以对终极差异的统一性提出问题，却往往铩羽而归"②。

传统的神学受制于"是与否"的符号操作以及"存在与虚无"的存在论形而上学，其最终结果便是将"区别"的另一面排除。卢曼认为，由于世界和意义现在被视为无法否定的事态，而且我们无法将区别的另一面否定掉，区别便成为一个观察操作的建构性要素。但是，怎样能够跨越区别的界限呢？这需要以"内在与外在"的区别代替传统存在论与神学传统中的"存在与虚无"的区别。正如社会秩序的生成、维持和复制，只能以实际进行的、自我再制的沟通加以解释，在社会学的脉络中，宗教也只能理解为自我再制的沟通事件。卢曼认为，沟通始终是一种"观察的操作"，它预设了两个条件：其一是"信息"与"告知"是可以被区别的；其二是从"理解"这个要素出发去作出前述区别，而"理解"与"告知"并不重叠也有其区别。如果将"沟通"理解为信息、告知与理解的综合，"那么这个概念就不容许任何一个元素的实体化（Reifikation）或是具有存有学上的特权"③，"沟通操作的自我再制投射了一个尚未定形的、仍属未知的未来，在这个未来里，一直持续下去的沟通将是可能的"④。这样，卢曼就放弃了关于宗教的任何先验保证，无论是存有论的还是造物主的传统假设。

那么，如何正面说明宗教呢？卢曼将此问题表述为："宗教如何能够接受一种排除'其他一切'的意义赋予？此意义赋予，以其形式的内部面作为忽略世界的未标记状态及观察者的借口。"⑤ 因为，界限总是划在"被标记"与"未被标记"两者之间，"对于我们来说，只有一个意义赋予适用于宗教，而这个意义赋予清楚地在自身中看到它的问题"⑥。为解决这个问题，卢曼诉诸

---

① ［德］卢曼著，基瑟林编：《社会的宗教》，周怡君等译，第65页。
② ［德］卢曼著，基瑟林编：《社会的宗教》，周怡君等译，第67页。
③ ［德］卢曼著，基瑟林编：《社会的宗教》，周怡君等译，第74页。
④ ［德］卢曼著，基瑟林编：《社会的宗教》，周怡君等译，第78页。
⑤ ［德］卢曼著，基瑟林编：《社会的宗教》，周怡君等译，第86页。译文有改动，参见 Niklas Luhmanns，*A Systems Theory of Religion*，p. 36。
⑥ ［德］卢曼著，基瑟林编：《社会的宗教》，周怡君等译，第86页。

宗教符码（Code）。他说："符码化（Codierung）预设着，作为符码区别的两个面向都可以被描述，即使透过正、负值的区别"，如果"宗教符码""以原始且普遍形式的方式去区别标记与未标记……我们可以猜想：宗教本身因此自己成为可区别的，也就是作为带有这种（而不是为其他的）符码的系统。此外，观察者也会被观察，也就是说，观察者作为一个人，他使用这个形式，而且借助于区别，他能够给予他所描述的事物一个宗教性的意义"①。卢曼关于"宗教符码"有细密的理论分析和具体的历史考察，我们先略过它们而直接面对结论，稍后再对其作概要说明。卢曼说：

> 若要描述专属于宗教的符码的两个值，首先是**内在性**（Immanenz）和**超越性**（Transzendenz）的区别。我们也可以这样说，如果沟通是在超越性的观点之下去观察内在性的事物，那么沟通就一直都是宗教性的。因此内在性代表着正值，而此正值为心理以及沟通操作提供连结能力，而超越性则代表负值，所有自负值中所产生的，都可以被视为偶然性的。……在符码的统一体里，这两个值互为预设。只有从超越性去看，世界所发生的事情才获得宗教性意义。但是意义赋予也是超越性的特有功能，意义赋予不是为己存在的，而是每个界限向另一边跨越的可能性。②

这里卢曼将宗教的符码描述为"内在性/超越性"，并且认为这两个值"互为预设"且从"超越性"的一面观察"内在性"，沟通才是宗教性的，世界的宗教性的意义由此获得。由于人无法居于二者的界限之上而必须通过二阶观察才能使内在性和超越性的差异成为可观察（想象或言说）的，亦即借助"内在性/超越性"的区别"再进入"透过它而被区别的事物，超越性的意义赋予得以可能。这样，"内在性/超越性"的区分便取代传统的"神圣/世俗""上帝/凡人"或"存有/虚无"的区别，而成为一个不断开放的操作或建构过程。卢曼考察了人类宗教的历史，指出晚近的宗教认识也会把超越性当作根据，但是这样将会陷入对根据本身的根据的无穷追问，"但如果人们把超越

---

① ［德］卢曼著，基瑟林编：《社会的宗教》，周怡君等译，第87页。
② ［德］卢曼著，基瑟林编：《社会的宗教》，周怡君等译，第111页。

性视为意义操作系统之操作封闭性的相对概念，那么所有和这个作为实在的投射对应的东西，就仍然是开放的"①。如此，我们便可理解所谓宗教符码即"内在性/超越性"既是宗教沟通的意义赋予方式，也是一种开放性的观察与建构的操作系统。这样，卢曼就摆脱了宗教研究将意义进行二值逻辑区分的传统方式，也提供了一个普遍的描述宗教意义的"符码"。

如前所述，卢曼认为只有从"超越性"一面观察"内在性"，才有宗教性的沟通，才能获得宗教性的意义。这实际说明了作为宗教符码的"内在性/超越性"与其他社会系统的符码，如政治系统"拥有权力/不拥有权力"、经济系统之"支付/不支付"、法律系统之"合法的/非法的"、伦理系统"正当的/非正当的"等，有着相同与不同之处。相同之处在于，这些符码都是通过"内在/外在"而作出的区分，不同之处是，所谓内在与外在，其他符码的两面皆有具体指涉（虽然也是互为关系且可自我再制），而宗教符码之"内在性/超越性"却无法有具体指涉。那么，宗教符码为何如此呢？在这里，卢曼诉诸起源上的"实在双重化"与宗教语义的历史发展。卢曼说：

> 宗教性的沟通牵扯到一个特殊事件，我们可以称之为实在的双重化（Reälitatsverdoppelung）。某个东西或事件被赋予了一个特别的意义，这个意义跳脱了习惯世界（在那里可继续接触到它们），并获得特殊的"灵光"（Aura）以及特殊的指涉范围。②
>
> 宗教最初的贡献可以说是建构实在，方式即是为观察准备了一些不会掉入这个范畴（指"实在"——引者注）的事物。③

这里，我们可以将"实在的双重化"理解为对于"实在"及其"超越"的观察。对此，卢曼诉诸宗教史及宗教现象的考察，如将世界划分为非神秘（非神圣）事物和神秘（神圣）事物，或将"神圣"事物"神秘"化，或将"神秘"描述为在功能上同义于"矛盾"或"吊诡"。在这个意义上，卢曼说："符码这个概念应该描述一种形式，藉此形式，实在双重化的问题，以及真实

---

① ［德］卢曼著，基瑟林编：《社会的宗教》，周怡君等译，第144页。
② ［德］卢曼著，基瑟林编：《社会的宗教》，周怡君等译，第92页。
③ ［德］卢曼著，基瑟林编：《社会的宗教》，周怡君等译，第93页。

实在的建立，能被转换到各种操作里。符码化并不只是对于实在双重化的认知或说明而已。符码投射了另一种区别的方式，但是它只有以实在双重化为基础才有可能，并且将实在双重化回溯到分裂的世界观的统一。"①

可以说，卢曼是将宗教符码回溯至人关于世界的认知和说明，在本源的意义上与我们在本书绪论中所说的"人之存在的理解"是一致的。虽然他以不同的方式加以说明并且拒斥由哲学人类学出发所作的论证。② 在此需要提醒的是，我们关于儒教的"人之存在的理解"也不能简单地归于一种哲学人类学的说明。

卢曼也承认，宗教并非一开始就以二元符码化的严格形式出现，必须考虑历史上宗教语义的诸多表现，而专属于宗教的符码的抽象方式，与宗教的演化及其功能分化有关。"演化是这个脉络的演化，直到现代社会才会需要抽象的、分析复杂的符码概念，以便理解宗教对现代社会有什么意义。"③ 可以看到，宗教符码既是社会系统功能分化的结果，也是用来分析现代社会分化了的宗教系统的功能的工具。由此我们可以接着了解卢曼关于宗教作为一个社会系统的功能认识。

贝耶尔（Peter Beyer）在为卢曼《宗教教义与社会演化》一文的英译文所写作的导论中指出，卢曼把现代社会看成功能分化占据主导地位的社会，其分化形式创造出众多的子系统，如政治系统、经济系统和宗教系统等，并将社会沟通分配给每一个领域以履行整体社会的某些特定功能，宗教的功能便是处置"偶在性的必然性"（inevitability of contingency），"更精确地说，卢曼认为，宗教的核心功能是要控制如下问题：即一切确定物，当然也包括一切社会的确定物都是有风险的，因而在某种程度上是不确定的，甚至是不可确定的，宗教的起源在于确定性与不确定性的同时存在，在于偶在性的必然性。然而，真正的宗教任务是要超越这一问题，在超出偶在性之上的神圣领域里寻求这一事态的原因"④。因而，贝耶尔将卢曼所说的宗教功能看作在整

① ［德］卢曼著，基瑟林编：《社会的宗教》，周怡君等译，第98—99页。
② 关于卢曼对人类学宗教功能解释的批评，参见［德］卢曼著，基瑟林编《社会的宗教》，周怡君等译，第176—177页。
③ ［德］卢曼著，基瑟林编：《社会的宗教》，周怡君等译，第111页。
④ ［加］贝耶尔：《论卢曼的宗教社会学》，载［德］卢曼《宗教教义与社会演化》，刘峰、李秋零译，中国人民大学出版社2003年版，第32页。

个社会层面发挥作用的基本层面，从而将其解释为"每一个社会的终极整合力量"①。不过，由于现代社会的功能分化，宗教已经是众多子系统中的一个，现代社会的每一个子系统如政治系统、经济系统、法律系统、道德系统等，皆依其特定的合理性和一整套的价值观而发挥作用，这些子系统皆依一个二项对立的符码②，构成了相对自律性的基础。"除非是在一种比喻的意义上，宗教再也不能声称为其他一些准则提供了基础"③，这便使宗教系统面临与现代社会的其他子系统的关系问题，即卢曼所谓"宗教与社会"问题，更具体地说即关于宗教"世俗化"问题的认识和处理。

在后期著作《社会的宗教》中，卢曼对"宗教的功能"有新的讨论，这个讨论可以被看作上述宗教功能的再说明。卢曼聚焦于"现代社会中的宗教问题"，以功能的特殊化为前提来描述现代社会分化中的宗教功能。他首先对"功能"概念作出等值功能主义说明。他说："我们可以将功能定义为问题的差异的统一，并且定义若干在多功能上等值的问题答案"，"功能化所致力的成果并不在于问题的解决本身（因为它也可能处理早就有答案的问题），而是在于指出**许多**功能等值的解答，也就是建立有其他的选择或是功能的等值"。④这也就意味着，功能是观察者的建构。

卢曼以等值功能主义观察和把握社会系统，缘于现代社会功能分化的基本事实。卢曼认为，对于现代社会的可能描述便是"功能分化"，这个描述也可以与现代社会作为世俗社会的描述和谐并存，"在这个世俗化的社会中，宗教不再是必要的中介机构，能建立起所有社会活动对于整体意义的关系"，其他社会系统会发展出自己的符码，并在其功能中发现它们对社会自我再制的贡献意义。如此便可追问是什么造成了宗教符码——"内在/超越"——的特殊性？卢曼以媒介意义来说明此问题。对此，卢曼有一个简短的概括：日常生活理论或是科学理论，"都认为'有意义与无意义'的区别是有意义的，因此都必须能应用于自身。这会导致没完没了的无穷回溯，而如果人们放弃证

① ［加］贝耶尔：《论卢曼的宗教社会学》，载［德］卢曼《宗教教义与社会演化》，刘峰、李秋零译，第 32 页。

② 如政治系统的"拥有权力/不拥有权力"，经济系统的"支付/不支付"，法律系统的"合法的/非法的"，伦理系统的"正当的/非正当的"等。

③ ［加］贝耶尔：《论卢曼的宗教社会学》，载卢曼《宗教教义与社会演化》，刘峰、李秋零译，第 33 页。

④ ［德］卢曼著，基瑟林编：《社会的宗教》，周怡君等译，第 153 页。

明，则会导致区别'再进入'自身的吊诡形态。或是返回主体性的意义赋予的概念，其后果只是治丝益棼"①。这样我们回到一个老问题上面，即哪些区别会被导入这个普遍且无法否定的媒介意义，以便在差异的统一吊诡的中间形式上面再创造区别出来。在此，卢曼诉诸宗教系统。"在现代条件下，宗教必须满足普遍性与个殊性的双重标准。普遍性意味着，宗教问题会出现在每个沟通中，即使基于个殊的组织操作原因或是经济、科学、法律、政治等功能系统；反过来说，宗教当然也要付出代价，必须遵守法律，或是在政治上会出现令人不悦的情况等等。"这便解释何以卢曼将宗教功能看作整个社会的基本层面以及"每一个社会的终极整合力量"（贝耶尔语）。

由上述所说在现代社会中宗教当然要付出的"代价"，卢曼进一步讨论了现代社会中宗教所遭受的"功能丧失"，这显然是现代社会的"世俗化"问题。这个问题，对于我们观察儒教的现代命运和功能特征当然有意义。此外，卢曼关于社会分化的研究对于我们认识儒教的历史发展也具有启发性。

现在所要说明的问题，从涂尔干到帕森斯以及卢曼的社会理论的发展，对于儒教形态特别是其结构和功能分系可以有怎样的启发和帮助。这是下一节所要进行的工作。

第三节　"儒教"作为"一个社会系统"

本节尝试将"儒教"作为"社会系统"加以说明并擘画儒教作为"一个社会系统"的分析框架。相对于"绪论"中以"社会事实"（涂尔干）来强调儒教独立于个体或心理系统的"社会性"，这里的分析将转向具体并在方法上作新的探索，特别是在"系统"分析方面。在此，我们首先需要进一步回答本书"绪论"部分讨论过的问题，即在什么意义上视儒教为"社会的"，即此"社会系统"之"社会"的意义问题；其次是有关"系统"问题的方法探索和具体说明。

在本章前两节中，我们考察了现代儒教研究对诸社会理论的借鉴，如马克思历史唯物论与韦伯的解释社会学，以及由涂尔干至帕森斯的结构功能分析的理论线索，也引入了对卢曼的社会系统功能理论和方法的观察。然而，

---

① ［德］卢曼著，基瑟林编：《社会的宗教》，周怡君等译，第168页。

如果要在说明儒教"社会系统"时对前述社会理论有所借鉴，我们应当有两点清醒的认识。

其一，上述诸社会理论，基本是以所谓现代社会为研究中心或分析对象，即使在有关社会演化或功能分化的考察方面对自身或其他社会的历史传统有所观照。安东尼·吉登斯（Anthony Giddens）曾说："马克思、涂尔干和韦伯的社会学观点都牢固地建立在对现代社会的基本结构和发展趋势的不同认识观念的基础上。"①

其二，作为现代社会理论，其社会系统分析因现代社会的演化而发展，在方法论上也深受哲学思潮与科学范式转换的影响。如马克思社会理论便建基于辩证的与历史的唯物论的哲学批判之上，涂尔干的实证主义社会理论与19世纪晚期以来的"机体论"（organicism）关系密切且与同时代现象学的哲学开展具有精神上的亲缘性，韦伯的解释的社会学坚持了新康德主义的基本理念，而从帕森斯到卢曼的结构功能主义的发展更与现代系统科学及哲学的后现代转向关系密切。

由于上述两个方面的原因，我们"朝向儒教自身"的努力，在将中国传统儒教作为一个"社会系统"加以说明时，特别是在借鉴现代社会理论时，在"社会"理解与"系统"分析方面，必然会面临挑战。这里要指出的是，虽然马克思社会理论同样以现代资本主义社会为主要对象，但就其将"社会"作为历史存在而加以整体把握，对于儒教作为"社会系统"的说明仍有重要意义，特别是考虑到儒教所经历的长期的历史演化。我们所说的"朝向儒教自身"就是回到儒教作为"历史的社会的存在"。在本书绪论以及第一章有关儒教的社会、历史条件和信仰因素的考察中，对此方法论已有较为充分的借鉴和运用。

在中观的层面，我们强调了涂尔干对于"社会事实"之"社会"规定的理论意义以及对于"事实"分析的方法论，有助于认知和分析儒教这一"社会存在"的"社会"属性与"存在"特征。所谓"社会"属性，是指儒教作为一种"社会存在"，是个人意识之外的一种必须服从的、带有强制力量的"行为方式"，是以社会而不是以个人为基础的，强调它外在于个体并对个体

① ［英］安东尼·吉登斯：《资本主义与现代社会——对马克思、涂尔干和韦伯著作的分析》，郭忠华、潘华凌译，上海译文出版社2007年版，第268页。

具有普遍强制作用的性质。对作为"社会事实"的儒教存在，我们也作过的基本说明：儒教作为社会存在，是一种具有社会性的"信仰方式、行动方式和思维及情感方式"；儒教作为社会存在，还表现为社会生活中的观念性和物质性的"结晶化"；儒教作为社会存在，是一定的"集体的存在方式"的产物。①

　　如果说将儒教视为"社会存在"是一种宏观的社会历史层面的把握，而借鉴涂尔干社会理论对儒教之"社会事实"的分析则是社会学之中观层面的认知，那么现在则需要将儒教作为"一个社会系统"来加以具体说明。这里的"社会"概念，已在前述"社会存在"及"社会事实"的阐述中获得揭示，在此只需结合"系统"问题而在具体研究中加以贯彻。

　　相较于"社会存在"与"社会事实"中的"存在"与"事实"，就儒教形态的分析来说，此"系统"问题是微观层面的问题，但由于它直接涉及儒教的结构、功能以及社会的"结晶化表现"等方面，因而在"儒教形态"的研究中具有重要性。在此，我们应清晰地意识到所面临的方法论挑战。事实上，正如本章前两节所具体分析的那样，在运用现代社会理论开展儒教研究的诸多尝试中，如以意识形态的"宗教"论分析儒教，借鉴帕森斯价值选择模式变量的结构功能分析儒教的类型定位，以及借鉴韦伯的宗教社会学研究所作的比较分析等，皆有自身的局限与"系统"分析的困难。这里，我们提出在具体系统分析中可尝试对卢曼的社会系统论分析方法加以借鉴，特别是在描述儒教的"信仰系统"及诸系统的关系时。

　　这里要说明的是，我们要对卢曼社会系统论加以借鉴而非"挪用"（appropriate）。如果是简单地挪用，其合理性便会招致根本性的质疑。正如我们在前面所提醒的，在儒教研究中借鉴任何现代社会理论，都会面临时代的现实经验的质疑与方法背后哲学、科学观念的双重挑战。有关后一个方面，如上一节的考察所看到的，在卢曼这里主要表现为由生命和神经系统研究所推动当代系统理论的发展以及对传统形而上学的后现代哲学批判。如果我们回看卢曼与哈贝马斯（Jürgen Habermas）的论争，我们便对"挪用"卢曼所面临的双重风险有更为直接的认识。不过，笔者认为这些争论或许也可以为我们的方法借鉴提供帮助，即在一定限度内说明儒教形态研究借鉴卢曼社会系统理论与方法的适切性。

---

　　①　参见本书"绪论"第一、二两节的讨论。

克里斯蒂安·伯奇（Christian Borch）回顾过卢曼与哈贝马斯的论战。在他看来，收录卢曼与哈贝马斯1970年前后论争的《全社会理论或社会技术——系统研究能提供什么？》的书名，很好地抓住了分歧的要点："卢曼坚信，他的系统理论提供了一种能够把握社会领域的复杂性的全新的、替代性的社会理论。对卢曼来说，这一理论框架具有社会学革命的潜质。哈贝马斯从自己的立场则没有发现系统理论中的任何革命性的潜力。恰恰相反，在哈贝马斯眼中，卢曼的工作应被主要定性为一种社会技术，即本质上有助于再生产现存秩序从而再生产现存统治形式的一种技术层面的努力。"①

卢曼反对将自己的系统理论打上"保守主义"的标签。在他看来，哈贝马斯的批判理论才是一种"保守主义"的体现，"它提到了一个解放的概念，这个概念假定存在着一个可以而且应该从压抑的社会结构中解放出来的主体"②。卢曼认为，如果我们想充分理解社会的复杂性，这种关于"人"的古老语义就不再适合了，因为社会的复杂性不能归结为系统和主体之间的对立，他自己有关系统与环境的理论区分能够避免这种误解。无论如何评述卢曼与哈贝马斯的早期争论，我们看到他们所面对的正是日益复杂与分化的当代社会。正如D. 霍斯特（Detlef Horster）评述所说："哈贝马斯和卢曼在1971年时都知道，必须突破社会学理论和方法的长期停滞状态和不充分性。他们同时也知道这种突破面临一个困难，就是必须分析一个比过去更加复杂和更加无法一目了然的社会。"③ 20世纪80年代，卢曼与哈贝马斯的争论仍然继续。在《现代性的哲学话语》中，哈贝马斯进一步批判了卢曼社会系统论及其新发展（卢曼称之为系统理论的"范式转换"，即以"自我指涉"和"自我再制"取代环境开放性概念的系统理论）。他说："数十年来，社会理论在对时代的诊断中越来越倾向于系统功能论的核心观点：让主体自身堕落为系统。……卢曼则干脆假定，主体间性结构已经瓦解，个体脱离了其生活世界——个人系统与社会系统相互构成环境。"④ 这个评论延续了20世纪70年代的批判立场。

---

① Christian Borch, *Niklas Luhmann*, Taylor & Francis Group, 2011, p. 9.

② Christian Borch, *Niklas Luhmann*, p. 10.

③ ［德］D. 霍斯特：《是分析社会还是改造社会—— 哈贝马斯与卢曼之争》，《国外社会科学》2000年第3期。

④ ［德］哈贝马斯：《现代性的哲学话语》，曹卫东等译，译林出版社2004年版，第396页。

20世纪80年代，哈贝马斯从哲学上批判卢曼的系统理论是对"主体哲学"遗产的接受。他认为，卢曼的研究"与其说是想和从孔德到帕森斯的社会理论专业传统联系起来，不如说是想延续从康德到胡塞尔的意识哲学问题史"①。哈贝马斯指出，如果想在同等水平上以"系统"概念来取代笛卡尔到康德的认知主体概念，就必须对"系统"重新进行定义，即以"系统—周围世界—关系"取代"认知主体"与作为认知对象总体性的"世界"之间的关系。不过，由于"系统"的自我指涉是按照"主体"的自我指涉模式建立起来的，如果"系统"不与自身建立联系并通过反思为自身提供保证，就无法与其他系统建立联系。然而，"系统"的"自我"有别于"主体"的"自我"，其"自我指涉"便需要一个类似于自我的关系意识的等价物使"系统"作为一个整体呈现出来。哈贝马斯指出，这个"等价物"就是卢曼所说的"意义"（Sinn），它采自胡塞尔现象学描述的"意向"。哈贝马斯将这种与意识哲学的思维模式有着结构类似性的社会系统理论，放入从康德经黑格尔到马克思的思想背景下加以考察和批判，得出一些结论性的认识。

哈贝马斯结论性认识的前两点，是有关先验哲学命题的经验主义转向与超越主观唯心主义局限的问题。哈贝马斯认为，卢曼将"系统"与"环境"区别开来从而将周围世界当作一种具有普遍性的意义视界加以建构，这样"意义"便以复数的形式出现，其发生和维持依靠的是一个高度复杂的周围世界所提供的偶然的临界条件。"在这个意义上，对于系统论来说，先验与经验之间的区分也就失去了意义。"② 正是上述这点，使卢曼的系统论超越了主观唯心主义的局限，这和黑格尔当时的做法如出一辙，但不同的是没有走上客观唯心主义的道路。这是因为"系统"与"主体"不同，无法构成一个更高层次上的系统，"它们从一开始就没有作为具体环节而被结构到总体性之中"③。哈贝马斯批评卢曼社会系统论所获结论性认识中可注意的一点，是说明它与马克思主义社会理论的沟通。哈贝马斯说：

> 卢曼和马克思很相似，因为马克思用"实践"代替了"自我意识"，

① ［德］哈贝马斯：《现代性的哲学话语》，曹卫东等译，第411页。
② ［德］哈贝马斯：《现代性的哲学话语》，曹卫东等译，第413页。
③ ［德］哈贝马斯：《现代性的哲学话语》，曹卫东等译，第414页。

并对精神的形成过程进行了一次自然主义的转向。社会劳动应充当"类"与作为周围世界的外部客观自然之间交换材料的中介。因此，这是一个循环过程，始于劳动力的消耗，经由对产品的生产和使用，再返回到劳动力的再生产，并被认为是类的自我再生产和使用。系统理论认为，这个过程是自我创造的一个特例。马克思所说的社会物质再生产，对于自我关涉（也译为"自我指涉"——引者）的系统而言，则具有普遍意义。①

上述分析，进一步将卢曼的社会系统论放入意识哲学的开展脉络中加以观察，特别说明他与马克思社会理论在哲学层面的相通之处。哈贝马斯将卢曼的系统"自我指涉"与"自我再制"与马克思的"实践"与"物质再生产"加以类比，以说明前者具有"自我创造的实践意义"。以此为基础，"系统理论赞同马克思主义社会理论的观点，主张对自身的发生语境和应用语境加以反思"②，这就是既将自己看作社会过程的构成和功能，同时也将社会过程看作自己的对象，这与马克思社会理论坚持理性概念，从而在自我反思和真理的有效性与从自然的暴力中解放出来之间建立内在联系，是一致的。

哈贝马斯指出，卢曼的系统理论使得西方传统的概念框架在由哲学反思转移到系统范式时，发生了进一步修正，比如存在、思想和真理等。他说：

> 我们如果认识清楚，系统理论研究把自身看作是一个有着自身周围世界的亚系统，那么，其非本体论的参照框架也就一目了然了。在这个周围世界当中，相关的系统—周围世界—关系构成了系统理论必须加以把握和处理的复杂性。……卢曼的系统理论完成了从形而上学（Metaphysik，元物理学）到元生物学（Metabiologie）的思想转变。③

以上，哈贝马斯揭示了卢曼社会系统论的"非本体论"特征，并将其定位为从"形而上学"转变而来的"元生物学"。与形而上学从"为我们而存在"

① ［德］哈贝马斯：《现代性的哲学话语》，曹卫东等译，第414页。
② ［德］哈贝马斯：《现代性的哲学话语》，曹卫东等译，第414页。
③ ［德］哈贝马斯：《现代性的哲学话语》，曹卫东等译，第415页。

的物理现象为出发点并对其背后的东西加以追问不同，"元生物学"可称为这样一种思想：

> 它从"自为的"的有机生命出发，并对有机生命背后的东西加以追问——我说的是从控制论角度所描述的基本现象，即面对一个高度复杂的周围世界，自我关涉（也译为"自我指涉"——引者）系统的自我捍卫现象。①

哈贝马斯的卢曼社会系统论的元生物学的理论定位，的确揭示了这一系统论的一些重要特征。他的定位和批判，旨在说明卢曼理论的参照框架"并没有打破形而上学、先验哲学和语义学当中的逻各斯中心主义的限制"，是使"理性又一次成了生命的上层建筑"，社会系统论无法代替他所提倡的交往理论，"因为交往理论用它根据语言功能和有效性要求而推导出来的交往理性概念打破了这一限制"②。

可以肯定的是，卢曼不会接受哈贝马斯对其社会系统论的定位与批判。上一节的考察表明，卢曼认为由生命系统的研究引入"自我再制"等概念可以加以抽象发展。将生命系统的"自我再制"移植到社会的现象领域，社会系统便被描述为经由自己的元素的生产来生产并维持自己。"根据自我再制系统理论的基本看法，社会所发生的事件是'沟通制造沟通'的自我指涉过程。"③在卢曼这里，沟通（Kommunikation）并不在有机系统、神经系统与心理系统的层次上言之，沟通所建立起的独立的、新的秩序层次只存在于社会系统。

哈贝马斯所指认的本体论和认识论问题，也是卢曼所要面对并加以克服的。在他有关"系统"认识的背后，有着对传统形而上学本体论和认识论的哲学反思。这在他1997年出版的主要著作《社会的社会》中有系统的说明。④在《批判的社会学的终结》（1991年）一文中，卢曼批评哈贝马斯在本体论和认识论问题上，"总是采取一种优越的、无所不知的态度，相信它能够比其

---

① ［德］哈贝马斯：《现代性的哲学话语》，曹卫东等译，第415—416页。
② ［德］哈贝马斯：《现代性的哲学话语》，曹卫东等译，第416页。
③ ［德］克内尔、纳塞希：《卢曼社会系统理论导引》，鲁贵显译，第89页。
④ 参见我们上一节的具体介绍和分析。

他社会学家或'普通'人以更真实的方式描述社会现实"①。卢曼认为，任何形式的本体论发现都应该受到挑战，为此他主张从一阶观察向二阶观察转换，亦即去观察其他的观察者（例如哈贝马斯这样的批判的社会理论者）如何观察。当然，这样的转换在哈贝马斯眼里仍然是"一种社会技术"，"让主体自身堕落为系统"②，并没有实现真正的"沟通"而走出传统的形而上学。

现在可以讨论将儒教作为"一个社会系统"说明时借鉴卢曼的适切性。就社会系统论与交往沟通理论来说，哈贝马斯和卢曼皆指认对方是"保守主义"且没有走出传统形而上学的藩篱，这些问题对于儒教研究来说是外缘的，无须涉入它们的时代问题与理论语境。我们所关切的是，虽然哈贝马斯以"社会技术"及"元生物学"来指认和批判社会系统论未必准确，但也说明了它作为一种社会系统分析方法的可能性与可操作性。这两个方面，对于将儒教作为"一个社会系统"加以认识和分析，有着借鉴作用。

作为系统功能理论的新范式，卢曼处理的是现代社会功能分化中的系统"复杂性"（complexity）问题。卢曼关于系统"复杂性"的理解，以及有关"复杂性之化约"（reduction of complexity）的系统功能认知，为我们观察和处理儒教这一社会系统的"复杂性"问题提供了比较性的参照。客观地说，在人类的诸文化系统中，中国传统儒教无论是从文化类型（东方与西方）还是文化形态（如究竟是作为宗教文化复合体抑或更为复杂的政教复合体，乃至现代意义上的意识形态、伦理系统等）来看，所呈现的"复杂性"是令人瞩目的。儒教研究之所以陷入理论和方法的各种争论与限制（本书"绪论"及本章前两节对此有充分说明），与儒教自身的"复杂性"有根本关系。不过，卢曼所说的"复杂性"不是我们谈论儒教时所理解的社会、历史、文化、心理诸因素交织的"复杂性"，而是说明系统与环境、系统与世界之关系的一般性概念。卢曼在《通过程序的正当化》（1969 年）中说：

> 一个系统的最重要的标志是它与世界的复杂性的一种关系。所谓复杂性，可以把它理解成可能性的总体性；这种可能性的总体性是实际的历程——不管它是在世界之中（世界复杂性），还是在一个系统之中（系

---

① Christian Borch, *Niklas Luhmann*, p. 12.

② ［德］哈贝马斯：《现代性的哲学话语》，曹卫东等译，第 396 页。

统复杂性）——呈现出来的。每一个系统的建构总是只包含世界的一个部分，只能让各种可能性中的一个有限数量得到实现。系统是在同一种复杂性相区分的意义上，建构其内和外的区别，也就是建构起秩序。①

卢曼在系统与世界的关系中通过"系统/环境"的区分来说明"复杂性"。在这种区分下，一切事物不是"系统"便是"环境"，而"世界"是这一事态与区分的最高关联点，"世界"自身没有内外的区别亦即系统与环境的区分。系统对秩序的建构，是在世界这一总体可能性下通过对具体的内与外的区分实现的。在此意义上，卢曼说到"复杂性之化约"：

> 系统的环境始终是过度复杂、无法加以概括和无法加以控制的。系统自身的秩序，相对而言，就其化约和简化复杂性，就其只容许系统自身的行动在较少可能范围内而言，是具有相当高的价值的。属于系统自身的秩序还具有一种对于环境的选择性的设想，这也就是系统的"主观的"一种"世界观"。②

系统在建构秩序的区分中，需要对环境的复杂性进行化约或简化。卢曼认为，这是系统之所以具有意义的前提。不过，在系统如何化约复杂性问题上，卢曼诉诸一种"主观世界观"，即系统对于环境的选择性设想。卢曼在说明"复杂性"概念时所作的一段说明，可对这个所谓"主观世界观"作出解读。卢曼说："化约过程对于系统自身存在和运作之所以重要，是因为唯有通过化约，系统自身才有可能主动地维持其特征，排除对系统维持和运作无关的因素，维持其同一性，并因而维持一定条件下系统内和系统外的区别性，维持系统的功能的正常运作。"③卢曼关于系统之"复杂性之化约"，所关注的系统与环境区分与系统维持的功能问题，所谓"主观世界观"不过是一种"功能性的系统观"。

我们借鉴卢曼"系统/环境"区分以及"复杂性之化约"来处理儒教诸

---

① 转引自高宣扬《卢曼社会系统理论》（第2版），第94—95页。
② 转引自高宣扬《卢曼社会系统理论》（第2版），第95页。
③ 高宣扬：《当代社会理论》（第2版），下册，第628页。

系统关系的"复杂性"问题，主要是从系统分析的方法论方面加以考虑的。

如前所述，儒教系统的"复杂性"问题虽然不同于卢曼在系统功能论的一般意义与方法论说明中所说的"复杂性"，但是对其加以借鉴，可以使"儒教"作为一个社会系统的分析避免陷入先验的观念预设，也可以在方法上为厘清儒教系统内部的复杂性以及与所置身世界的关系复杂性，开辟新的可能的道路。另外，无论卢曼所说的"复杂性"如何抽象，也不管他所诉诸的"世界"是否只是一种理论上的设定，我们都不应忽视卢曼是就现代已经或正在高度分化的社会系统而以"系统/环境"的多阶观察去说明系统的"复杂性"与自我维持。与卢曼所要说明的如法律系统、经济系统和宗教系统等各种已经分化了的社会系统不同，我们所面对的儒教，是整体性嵌含在传统社会机体并在功能上具有混合性特征的社会系统。换言之，对于卢曼来说，现代社会系统的高度分化与"复杂性"是一个即成的需要观察和分析的事实；而对我们来说，我们面对的是一个与其他社会系统相嵌含的儒教系统，来分析和说明其系统的"复杂性"。卢曼为维持系统功能的"复杂性之化约"所诉诸的"主观世界观"，在儒教分析中便非仅是系统自身的"主观"取向，而受到社会的和历史的其他诸因素的影响而具有"客观"性。这是我们在儒教系统分析时需要特别注意的。虽然如此，必须强调的是，我们对卢曼社会系统论的借鉴，更多的是"系统"认知与"功能"分析之方法的借鉴。

在结构功能论的发展中，卢曼将帕森斯"结构—功能"翻转为"功能—结构"，即以等值功能主义取代将结构概念置于功能概念之上的传统因果解释。如果对这一范式转换的适用性加以进一步考量，可能会对如何将其运用于儒教的系统分析有更准确的判断。

卢曼翻转结构与功能二者的关系，是对帕森斯理论路径的修正。克内尔、纳塞希对此有概括的说明。在他们看来，卢曼改变了传统结构功能论的两个重要前提：一是社会系统始终有一个具有约束性的、集体共有的规范范式与价值范式；一是社会系统的存在依赖于特定的、无可取代的功效。他们指出：卢曼认为，"正是在现代的、被多面向地分化了的社会里，我们往往无法造就出一个关于价值取向的统一性结构。功能与结构这两概念的调转，让我们能够整理出一个对社会的非规范性概念。也就是说，社会系统不再藉由某些价值范式及结构范式来定义"；"当特定的系统成效不存在时，社会系统不一定就要消失。社会系统拥有可能性，以其它的成效来取代失去的成效"。① 上述所说的修正和改变，我们可以在卢曼社会系统论的理论开展中找到更具体的理论说明，前者主要是系统/环境的区分，后者则是等值功能主义的系统说明。这里我们要清楚地认识到，卢曼所面对的正是克内尔、纳塞希所说的"现代的、被多面向地分化了的社会"，试图在这样的社会里"造就出一个关于价值取向的统一性结构"，在结构—功能的分析操作上不具有可能性。

这里要说明的是，虽然将功能优先于结构的范式转换运用于儒教可以带来方法论上的启发和帮助，即克服传统研究关于儒教结构把握的僵化和简单化，但是我们仍然重视结构上的分析，甚至在有些方面更重视结构上的影响和作用。这是因为，中国传统儒教并非现代社会中高度分化、功能专一的社会系统，而是在中国漫长历史和社会发展中形成的结构稳定、功能复杂的社会系统。如果我们简单地以功能—结构的秩序来把握儒教，可能会陷入无法说清儒教与其他社会系统区分的困境。传统的结构功能论的结构分析，在有些方面更有利于说明儒教的功能问题。在前面的方法论考察中，我们也看到帕森斯的结构功能论在解释中国传统宗教方面的作用，如杨庆堃的中国宗教及儒教研究，虽然我们应当对此有所发展以改变结构分析制约功能分析的缺陷。

在说明"儒教自身"以及儒教作为"社会事实"时，我们曾在宏观与中观的视域中以马克思历史唯物论和涂尔干社会实证论对儒教作出说明。如前所述。哈贝马斯将卢曼的系统"自我指涉"与"自我再制"与马克思的"实践"与"物质再生产"加以类比，以说明前者具有"自我创造的实践意义"，肯定社会系统理论与马克思社会理论在批判传统观念论上的一致性。在此可以进一步指出，卢曼关于"系统"的"自我再制"（自我生产）和"自我指涉"（自我参照）的分析说明，可以帮助我们在对儒教的历史社会生成作出考察的基础上，进一步揭示儒教系统自身的自我生产和自我调节机制。这个研究是建立在将儒教作为一个历史文化"生命体"之事实基础之上，而与它是不是一个现代的社会系统没有直接关联。在这一点上，无论哈贝马斯将卢曼的社会系统论判定为从形而上学到元生物学的转变是否准确，但就将儒教作为有机的生命体以及"对有机生命背后的东西加以追问"来说，我们将儒教

---

① ［德］克内尔、纳塞希：《卢曼社会系统理论导引》，鲁贵显译，第49—51页。

作为一个社会系统看待及分析与卢曼的"系统"认知及分析是一致的。此外，哈贝马斯对卢曼理论仍陷入形而上学与逻各斯中心主义的诟病，对于中国思想也包括儒教都不构成根本性的问题。换言之，所谓"元生物学"之"元"的问题，在儒教这里并不必然最终指向先验的观念或存在。从哲学上看，儒教这一文化复合体的产生和发展，有其基本的宇宙论观念与存在论的奠基，即"天人一体"的整全宇宙意识与"天人之际"的存在领悟，而这种宇宙意识与存在领悟根本不能由西方的形而上学来范围。换言之，对儒教这一历史文化生命体之"系统"的自我指涉与自我再制的分析，不必然受哈贝马斯与卢曼的哲学争论的影响。

此前我们考察了历史唯物论与涂尔干社会理论对于儒教研究的意义，并特别考察了帕森斯结构功能论在中国传统宗教以及儒教研究中已有运用的得与失。基于这些讨论，我们对于儒教"社会系统"之"社会"意义在"社会存在"的历史唯物论宏观层面与"社会事实"之社会学的中观层面作出了说明。为了对儒教形态问题作更为深入细致的研究，接下来我们将对儒教这一"社会系统"之"系统"作整体描述，以为下一章儒教社会系统诸系统的具体研究提供指引。

这个整体描述，不局限于卢曼"社会系统"的一般规定与子系统的具体区分（我们已经指出其系统理论的对象是功能分化的当代社会），仍然是在对儒教社会历史考察的基础上，将其放入现代社会理论多元开展的视域中加以观照，对此我们应有充分的方法论自觉——虽然在其后的儒教"社会系统"的具体分析中会对卢曼的系统观念与系统分析方法有更多的借鉴。

这里先看本书"绪论"部分对儒教"社会存在"的一般性说明：儒教作为"社会存在"，有着自然与社会的"物质性条件"，具有社会属性的"行为方式"与"结晶体"，有着作用于个体与社会的"功能"，具有产生与演化的"历史性发展"。有关上述"物质性条件""历史性发展"的分析，皆可以在现代社会理论中找到重要启发，如马克思关于"社会存在"的历史唯物的分析，涂尔干在"社会事实"分析中对"集体的存在方式"的指认以及"有机团结"取代"社会团结"的社会秩序演变的考察。韦伯的早期研究，即对古代罗马史经济结构和社会组织复杂性关系加以历史性考察，以及对易北河东岸地区农民状况的调查和德国金融资本的研究分析，成为他后来注重从精神观念出发研究社会的出发点。① 吉登斯指出，"正如马克思先前做的那样，韦伯觉察到，古罗马时代的某些主要因素在现代资本主义形成中起了重要作用"，"实际上，他对古罗马衰亡的解释与马克思对这些事实的概述在很大程度上是相同的"②，虽然韦伯"主要是着眼于文化历史，根据观念的内涵来分析历史的发展"，即"依据某一特定阶层或社会成员的价值观本质，来研究那根深蒂固的社会与经济变迁可能蕴含的意义"。③ 总体地看，我们关于儒教"物质性条件""历史性发展"的考察仍然是在马克思社会理论的意义上作出的，而在有关儒教的"存在理解"与"文化担纲者"的具体分析上对帕森斯和韦伯的社会理论有具体的借鉴。现在，作为对儒教"社会系统"之"系统"的考察，将在有关"社会存在"的认识基础上展开具体研究。如前所述，这个具体研究是基于方法论反思和探索而作出的。

我们将从"信仰系统""身份—角色系统""社会嵌含中的结晶化表现"三个方面，来对儒教"这一社会系统"开展研究。上述区分，并非意指儒教的社会系统由此三个方面构成，亦即并非在严格意义上将它们作为儒教社会系统的"子系统"。而是从三个方面观照儒教"这一社会系统"。帕森斯社会行动理论所作的社会系统、人格系统、文化系统的划分，以及卢曼新的系统功能论对"系统"所作的生命系统、心理系统、社会系统（由各种功能分化的"子系统"构成的"全社会系统"）的区分，是在社会系统研究的一般的意义上作出的，且指向现代社会。他们的观念和方法对儒教这一社会系统的上述区分虽有借鉴意义，但并不处于同一的理论层次上。

从比较的眼光看，我们对儒教社会系统的具体区分，与传统的宗教以及儒教的研究有相似之处，但也秉持自觉的意识。如所谓"信仰系统"，和传统将儒教当作"宗教"或"非宗教信仰"乃至"人文教"而研究其"信仰主义"（任继愈）、"彼岸世界"（李申）、"意义的信仰"（姜广辉）、"宗教性品格"（郭齐勇）④，以及"人文教"与"内在超越"（现代新儒家特别是唐君

① 相关说明，参见［英］安东尼·吉登斯《资本主义与现代社会——对马克思、涂尔干和韦伯著作的分析》，郭忠华、潘华凌译，第156—159页。

② ［英］安东尼·吉登斯：《资本主义与现代社会——对马克思、涂尔干和韦伯著作的分析》，郭忠华、潘华凌译，第157页。

③ ［英］安东尼·吉登斯：《资本主义与现代社会——对马克思、涂尔干和韦伯著作的分析》，郭忠华、潘华凌译，第159页。

④ 各家具体论述，可参见任继愈主编《儒教问题争论集》所收录的相关文章和访谈。

毅、牟宗三等)① 所讨论的问题或问题意识相类。不过，从我们"朝向儒教自身"的追求和将儒教作为一个"社会系统"加以分析来说，我们没有上述这些有关"宗教"或"宗教性"的预设。更基本的是，我们还将对"信仰"加以说明，相对而言，这是一个比之"宗教"而更为含混甚至仅仅是习用而没有得到认真处理的概念。

再如，所谓"身份—角色系统"，看起来与韦伯言之的"宗教的文化担纲者"相类。甚至"身份—角色"，便直接见于帕森斯社会行动理论在"结构—功能"层次上的新开展。在帕森斯那里，社会系统是行动者之间关系及互动过程的系统，本质上是社会系统的结构。一个行动者在社会系统中与其他行动者互动关系中的"位置"，被称为"身份"（status）；行动者在与其他行动者关系中，其行为从社会系统的功能意义上看，被称作"角色"（role）。为此他提出可以使用比传统"行为"（act）更高次序的"社会系统的单元"，即"身份—角色"（status-role），并将社会制度与角色期待、社会结构结合起来。② 杨庆堃在《中国社会中的宗教》中对中国宗教的具体分析，便是通过社会角色及身份的结构关系所构成的社会组织，来认识每一种社会组织中的宗教的结构和功能。

我们在第五章关于"儒、儒士、儒教士"的历史和身份考察中，将对韦伯宗教社会学中的"文化担纲者"的概念有所借鉴，在其后有关"身份—角色系统"的结构和功能研究中，也会对帕森斯的相关理论有所借鉴，特别是"身份"的结构性意义和"角色"的功能性作用方面。不过，我们这里所说的"身份—角色"，相较于韦伯来说，并不局限于宗教社会学对"宗教的文化担纲者"的考察，而是在儒教的社会系统中对儒教所涉及的各种"身份—角色"的分析。就此言之，这里的"身份—角色"，既超出了"宗教"的限制，也突破了观念的"文化"范围。相较于帕森斯来说，我们没有社会理论的一般旨趣，即不是从一般意义的作为"社会系统的单元"的"身份—角色"（status-role）来作社会系统的分析与社会理论的建构，而是对儒教这一文化系统中的"行动者"的不同的"身份—角色"，来作"行动方式"及具体系统

① 其纲领性的表述可参见牟宗三等：《为中国文化敬告世界人士宣言》，"五、中国文化中之伦理道德与宗教精神"。也参见本书"绪论"部分有关儒教现代观念的讨论。
② 参见本章第二节"将'儒教'作为一个'社会系统'的预备性讨论"，对帕森斯在《社会系统》书中所言"新方法"的说明。

的结构功能的分析。

所谓儒教"社会嵌含中的结晶化表现",首先是借用了涂尔干有关社会生活"结晶化"的认识。涂尔干说:"我们知道,社会生活具有一种既使自己保持同一性又能使自己结晶化的特性。集体的习惯除反映它所制约的个人行为以外,还以法律条款、道德准则、民间格言、俗语和社会构造的事实等固定的形式表现出来。"① 我们认为,儒教作为社会存在,其社会系统还包括社会生活中的观念性和物质性的"结晶化表现",如礼仪规范、道德规范、法律制度乃至与之相应的社会构造,如家族组织、宗庙社稷、国家设施等。在此,我们接受涂尔干对于"社会事实"分析的这方面的认识。不过,涂尔干又说:"由于这些形式是长久存在的,而且不因它们的不同的应用而变化,所以它们是观察家们能够经常看到的、不给主观印象和个人所见留下活动余地的固定客体或永恒标准。"② 我们理解涂尔干对"社会事实"非个体性、非主观化的强调,但是我们认为这个"结晶化表现"是"结晶"的结果,也处于"化"的过程,而非"固定客体或永恒标准"。其次,根据中国传统社会及儒教传统的基本事实,我们认为此"结晶化表现"是嵌含(embedding)在儒教社会中的,而非具有一套脱离普通社会生活、组织、习俗、法律以及相应的社会构造等的单独的系统或结晶体。对此加以研究,也需要对"嵌含"和"脱嵌"(disembedded),作理论反思和方法讨论。

在关于儒教各社会系统关系的认识上,所作的区分——信仰系统、身份—角色系统和结晶化表现,既借鉴了现代的社会理论,也体现了对儒教社会系统独特性的认知。后者则植根于中国传统"道天地人"一体的整全的宇宙观念和机体主义的关系理解。③ 前面提到,我们对儒教社会系统的具体区分,不是意指这一社会系统仅由上述三个系统构成或在抽象的意义上视其为"子系统",与帕森斯从"行动者"及其关系之抽象设定所描述的"社会系统"不同,也与他将"行动系统"依其组织模式在一般意义上区分为社会系统、人格系统和文化系统不同,不处于同等的论域或层次。这里的儒教社会系

---

① ［法］涂尔干:《社会学方法的准则》,狄玉明译,第63页。

② ［法］涂尔干:《社会学方法的准则》,狄玉明译,第63页。

③ 关于老子道家"域中四大"的整全宇宙观的分析和文化说明,参见拙文《道家形上探求的基本向度与理论衍化》,《南京大学学报》(哲学·人文科学·社会科学)2005年第3期;《地域文化的内涵及划分标准探析》,《江苏社会科学》2011年第1期。

统描述，受到了中国古代整全宇宙观念的影响，当然这样的观念与现代社会理论的世界理解一样，也需要接受反思和批判，只不过这样的理解是儒教这个社会存在的所处身的思想文化传统，以涂尔干的认识来说，是一种"社会事实"。

实际上，在所区分的儒教系统的各具体系统之间，也需要从理论的层面说明彼此关系。这里应同样指出，对这种"关系"的理论说明，无法脱离中国思想传统中的机体主义的"关系"理解，虽然我们可以进一步借鉴卢曼的"系统/环境"的区分，寻求"关系"分析的新方法。方东美曾将中国思想中关于宇宙和人生"旁通统贯"的"系统"认识概括为"机体主义"。他说：

> 机体主义，作为一种思想模式而论，约有两种特色。自其消极方面而言之，（1）否认可将人物对峙，视为绝对孤立系统；（2）否认可将宇宙大千世界化为意蕴贫乏之机械秩序，视为纯由诸种基本元素所辐辏拼列而成者；（3）否认可将变动不居之宇宙本身压缩成为一套紧密之封闭系统，视为毫无再可发展之余地、亦无创进不息、生生不已之可能。①

方东美对中国思想"机体主义"特质的说明，一面将中国思想的"系统"观念与"绝对孤立的系统"、要素拼凑结合的"机械系统"、无生机创进的"封闭系统"区别开来，一面正面阐发了"机体主义"系统要素交融互摄、统贯旁通的"关系"特征。在此，可以发现其与卢曼对传统物理学"静态稳定结构"的系统模式的批判有共同的旨趣。这种"机体主义"系统观，也与卢曼借鉴发展当代生命和神经系统研究所揭示的系统的"自我指涉"和"自我再制"有相似的理解，在方东美这里，这被称为"统之有宗、会之有元"与"创进不息、生生不已"。我们认为，这种相同或相似并非偶然，其共同的基础是对西方传统存在论的反思。

在上一节我们已经说明，卢曼批判了西方传统存在论从"存在/不存在"区分出发设定"事物图式"对世界进行分类和规整。方东美则以"超越形上学"（Transcendental Metaphysics）来说明典型的中国存在论，其特征是：

---

① 方东美：《生生之德》，台北：黎明文化事业公司1989年版，第284页。

摒斥了单纯二分法；更否认"二元论"为真理。从此派形上学之眼光看来，宇宙与生活于其间之个人，雍容洽化，可视为一大完整立体式之统一结构，其中以种种互相密切关联之基本事素为基础，再据以缔造种种复杂缤纷之上层结构，由卑至高，直到盖顶石之落定为止。[①]

由方东美所揭示的中国传统存在论看，他所区别的正是卢曼批判的西方传统存在论。这一方面说明，卢曼的社会系统功能论与中国传统"道天地人"整全的宇宙观及"机体主义"的系统观，有共同的哲学洞见和相似的"系统"认知，这正是我们在儒家社会系统分析工作中能够借鉴卢曼的重要原因。另一方面，无论是卢曼前期以"系统/环境"的区分对系统复杂性的讨论，还是后期将"系统"作为"自我指涉系统"的范式转换，不必然导致一种如方东美所说的"由卑至高"的层层升进而直至其"盖顶石"的指向。在此，哈贝马斯批评卢曼以"系统"概念取代笛卡尔到康德的认知主体概念，仍然是按照"主体"的自我指涉模式建立起来的对"主体哲学"遗产的接受，便是一种西方哲学论域的问题。我们可以相信，方东美必然不会接受这样的批评，因为他的"超越形上学"的说明不过是一种比较性的哲学话语，而不必接受被纳入西方式的"主体哲学"的命运指认。因而，卢曼的社会系统论之于我们的儒教研究的意义，更主要在方法论的意义上。在此意义上，哈贝马斯将其视为一种"社会技术"的认识，对于我们来说在一定范围上是可以接受的，虽然他批判这个社会技术是"本质上有助于再生产现存秩序从而再生产现存统治形式的一种技术层面的努力"[②]，对于我们的儒教社会系统的分析也有提醒意义。

在本章的结尾，我们对这一章的研究及进展作一个小结。为了进入儒教社会系统的具体研究，本章从方法论的视角对现代儒教研究的具体方法作出了"再探"。特别关注意识形态论域的"儒教宗教说"与借鉴瓦哈"宗教类型"分析及帕森斯结构功能论所作的理论探索，前者以任继愈、李申为代表，后者则体现为杨庆堃的典范性成果。"儒教宗教说"的意识形态定位和社会批判方法，突破了关于"宗教"的观念的意识形态的传统认知局限，肯定儒教

---

① 方东美：《生生之德》，第 284 页。

② Christian Borch, *Niklas Luhmann*, p. 9.

还作为一种制度的"上层建筑"的复杂性，但受"宗教"定位及意识形态批判的限制，在说明儒教与其他宗教形态的功能差异等方面遇到困难。借鉴宗教类型分析以及将儒教视为"儒家思想"的结构和功能定位，在"混合型宗教"与"独立型宗教"的区分中给出了"儒家思想"的安排和功能描述，揭示了"儒教"具有的某种混合特征，但"超自然信仰"的"宗教"前定理解，结构性地将"儒教"排除在"宗教"之外，表现出结构分析制约功能分析的方法论问题。

本章提出，要贯彻"朝向儒教自身"的研究旨趣，直面儒教的复杂性并对其系统展开研究，需要新的方法论探索。在将儒教作为"社会存在"的宏观认识和社会历史分析的基础上，特别关注由涂尔干开端，从帕森斯到卢曼的结构功能论的开展。为此，我们考察了杨庆堃对帕森斯结构功能主义理论和方法的引入，肯定这项研究的重要贡献是在中国宗教以及"儒家思想"的研究中引入了结构功能主义的眼光和方法，提出"方法再探"可以沿着杨庆堃的这条道路，继续在帕森斯以来的结构功能主义和新功能主义的发展中，寻求理论和方法的借鉴。在此理论方向上，重点分析了卢曼的"社会系统理论"对儒教研究的可能性帮助

在"方法论再探"的基础上，本章尝试将儒教作为"一个社会系统"（a social system）来加以说明。这个"社会系统"的概念，是在马克思"社会存在"和涂尔干"社会事实"的基础上，在现代社会理论的开展中——特别是经由帕森斯结构功能主义系统论向卢曼社会系统理论的批判性发展的意义上，加以理解的。为此，我们特别说明了此"社会系统"的"社会"意义和"系统"认知，细致分析了当代社会理论的"系统"观念与方法运用于儒教"社会系统"研究的适切性。卢曼以"系统/环境"的多阶观察去说明系统的"复杂性"以及对"系统"的"自我再制"和"自我指涉"的分析说明，可以帮助我们在对儒教的历史社会生成作出考察的基础上，进一步在微观层面考察儒教社会系统自身的复杂性。

本章分析指出，我们对当代社会系统理论的借鉴，并非一种理论和方法的"挪用"（appropriate）。如卢曼的社会系统功能论与中国传统"道天地人"整全的宇宙观及"机体主义"的系统观，有共同的哲学洞见和相似的"系统"认知。现代社会系统功能论是就现代高度功能分化的社会所作的理论探索；我们所面对的儒教，是整体性嵌含在传统社会机体并具有混合功能特征

的社会系统。当代社会系统论之于儒教社会系统的分析作用，更主要的是方法的借鉴和操作。

在上述"方法论再探"和对儒教作为"一个社会系统"的说明基础上，本章提出了对儒教"社会系统"的区分：信仰系统、身份—角色系统、社会嵌含中的结晶化表现。这个区分借鉴了现代社会理论的发展，建立在对儒教"社会系统"的历史性分析及其社会性的认知基础上。从下一章开始，我们将进入儒教社会系统诸方面的具体研究。

第三章　信仰与儒教的信仰系统（上）

上一章我们提出从"信仰系统""身份—角色系统""社会嵌含中的结晶化表现"来对儒教的"社会系统"作出区分。这种区分是从三个方面观察儒教"这一社会系统"的。当上述任一系统获得观察时，皆预设了此系统与其他系统的"系统/环境"关系。不过，如果现在就对这个关系进行说明的话，所能得到的只是一些抽象的理论界说或笼统的关系描述。在此，我们让儒教"信仰系统"的研究先行一步。这个选择基于研究上的策略。虽然，我们也可以由任一系统作为观察的出发点，但比较而言，由"信仰系统"出发可以使得所牵涉的问题变得相对简单，更容易为观察其他系统提供参照。在本书第一章关于儒教生成的社会历史考察中，我们对儒教"信仰"已作了宏观的社会史和观念史的探究，就儒教"信仰系统"自身来说，具体的工作现在才开始。

我们已经说明，"朝向儒教自身"首先不以任何先行的观念或概念来规定儒教。不过，相较于"宗教"或"意识形态"的界定，儒教研究中习用的"信仰"概念，实际更为含混且很少得到分析。本章首先要讨论的便是"信仰"和"信仰经验"。此后，将对儒教的"信仰系统"的形成和结构特征展开考察，并在此基础上对这一系统的"功能"作出说明。

第一节　作为"终极关怀"的"信仰"：蒂利希与当代儒学的借用

当我们想要观察和说明儒教的"信仰系统"时，需要直接面对的问题是：如何看待和描述"信仰"？这个问题是重要的，因为对儒教"信仰系统"的观察，即便是回到"系统/环境"的多阶（任何视角的或多重划界的）观察和说明，仍需要首先面对这个问题。

在有关儒教"信仰"的讨论中，我们常会遇到诸多限定词，如"宗教的"或"非宗教的"、"个体的"或"群体的"、"道德的"或"政治的"，乃至"外向（在）超越的"或"内向（在）超越的"等，仿佛有一个无须界定的"信仰"在那里。不过，当我们对这一似乎不言自明的"信仰"加以追问时，常惘然无所是。基督教神学家、存在主义哲学家保罗·蒂利希，也有过同样的遭遇。他说："在神学的与通俗的宗教语言中，还很少有一个词，会像'信仰'（faith）那样受到人们更多的误解、歪曲以及不可靠定义了。信仰属于这样一些词汇，这些词汇在被用来医治人们之前，首先需要得到诊治。"① 蒂利希的诊断结果，便是将"信仰"视为"终极关怀（ultimate concern）的状态"②。我们注意到，在 20 世纪 70 年代以后的中国儒学、儒教研究中，蒂利希的作为"终极关怀"的"信仰"被借用过来，用于说明儒学或儒教的超越性或信仰特征并产生过持续的影响。对此，我们应该先作考察，借之进入"信仰"和"儒教信仰"的问题域。

詹姆斯·C. 利文斯顿（James C. Livingston）指出，虽然蒂利希的神学体系有多方面的思想来源，如柏拉图主义、中世纪后期的基督教神秘主义、谢林的唯心论，不过正是从克尔凯郭尔到海德格尔的生存主义（存在主义）态度，主导着他的神学方法和神学体系。③ 蒂利希的新教神学背景的"信仰"研究，是以人之生存的存在论分析为基础的。在他看来，人和其他生物一样，有着对制约其生存的物质条件的关切，也有精神方面的关切，如认知的、审美的、社会的、政治的关切。他说："如果一种关切自称具有终极性，那它就会要求接受这一声称的那个人的全部服从，而它也答应提供完全的满足，即便所有其他的要求都必须从属于它，或以它的名义加以拒绝。"④ 由此他给出"信仰"的定义："信仰是终极关怀（ultimate concern）的状态。"⑤ 这个定义，试图超越有关"信仰"的具体宗教归属或文化形态的限制。

由人的存在论分析出发，蒂利希进一步将信仰描述为一种"个人自我的

① ［美］保罗·蒂利希：《信仰的动力学》，成穷译，"引言"第 1 页。

② ［美］保罗·蒂利希：《信仰的动力学》，成穷译，第 2 页。

③ 参见［美］詹姆斯·C. 利文斯顿《现代基督教思想》下卷，何光沪译，四川人民出版社1999 年版，第 708 页。

④ ［美］保罗·蒂利希：《信仰的动力学》，成穷译，第 2 页。

⑤ ［美］保罗·蒂利希：《信仰的动力学》，成穷译，第 2 页。

行为"，即一种"无条件的、无限的与终极关怀的行为"①，他认为这个描述包含了信仰行为之"主观的"和"客观的"两个方面。他说："'终极关怀'一语统一了信仰行为的主观方面和客观方面，即统一了人们借以而相信的信仰（fides qua creditur）与得到人们相信的信仰（fides quae creditur）。前者是对于人格的核心行为即终极关怀的经典表述。后者则是对于这一行为所指向的东西即终极者本身（表现在有关神圣者的象征中）的经典表述。"② 由蒂利希对"信仰"作为"终极关怀"的说明看，终极关怀首先是存在者的终极关怀，但是为了保证这个关怀的终极性，又需要肯定一个客观的"终极者本身"存在。这里**似乎**存在着一个循环论证。③ 在讨论这个困难之前，我们不妨先来看儒学研究中对蒂利希"终极关怀"的接受和批评。

刘述先写作于 1971 年的英文论文④，就蒂利希的"记号"（Signs）与"符号"（Symbols）及"相信"（Belief）与"信仰"（Faith）之区分指出："他的符号即是'上帝'，而我们不能把符号或者我们心目中的影像与真实相信混为一谈，故必须追求向往超越'上帝'之上帝。人生在世，有各种各样的关怀，但终不能够逃避'终极关怀'（Ultimate Concern）的问题，这就是一个人的宗教信仰之所系。"⑤ 刘述先认为，以传统基督教为模型的宗教观念，根本就不适用于讨论世界宗教，如可视为"无神的宗教"的大乘佛教，"田立克（即 Tillich——引者注）把宗教信仰重新界定成为'终极关怀'，可谓恰恰适合时代的需要。而由现代西方神学思想的发展，可以看到，现世精神之注重未必一定违反宗教超越之祈向。由这一个新的角度来看，孔子虽然不信传统西方式的上帝，并不表示孔子一定缺少深刻的宗教情怀"。⑥在 1999 年写作

---

① 参见［美］保罗·蒂利希《信仰的动力学》，成穷译，第 5、8 页。

② ［美］保罗·蒂利希：《信仰的动力学》，成穷译，第 10 页。

③ 华裔哲学家、儒家哲学和大乘佛学的当代研究者傅伟勋直言，在蒂利希这里"始终未曾亦未能解消他那派新派耶教神学系统之中的'诠释学的循环'（a hermeneutic circle）困难"。对此，我们稍后将作详细讨论。参见傅伟勋《从终极关怀到终极承诺》，载傅伟勋著，商戈令选编《生命的学问》，浙江人民出版社 1996 年版，第 6 页。

④ 参见 Shu-hsien Liu, "The Religious Import of Confucian Philosophy: It Traditional Outlook and Contemporary Significance," *Philosophy East and West*, Vol. 21, No. 2, April, 1971, pp. 167–175. 这篇文章曾以中文形式加以补充发表，题为《由当代西方宗教思想如何面对现代化的问题的角度论儒家传统的宗教意涵》，刘述先称："现在我的基本论旨无改变，本文所论为前之繁演与深化。"参见刘述先著，东方朔编《儒家哲学研究：问题、方法及未来开展》，上海古籍出版社 2010 年版，第 95—121 页。

⑤ 刘述先著，东方朔编：《儒家哲学研究：问题、方法及未来开展》，第 100—101 页。

⑥ 刘述先著，东方朔编：《儒家哲学研究：问题、方法及未来开展》，第 106—107 页。

的《论宗教的超越和内在》一文中，刘述先又提及这篇文章，称"田里克认为基督教才能提供真正的终极关怀或宗教信仰，我们自不必接受他的见解"①。这里，刘述先所批评的是蒂利希的基督教信仰立场，对于蒂利希以"终极关怀"来说明"宗教"，则是接受的，因而这首先是一个出于文化立场的批评。在 2012 年撰写的《先秦儒家之宗教性》一文中，刘述先直接以"终极关怀"说明儒家，他说："故同样明显的是，儒家是当代西方神学家田立克（Paul Tillich）所谓的'终极关怀'（ultimate concern）。"②

虽然刘述先对"两行之理"的疏解与"理一分殊"的现代诠释③，自可作为一种哲学的方法论构想运用于对蒂利希的批评，不过就其对"终极关怀"的理解和相关批评来说，主要还是一种关于"宗教"的多元性的认知和主张。这实际上正是中国学界关于蒂利希"终极关怀"理解与接受的一个重要特征：批评其基督宗教的文化立场，又通过文化比较强调儒学具有"终极关怀"意义上的"宗教性"。就此，杨祖汉的《儒学的终极关怀》（1990 年）一文，便具有代表性。该文指出，蒂利希"把宗教定义为终极关怀的对象"，这个对象意指"上帝"，"但人所终极关怀的对象不一定是上帝，儒学对于道德的价值，也是完全委身，而抱着终极关怀的态度的"，"儒学通过道德实践所体会到的具体的无限精神，是可以作为人的终极关怀的对象的，就此义而言，儒学是即道德的，即宗教的"。④

客观地看，针对蒂利希"终极关怀"的信仰说明，傅伟勋的批评则体现出明确的方法论意识。1987 年，傅伟勋写作《从终极关怀到终极承诺》，特别提到蒂利希相关论证中存在着"诠释学循环"：

> 终极关怀原系纯属实存的主体性事，但为保证其"终极客观性"

---

① 刘述先：《儒家思想开拓的尝试》，中国社会科学出版社 2001 年版，第 44—46 页

② 刘述先：《先秦儒家之宗教性》，《哲学与文化》2012 年第 5 期。

③ 参见郭齐勇《当代新儒家对儒学宗教性问题的反思》，载陈明主编《儒教新论》，第 161—167 页。

④ 杨祖汉：《儒学的终极关怀》，《鹅湖月刊》1990 年第 3 期。黄俊杰曾系统地梳理了这个思想脉络，也以蒂利希的"终极关怀"说明儒学的宗教性，并进一步分析了"宗教""宗教性""宗教感"等概念，在将上述问题放入儒家的历史和社会发展脉络加以说明体现了一种方法论旨趣，但也非对蒂利希"终极关怀"问题的方法论讨论。参见黄俊杰《论儒学的宗教性内涵》，《台大历史学报》1999 年第 23 期。

（亦即保证耶教信仰有其普遍的客观性与优越性），必预设"终极实在"或"存在自体"，象征地表现成为"（创造）神以上的神"（the God above God）；然此"神以上的神"的客观存在，又不得不先有实存的终极关怀这纯属主体性的根据或保证。此一"诠释学的循环"所具有的理论困难，充分暴露了田立克的新派神学系统的种种内在危机。"终极实在"或"神以上的神"的客观性，仍不过是终极关怀的实存主体性意义下的"客观性"，仍跳不出主体性的藩篱。而"神以上的神"这个新派神学概念，不但超克不了传统耶教神学的二元论限制（即神人对立，主客对立，启示与理性对立，天国与人间对立，天启与自然对立等等），更有推翻整个单一神论的宗教根基（如创世、启示等等）的神学危机。①

傅伟勋的批判有两个基本的方向。首先是方法论批评，这是对蒂利希论证中存在着"诠释学循环"的批评；其次是文化立场的批判，这便是指认蒂利希"终极关怀说"持有的是基督教"新派神学"的立场，如上引文所言"保证耶教信仰有其普遍的客观性与优越性"。关于前者，傅伟勋有借对蒂利希"终极关怀"问题的方法论批评说明自己的"后设宗教（学）"② 构想的意图。他说："从我所云'后设宗教（学）'的观点看来，'终极关怀'概念的提出，只有助于进一步承认其他世界宗教（如佛教）的同时存在与同等意义……换句话说，田立克的'终极关怀'说，反而变成足以推动世界宗教之间（如耶教与佛教）相互对谈（dialogue）、相互交流（mutual exchange of ideas），甚至相互冲击（mutual challenge）的重要契机或桥梁，极有后设宗教的学理意义，实非田立克本人始料所及者。"③ 关于后一个方向，显然是要突破蒂利希"终极关怀"的基督教神学背景，而给予其他精神传统如大乘佛教、儒家思想

① 傅伟勋：《从终极关怀到终极承诺》，载傅伟勋著，商戈令选编《生命的学问》，第 6—7 页。

② 关于"后设宗教（学）"，傅伟勋解释说："我在《宗教系所的设立与宗教研究》中曾说：'我多年来一直构想所谓后设宗教学'（metareligion），算是我自创的新名词，旨趣是在越过各大传统的各别规范性（normative）思想文化体系，在高层次设法寻出贯穿个别宗教思想与信仰的根本会通所在（fundamental meeting points）。为了点出会通所在，后设宗教的语言应具普遍性。……我深信，我所提出的'后设宗教学'终会形成宗教研究的一项题材，与'后设哲学'（metaphilosophy）联贯起来。"参见傅伟勋著，商戈令选编《生命的学问》，第 4 页脚注 1。

③ 傅伟勋：《从终极关怀到终极承诺》，载傅伟勋著，商戈令选编《生命的学问》，第 7 页。

"终极关怀"的同样地位。我们看到，傅伟勋的方法论批评这个方向，在其表述中是与文化立场批判的方向结合在一起的。

这里要指出的是，我们不能简单地将"终极关怀"指认为蒂利希对"宗教"的界说，如前述所引的儒家学者的一般认识那样，这会导致诠释上的化约。因为，蒂利希是用"终极关怀"定义"信仰"，所谓"信仰作为终极关怀"（Faith as ultimate concern），而非对"宗教"加以界定。虽然，他的"真正的信仰"与"盲目的信仰"的区分，有着自身的宗教立场，但是跳过"信仰"而以"终极关怀"界定"宗教"是存在问题的，至少在蒂利希这里便是这样。在儒学研究中，这一步的跳跃，与挪用"终极关怀"来强调儒学作为精神性传统有着"宗教性"直接相关。① 笔者认为，我们还是应该回到"信仰"自身问题上来。

如前所述，傅伟勋在讨论蒂利希"终极关怀"论述时指出其中存在着"诠释学的循环"，并将原因归咎于他的基督教信仰立场。正因为如此，关于"终极关怀"的运用，傅伟勋更为重视傅郎克（Viktor Frankl）的"意义治疗法"（logotherapy）所具有的精神分析与治疗功能，认为可借此说明孟子"君子有终生之忧"的现代意蕴，为证立孟子（儒家）"人的终极关怀之论辩"提供帮助。② 不过，回过头看，傅伟勋对蒂利希"终极关怀"论证的"诠释学的循环"指责，是止于半途而被引到文化批判的方向上了。

蒂利希以"终极关怀"说明"信仰"，在方法上受存在主义的人之生存的存在论分析的影响，集中见于他关于"信仰的根源"的讨论。在这个讨论中，那段表述，即"'终极关怀'一语统一了信仰行为的主观方面和客观方面"，被批评者当作"诠释学的循环"而重点关注。不过，蒂利希的这个判断，并非理论性的逻辑推导，也不能简单地归为某种宗教的祈向——虽然他以保罗的信仰实践作为例证，使人留下了将主客观的统一系之于"上帝"的印象，对此我们稍后再作说明。要强调的是，在蒂利希这里，信仰行为的主客观统一性是由人之生存的存在论分析所说明的。他说：

---

① 实际上，这条思想线索早已为新儒家学者 1958 年所发表的《为中国文化敬告世界人士宣言》所说明，特别见宣言之"五、中国文化中之伦理道德与宗教精神"，蒂利希的"终极关怀"作为奥援正可被用来继续说明中国文化中的"宗教精神"。

② 参见傅伟勋《儒家心性论的现代化课题（上）》，《从西方哲学到禅佛教》，生活·读书·新知三联书店 1989 年版，第 257—259 页。

　　"关怀"一词意指一种关系的两个方面，即关怀者与被关怀者之间的关系。在这两个方面，我们都必须想象人在自身中与在世界中的处境。人的终极关怀的现实揭示了有关他的存在的某些东西，就是他能够超越他日常生活中那些相对的、转瞬即逝的经验之流。……人能在一种当下个人的核心行为中领会终极者、无条件者、绝对者和无限者的意义。①

　　人的潜能是一些力图求其实现的力量。人是由他对无限性的觉知而被逼向信仰的，他属于这种无限性，但却不能将之归为己有。用抽象的语言来说，这就是在生活之流中作为"内心不安"而具体展现出来的那种东西。②

　　作为信仰的无条件关怀，乃是对无条件者的关怀。……或者，用我们最先采用的术语来说，终极关怀乃是对被经验为终极东西的关怀。③

以上三段，是蒂利希就"终极关怀"统一信仰行为的主观方面和客观方面所作的说明。他将这种"主观方面"与"客观方面"的同一性，建立在人之生存的"处境""领会""内心不安""被经验为"的存在论分析上。特别是"终极关怀乃是对被经验为终极东西的关怀"（the ultimate concern is concern about what is experienced as ultimate）④ 这句话，所谓"被经验为"，最能体现蒂利希"终极关系"的"信仰"说明，即那个被称作"终极存在"的"客观方面"，是在人之在世的存在"处境""领会""不安"中"被经验为的"。就这点来说，蒂利希以存在主义的存在论分析来说明作为"终极关怀"的"信仰"，是否真正避免了传统形而上学意义上的主客对立，当然是一个问题，但将蒂利希关于"终极关怀"的论述视为"诠释学的循环"，实际上也是简单化了。

　　在更早成书的《存在的勇气》（1952）中，蒂利希通过"那参与到世界亦即存在之结构领域中的个体自我（individual self）"⑤ 之不顾非存在的威胁

---

①　［美］保罗·蒂利希：《信仰的动力学》，成穷译，第8—9页。
②　［美］保罗·蒂利希：《信仰的动力学》，成穷译，第9页。
③　［美］保罗·蒂利希：《信仰的动力学》，成穷译，第9页。
④　Paul Tillich, *Dynamics of Faith*, Harper & Brothers, 1957, p. 9.
⑤　［美］保罗·蒂利希：《存在的勇气》，成穷、王作虹译，商务印书馆2019年版，第73页。

而敢于肯定自己的"存在的勇气"，来揭示"存在—自身"（Being – itself）。为此，他考察了对自我存在加以肯定的现代发展，特别是 20 世纪存在主义所展现的"绝望的勇气"。

在哲学方面，蒂利希关注海德格尔"此在"的存在论分析。他关于"焦虑"的存在论分析便受海德格尔影响，也将"勇气"与海德格尔的"决断"（Entschlossenheit）加以比照。在蒂利希看来，没有受制于海德格尔存在论背后有关存在的神秘观点的萨特（Jean-Paul Sartr），才是存在主义"当之无愧"的代表。他说："我首先指的是他的这一命题：'人的本质就是他的生存。'这句话如一道强烈的光芒，照亮了整个存在主义舞台。它可被称作一切存在主义文献中最令人绝望又最具有勇气的一句话。这句话说的是，人并没有本质特性，只有这一点例外：他能把自己变成他想要成为的样子。人创造了他之所是。他没有被给予任何东西去决定他的创造性。他的存在的本质——'应该是'、'必须是'——并非是他的发现，而是他的创造。人就是他使自己成为的那种东西。作为自我而存在的勇气，也就是敢于使自我成为他之想成为者的勇气。"① 从哲学上看，蒂利希所说的"存在的勇气"，就其从个体自我之"存在"的分析揭示"存在自身"来说，受到了海德格尔的方法影响，而在"勇气"的说明上，则明显受到萨特的感召。

不过，在蒂利希看来，存在主义的"存在的勇气"仍然是有局限的。如果说，由自我的"参与"（participation）而来的"作为部分而存在的勇气"（如集体主义、半集体主义），被激进地坚持下去，便会导致"自我在集体主义中的消失"，那么，由自我的"个性化"（individualization）而来的"作为自我而存在的勇气"（如个人主义、浪漫主义、自然主义以及存在主义），其激进地发展，便会导致"世界消失在存在主义之中"。② 关于后者，蒂利希指出在激进的存在主义那里，"作为自我而存在的勇气"的"自我""是它使自己所是者"。激进的存在主义所能说的只能是这些，因为再多一点就会限制自我的绝对自由了，但"自我"一旦脱离了对其世界的参与，就只是"一具空壳""一种可能性"。在他看来，"自我"因为有生命故必须行动，"自我给予内容，因而它限制了他自己变成他想成为者的自由"，存在主义者根据上帝已

————————

① ［美］保罗·蒂利希：《存在的勇气》，成穷、王作虹译，第 126—127 页。

② 参见［美］保罗·蒂利希《存在的勇气》，成穷、王作虹译，第 73—77、130 页。

死这一启示，赋予人以神圣的"出自自身性"（a-se-ity）即绝对自由的性质，但人是有限的，"有限的自由有确定的结构，如果自我试图侵入这个结构，便会以它的丧失而告终"①。蒂利希指出，这种激进的"作为自我而存在的勇气"，最终导致"辩证的自我毁灭"，其形式便是新的极权主义或对一切体系和事物的犬儒主义的、神经质的冷漠态度。蒂利希由此发问：有没有一种由于超越了"作为部分而存在的勇气"和"作为自我而存在的勇气"而能把二者统一起来的勇气呢？他的回答是：作为"绝对信仰"（the absolute faith）而"存在"的勇气。

这里，蒂利希触及一直被回避的"信仰"概念。他说："信仰是被存在—本身的力量所攫住时的存在状态"。什么是"存在—本身的力量"呢？他说"存在的勇气是一种信仰的表现，而'信仰'的意蕴必须通过存在的勇气才能得到理解。我们先前把勇气界定为不顾非存在威胁而对存在作自我肯定。这种自我肯定的力量就是存在的力量，它在一切勇敢行为中起着作用。信仰就是对这种力量的体验"②。这里可注意的是，蒂利希强调"信仰"是一种"体验"，他还说"信仰不是对某种不确定事物的理论肯定"，"信仰不是一种观念，而是一种状态"，"信仰是从生存上接受某种超越普通体验的东西"。③这种"体验"，不是理论的肯定，不是观念，而是超越于"普通体验"的对"自我肯定"的"勇气"所揭示的"存在"力量的"体验"的"状态"。这正是他此后描述作为"终极关怀"的"信仰"时所说的："终极关怀乃是对被经验为终极东西的关怀。"

关于"绝对信仰"，蒂利希分析并揭示了其中的三个要素（elements）：

> 第一个要素是对存在的力量的体验（experience，经验），即使面对非存在的最极端的表现，这种体验还是在场。如果有人说，在这种体验中，生命力抵抗绝望，那么他必须补充说，人的活力与意向性（intentionality）成正比。能从无意义的深渊站出的生命力意识到在意义的毁灭中隐藏的意义。绝对信仰中的第二个要素是：非存在的体验依赖于存在

① 参见［美］保罗·蒂利希《存在的勇气》，成穷、王作虹译，第128—129页。
② ［美］保罗·蒂利希：《存在的勇气》，成穷、王作虹译，第145页。
③ ［美］保罗·蒂利希：《存在的勇气》，成穷、王作虹译，第145页。

的体验；无意义的体验依赖于有意义的体验。甚至在绝望状态中，人也足以存在而使绝望成为可能。第三个要素是：对被接受的接受（the acceptance of being accepted）。在绝望状态中，当然既无人也无物来接受。但这里有接受之力的自身。无意义只要能被体验到，它就包括了对"接受之力"的经验。自觉地接受这种接受之力就是绝对信仰的宗教回答，这是一种因怀疑而被剥夺了任何具体内容的信仰。尽管如此，它还是信仰，是存在的勇气的最为吊诡之表现的源头。[①]

蒂利希对"绝对信仰"要素的分析，除包含前述关于"信仰"的说明如"对存在的力量的体验"外，强调这种"体验"所面临的极端"处境"，即"意义瓦解中"的"意义"。"绝望状态"中对"非存在"（无意义）的"体验"依赖于对"存在"（有意义）"体验"，尤其是在"接受""无意义"的"体验"中对"接受行为"本身所具有的"力量"（意义）的接受。因而，蒂利希这里所说的"绝对信仰"，是超越了个体神秘体验和神人交往的"信仰"。他说："绝对信仰包括怀疑论的因素，而在神秘体验中则无此因素"，"对无意义的体验要比神秘主义更激进，所以，它超越了神秘体验"[②]，"绝对信仰"也超越了神—人交流的"主—客"图式，"一切都不复存在了，只剩下绝对信仰"，"普通信仰的具体内容必须服从于批判，必须改变形式"，蒂利希将信仰的新形式给予"存在的勇气"，他称之为"理解上帝观念的钥匙"。[③]在这里，个体的神秘体验被超越了，有神论的"上帝"也被超越了，"存在的勇气"所指向的"绝对信仰"或"存在—自身"被表述为"超越上帝的上帝"（God above God）。[④]正因为如此，我们不应将这个"上帝"简单地理解为普通信仰中的基督教上帝，这个上帝也不同于儒学研究者所指认的"上帝之上的上帝"，这两者都不过是出于具体的宗教或信仰的理解。

应当指出，简单地将蒂利希"终极关怀"的"信仰"说明视为一种"诠释学的循环"，忽视了问题的复杂性，而将"超越上帝的上帝"视为"上帝之上的上帝"，则是对其"信仰"之存在分析逼至的终极处境的简单略过。无

---

① Paul Tillich, *The Courage To Be*, China Social Science Publishing House, 1999, p. 177.
② ［美］保罗·蒂利希：《存在的勇气》，成穷、王作虹译，第149页。
③ ［美］保罗·蒂利希：《存在的勇气》，成穷、王作虹译，第149—150页。
④ 参见［美］保罗·蒂利希《存在的勇气》，成穷、王作虹译，第152—153页

论如何，如前面考察所看到的，当代儒学研究挪用"终极关怀"来讨论儒学与儒教的超越性时，仍然是陷入文化比较意义上的"宗教"或"宗教性"说明。

我们的工作不是为蒂利希辩护，虽然作为"终极关怀"的"信仰"说明也存在问题可作讨论。① 我们的目标，是认识"信仰"并处理儒教的信仰问题。笔者认为，要认识"信仰"问题，更应该关注诸如蒂利希这样的"信仰"论说，在方法上如何走向一条超出具体宗教或信仰形态以认识或理解"信仰"的道路。

第二节　"信仰"之"经验"显示的现象学道路

为了寻求超出具体宗教或信仰形态以认识或理解"信仰"，我们将考察蒂利希、约翰·希克、海德格尔所展示的通往"信仰"的道路。这些道路，或取径不同，或关注的问题有所差异，但在方法上有相同的旨趣，即通过"经验"的显示通向"信仰"。这里将考察这条以"经验"为标识的"信仰"的现象学道路。

一　"经验"与"经验为"：现象学影响下的"信仰"说明

我们先看看蒂利希的相关说明：

> 终极关怀乃是对被体验为终极东西的关怀（the ultimate concern is concern about what is experienced as ultimate）。②
>
> 存在的勇气是一种信仰的表现……这种自我肯定的力量就是存在的力量……信仰就是对这种力量的体验（Faith is the experience of this power）。③

---

① 如詹姆斯·C. 利文斯顿说，蒂利希未曾仔细地区分"存在""存在本身""存在的基础""存在的力量"等概念，以及其存在论语言和分析的运用把人的堕落本体化等。参见［美］詹姆斯·C. 利文斯顿《现代基督教思想》下卷，何光沪译，第 739 页。也参见何光沪《蒂利希选集》"编者前言"，上海三联书店 1999 年版，第 26—27 页。

② Paul Tillich, Dynamics of Faith. p. 9.

③ Paul Tillich, The Courage To Be, p. 172.

（绝对信仰的）第一个要素是对存在的力量的体验（the experience of the power of being），即使面对非存在的最极端的表现，这种体验还是在场。①

信仰不是对某种不确定事物的理论肯定；信仰是从生存上接受某种超越普通经验的东西（something transcending ordinary experience）。②

在上述引文中，"experience"译为"经验"还是"体验"，相应的，"experienced as"译为"经验为"还是"体验为"，可以根据语境来选择，看起来并不困难。如果强调信仰行为的主观方面，"体验"或"体验为"便是合适的选择，上引大部分表述可如此翻译；如果偏于指向客观方面，如最后这段——"信仰是从生存上接受某种超越普通经验的东西"，其中的 experience 还是译为"经验"好。因为，虽然对 something 来说，"体验"和"经验"皆可，不过从"生存上接受"的 something，是超越"普通经验"的，如果仅视为"主观体验"，则有狭隘化之嫌。这样的话，前面那些说明"终极关怀"或"信仰"的"体验"，也是在生存的（existential）意义上说的，因而也是"经验"。

在宗教多元论的倡导者约翰·希克（John Hick）那里，以"经验为"（experienced as）的形式将宗教的"经验生活"放置在认识论的图景上③，所借用的是维特根斯坦（Ludwig Josef Johann Wittgenstein）《哲学研究》第二部分"看"（seeing）与"看作"（seeing as）的分析。约翰·希克的相关讨论，可以和蒂利希一样，帮助我们说明"经验"与"经验为"在通往"信仰"道路上的意义和作用。

需说明的是，希克的出发点，正是要批评新维特根斯坦主义以"语言游戏"（language-game）之自主性看待宗教。他认为，后者固然避免了来自非信仰者或不同信仰者的批评与挑战，承认信徒有其信仰与实践的权利，但另一方面"实际上取消了宗教信仰与实践的实质"，"因为就信徒而言，宗教信仰的重要性最终在于假定：这些信仰实质上真正指向实在的性质；就实践者而

---

① Paul Tillich, The Courage To Be, p. 177.

② Paul Tillich, The Courage To Be, pp. 172–173.

③ 参见［英］约翰·希克《理性与信仰：宗教多元论诸问题》第二章"'看作'与宗教经验"，陈志平、王志成译，四川人民出版社 2011 年版。

言，宗教实践的重要性在于假定：通过这些实践，人们更新或加深了与超越的神性实在的关系"。①

为了说明新维特根斯坦主义的宗教哲学可能存在的误解（这个误解也包括对维特根斯坦有关宗教言论的误解），约翰·希克诉诸维特根斯坦《哲学研究》第二部分第十一小节"看"的分析。我们知道，维特根斯坦在那个小节中区分了"看"（see）这个词的两种用法。如果问"what do you see there?"（你在那儿看见了什么?），可作如下这样的回答：（一）"I see this."（我看见了这个）；（二）"I see the likeness between the two faces."（我在这两张脸上看见了相似性）。维特根斯坦认为，重要之处在于两种"看"的"对象"的范畴区分。"我观察一张脸，突然注意到它与另一张脸的相似性，我看到的脸并没有变化，然而我却以不同的方式去观看它。"第一种是"一个直接的视觉经验"（the visual experience），第二种"是通过一种解释对直接经验所进行的描述"。② 维特根斯坦以"看见面相"为例，将第一种"看"描述为"持续地看到某种面相"，将第二种"看"描述为"面相的闪现"。我们也可以将它们看成"看"（seeing）与"看作"（seeing as）的区分。在上述区分中，"视觉经验"具有不同的意义，前者是直接的经验，后者是解释性的经验。有关这两个区分背后的理论问题与意义，我们不作讨论，这里仅仅考察约翰·希克由"看作"（seeing as）对"信仰"问题的说明。

约翰·希克指出，维特根斯坦对"看作"（seeing as）及相关论题的讨论，"有助于我们把独特的经验生活的宗教方式以一种我称之为'经验为'（experienced as）的形式放置在认识论图景上；也有助于我们在最基本的意义上，把宗教信仰理解为在这种经验生活的独特宗教方式中的解释性因素"，"正是在'经验和参与人类生存的宗教方式'中，'看作'概念才是有意义的"，"我们直接可以把仅仅以视觉为基础的'看作'这一概念扩展成'经验'这一综合的概念，因为我们不仅仅通过视觉发现意义。……我主张用'经验为'这一术语来指代日常世界多维度的意识"③。在这里，"看"与"看

---

① ［英］约翰·希克：《理性与信仰：宗教多元论诸问题》，陈志平、王志成译，第17—18页。

② 参见［英］维特根斯坦：《哲学研究》，李步楼译，陈维杭校，商务出版社1996年版，第294—295页。中译所附英文原文，参见［英］维特根斯坦《哲学研究》，蔡远中译，九州出版社2007年版英汉对照本，第490、492页。

③ ［英］约翰·希克：《理性与信仰：宗教多元论诸问题》，陈志平、王志成译，第18—20页。

作"的区分，便被转化为"经验"和"经验为"的区分。在日常生活中，虽然这种区分很难用例子加以说明，但可以肯定的是，"常人的经验总是一种'经验为'，总是对某种呈现给我们的东西的理解"①，约翰·希克将这个"某种可认识的特征"称为"意义"，一组对象的复杂意义则构成了"情景"。他说："人的意识通常在这一层次发挥作用，并且正是在这一层次，我们发现在我们和其他动物共有的意义维度之外还有人的独特的意义维度"，"这些独特的人的意义维度超出了环境的纯自然意义，表现为伦理的、美学的和宗教的三种意义。"② 由上述说明，可知约翰·希克的"经验为"，是超出"经验"之纯自然意义维度的新的意义赋予——"解释"，这个新意义表现为伦理的、美学的和宗教的。关于这三种意义，他分别有具体的说明，我们单看其中的宗教意义。

约翰·希克从人类作为"宗教动物"，亦即"人类明显表现出一种倾向，把个人、地方和情景经验为具有宗教意义"，他从这个经验事实出发，列举万物有灵论的信仰，各种宗教传统中的神、圣地等，说明具体"经验为"的宗教意义。但为了更深入讨论这一问题，他特别举出一神论宗教。"一神论宗教的一个特征是：原则上可以把人的任何情景都经验为人正生活在不可见的上帝的临在之中。"③ 一神论宗教所提供的意义，是将人的任何情景都"经验为"与无所不在的上帝的关系中。不过，这种"经验为"对于"圣徒"和"普通信徒"是不同的，"就圣徒而言，生活在上帝的临在之中这一意识相对说来是持续的、普遍存在的；就普通信徒而言，这种意识是偶然的、转瞬即逝的"④。但无论如何，"一切'经验为'的方式都体现为认知选择，因而都是信仰行为。宗教信仰就是以宗教的方式而非世俗的方式经验人类情景的认知选择"⑤。这样，希克将维特根斯坦的"看作"扩展为"经验为"，使后者适用于人类的一切有意识的经验。他认为，"这种观点能正确处理这个世界所表现的歧义特征，因为人们既能够以宗教的又能够以自然主义的这两种根本不同的'经验为'的方式去经验"，同时也能够在宗教内部为多元论提供证

① ［英］约翰·希克：《理性与信仰：宗教多元论诸问题》，陈志平、王志成译，第21页。
② ［英］约翰·希克：《理性与信仰：宗教多元论诸问题》，陈志平、王志成译，第22页。
③ ［英］约翰·希克：《理性与信仰：宗教多元论诸问题》，陈志平、王志成译，第24—25页。
④ ［英］约翰·希克：《理性与信仰：宗教多元论诸问题》，陈志平、王志成译，第25页。
⑤ ［英］约翰·希克：《理性与信仰：宗教多元论诸问题》，陈志平、王志成译，第27—28页。

明，"即宗教生活的经验本身能够采取不同的方式"。①

如果，我们对同样持有宗教多元论立场的保罗·蒂利希与约翰·希克所诉诸"经验"的"信仰"说明加以比较，可看到有以下不同之处：在蒂利希那里，"经验"有"普通经验"与"超越（普通经验）的经验"两重意义，"信仰"是在后者那里以"经验为"的方式"对存在的力量的体验"。这是受到海德格尔的"此在现象学"之存在分析影响，以"经验为"来对"信仰"作存在论的说明。在希克那里，"经验"与"经验为"是从维特根斯坦的"看"与"看作"扩展而来的，所谓"经验"是"纯自然意义"的"经验"，而"经验为"则是"人的独特的意义维度"，宗教"信仰"是人类的一种意义"解释"。由于希克的论证是建立在扭转新维特根斯坦主义关于宗教信仰的"语言游戏"论基础上的，他一方面以"经验为"为宗教信仰争取领地，另一方面也不得不将"经验"归之于一种自然刺激的作用并去除其存在论的意义。甚至在将"看作"扩展为"经验为"时，提出人们能够以宗教的又能够以自然主义的这两种"根本不同的'经验为'的方式去经验"②。二者的相同之处在于：首先他们所说的"信仰"皆指宗教信仰，这是以基督教为代表但又力图超越具体宗教的限制，持有多元宗教论的共同立场；其次，他们皆将"信仰"诉诸普通"经验"之上的"超越""经验"，以"经验为"来标识，分别以"存在力量"的"体验"和"存在意义"的"解释"来加以说明。

最后，值得注意的是，他们都强调了一种"现象学"的眼光和运用。如前所述，蒂利希的分析明显地受到海德格尔现象学的"此在"分析的影响。希克则在题为《宗教信仰作为"经验为"》的演讲中，明确地说：

> 我希望能够做一描述性（如果你喜欢的话，可称为现象学的）分析，使得有信仰和没有信仰的人都可以接受，基督徒、无神论者或者不可知论者都同样能够承认那就是现象学上信仰的意思——尽管他们当然会继续针对它的价值说些根本不同的东西。③

---

① ［英］约翰·希克：《理性与信仰：宗教多元论诸问题》，陈志平、王志成译，第29—30页。

② ［英］约翰·希克：《理性与信仰：宗教多元论诸问题》，陈志平、王志成译，第30页。

③ ［英］约翰·希克：《上帝与信仰的世界——宗教哲学论文集》，王志成、张彩虹译，中国人民大学出版社2006年版，第35页。

这样看来，现象学的方法取向，是蒂利希和希克试图超越具体宗教形态来说明"信仰"的共同之处。

接着希克的话，我们当然也可以对儒教的"信仰经验"作现象学的描述，而不必首先对其价值去说些不同的理解或认识。既然这样，这里有必要去看一看现象学视域中的"经验"问题，看它能否带来启发和借鉴。为了方便了解和简单说明现象学领域中"经验"问题的开展，我们不妨先看加达默尔（Hans-Georg Gadamer）在《真理与方法》第二部分之"一种诠释学经验理论的基本特征"中对"经验"概念的分析。在那里，他较细致地刻画了"经验"问题在现象学影响下的开展。虽然，他的分析是为了说明"诠释学经验的本质"。

加达默尔首先批判了对自然科学起主导作用的"经验"概念。他认为，这个概念隶属于"认识论解释图式"，其观念和逻辑可以追溯至培根。他指出，这个经验理论的缺点在于，"它们完全是从科学出发看问题，因而未注意经验的内在历史性"①。不过，在加达默尔看来，培根也总是陷入所攻击的形而上学传统及其辩证的论证形式中，"他那种通过服从自然而达到征服自然的目的，那种攻击和强迫自然的新态度，以及所有那些使他成为现代科学先驱的一切，只是他的工作的一个纲领性的方面，而在这方面他的贡献很难说是不朽的"。加达默尔肯定了胡塞尔对上述"经验"模式的"片面性"所给予的特别重视："为了这个目的，胡塞尔给出了一个经验的系谱，以说明经验作为生命世界的经验在它被科学理想化之前就存在"，"胡塞尔试图从意义起源学上返回到经验的起源地并克服科学所造成的理想化"。② 然而，在加达默尔看来，胡塞尔仍然被自己所批判的片面性支配，"因为就他使知觉作为某种外在的、指向单纯物理现象的东西成为一切连续的经验的基础而言，他总是把精确科学经验的理想化世界投射进原始的世界经验之中"③。这是说，胡塞尔将自我的纯粹先验主体性作为"经验"的基础，也是一种科学经验模式的投射。

① ［德］加达默尔：《真理与方法》上卷，洪汉鼎译，上海译文出版社2004年版，第450页。
② ［德］加达默尔：《真理与方法》上卷，洪汉鼎译，第451页。
③ ［德］加达默尔：《真理与方法》上卷，洪汉鼎译，第451页。

在上述考察基础上，加达默尔提出了自己的哲学诠释学的"经验"概念分析。首先是"经验"的一般本质特征："经验只有在它不被新的经验所反驳时才是有效的。"① 这个描述蕴含着"经验"是"一个本质上否定的过程"的判断。他指出："真正意义上的经验，总是一种否定的经验"，"如果我们对某个对象做出一个经验，那么这意味着，我们至今一直未能正确地看事物，而现在才更好地知道了它是什么。所以经验的否定性具有一种特殊的创造性的意义……经验通过否定而做到这一点，因此这种否定乃是一种肯定的否定。我们称这种经验为辩证的（dialektisch）。"② 其次是"经验"的"开放性"。经验的辩证运动并非黑格尔所说的在绝对的知识里以克服一切经验为告终，相反，"经验的辩证运动的真正完成并不在于某种封闭的知识，而是在于那种通过经验本身所促成的对于经验的开放性"③。再次是"经验"概念所包含的"崭新的要素"，即"某种属于人类历史本质的东西"，即对人类"有限性"和"历史性"的经验。"真正的经验就是这样一种使人类认识到自身有限性的经验"，在经验中，人类的理性筹划和自我认识找到了它们的界限，在这界限内，没有任何东西可以重新出现，未来的一切期望和筹划都是有限的和有限制的，"真正的经验就是对我们自身历史性的经验"。④

加达默尔通过"经验"要素的分析为说明诠释学经验及效果史奠定基础。如果加以对照，可以看到约翰·希克以"经验为"对人之"存在意义"加以"解释"的做法，正是上述现象学诠释学关于"经验"的一个例证。

二 海德格尔的"实际生活经验"与"形式显示"的现象学

应该指出的是，加达默尔有关现象学的"经验"问题回顾，曾提到海德格尔的《黑格尔的经验概念》（1942/1943），认同海德格尔对黑格尔"不是辩证地解释经验"而是"从经验的本质来思考什么是辩证"的批评。⑤ 不过，加达默尔前述"经验"概念的说明，没有涉及海德格尔1920/1921年弗莱堡讲座关于"经验"和"实际生活经验"的讨论，使得有关"经验"问题的考

---

① ［德］加达默尔：《真理与方法》上卷，洪汉鼎译，第454页。
② ［德］加达默尔：《真理与方法》上卷，洪汉鼎译，第458—459页。
③ ［德］加达默尔：《真理与方法》上卷，洪汉鼎译，第462页。
④ 参见［德］加达默尔《真理与方法》上卷，洪汉鼎译，第463—464页。
⑤ 参见［德］加达默尔《真理与方法》上卷，洪汉鼎译，第460—462页。

察缺少了一个重要环节。

我们注意到，海德格尔在弗莱堡讲座中，特别提及蒂利希1919年发表的"论一种文化神学的观念"的文章，并视之为受特洛尔奇（Ernst Troeltsch）的影响。[①] 由于海德格尔弗莱堡的讲稿直到20世纪90年代才公布出来，并没有证据直接说明，蒂利希以"经验"或"经验为"来说明"信仰"问题时了解这个演讲。虽然如此，在有关"经验"问题的讨论上，我们都可以将蒂利希在信仰问题上对于"经验"的现象学描述，与海德格尔弗莱堡讲座关于"实际生活经验"的讨论以及就原始基督教"信仰"的现象学分析联系起来看。

海德格尔题为《宗教现象学引论》的弗莱堡讲座，主旨是处理"哲学的自我理解"问题。所谓"现象学"，在海德格尔这里，首先是"哲学"的代称，因而"宗教现象学"，是要通过考察"具体的宗教哲学之典型代表"[②]，来"获知"通往"哲学"的道路。为此，讲座不但批判地考察了"当代宗教哲学的趋向"，还在"第二部分"对作为原始基督教文本的"保罗书信"中的具体宗教现象加以"现象学阐释"。在这里，"现象学阐释"既是一种缘于"实际生活经验"的"哲学"理解，也是一种"方法门径"，"现象学的理解趋向则是要去经验源初的对象本身"。[③] 海德格尔强调，"哲学的自我理解""不是通过科学的证明与定义"，"而只是经由哲学思考本身"达到的，当我们去"彻底把捉"这一难题时，"就会发现哲学起源于实际生活经验"，而只有在这种"自我理解"的趋向中，才能去考察"哲学"的历史。[④] 我们这里，主要聚焦海德格尔的"实际生活经验"的说明以及宗教"经验"的"现象学阐释"，来为我们的"信仰"问题讨论提供帮助。

我们先看作为海德格尔理解"哲学"出发点的"实际生活经验"。海德格尔说：

① 参见［德］海德格尔《宗教现象学引论》，欧东明、张振华译，载孙周兴、王庆杰主编《海德格尔文集·宗教生活现象学》，商务印书馆2018年版，"早期弗莱堡讲座：1920/1921年冬季学期"第19页。

② ［德］海德格尔：《宗教现象学引论》，欧东明、张振华译，第18页。

③ ［德］海德格尔：《宗教现象学引论》，欧东明、张振华译，第77页。

④ 参见［德］海德格尔《宗教现象学引论》，欧东明、张振华译，第1节"哲学概念的特质"、第2节"关于本讲座的标题"。

　　什么叫作"实际生活经验"呢？"经验"指的是：（1）经验着的活动，（2）由这个活动所经验到的东西。不过我们有意在双重意义上来使用这个词，因为这恰好表达出了实际生活经验的实质：经验者本身与被经验者不是如同物体那样被撕裂。"经验"不是指"接收认识"，而是指分——别（某物）（Sich-Auseinander-Setzen mit），对被经验者形式的度规。它既具有一种主动的意义又具有一种被动的意义。"实际的"不是指自然现实的，不是规定因果的，也不表示事物的现实。不可以从某种认识论的前提出发来说明"实际的"这一概念；它只能出自"历史之物"的概念而成为可理解的。[①]

在"实际生活经验"的上述说明中，"经验"具有经验着的"活动"与所经验到的"东西"双重意义，这和蒂利希关于信仰经验的主观和客观方面的区分是一致的。在海德格尔这里，经验着的"活动"与所经验到的"东西"不能割裂，但"经验"不是"接收认识"，而是"形式"地把握被经验者。至于"实际的"限定词，海德格尔指出，它既不是指自然现实或自然因果，也非能从某种认识论前提出发加以说明，而只能由"历史之物"加以理解。

　　关于"历史之物"，海德格尔在讲座中有专门的讨论。对此，我们只简单地概括。海德格尔指出，当我们将事物归属于历史而加以描述时，如"哲学和宗教是历史的现象"，我们便从根本上将此"对象"划归于"客体"，"只要人们停留于对客体关联的认识观察中，任何有关'历史的'意义之表述或运用就总是由这一基于客体的先把握所规定的"，而如果"我们如同在生活中与之相遭际的那样来理解历史的任务"，"历史之物直接就是生命活力"。[②] 在这里，"对象"与"客体"的区分是重要的，"所有的客体都是对象，但反过来并非所有的对象都是客体"，"从时间上去规定一个对象因之也是切当的；据此对象就是历史的。比这个更加一般化的关于历史之物的概念好像根本就寻找不到了"。[③] 这样，作为历史之物的"对象"，就不是被事先规定或把握的"客体"，实际生活本身就是经验，它是先于理论认知的对于世界之意蕴的

　　① ［德］海德格尔：《宗教现象学引论》，欧东明、张振华译，第9页。
　　② ［德］海德格尔：《宗教现象学引论》，欧东明、张振华译，第32—33页。
　　③ ［德］海德格尔：《宗教现象学引论》，欧东明、张振华译，第35—36页。

把握。正是在上述规定意义上，海德格尔说："我们只是依据被经验到的内容去观照实际生活经验，因此我们把被经验的东西——被体验的东西，标识为'世界'，而不是标识为'客体'（Objekt）。'世界'是某种我们能够生活于其间的东西（人们不能生活在一种客体之中）。"①

海德格尔指出，"实际生活经验"的独特之处在于"经验的样态和方式没有一同被经验"，亦即"实际生活经验"表现出了一种对于经验方式的"浑然不觉"，以此方式所"经验"的是"世界的""意义"，所谓"意蕴"。他说："在我们注意到实际经验对于所有实际生活的固有的浑然不觉之际，我们就能明了周围世界、共同世界和自身世界的一种特定的持久的意义：在实际生活经验中所经验到的一切都带有意蕴（Bedeutsamkeit）的特质（Charakter）；所有的内容之中都带有这一特质。……经由意蕴的方式（它规定着经验的内容本身），我经验着我所有的实际生活处境。"② 海德格尔这里所说的"意蕴"，并非通常所言的"价值"，因为后者仍出于主客关系，不过这种并不具有对象性的意蕴能够生长成一种对象关涉，这便是在实际的认知即"获知"中所形塑的"对象关联"。他说：

> 意蕴显得与价值就是一回事，但是价值已经是一种理论化的产物并必须如同所有的理论化一样在哲学中消失。纯粹的获知不从任何成形的客体中，而是仅仅从意蕴关联里获取认知。但这个关联倾向于走向一种独立，而人们恰好在一种"客体逻辑"中、在客体关联或客体关涉中能够对此加以表述。获知性经验的未经辨析的样式起着一种决定性的作用。在生活经验的下落趋势中总是一再形塑出一种客体关联，此关联总是一再趋于凝固。③

在这里，海德格尔指出，如果"意蕴"在一种"客体逻辑"中形塑"客体关联"，这正是生活经验"下落"中的僵化。在海德格尔看来，所有的科学都力

---

①　［德］海德格尔：《宗教现象学引论》，欧东明、张振华译，第 11 页。这里可以明显地看到，相关论述是海德格尔的 20 世纪 30 年代的《存在与时间》通过"此在""在世"的分析而追问"存在"的先导。

②　［德］海德格尔：《宗教现象学引论》，欧东明、张振华译，第 12—13 页。

③　［德］海德格尔：《宗教现象学引论》，欧东明、张振华译，第 16—17 页。

求构造出一种更为严格的关于客体的秩序，如在所谓"科学的哲学"那里，人们要构建的是一种"超越于感官经验"等的对象领域，即使是柏拉图的理念世界，在立场上也等同于专门科学。海德格尔的努力，便是揭示一条真正的哲学道路，即回到"实际生活经验"而对上述道路的"翻转"。①这就是以"形式显示"（formale Anzeige）所导引的现象学道路。

海德格尔指出，"普遍化"（Generalisierung）与"形式化"（Formalisierung）的首次区分，是胡塞尔在《逻辑研究》第一卷末章和《纯粹现象学的观念》第13节中作出的。他要尝试进一步建构这个区分，"并于此建构中阐明'形式显示'的意义"。②所谓"普遍化"，指的是"与种属相应的一般化"。例如，"红是一种颜色，颜色是一种感性性质，红这种感性性质的一般性质是本质"，从"红"到"颜色"到"感性性质"的过渡，与从"感性性质"到"本质"的过渡，是不同的。前者的过渡是"普遍化"，后者的过渡是"形式化"。普遍化的进行受到某一确定的"事物领域"的限制，"普遍性"的阶梯（如属与种），"按事物内容"而得到规定。"形式化"则是摆脱事物内容的，其立场也脱离了任何的阶梯序列，无须经历任何的较低的一般性而去一步一步地攀登上某种"最高的一般性"或"一般对象"。形式述谓不受事物内容的限制，但它是如何发动的呢？海德格尔指出，它起源于"立场关涉"的"意义"本身。必须忽视事物内容的什么而只关注这一实情：对象是一被给予者，是以切合于立场的方式而被把握的。因而，"形式化"绝非源于"一般事物内容的什么"，而是起源于纯立场关系本身的关涉意义。③

在区分"普遍化"与"形式化"的基础上，海德格尔又对"形式化"与"形式显示"的关系及"形式显示"的意义作出说明。他指出，"普遍化"就是秩序规整，经此整理就可把一特定个体的单方面因素归序到一个交叉协调的事物关联之中，而这种关联之所以可能，是因为一种更一般的、包容性的

---

① 海德格尔说："实际生活经验的下落趋向——它倾向于不断地落入实际被经验的世界的意蕴关联之中——仿佛它的重量限定了那种通达实际被亲历的生活的带有立场的客体规定和客体操作的趋向。……我们必须在实际生活经验中仔细寻索（umsehen），以便赢得一种令其翻转的动因。"［德］海德格尔：《宗教现象学引论》，欧东明、张振华译，第17—18页。

② ［德］海德格尔：《宗教现象学引论》，欧东明、张振华译，第57—58页。

③ ［德］海德格尔：《宗教现象学引论》，欧东明、张振华译，第58—59页。

关联整体能被加以规整。形式化完全转离了对象的事实性内容，它只针对对象的被给予这一方面来看待对象；对象被规定为被把握者，被规定为合于认识的关涉（Bezug）所朝向之处。这一"立场关涉"自身具有一个意义的多面相可被加以解释，这个"解释"可以被看作针对对象领域的规定，如果就其被赋形为一个形式的范畴来说，这个关涉意义"仅仅间接地是某种秩序规整与区间"，由此可以有如"普遍数学"那样的"形式—本体论"的理论。①

　　海德格尔认为，我们要由"形式化"进一步去讨论"形式显示"，而有"形式之物的现象学"，即"对形式之物本身的原初考察和对在实现之中的关涉意义的阐明"。② 他指出，"形式化"和"普遍化"都有"秩序规整"，在前者是直接的，在后者是间接的，而在"形式显示"中，人们摆脱了所有秩序规整，"'形式显示'中的'形式'含义是更为源初的"③。他说："现象学是什么？现象又是什么？这个问题只能从形式上予以自身显示。每一经验——作为经验**活动**也作为**被经验物**——都可以'被纳入现象'。"④ 在此，海德格尔强调了"形式显示"作为方法论要素是属于现象学解释本身的。海德格尔说：

　　　　为什么称之为"形式的"？这个形式是某种切合于关系的东西（et-was Bezugsmä ßige）。而显示则是要事先显示出现象的关系——然而是在一种否定的意义上，相当于警示！一个现象必须被这样地事先给出，以致它的关涉意义被维持于悬而不定之中。⑤

　　　　这是一种与科学极端对立的态度取向（Stellungnahme）。这里不会卷进事物领域，恰恰相反，形式显示是一种防范，一种先行的保证，为的是让这个实现特性（Vollzugscharakter）保持自由。这一预防措施的必要性乃是出于这样一事实，即实际生活经验具有沉沦的倾向，它总是处于滑向客体化之物的威胁之中，而我们则必须［挽狂澜于既倒］将现象从

① 参见［德］海德格尔《宗教现象学引论》，欧东明、张振华译，第61—62页。
② ［德］海德格尔：《宗教现象学引论》，欧东明、张振华译，第63页。
③ ［德］海德格尔：《宗教现象学引论》，欧东明、张振华译，第59—60页。
④ ［德］海德格尔：《宗教现象学引论》，欧东明、张振华译，第63页。
⑤ ［德］海德格尔：《宗教现象学引论》，欧东明、张振华译，第64页。

生活经验中重新实现出来。①

以上所引，对"形式显示"之防御性的现象学立场和思想意义作了说明。形式显示的内容是"非对象性的""事先给出的"，其关涉是"悬而不定的"，其实现是"保持自由的"。

在海德格尔1920/1921年的弗莱堡讲座中，"形式显示"具有"开启现象学解释的意义"②。海德格尔说，我们可以这样来发问：1. 询问"源初"的"什么"（Was），那在现象中被经验的东西（内容）。2. 询问"源初"的"怎样"（Wie），在此"怎样"中现象被经验着（关系）。3. 询问"源初"的"怎样"，在此"怎样"中关涉意义得以实现（实行）（Vollzug）。③ 海德格尔又说："上述三个意义方向（内容意义、关涉意义、实行意义）并不是简单地并列在一起的。'现象'是这三重方向的意义整体。'现象学'是对此意义整体的阐明。"④ 孙周兴指出，在此三分中，传统哲学以"内容"为指向；胡塞尔的现象学虽然已经开掘到了"形式因素"层面，但仍然指定了"一种理论化的关联意义"，从而也是片面地以"内容"为指向，掩盖了"实行因素"；海德格尔的"形式显示的现象学"则是以"实行意义"为引线，意在以一种非理论的、现象学的方式，思考和言说那动态的、不确定的个体生命此在和生活世界。⑤

关于"形式显示"在海氏现象学方法探索及其思想发展中的作用，我们不去作更细致的考察。⑥ 这里需要注意的是，海德格尔对此问题的说明，还要将其运用于"历史之物"上。他说："若是以形式显示的方式来把握历史之

① ［德］海德格尔：《宗教现象学引论》，欧东明、张振华译，第64—65页。
② ［德］海德格尔：《宗教现象学引论》，欧东明、张振华译，第65页。
③ Vollzug 译为"实行"似更为妥帖，下引译文改为"实行"。
④ ［德］海德格尔：《宗教现象学引论》，欧东明、张振华译，第63—64页。
⑤ ［德］参见孙周兴《我们如何得体地描述生活世界——早期海德格尔与意向性问题》，《学术月刊》2006年第6期。
⑥ 可参见孙周兴《形式显示的现象学——海德格尔早期弗莱堡讲座研究》，《现代哲学》2002年第4期；尹兆坤《范畴直观与形式显示——胡塞尔与海德格尔前期现象学方法的异同》，《现代哲学》2013年第1期；张祥龙《海德格尔的形式显示方法和〈存在与时间〉》，《中国高校社会科学》2014年第1期；朱海斌《海德格尔形式显示的现象学方法》，《同济大学学报》（社会科学版）2013年第5期；张柯《论"形式显示"在海德格尔思想中的实际位置》，《世界哲学》2017年第4期；马迎辉《海德格尔与思的哲学的建基——一项以"形式"问题为基点的考察》，《福建论坛》（人文社会科学版）2018年第1期。

物，就不会断言，把'历史之物'最一般地规定为'时间中的生成者'就预先确定了历史的最终意义。对历史之物的意义的形式显示的规定，既不能被说成是根据历史的结构特征对客观的历史性世界的规定；也不能被说成是对历史之物本身的最一般意义的预先确定。"① 海德格尔在这个讲座中，所要进一步把握的具体的"历史之物"，是《圣经·新约》中"保罗书信"所呈现的"原始基督徒生活的基本现象"。事实上，他也意图以对"保罗书信"中的具体宗教现象之现象学的阐释来为"形式显示的现象学"提供"证明"或"引领"。② 以下我们接着考察这一阐释和引领。笔者认为，这对于认识儒教信仰这一"历史性问题"有重要的启发意义。

三 海德格尔"保罗书信"的现象学阐释

在 1920/1921 年弗莱堡讲座"第二部分"开始，海德格尔通过保罗《加拉太书》的简短疏解，对"保罗的基本立场"有一个描述："保罗处在争战之中。他被迫在周围世界的背景中维持住基督教的生活经验。"③ 从方法论上说，探求保罗的宗教世界，"重要的事情是朝向源初经验的回溯，以及对于宗教经验的理解"，亦即必须去寻求原本的宗教现象与基本经验的"关联"。④

海德格尔对这个现象学阐释的步骤作出了说明。首先，是将实际生活经验和历史之物作为基本现象，将其情境规定为历史性的处境。其次，去了解现象在历史性处境中的"实行方式"。为此需要：（a）去描述可以见出的处境的多面相，在如此描述时不去对这些面相的原本的情境加以决定；（b）去赢得多种面相之中的"重心性处境"；（c）去勾画出重心性处境的原本的或"统领性的（支配性的）意义"；（d）由此去通达现象的情境，以及（e）进而去开创（an-zusetzen）"源初"的考察。⑤ 上述现象学的步骤，是从"客观历史"的情境到"实行历史"的"处境"的过渡。首先是询问实际生活经验中被经验的现象，将此现象的具体情境规定为"历史性的处境"；其次是描述在此"历史性的处境"中现象"怎样"被"源初"地经验，即经验的"关涉"；最后，则是询

---

① ［德］海德格尔：《宗教现象学引论》，欧东明、张振华译，第65页。
② ［德］海德格尔：《宗教现象学引论》，欧东明、张振华译，第67页。
③ ［德］海德格尔：《宗教现象学引论》，欧东明、张振华译，第73页。
④ ［德］海德格尔：《宗教现象学引论》，欧东明、张振华译，第73—74页。
⑤ 参见［德］海德格尔《宗教现象学引论》，欧东明、张振华译，第85页。

问此"关涉"如何得以"实行"。这便是回到实际生活经验的"形式显示",即切合于"源初"的经验"关涉"并对其"实行"加以显示的方法。

在保罗《帖撒罗尼迦前书》的现象学阐释中,海德格尔运用了上述方法。他简单叙述了保罗写作此书的历史情景。在哥林多的第一次传道途中,保罗在帖撒罗尼迦得到了一些信徒但遇到了许多犹太人的强烈反对,不得不秘密地离开前往雅典,他非常惦念帖撒罗尼迦的信徒们的命运,于是派提摩太前去,当提摩太回来告知帖撒罗尼迦信徒的情况后,保罗给他们写了这封信。海德格尔说:"现在我们不再考察客观的历史的情景,而是以与保罗一起写信的方式来看他的处境。"① 在他看来,这里遇到的第一个问题是:保罗以写信人的处境怎样面对帖撒罗尼迦人的? 亦即,他与帖撒罗尼迦会众的"共同世界"是如何呈现的? 其次的问题是,要置身于保罗真切的处境(自身世界),如何可能? 最后是"析取"(Abgebung)的问题,在实际经验中分离的"周围世界"(如前述所说的"历史情景")、"共同世界"与"自身世界"是怎样辨析出来的? 因为人们总是只能一次考察一个东西,所以析取不是抽象,因为其他的要素也一直是连同出现的。

为回应上述问题,海德格尔进一步对"处境"加以说明。"处境","不是任何合秩序的东西",也不能被"投射到某种存在领域"或"意识"里,也并非如在习惯语言里那样承载着"静态"或"动态"的意义。我们只能"将处境把握为一种多面相的统一体","纯粹从形式上"(即通过"形式显示")去赢得它。在起点上,这是"经由我者的拥有之关涉"获得的,"人们在保罗面前与之所发生的关系,对他而言就是**他**拥有他们的方式如何",如此,这里所要探寻的问题便是:"保罗把帖撒罗尼迦的会众**拥有为何者**,以及他**如何拥有他们**。"②海德格尔从保罗与那些被托付与他的人的关系之创立,在"形式上"对此问题作出探寻。

海德格尔指出,保罗凭借两个规定来经验帖撒罗尼迦的信徒。(1)他经验他们的"已成为"(Gewordensein)。(2)他经验到,他们具有对于他们的"已成为"的一种"知晓"(Wissen)。在此,保罗卷入(mitbetroffen)了他们的已成为,他们的已成为也是保罗的一种已成为。对此,海德格尔举出了一

---

① [德] 海德格尔:《宗教现象学引论》,欧东明、张振华译,第88—89页。

② [德] 海德格尔:《宗教现象学引论》,欧东明、张振华译,第91—94页。

些来源于书信的具体例示。如在《帖撒罗尼迦前书》中，"来到""成为""你们知道"等同类词被多次使用。海德格尔指出，这些词语的反复出现，说明在写信之际，"保罗把他们看作是那些进入了其生命的人们"，"他们的已成为与保罗之进入他们的生命结合起来"，"对于保罗而言，帖撒罗尼迦人是当下切近的，因为他们与自己通过其共同的已成为而相互连结了起来"。① 而"知晓"，即一个人对自己的"已成为"的"知晓"，表明这个"已成为"现在不是生活中的一种随意事项，"毋宁说它要不断地一同被经验且如此被经验：他们现在之所是（Sein）就是他们的已成为（Gewordensein），他们的已成为就是他们现在之所是"。②

海德格尔继续回到书信的内容，就"已成为"和"知晓"作进一步的说明。这是对由"领受"和"接受"所显示的"发生"的解释。《帖撒罗尼迦前书》第1章第6节，述及"对于真道的领受"——"在大难里超越的喜乐"。海德格尔解释道，这个"领受"自身带着哀痛，哀痛绵绵无期，与此同时"喜乐"也生生不息，"喜乐"来自圣灵的恩赐，因而不是由自身经验所引发的。在第2章第13节，"上帝之道"已经被理解为与"接受"伴随，接受者基于一种作用关联而与神同行。海德格尔说，这样我们就通过"领受"并进一步通过"接受"，规定了"发生"。这个"发生"是一种"绝对的反转"，即"朝向神的转向"和"背着偶像的转离"。这个"反转"正是属于实际生活之"实行"意义的，它在两个方向上得到了解释，这就是"服侍"和"等待"。③ 海德格尔总结说："关乎一个人自己的已成为的那种知晓是神学的起始和源泉"，按照其何以（Wie）来描述，"领受"即在"大难中"，"接受"是"投生于生活的困厄（Not）之中"，"神的当下存在在根本上系于生命的转变"，"接受自身即是一种在神面前的转变"。④ 这样，海德格尔便给出了保罗与帖撒罗尼迦人"共同世界"这一"处境"的一种"形式上的概览"。

海德格尔认为，"服侍"和"等待"作为基本方向规定着每一个其他的关涉（Bezug）。"对于主的再临的等待是决定性的"，这是在"领受"中自我投身

① ［德］海德格尔：《宗教现象学引论》，欧东明、张振华译，第94—95页。
② ［德］海德格尔《宗教现象学引论》，欧东明、张振华译，第96页。
③ 参见［德］海德格尔《宗教现象学引论》，欧东明、张振华译，第96—97页。
④ ［德］海德格尔：《宗教现象学引论》，欧东明、张振华译，第97页。

于决然"困苦"的经验，是在"时间终结时的再次降临这个视野之内的一种绝对的关切"①。海德格尔正是从"再临的期待"进入保罗的"自身世界"。

海德格尔说：

> 保罗生活在一种特有的、作为使徒的他所独具的困苦之中，生活在对主的再临的期盼（Erwartung）之中。这一困苦串联起了保罗的原本处境。他生活的每时每刻都是由这一困苦所决定的。虽然也有着作为使徒的喜乐，但他总是不断地处在这一困苦的强制之下。②

> 在他的生活中，那些超乎寻常的东西对于他不起作用。只有当他软弱的时候，当其承担生活的困苦之时，他才能进入一种与神的紧密联系。……生活对于保罗并不是单纯的经验之流，只有当他拥有它，生活才是（存在）。他的生活悬临于神与他的使命（Beruf）之间。③

以上两段，是海德格尔通过《帖撒罗尼迦前书》第3章以及《哥林多后书》第12章的相关章节的解读，对保罗"自身世界"的描述。这些描述，说明了保罗"再临的期待"中的原本处境（"苦厄"）和存在经验（在"苦厄"中并且只有在承担"苦厄"时才"拥有—神"的经验）。海德格尔认为，只有由此出发，我们才能理解保罗对帖撒罗尼迦人的"宣道"在内容上是什么，以及说的方式上的如何，这是由保罗自己的处境所决定的。他说："在形式上，保罗宣道的特质就是他本人参与了帖撒罗尼迦人对一个特有的时机的知晓（Wissen）。"④

海德格尔希望通过对"宣道"的现象学描述，进一步明确已有的视野。这里，我们不涉入具体的解释细节，而集中于由"宣道"所揭示的"原始基督徒的生活经验的特征"，这是海德格尔讲座最终要说明的问题。关于保罗的"宣道"，海德格尔首先从"对象"上将其与对观福音（Synoptiker）的传道区别开来。在对观福音里，耶稣宣说的是神的国度，在保罗的传道中，传道的原本对象则是作为弥赛亚的耶稣本身。在保罗这里，关系到的不是一种特殊

---

① ［德］海德格尔：《宗教现象学引论》，欧东明、张振华译，第99—100页。
② ［德］海德格尔：《宗教现象学引论》，欧东明、张振华译，第100页。
③ ［德］海德格尔：《宗教现象学引论》，欧东明、张振华译，第102—103页。
④ ［德］海德格尔：《宗教现象学引论》，欧东明、张振华译，第103页。

的理论性的教说（Lehrer），而是实际的生活经验。

海德格尔指出，基督徒的实际生活经验随着传道而生发，因而此种生活经验就是受历史规定的，人们在某一时机适逢了传道，而后在生活的实行中不断地与之一道成为鲜活的生活经验，这里的"时机"不是某种历史的可思索回忆的"时间性"，而是基督徒所"亲历着的时间性"，是"出自与神的基本关系"而得以确定的"时间性"。他说："只有那些经由实行而亲历时间性的人才理解永恒。经由这一实行因缘，神之存在的意义才能得到确定。"① 正是在此意义上，原始基督徒的宗教性与周围世界、共同世界及自身世界的关涉才能够得到说明。在讲座的第 2 章第 19 节"对原始基督教宗教性的基本规定"的讨论中，海德格尔曾列举的那两个"假定的规定"，在这里得到了最后的说明。那两个规定是：第一，原始基督徒的宗教性就存在于原始基督徒的生活经验之中且它就是这样的一种宗教性本身；第二，实际生活经验是历史性的，原始基督徒的宗教性亲历（lebt）着时间性本身。

埃兹拉·德拉哈耶（Ezra Delahaye）在讨论海德格尔"保罗书信"现象学阐释的神学背景时特别指出，海德格尔 1920/1921 年弗莱堡讲座"对保罗（研究）的当代复兴有着显著的作用"，"所有研究保罗的当代哲学家，都在某种程度上受到了海德格尔重读保罗书信的影响"。② 他的结论是：海德格尔关于"保罗书信"的讲座，是在哲学和神学双重背景下进行的；海德格尔以现象学的方法处理了"保罗书信"的神学难题，他将保罗解读为末世论思想家；根据海德格尔，传统解经学和神学的保罗解读，忽视了原始基督教的真实的生活经验；在讲座中，海德格尔为《存在与时间》以及他的整个学术生涯奠定了基础。③

就我们当下的研究来说，不可能深入海德格尔与基督教神学的关联，特别是这项工作在当代还有着截然不同的评价。④ 我们所关注的是，海德格尔如

① ［德］海德格尔：《宗教现象学引论》，欧东明、张振华译，第 122 页。

② Ezra Delahaye, "Re-enacting Paul. On the theological background of Heidegger's philosophical reading of the letters of Paul", *International Journal of Philosophy and Theology*, Vol. 74, No. 1, *2013*, p. 2.

③ 参见 Ezra Delahaye, "Re-enacting Paul. On the theological background of Heidegger's philosophical reading of the letters of Paul", p. 13 – 14。

④ 如汉斯·约纳斯（Hans Jonas）虽然承认海德格尔思想与基督教神学的某种"亲缘性"，但在他看来，海德格尔思想具有"深深的异教的特质"，他的哲学"其实是神学的敌人"。参见 ［德］汉斯·约纳斯《海德格尔与神学》，载刘小枫选编、孙周兴等译《海德格尔与有限性思想》（重订版），华夏出版社 2007 年版，第 62—63 页。

何运用"形式显示"的现象学方法,与保罗"一起经历(经验)"他的处境。这在方法论上,有助于我们去观察和描述儒教信仰的"源初"经验。

事实上,海德格尔还揭示了在复杂宗教传统和社会环境中保罗的信仰确证与宣道。波特(Stanley E. Porter)在其所编辑的《保罗:犹太人、希腊人与罗马人》的导言中说:"对使徒保罗作为犹太人、希腊人和罗马人的研究意味着什么?这个问题的拟定本身,揭示了如下事实:三者之间的区分涉及了一种复杂的种族的、社会的与文化的标识。保罗是古代世界的一个复杂个体,因为古代世界的文化—伦理的(甚至宗教的)领域的生活特征,以及诸多对这种复杂性加以见证的个体,在他的身上结合在一起。"①

正如我们在前面关于儒教的历史和文化的考察所看到的那样,在儒教的雏形及早期的发展过程中,那些代表人物,如周公和孔子,同样体现了一种古代世界的复杂性与个体的结合。就此而言,海德格尔对"保罗书信"的解释以及对保罗"宣道"的说明,有助于我们观察儒教的早期信仰者如何"经验"自身的复杂社会和宗教环境。

由"形式显示",海德格尔开启了一条"诠释学—存在论"的"哲学"道路。虽然,我们的研究并不涉及哲学上的问题,但是如在本书第二章基于"人之存在理解"对于儒教"神—圣""信仰"的观念考察业已表明的那样,儒教"信仰"同样植根于一种"存在"的"领悟"或"理解"。我们将在下一章的第一节再次具体地回到这个问题。"存在论"与"诠释学"相贯通的视域开启,有助于我们观察和说明儒教"信仰"及其"系统"如何获得建构与发展。

四 "形式显示"及其哲学道路之于儒教"信仰系统"研究的适切性

将"信仰"与"经验"联系起来,反映了怎样的现代特征,是一个值得讨论的问题。我们已经看到,无论如何理解"信仰",前述有关"信仰"经验(体验)的说明总是区别于"科学"经验,这实际表明了"信仰"的现代处境。此外,"经验"或"体验"是现象学所处理的重要哲学问题,对作为

---

① Stanley E. Porter, "An Introduction", edited by Stanley E. Porter, *Paul: Jew, Greek, and Roman*, Brill, 2008, p. 1.

"经验"之一的"信仰"作现象学的把握，也体现出试图在宗教或信仰领域摆脱具体形态限制的努力。

如前所述，海德格尔题为《宗教现象学引论》的弗莱堡讲座，主旨是处理"哲学的自我理解"问题。他对"保罗书信"的现象学阐释，正是通过一个"典型代表"，来"获知"通往"哲学"的道路，即通过"形式显示"开启"诠释学—存在论"的哲学理解。一般言之，在海德格尔这里，诠释学与"现象学"及其所处理的"存在问题"是贯通的。张祥龙指出，从海德格尔后来思想的发展看，海德格尔将古希腊人所提出的"存在"或"本体"理解为一种根本性的发生（生成和开启）和维持的状态。在其思想形成期，"这种状态被明确地看作是人的实际生存状态，或'人的实际生活经验'"，其开端体现为弗莱堡讲座对"实际生活经验"的如下说明：其一，这种经验是最原发混成的"湍流体验"；其二，这无对象区别的体验本身已经包含并表现出境遇式的意义世界或诠释形势。① 这里所谓"湍流体验"，如我们在本节开始时对"实际生活经验"的说明，正是海德格尔所说"把世界串联为**周围世界**（Umwelt），串联为我们所际遇的东西"，"**我自身不是在休止的状态中经验我的自我**，而是在自身经验之际总是连带着周围世界"。② 在此意义上，这个经验（体验）是"原发混成"的，所经验（体验）到的一切都带有"意蕴"。

海德格尔说："在我们注意到实际经验对于所有实际生活的固有的浑然不觉之际，我们就能明了周围世界、共同世界和自身世界的一种特定的持久的意义：在实际生活经验中所经验到的一切都带有**意蕴**（Bedeutsamkeit）的特质（Charakter）；所有的内容之中都带有这一特质。"③ 前面我们已经指出，这里所说的"意蕴"，并非出于主客关系所言的"价值"，而是一种"纯粹的获知"。海德格尔提出"形式显示"的现象学方法，视为对"意蕴"的"明了"或"诠释"，亦即前述张祥龙所说的"境遇式的意义世界"或"诠释形势"。张祥龙说："这原发的湍流体验本身的趋动势态就构成着前概念的领会、表达和解释的可能，或活的意义空间；'存在'主动地呈现着、表示着动态的形式和关系结构。"④

---

① 参见张祥龙《从现象学到孔夫子》，商务印书馆2001年版，第101—102、106页。

② ［德］海德格尔：《宗教现象学引论》，欧东明、张振华译，第11、13页。

③ ［德］海德格尔：《宗教现象学引论》，欧东明、张振华译，第12—13页。

④ 张祥龙：《从现象学到孔夫子》，第106页。

海德格尔也说过，"形式显示"具有"开启现象学解释的意义"。① 通过"形式显示"，存在论与诠释学贯通起来。

由于我们的儒教"信仰"及其"系统"的研究，并无任何"宗教"的前设，海德格尔对"信仰"作为"经验"之不受制于"历史之物""预先确定"的现象学考察②，便可资借鉴。如果我们借鉴海德格尔的"形式显示"及其所开辟的"诠释学—存在论"道路，回到儒教的实际生活经验，观察和描述儒教"信仰经验"并对其"信仰系统"加以说明，我们仍然需要阐明其可能运用的范围、内容及其适切性。

上一章已经说明，"信仰系统"的区分和研究，是以当代社会系统理论对儒教社会系统的一项考察，目标是说明该"信仰系统"的自我指涉与自我再制机制。现在我们提出，就此项研究来说，海德格尔的"形式显示"有助于揭示儒教信仰具体经验的自我指涉，"诠释学—存在论"的哲学道路也可以帮助我们认识此信仰系统的自我再制机制。上述可能的借鉴，在范围上属于微观，在内容上也趋向于具体，仍然需要对其运用之适切性加以说明。

前述海德格尔"从形式上予以自身显示"（形式显示）的现象学探索，其哲学精神同样体现在涂尔干和卢曼社会系统理论中。上一章，我们专门讨论了当代社会理论中与现象学精神具有亲缘性的方面。如卢曼对于传统形而上学本体论的哲学反思，主张摆脱"旧欧洲式的"本体论的提问方式，即不再问"是什么"（was ist），而应该问"在哪些建构条件下某种事物才能理解为实存的"。③ 哈贝马斯曾指出，卢曼的研究"与其说是想和从孔德到帕森斯的社会理论专业传统联系起来，不如说是想延续从康德到胡塞尔的意识哲学问题史"④，是以"系统—周围世界—关系"取代"认知主体"与作为认知对象总体性的"世界"之间的关系。事实上，即使在哈贝马斯所言的社会理论传统中，像涂尔干"把社会事实看作事物"的纲领性主张，也与同时代现象学的哲学开展具有精神上的亲缘性。

就儒教"信仰"的研究来说，对海德格尔"形式显示"及"诠释学—存在论"哲学道路的借鉴，有助于克服当代社会系统理论的可能缺陷，即哈贝马斯

---

① ［德］海德格尔：《宗教现象学引论》，欧东明、张振华译，第65页。
② 参见［德］海德格尔《宗教现象学引论》，欧东明、张振华译，第65页。
③ 秦明瑞：《系统的逻辑——卢曼思想研究》，第20页。
④ ［德］哈贝马斯：《现代性的哲学话语》，曹卫东等译，第411页。

就卢曼社会系统论所批评的"让主体自身堕落为系统"①，以及使社会系统理论成为一种"元生物学"式的"社会技术"。对于范围上属于微观、内容上也趋向深入的儒教"信仰"问题的研究，海德格尔反对将现象学作为一种"哲学方法论技术"的立场，以及"现象学必须能够从一被体验的生命的具体特殊性内部来理解"的道路②，有助于我们把握儒教信仰的具体经验，特别是通过植根于文王、周公（可前溯并包括武王）、孔子的生命存在领会之信仰的"源初"经验，使儒教信仰系统之雏形期的"自我指涉"和"自我再制"得以揭示。

上一章的考察已经说明，卢曼在20世纪80年代提出系统理论的"范式转换"，即以"自我指涉"和"自我再制"代替此前的"系统/环境"区分。"自我指涉"指经由区别与标示的运作来指认出自我，"当系统以那些构成它的元素，来生产及再生产出构成它的元素时，我们将系统标示成是自我再制的"③。社会所发生的事件是"沟通制造沟通"的自我指涉过程。社会系统的沟通借由"意义"（Sinn）来运作。"意义"是社会系统的每一个形式建立所用的最一般的无法超越的媒介，"所有的心理与社会系统，只能在意义这个媒介里，决定并复制它们的操作"④。对于宗教，卢曼放弃了关于宗教和信仰的传统的保证或假设，认为必须在意义这个媒介的形式领域里寻求而诉之于"符码"或"符码化"，即作为符码区别的两个面向都可以被描述。卢曼将宗教的符码描述为"内在性/超越性"，并且认为这两个值"互为预设"且从"超越性"的一面观察"内在性"，沟通才是宗教性的。"内在性/超越性"的区分便取代传统的"神圣/世俗""上帝/凡人""存有/虚无"的区别，成为一个不断开放的操作或建构过程。我们还比较指出，在卢曼这里，宗教系统的符码与其他社会系统的符码有相同与相异之处。相同之处在于，这些符码都是依据自身系统的"意义"之媒介而作出的区分，不同之处是其他符码的两面皆有具体指涉（如政治系统之"拥有权力/不拥有权力"、经济系统之

---

① ［德］哈贝马斯：《现代性的哲学话语》，曹卫东等译，第396页。

② ［爱尔兰］德尔默·莫兰：《现象学：一部历史的和批判的道论》，李幼蒸译，第255—257页。

③ Niklas Luhmanns, *Die Autopoiesis des Bewußtseins*, Soziale Welt 36（1985），p. 403，转引自［德］克内尔、纳塞希《卢曼社会系统理论导引》，鲁贵显译，第76页。

④ ［德］卢曼著，基瑟林编：《社会的宗教》，周怡君等译，第44页。

"支付/不支付"、法律系统之"合法的/非法的"等），而宗教符码之"内在性/超越性"却无法有具体指涉。此不同，源于宗教性沟通所牵扯到的"特殊事件"，即"某个东西或事件被赋予了一个特别的意义，这个意义跳脱了习惯世界（在那里可继续接触到它们），并获得特殊的'灵光'（Aura）以及特殊的指涉范围"。① 我们在上一章的研究中指出，卢曼的这个说法，是将宗教符码归为世界之于人的意义，与我们将儒教信仰诉之于"人之存在的理解"有相一致之处。

这里要再次强调，卢曼对于社会系统（包括宗教系统）的分析，缘于现代社会系统及其功能的分化的事实，他对宗教符码的说明主要是为现代分化了的宗教系统及其功能提供一种分析工具。这对儒教"信仰"的具体研究来说，仅具有参照作用和工具性意义。我们所说的儒教"信仰系统"，是对儒教社会系统的具体区分，在观察层次上属于儒教社会系统内部的观察，既不能等同于现代社会的"宗教系统"，也不适用于卢曼有关社会系统及其分化的一般分析说明，不能直接以"内在性/超越性"的区分作为该系统的"符码"。儒教"信仰"的"意义"媒介以及由此而来的"符码化"，只能从其系统自身出发。

在这里，寻求儒教信仰系统沟通所凭借的那个"意义"（Sinn），用卢曼的话来说，即儒教信仰系统之形式建立所用的媒介，是可能的。正是在这个地方，海德格尔"形式显示"的现象学方法及其"诠释学—存在论"的哲学道路便有其适切性。海德格尔诉之于实际生活经验以把握经验到的一切所带有的"意蕴"，以及"形式显示"是"意蕴"的自我呈现以及对"意蕴"的"明了"或"诠释"的认识，可以适用于"明了"儒教信仰的"源初"经验，"诠释"儒教基于存在领悟的信仰开展。就儒教信仰的研究来说，我们必须把握其"源初"经验与发展。

第三节　文王、周公与孔子：信仰经验及系统分析

本书的第一章曾通过历史和文化的考察指出，对"上帝"信仰的继承以及对"天"之普遍性与超越性的肯定，是周民族和国家"其命维新"的精神

---

① ［德］卢曼著，基瑟林编：《社会的宗教》，周怡君等译，第92页。

性开展。现在要指出的是，这个"上帝—天"的信仰构成虽然具有重要的历史文化意义，但并不能简单地以之对儒教的信仰结构加以说明，我们需要描述并说明对形塑后世儒教信仰的有深刻影响的那些"源初"经验。这需要进一步回溯，了解和把握殷周之际文王、武王与周公信仰经验，以及孔子"历史性处境"中新的信仰体验，以为进一步分析和说明儒教的信仰系统奠定基础。

一　文王的信仰经验与信仰系统

姬昌（西伯、文王）① 是周国家建立的关键人物和精神象征。在周人的历史叙述中，殷商鼎革的合法性正是"文王受命"。周公说："天休于宁王，兴我小邦周，宁王惟卜用，克绥受兹命"（《尚书·大诰》），"文王受命惟中身"（《尚书·君奭》）。成王也称："天乃大命文王，殪戎殷，诞受厥命。"（《尚书·康诰》）周祭祀乐歌："文王在上，于昭于天。周虽旧邦，其命维新。"（《诗经·大雅·文王》）虽然，政治的鼎革完成于武王，但《史记·周本纪》记武王东观兵、会诸侯于盟津（孟津）时，乃车载"文王木主"，伐纣成功，也以"乃遵文王"为动员令。文王正是周"受天明命"的象征。现在我们要问的是：在上述历史过程中，文王"经验"了什么？武王特别是周公，如何经验文王的"经验"？

前述第一个问题，传统的经史文献似有所提示。在《史记·周本纪》的叙事中，姬昌天生便被赋予了使命。古公亶父有长子太伯、次子虞仲、三子季历。季历娶殷女太任，生姬昌，"有圣瑞"，古公称："我世当有兴者，其在昌乎？"太伯、虞仲知古公欲立季历以传位姬昌，乃亡入荆蛮。关于季历，相关记载仅一笔带过，便言"公季卒，子昌立，是为西伯"。在姬昌的叙事中，最为关键的是被商王纣"囚羑里"。《史记·殷本纪》记纣重刑辟，醢九侯，脯鄂侯，西伯昌闻之窃叹，纣囚西伯羑里。《周本纪》并谓"其囚羑里，盖益《易》之八卦为六十四卦"。正是在被囚获赦后，姬昌得封西伯，因平虞、芮之讼被诸侯视为"受命之君"，此后征伐犬戎、密须、耆、邘等，作邑于丰，奠定三分天下有其二的局面。后世《易传》作者由此获得启示，称："易之兴也，其当殷之末世，周之盛德耶？当文王与纣之事耶？""易之兴也，其于中

---

① 姬昌卒后谥号"文王"，克殷前被封为"西伯"，这里我们径用"文王"称之，在作历史叙述时或称"姬昌""西伯"。

古乎？作易者，其有忧患乎？"（《易传·系辞下》）如此，文王的经验便可以用"忧患"来描述。① 甚至，以"忧患"进一步说明儒家乃至中国的精神传统，以至于"忧患意识"成为一个比较文化学或精神类型学的范畴。② 笔者认为，要说明文王"经验"了什么，回到文王的"处境"，或可避免简单化或观念化，获得更切近的了解。

就姬昌的"处境"来说，《史记·周本纪》没有述及的一点应被重视，此即《古本竹书纪年》载"文丁杀季历"③。从文献所记看，季历死于文丁之手应该是历史的事实，至于原因只能据商周之间的关系加以推测。如杨宽说："季历这样在今山西地区征伐犬戎，开拓土地，就使商王朝感到威胁。因此，季历终于被文丁杀死了。"④

《吕氏春秋·孝行览·首时》有言：

> 圣人之于事，似缓而急，似迟而速，以待时。王季历困而死，文王苦之，有不忘羑里之丑，时未可也。武王事之，夙夜不懈，亦不忘王门之辱。立十二年，而成甲子之事。⑤

此段叙述，由季历困死，言文王"苦之"，又述及文王不忘"羑里之丑"及武王"不忘王（玉）门之辱"，贯穿了从季历到克商的历史。所谓"羑里之丑"，已如前言。"王（玉）门之辱"，许维遹注曰："武王继位，虽臣事纣，不忘文王为纣所拘于羑里之辱。文王得归，乃筑灵台，作王门相女童，击钟鼓，示不与纣异同也。武王以此为耻而不忘也"，又曰："'王门'即'玉门'

---

① 参见郑万耕《〈易传〉忧患意识的历史考察》，《北京师范大学学报》（社会科学版）2007年第3期。

② 最早对"忧患意识"作当代阐释和比较说明的，是新儒家学者徐复观先生。具体说明可参见刘越、刘鸿鹤《儒家人文主义的源头——徐复观论"忧患意识"》，《社会科学辑刊》2014年第6期。

③ 王国维：《古本竹书纪年辑校》，载谢维扬、房鑫亮主编《王国维全集》第5卷，浙江教育出版社、广东教育出版社2009年版，第167页。汲冢《竹书纪年》于两宋之际佚失，清朱右曾从古书所引《竹书纪年》辑为《汲冢纪年存真》二卷，王国维1917年以朱氏辑本为底本补正而为《古本竹书纪年辑校》。王国维认为，世所流传的《今本竹书纪年》，"殆无一不袭他书"，指其伪而无用。参见王国维《今本竹书纪年疏证》"序"，载谢维扬、房鑫亮主编《王国维全集》第5卷，第201页。这里，我们不涉及《竹书纪年》古本今本的真伪问题，唯从古书所引而辑录的古本内容，则视为其原有。

④ 杨宽：《西周史》，第69页。

⑤ 许维遹撰，梁运华整理：《吕氏春秋集释》（上），中华书局2017年版，第321—322页。

也"，乃以玉饰门。① "玉门之辱"，乃西伯自污其身、虚与委蛇所受之屈辱。对于姬昌的选择，传统文献多归于政治谋略，所谓"西伯归，乃阴修德行善"（《史记·殷本纪》），"西伯阴行善，诸侯皆来决平"（《史记·周本纪》），此自可以"待时"来作经验性的认识，但很难说明姬昌"苦之"与武王"丑之"背后的信仰经验。笔者认为，20 世纪 80 年代发现的周原甲骨卜辞，以及 21 世纪新发现整理的楚简文献如《程寤》《保训》等，能够为了解姬昌的信仰经验或体验提供新的帮助。

1977 年陕西岐山县凤雏村发现周原甲骨②，其中四片庙祭甲骨 H11：1、H11：82、H11：84 和 H11：112 的属性和卜辞内容等，引发了讨论。就其族属问题，学术界早期曾有两种意见。一种意见认为是商人的，由祭祀制度"神不歆非类，民不祀非族"看，周人不可能在周原为商人祖先立庙并祭祀，这些甲骨是后来从商都移到周原去的。另一种意见认为是周人的甲骨，其中又有不同的两说：一说周人在自己国中建立商王庙而行祭商先祖的遗留；一说是周文王被因于羑里时所卜甲骨而随文王被释带回周原。③ 由于族属认识的不同，对于四片庙祭甲骨刻辞内容的解释也有不同。

就我们的研究来说，所关注的重点在于 H11：84 和 H11：82 出现了"曾周方白（伯）"的刻辞。关于"曾"，一种意见是通"册"，意为册命④，如此所占卜的乃册命周为方伯之事；一种意见是"征伐"之意，如此卜辞所记应是"征伐周方伯之事"⑤。现在看来，虽然就所占卜的内容理解有所不同，但所贞问的对象则没有疑问，乃殷商的先王，如 H11：82 的大甲、H11：84 的文武丁。这里的问题是，如果上述庙祭甲骨是殷人祭祀所卜，则无论是"册命"还是"征伐"周方伯，皆能够得到解释。但是，如果是周人占卜，向殷商先王贞问自己被册封为方伯或被征伐的吉凶，则令人费解或发人深思。问题还在于，这些在周原遗址上发掘出的庙祭甲骨，无论卜骨的形制（如属

① 许维遹撰，梁运华整理：《吕氏春秋集释》（上），第 322 页。
② 参见陕西周原考古队《陕西岐山凤雏村发现周初甲骨文》，《文物》1979 年第 10 期。
③ 参见杨升南《周原甲骨族属考辨》，《殷都学刊》1987 年第 4 期。
④ 如杨升南说："在殷墟甲骨中，从口的'册'字与不从口的'册'字是可以通用的。"杨升南：《周原甲骨族属考辨》，《中国社会科学》1987 年第 4 期。
⑤ 王宇信引胡厚宣对殷墟卜辞相关用例的解释："其义实同于伐"，并引于省吾"从册声，古读册如删，与刊音近字通，俗作砍"。参见王宇信《甲骨学通论》（增订本），中国社会科学出版社 1993 年版，第 418 页。

于周人的方凿、圆钻平底等）还是刻辞之小如粟米的微刻细划的字形（没有出现于殷墟卜骨），都显示其为周人所有。

新近研究提出的一些判断，或许能够减少谜团。如就"征伐"说，王恩田认为："凤雏4片庙号卜甲，是帝辛征伐西伯昌，客居于岐山凤雏周庙时，祭祀成唐、大甲、文武丁、文武帝乙等殷人先王神主的位祭卜辞。"① 王恩田推断"帝辛（纣王）征伐西伯昌"的原因，"应与西伯昌称王有关"。② 延续传统"册命"说，李桂民权衡各家判断并通过考证进一步指出，周文王祭祀殷先王祈求册封，是为了受命获得殷先王的认可，他说：

> 周原甲骨文的发现，使我们看到了周文王祭祀商王验证天命的记载。在长期准备翦商的过程中，周文王必定多次通过占筮来决疑，问卜的对象不仅仅是皇天大帝，还应包括商之先祖。从已有成果来看，周人在凤雏立有商先王庙，至少周人立有文丁和帝乙庙是可以确定的。③

虽然，上述说法也需要面对文王"称王"的疑问。不过，在商代，所谓"称王"可能并非如后世儒家正统观念所认为的"受命称王"，亦即"称王"不等于"受命"。在殷商的信仰系统中，殷人祖先是受"帝命"的，死后也宾于帝所。由前述周原庙祭甲骨卜辞透露的祭祀殷人先祖的信息看，姬昌所面对的艰难问题应是"受命"问题。如本书第一章考察说明的，"上帝"信仰在周人的信仰中本已有之，虽然"天"之信仰为周人独有，不过在当时的信仰条件下，所谓"受命"仍然是受"帝命"，姬发祭祀商王所验证只能是"帝命"而不会是"天命"。这里，我们要关注姬昌"受命"关怀背后的信仰经验。

回到姬昌的历史处境可以看到，姬昌的信仰经验，是对上帝意志的惕厉与对殷人祖先力量的恐惧。"文丁杀季历"，姬昌"苦之"。姬昌所面对的是被视为代表上帝意志的受命商王的裁决，这是一种必然的和无法抗拒的力量。所谓"苦之"，并非仅是丧父的痛苦，更是一种身临苦难而又必须臣服于一个

---

① 王恩田：《凤雏庙号卜甲与商纣王伐周》，《殷都学刊》2016 年第 4 期。
② 王恩田：《凤雏庙号卜甲与商纣王伐周》，《殷都学刊》2016 年第 4 期。
③ 李桂民：《周原庙祭甲骨与"文王受命"公案》，《历史研究》2013 年第 2 期。

必然性力量的感受。姬昌被拘羑里，所"忧患"的仍然是此"命"。姬昌需要在忍受中服膺这种神秘的必然意志。

在另一则材料里，我们也可以切近地感受姬昌的这种处境以及神秘经验所带来的可能暗示。这就是《逸周书·程寤》辑佚所言以及 2008 年入藏清华大学的战国楚简《程寤》。《逸周书·程寤》原篇缺失，卢文弨据《艺文类聚》和《太平御览》所引，补文如下：

> 文王去商在程，正月既生魄，太姒梦见商之庭产棘，小子发取周庭之梓，树于阙间，化为松柏棫柞，寤惊，以告文王，文王乃召太子发占之于明堂。王及太子发并拜吉梦，受商之大命于皇天上帝。①

清华简《程寤》：

> 惟王元祀，正月，既生魄，大姒梦见商廷隹棘，廼小子发取周廷梓树于厥间，化为松柏棫柞。寤，惊，告王。王弗敢占，诏太子发，俾灵名凶，祓。祝祓王，巫率祓大姒，宗丁祓太子发。币告宗祊社稷，祈于六末山川，攻于商神。望，烝，占于明堂。王及太子发并拜吉梦，受商命于皇上帝。②

对照上面的两段文字，所述事情基本一致。是说正月的既生魄日，姬昌的正妻太姒梦见商王庭院长满荆棘，其子姬发将周庭院中的梓树移植于商庭，梓树变为松柏棫柞。太姒梦醒后告诉姬昌，姬昌乃召姬发，占卜吉凶，断为吉梦，以此为受命于上帝的征兆。但仔细比较，又有三点不同，其间有可讨论之处。

其一，《逸周书·程寤》补文，称此事发生于"文王去商在程"，清华简《程寤》则将时间说为"惟王元祀"，即姬昌称王的"元年"。据陈逢衡《逸周书补注》所考，由《太平御览》引《帝王世纪》"十年正月，文王自商至程，太姒梦商庭生棘……"，"十年盖为囚羑里后之十年"。③ 又据丁宗洛《逸

---

① 黄怀信、张懋镕、田旭东撰：《逸周书汇校集注》（上），上海古籍出版社 2007 年版，第 183 页。

② 李学勤主编，清华大学出土文献研究与保护中心编：《清华大学藏战国竹简（壹）》"释文"，中西书局 2010 年版，下册，第 136—137 页。这里的引用，为方便讨论，将古文字转写为今体。

③ 参见黄怀信、张懋镕、田旭东撰《逸周书汇校集注》（上），第 184 页。

周书管笺》，"迁程又迁酆，前后仅三年，《帝王世纪》作十年误"①。无论是"十年"还是"三年"，太姒之痦，乃发生于姬昌羑里获释之后。

其二，《逸周书·程痦》补文，言太姒"痦惊"告文王后，文王乃召太子姬发占之于明堂，得占为吉梦。清华简《程痦》的叙述则颇为曲折。先是"王弗敢占"，于是诏太子发，"俾灵名凶"，使神巫（灵）说出凶神之名（名凶）。随即举行禳祓仪式，用神巫"祈""率"和祝"丁"，分别为文王、太姒和姬发祓灾。由太姒之"惊"与文王"弗敢占"来看，姬昌对于太姒之梦最初的体验，是警惕戒惧（惕厉）。"俾灵名凶"后，于是举行对"凶神"的禳祓仪式。这正说明，对于"程痦"，姬昌最初所经验的是面对莫名的神秘意志或力量的"惕厉"。关于清华简《程痦》"王弗敢占"的叙述，传统文献中也有记载。《潜夫论·梦列篇》云："太姒有吉梦，文王不敢康吉"；《博物志》说："觉惊以告文王，文王曰：慎勿言！"《太平御览》引《帝王世纪》也记："文王不敢占，召太子发。"② 就姬昌的"惕厉"经验，陈逢衡《逸周书补注》也说："痦有猛然惊醒之意。言我文考用晦而明。倍加惕厉，是天降痦于程以开吾也。"③ 陈逢衡所言，乃传统"文王受命"之义，但"惕厉"（警惕戒惧）正可说明文王羑里获释后的信仰经验。《周易·乾卦》"九三：君子终日乾乾，夕惕若厉"，正是对此种经验的描述。④

其三，《逸周书·程痦》补文，言文王与太子占于明堂并拜吉梦，"受商之大命于皇天上帝"。清华简《程痦》则详细叙述占于明堂之前的活动，如望祭山川，告于社稷，烝祭宗庙，特别是"攻于商神"。这里"攻于商神"之"攻"，乃古祭名。《周礼·春官·大祝》："掌六祈以同鬼神示：一曰类、二曰造、三曰禬、四曰禜、五曰攻、六曰说。"郑玄注"六祈"之"祈"曰："谓为有灾变号呼告神以求福。"⑤ 无论这里的"攻于商神"之"攻"是否如郑玄所释为"以辞责之"⑥，由灾变而祭祀呼告于商人之祖先神仍然是重要的仪式。这与前述考察周原庙祭甲骨卜辞所记向商先王占问受命，可相互印证。

---

① 参见黄怀信、张懋镕、田旭东撰《逸周书汇校集注》（上），第 184 页。
② 参见黄怀信、张懋镕、田旭东撰《逸周书汇校集注》（上），第 183—184 页。
③ 黄怀信、张懋镕、田旭东撰：《逸周书汇校集注》（上），第 262 页。
④ 晋干宝曰："此盖文王返国大釐其政之日也。凡无咎者，忧中之喜补过也。文恨早耀文明之德以大蒙难，增修柔顺以怀多福。"孙星衍撰：《周易集解》（上），上海书店 1988 年版，第 4 页。
⑤ （清）阮元校刻：《十三经注疏（附校勘记及识语）》，上册，第 808 页下栏。
⑥ （清）阮元校刻：《十三经注疏（附校勘记及识语）》，上册，第 809 页上栏。

经过一系列的试探和证明，姬昌终于通过占于明堂，获得了"受商之大命"的肯定。这里还可注意的是对于受命来源的不同表述。《逸周书·程寤》补文为"受商之大命于皇天上帝"，清华简《程寤》则是"受商命于皇上帝"。后者不称"天"，正是殷代信仰的表达。所谓"皇天上帝"，是周人延续并重构商人信仰所作"上帝—天"崇拜的体现。对于周人的这一信仰变革，我们在第一章第三节已经有过说明。

由周原庙祭甲骨卜辞和《程寤》可知，在其父季历为文丁所杀、自身被囚羑里而惊险获释的切身情景中，对上帝意志的"惕厉"和对殷受命先王力量的"恐惧"，正是姬昌的信仰体验。引发"惕厉"的是无所不在又难以预知的"上帝"的神秘意志。"恐惧"则似乎有其对象，即膺受帝命的殷人先王，但背后仍然是无可名状的"上帝"意志。我们也可直接用"惕惧"来描述姬昌的信仰经验。他是在"惕惧"中谨慎地"等待"，小心翼翼地"试探"，以期待验证自己是否"受商命于皇上帝"。

当姬昌通过"程寤"最终确信自己"受命"后，他的信仰经验是否会有变化？这里要提醒的是，由《程寤》看，可以肯定此时的世子姬发，正与姬昌一起经历"受命"，他又如何经验姬昌的经验及其可能的变化？在传统文献中，《吕氏春秋·孝行览·首时》言文王"不忘羑里之丑"，"武王事之，夙夜不懈，亦不忘王门之辱"，似可作提示。只有在确证"受命"后，被囚羑里才会被感受为"丑"，对于"作玉门，相女童，击钟鼓，示不与纣异同"[1]，才会有"辱"的体验，否则这些只能被视为面对必然命运不得不作出的选择。当然，这样的材料也只能作间接的提示。有幸的是，新近入藏整理的清华简《保训》，可以提供较为接近的说明。

2009年，清华大学出土文献研究与保护中心整理公布了竹书《保训》释文。根据李学勤先生介绍，"《保训》篇是周文王临终时对太子发即武王所作的遗言"[2]。虽然，清华简《保训》的真伪问题，学界仍存在不同意见[3]，我

---

①　许维遹撰，梁运华整理：《吕氏春秋集释》（上），第322页，"王门之辱"句注。

②　李学勤：《论清华简〈保训〉的几个问题》，《文物》2009年第6期。

③　参见姜广辉《〈保训〉"十疑"》，《光明日报》2009年5月4日第12版，《〈保训〉疑伪新证五则》，《中国哲学史》2010年第3期；王连龙《对〈保训〉"十疑"一文的几点释疑》，《光明日报》2009年5月25日第12版，《清华简〈保训〉篇真伪讨论中的文献辨伪方法论问题》，《古代文明》2011年第2期；黄怀信《清华简〈保训〉篇的性质、时代及真伪》，《历史文献研究》总第29辑。

们从宗教和信仰的专门视角分析，认为清华简《保训》的确包含了商周之际周王姬昌信仰经验的真实信息。这里根据公布的释文①，参考后续各家释读，来看《保训》的内容：

> 惟王五十年，不豫②。王念日之多历，恐坠保（宝）③训。戊子，自靧。己丑，昧［爽］……［王］若曰："发，朕疾适甚，恐不及汝训。昔前代（前夗）④传保（宝），必受之以詷。今朕疾允病，恐弗念终，女以书受之。钦哉，勿轻！昔舜旧作小人，亲耕于历丘，恐求中，自稽厥志，不违于庶万姓之多欲。厥有施于上下远迩，遒易位迩稽，测阴阳之物，咸顺不扰。舜既得中，言不易实变名，身滋备惟允，翼翼不懈，用作三降之德。帝尧嘉之，用受厥绪。呜呼！发，祗之哉！昔微假中于河，以复有易，有易服厥罪。微无害，遒归中于河。微志弗忘，传贻子孙，至于成唐（成汤）⑤，祗备不懈，用受大命。呜呼！发，敬哉！朕闻兹不旧，命未有所延。今汝祗备毋懈，其有所由矣。敬哉，勿轻！日不足，惟宿，不详。"⑥

由释文看，《保训》全文包含了三部分内容。第一部分，说文王患病，念时日不多，"恐坠保训"，于乙丑日召太子姬发受"训"，并让姬发作书记录，即"以书受之"，嘱咐他"勿轻"。第二部分，叙述虞舜并帝尧之事，虞舜"求中""得中"，帝尧嘉；又特别详述商之先祖上甲微征伐"有易"，"假中""归中"，并传之子孙而由成唐（汤）"用受大命"。第三部分，再次叮嘱姬发"祗备毋懈"，"敬哉"而"勿轻"所训。

---

① 参见清华大学出土文献研究与保护中心《清华大学藏战国竹简〈保训〉释义》，《考古》2009年第6期。

② 原公布的释文作"瘳"，据李首奎等意见隶定后读为"豫"，参见李学勤《清华简〈保训〉释读补正》，《中国史研究》2009年第3期。

③ 释文说："保"通"宝"。参见清华大学出土文献研究与保护中心《清华大学藏战国竹简〈保训〉释义》，《考古》2009年第6期。

④ 原释读为"前代"，或试读为"前夗"，即"轩辕"。参见姜广辉《〈保训〉"十疑"》，《光明日报》2009年5月4日第12版。

⑤ 原文作"成康"，释文说："康"为"汤"字之误。"成唐"及"成汤"。参见清华大学出土文献研究与保护中心《清华大学藏战国竹简〈保训〉释义》，《考古》2009年第6期。

⑥ 原释文作"日不足，惟宿不详"，此据王连龙《清华简〈保训〉篇真伪讨论中的文献辨伪方法论问题》所作辩证而改。

该篇题为《保训》。最初公布的释文，正文中的"保训"被释读为"宝训"，概因为文中有"传保"一词。如李学勤说："'保训'的'保'，看下面第 3 简'传保'，还是读'宝'为好。"① 对此，李零有不同意见，他说：

　　"保"不读"宝"。简 3 的"保"字也不读"宝"。"保训"，后世文献有这个词，是指对东宫太子的教训。……"保"，本义是养护小孩，字形象人抱子，古人训养、训安、训守、训持、训护、训佑，皆从此义生。《尚书》，"保"字多见，往往和受命有关。受命而保，保什么？保的是上天和先王所授之命。王位、土地、民人、美德，都在所保之列。如《召诰》"保受王威命明德"，《洛诰》"诞保文武受民""承保乃祖受命民"，就是这些代代相传的东西。简文两言"受大命"（简 9、11）这里的"保"也和受命有关。②

笔者认为李零的释读有较为坚实的依据，是可信的。这里的"保训"乃"保'命'之训"。所谓"命"，对于文王来说，正如清华简《程寤》所载，乃"受商命于皇上帝"之"命"，只不过在长期"惕惧"中"等待""试探"而验证自己"受命"后，他对于"命"及"保命"有了真切的体认，这个体认就是"中"。

关于清华简《保训》"求中""假中""归中"之"中"，诸多学者提出了各有理据的解释，或是观念性的"中道""中庸""中和"，或是经验性的"标杆""地中""众""狱讼簿书""命数"等③，但都没有充分涉及姬昌由"受命"到"保命"的信仰经验历程。就此，姜广辉"从《保训》看文王对传说人物的心理活动描写"的分析，应该受到重视，虽然他是由疑伪而提出自己的意见的。

姜广辉从时间上推断，周文王临终向太子发传述《保训》所讲的两个故事，分别是距周文王的时代 1100 多年的舜和 700 多年前的商之六世祖上甲微。关于舜，故事内容是曾长期做小民，因为"求中""得中"，"帝尧嘉之"而登了天

---

① 李学勤：《清华简〈保训〉释读补正》，《中国史研究》2009 年第 3 期。

② 李零：《读清华简〈保训〉释文》，《中国文物报》2009 年 8 月 21 日第 7 版。

③ 参见廖明春《清华简〈保训〉篇"中"字释义及其他》，《孔子研究》2011 年第 2 期；最新的梳理可见张岱松《清华简〈保训〉篇"中"字研究综述》，《唐山学院学报》2019 年第 1 期。

子位，而上甲微也被描述为传"中"的君王。姜广辉质疑说："周文王是历史学家吗？他讲一千多年前的舜的故事有什么文献凭据吗？周文王是小说家吗？为什么他对舜的心理活动刻画得如此细腻——'自稽厥志，不违于庶万姓之多欲'？而且还能'易位迩稽'，设身处地，就近考察，好像周文王曾亲眼看到过似的"，"周文王作为一位历史上的伟大政治家，在临终之时，不对国家大事做必要安排和交代，而讲那谬悠无凭的上古故事。有这种可能吗？"[①] 由这些质疑，姜广辉得出怀疑《保训》真实性的结论。

这里要指出的是，文王对上古故事的叙述，无关乎文王是不是历史学家或小说家，文王所叙述的是对"受命"和"保命"之经验的体认，他是将这种体认投射到虞舜和上甲微的身上，借此说明其信仰经验的真实性和历史性，虞舜和上甲微正可代表在他看来真实的和历史的"受命"和"保命"。

现在我们有必要再回到文王的处境和《保训》的语境，弄清文王所说的"中"以及它如何可以作为"保'命'之训"。

此前对清华简《程寤》的分析指出，姬昌确认自己"受命"是于宅程时因太姒之梦。《史记·周本纪》记姬昌平虞、芮之讼而被诸侯视为"受命之君"。按照后一说法，姬昌在平虞、芮之讼后，"明年，伐犬戎。明年，伐密须。明年，败耆国。……明年，伐邘。明年，伐崇侯虎。而作丰邑，自岐下而徙都丰。明年，西伯崩，太子发立，是为武王"（《史记·周本纪》）。姬昌宅程的时间，据《毛诗序》乃在伐密须之后。如此，《史记》所言文王"受命"与《程寤》所说"受命"，相隔仅有一年，距文王去世前授《保训》只有三到五年。如上所引，《史记·周本纪》仅简单记录文王在这几年间的征伐之事。在此过程中，文王如何领悟"受命"与"保命"，可以通过同样记载伐密须、居程、伐崇等征伐之事的《诗经·大雅·皇矣》再作探寻。

《诗经·大雅·皇矣》记大王、王季、文王事迹，其中有可与《程寤》"受命"的记载相印证之处。《皇矣》开篇便言周人受命乃"上帝""临下有赫、监观四方"之后的选择，所谓"乃眷西顾""帝迁明德"。将"受命既固"说成在太王和王季之时，当然是后世周人的观念。不过，其中所说的"帝省其山，柞棫斯拔，松柏斯兑"，正与《逸周书·程寤》辑佚文和清华简《程寤》记载太姒梦姬发取周廷之梓移植于商廷而"化为松柏棫柞"相符，也可印证"受命"

---

① 姜广辉：《〈保训〉疑伪新证五则》，《中国哲学史》2010 年第 3 期。

的其实是文王。在叙述文王功业时，《皇矣》有"帝谓文王"的一系列直接引述："帝谓文王：无然畔援，无然歆羡，诞先登于岸"；"帝谓文王：予怀明德，不大声以色，不长夏以革。不识不知，顺帝之则"；"帝谓文王：询尔仇方，同尔弟兄"。这三段，首先叙述"上帝"告诫文王在登上王位后不要暴虐、贪婪；次言"我归人君有光明之德"[1]，不要虚言妄作，势力增长也不要变更法度来统领诸夏，应谨慎顺应上帝的法则；最后，赋予文王对诸侯有暴乱与大恶者可以率领兄弟之国征讨之权力。

《皇矣》所记"帝谓文王"诸语，虽然也可被视为文学性的描述，但其中一定延续了周王室有关"受命"与"保命"的记忆。从《皇矣》所述看，"受命"乃受上帝命，所谓"临下有赫""乃眷西顾"，这是姬昌定然有的信仰。"帝谓文王"诸语，乃在"受命既固"后上帝对姬昌如何"保命"的训告。其中有政教上的具体要求，如毋暴虐贪婪，毋虚言妄作，以及授予其征伐的权力等，但最重要的是"顺命"与"怀德"。以今语言之，即将所受之"命"与所明之"德"统一起来。盖无论是"命"还是"德"，都源于上帝的赋予，仅依赖或相信一面便非"顺帝之则"。在政教征伐实践中统一所受之"命"与所明之"德"，或正是所谓"中"。现在，我们回到清华简《保训》的语境，看所谓"求中""假中""归中"，能否在此意义上理解。

《保训》述昔日虞舜"恐求中"，所谓"自稽厥志"，既"不违于庶万姓之多欲"，又"测阴阳之物"，也隐含"顺命""怀德"之意，所谓"咸顺不扰"。说舜"既得中，言不易实变名"，正是《皇矣》所言"不长夏以革"。《保训》述上甲微传"中"于子孙，所谓"传贻子孙，至于成唐（成汤）"，言商汤"祗备不懈，用受大命"，实也具有"顺命""怀德"的品格。关于上甲微，《保训》中有"昔微假（叚）中于河，以复有易，有易服厥罪。微无害，迺归中于河"的叙事。由此引发了关于"中"的诸多猜测。从"假中"与"归中"看，所谓"中"似是某具体之物，但从下文"微志弗忘"来看，作为"弗忘"的"中"即使是某具体之物，被上甲微看重的也是其象征意义。这才有"归中"之后"传贻子孙"的看似矛盾的描述。笔者认为，这个先求后归的"中"，应是某种象征着沟通神与人，即统合神圣权力和世俗权力

---

① （清）阮元校刻：《十三经注疏（附校勘记及识语）》，上册，《毛诗正义》，郑玄笺，第522页上栏。

的某种神圣之物。

萧兵先生考察了"中"的古文字并以文化人类学、神话学和民俗学加以说明，认为"中"字的来源应该比传统的"旗杆""建鼓""日表"等说更为"古老"。他说：

广义的"神杆说"似乎更能一元地解释"中"字的起源。丨是柱或干；而旗之"中"当中的〇形，很可能是神杆或旗杆当中盛牲或装血的盘子之类。……有时这种容器置于杆首（或予以简化、装饰化、抽象化），所以金文所见旗帜杆顶大而复杂。有时这种容器置于旗杆的中部——因为神杆或旗杆越来越长，盛血置牲之器设于顶部极不方便，就移在中部。这样，也便于士卒们"歃血而盟"，因为接触、流淌或饮尝、涂染了同样的血而发生了新质之联系，同仇敌忾，共赴沙场。①

笔者认为，萧兵的"中"之"神杆说"应该能够解释清华简《保训》所说的上甲微的"求中"与"归中"。这是说，上甲微在征伐有易部落时，借"中"这个象征着沟通神意（神权）和人意（如诸侯河伯及其军队）的神杆来作讨伐。上甲微之父王亥为有易所杀，上甲微复仇，应是流传已久的商王朝的历史记忆。② 姬昌向其子姬发叙述这个事件，并非偶然，因为其父季历便为殷王文丁所杀，自己也曾因商纣所囚而几乎丧命。我们很难否认，如此相似的经历不会对文王的信仰经验产生影响。如此，不管《保训》所说的"中"具体为何物，我们至少可以判断，在文王这里，它具有"受上帝命"与"明德得助"的象征意义。这正是《皇矣》中，上帝告诫文王既要"顺帝命"又要"怀明德"之义。这就是所谓"中"。

这里要说的是，文王所经验的"中"，首先不是后世儒家作为方法或德性的"中道"或"中庸"，虽然后者可以由信仰的分化所引发。姬昌处在"待时"的境遇中（如《吕氏春秋·孝行览·首时》对文王经验的描述）。他经验着对上帝意志的"惕厉"及对殷受命先王的"恐惧"，他在艰难的忍耐和

---

① 参见萧兵《"中"源神棹说》，《中国文化》第九期，生活·读书·新知三联书店1993年版，第54页。

② 《今本竹书纪年》记："（帝泄）十二年，殷侯子亥宾于有易，有易杀而放之。"所据乃《山海经·大荒东经》所言，《古本竹书纪年》于"泄"无此记。参见王国维《古本竹书纪年辑校》、《今本竹书纪年疏证》卷上，载谢维扬、房鑫亮主编《王国维全集》第5卷，第158、223—224页。

困苦中不断地"试探"。正是在此"时未可也"的"惕惧"中，"受命"终以太姒之寤的象征方式获得显示。现在他要通过征伐的胜利去验证"受命"，并经验着如何以赢获"天下"的方式"保命"。这是姬昌当下的"重心性处境"。在此处境中，姬昌将"中"作为其信仰的切身体验加以提示。我们可以将"中"视为切合姬昌"源初"信仰经验之关涉的"形式显示"。

对于"中"，我们也不能概念化地规定为"顺帝命"与"怀明德"的统一。如此前对《程寤》的分析指出，姬昌与姬发因"太姒之梦"通过卜问和祭祀，一起经验了"受命"。在《保训》中，姬昌以"中"对此经验作出"形式上的概览"，并通过训告使姬发对其"意蕴"加以"知晓"。所谓："呜呼！发，敬哉！朕闻兹不旧，命未有所延。今汝祗备毋懈，其有所由矣。敬哉，勿轻！"[1]此"闻兹不旧"之"兹"即"中"，"其有所由"之"由"，也是"中"。[2]前者言商王失"中"而不能"延命"，后者则告诫姬发要时刻毋懈于"中"。这里所谓"敬哉""毋懈"，说明"中"源于并自身就是文王的信仰体验。

现在，我们可以离开文献的那些具体叙事，尝试对作为姬昌信仰经验之"中"加以观照。姬昌处在"待时"的"惕惧"中。"待时"意味着一种时间性的境遇，即"待"。此境遇，首先指示殷人先王已具"帝命"且有"明德"，因为对于"上帝"信仰来说，无论是"命"还是"德"，皆源于"上帝"之赋予。现在，他处在只能从拥有帝命的殷在世之王的德行去揣测上帝意志可能改变的境遇之中。在此境遇中，不仅上帝的意志令他"惕厉"，殷受命先王的力量也使他"恐惧"。在"待"的时间性的境遇中，他经历"文丁杀季历"并"苦之"，将其体验为上帝意志的必然的无法抗拒的裁决。他对于那些可视为"受命"的征兆感到"恐惧"，视为灾异而加以禳袯，甚至通过祭祀殷之先王去寻求验证。在"待"的时间性境遇中，他一面"阴行德"，一面通过征伐对"受命"作自我的确证，但这仍然"在""惕惧"之中。在"受命"获得各种征兆得以确认后，如何"保命"只能由他的信仰经验加以说明。这就是"中"，即他在"惕惧"的信仰经验中对于"顺命"与"明德"之"实行"的体认。"中"成为文王信仰经验的"形式显示"。

---

① 清华大学出土文献研究与保护中心：《清华大学藏战国竹简〈保训〉释义》，《考古》2009 年第 6 期。

② 参见黄怀信《清华简〈保训〉补释》，《考古与文物》2013 年第 2 期。

通过文王信仰经验的准现象学分析，"中"作为文王"源初"信仰经验关涉的"意蕴"在形式上自身显示。在此，我们也可借用卢曼的系统理论，将"中"看作文王信仰系统的"意义"，将此"意义"标识为其信仰系统建立的最一般的无法超越的媒介。现在，我们还要耐心地回到武王和周公的信仰经验，来看武王和周公如何经验"中"，他们的信仰经验和信仰系统有着怎样的形式显示。

二 武王周公的信仰经验与信仰系统

在第一章第三节，我们从社会历史发展及文化交涉的视角，考察了姬周民族在国家建立过程中信仰开展的复杂性。得出的结论是：在殷周鼎革的过程中，周人建立起"上帝—天"的信仰结构。在西周的国家祭祀活动中，"郊祀后稷以配天，宗祀文王于明堂以配上帝"（《史记·封禅书》），正是此"上帝—天"信仰结构的体现。

从传统文献及前述所考察的周原甲骨卜辞及新见简书来看，在文王的信仰经验中，无论是"受命"还是"保命"，皆以"上帝"为中心，周人自己的"天"之信仰，在文王这里是隐而不彰的。后世文献所述"宗祀文王于明堂以配上帝"（《史记·封禅书》《孝经》）及文王"受商命于皇上帝"（清华简《程寤》），应是真实的说明。与之相对照，在武王和周公这里，周人的传统信仰"天"被作为最高信仰获得充分的强调。对此，传统文献有丰富的记载，新见文献也有所说明。这里，我们希望回到武王和周公的切身处境，对他们的信仰经验作出描述和说明。

姬发与文王一起经验"受命"，也一同经历了征伐对"受命"的验证。他在文王去世后的处境，是通过翦商而历史性地"获命"。这一过程仍是曲折的。

《史记·殷本纪》说："西伯既卒，周武王之东伐，至盟津，诸侯叛殷会周者八百。诸侯皆曰：'纣可伐矣。'武王曰：'尔未知天命'。乃复归。"《史记·周本纪》也有同样的记载，并言"居二年，闻纣昏乱暴虐滋甚，杀王子比干，囚箕子。……乃遵文王，遂率戎车三百乘，虎贲三千人，甲士四万五千人，以东伐纣"，最终"膺更大命，革殷，受天明命"。武王最初东观兵于孟津而放弃伐纣以归，其踟蹰和谨慎，当然有军事及政治准备方面的原因，但信仰方面的因素也至关重要，这从他"尔未知天命"的宣示可知。上述《史记》所述，应与《尚书》相关记载有关。古文《尚书·泰誓》乃伪作，这里不以为据。现以今文《尚书·牧誓》来说明克商之时武王的信仰宣示。《牧誓》：

> 王曰："古人有言曰：'牝鸡无晨。牝鸡之晨，惟家之索。'今商王受惟妇言是用，昏弃厥肆祀，弗答；昏弃厥遗王父母弟，不迪；乃惟四方之多罪逋逃，是崇是长，是信是使，是以为大夫卿士。俾暴虐于百姓，以奸宄于商邑。今予发惟恭行天之罚。……"

从武王宣誓看，伐纣是由于殷纣德行不修与祭祀废弃。对于"昏弃厥肆祀"，孔安国《传》曰："乱弃其所陈祭祀，不复当享鬼神。"孔颖达《疏》言："纣身昏乱，弃其宜所陈设祭祀，不复当享鬼神，与上'郊社不修，宗庙不享'亦一也。不事神祇，恶之大者，故《泰誓》及此，三言之。"[①] 孔《疏》所言，援及《泰誓》，我们仅从《牧誓》看，所谓"昏弃厥肆祀"，即指不祭祀"上帝"，无享于"先王"。武王从德行（包括政事）和祭祀两个方面，为伐纣提供合法性宣示，与文王传"中"时所说"闻兹不旧，命未有所延"相符合。这里可注意的是"今予发惟恭行天之罚"，姬发所述伐纣的根据是"天"，所谓"天之伐"，未言"上帝"，这个变化代表了姬昌在信仰问题上的新的宣示。《史记·周本纪》记纣王自燔于火而死之翌日，武王社祭，"尹佚策祝曰：'殷之末孙季纣，殄废先王明德，侮蔑神祇不祀，昏暴商邑百姓，其章显闻于天皇上帝。'于是武王再拜稽首，曰：'膺更大命，革殷，受天明命。'武王又再拜稽首，乃出。"此段叙述虽不知何据，但其中祝言"天皇上帝"，武王答称"受天明命"，也透露出由传统的"上帝"信仰转换为"上帝—天"之信仰的信息。武王"受天明命"的宣示，正是此后影响深远的"天命"观念的正式表达。

《史记·周本纪》有言："武王即位，太公望为师，周公旦为辅，召公、毕公之徒左右王，师修文王绪业。"周公经历了文王的"受命"，又经验了武王"革殷，受天明命"的过程。关于周公的信仰经验，我们稍后详细讨论。这里先看一则引发诸多疑问的新见材料——清华简《耆夜》，我们对比《史记》的相关叙述，对其所透露的信仰信息加以辩证。

---

① （清）阮元校刻：《十三经注疏（附校勘记及识语）》，上册，第183页中栏。

关于清华简《耆夜》的成文时间，有"不早于西周晚期""春秋以后""战国时期""有较早的文献来源但经过后人的重新整理"等不同判断，在其真伪问题上也有截然不同的认识。①从内容看，清华简《耆夜》叙述了武王"征伐旨阝（耆）"及"勘之"后与毕公、召公、周公、辛公及吕尚等，于"大（太）室"行"饮至"之礼，即出行归至后燕饮群臣庆贺之礼。关于"戡黎（耆）"之事，传统文献如今文《尚书》及《史记》皆称"西伯戡黎"，而"西伯"传统皆指文王，《耆夜》记载便引发疑问。或认为武王也称"西伯"，实即武王勘黎；或认为文武二王曾先后戡黎；传统也有"耆""黎""判然两地"的说法，"取耆"与"伐黎"乃"灼然两事说"。②

从殷商鼎革中姬周王室的信仰情况看，我们赞同《耆夜》"有较早的文献来源但经过后人的重新整理"的说法，且认为不能以真伪简单论定，因为对比《尚书·西伯戡黎》与《史记》的相关叙述，其信仰方面的表述留有传统的痕迹。

《尚书·西伯戡黎》言"西伯既戡黎"，祖伊恐惧，奔告于纣王，称"天子，天既讫我殷命"，责备纣王"不虞天性，不迪率典"，纣王则回应以"呜呼！我生不有命在天？"全篇皆以"天"言，显为后世从"天"和"天命"信仰出发叙述殷王与臣子的对话。《史记·殷本纪》记"西伯戡黎"，也述祖尹"天既讫我殷命"的奔告，纣王回应"我生不有命在天乎！"纣王的回答，在《史记·周本纪》中是"不有天命乎？是何能为！"显然，这些叙述皆出于《尚书·西伯戡黎》。

再看清华简《耆夜》，全篇无言"天"或"天命"之语，所记周公的祝颂乐诗则题为《明明上帝》，诗曰："明明上帝，临下之光，丕显来格，歆厥禋明（盟），于……月又（有）盈缺，岁有歇行。作兹祝诵，万寿亡疆。"③姜广辉等考证《耆夜》为伪作时，质疑此诗所言"明明上帝，临下之光"，分别首见于晋人和宋人诗句，一是歌颂上帝，一是歌颂宋帝，因而"这两句诗乃是现代人集句，非周公原创"④。周宝宏则商榷回应说，"明明上帝"虽

---

① 参见牛清波《清华简〈耆夜〉研究述论》，《文艺评论》2017 年第 1 期。
② 参见陈良武《"清华简"〈耆夜〉与〈西伯戡黎〉》，《兰台世界》2012 年 9 月（下）。
③ 李学勤主编，清华大学出土文献研究与保护中心编：《清华大学藏战国竹简（壹）》，下册，第 150 页。
④ 姜广辉、付赞、邱梦燕：《清华简〈耆夜〉为伪作考》，《故宫博物院院刊》2013 年第 4 期。

在先秦两汉的传世文献和出土文献中没有出现，但《诗经》中常见"明明"一词，如《小雅·小明》"明明上天，照临下土"等，《周颂·臣工》也有"明昭上帝，迄用康年"。他认为"明明上天""明昭上帝"即"明明上帝"，"这些都说明'明明上帝'完全是可以在西周至战国文献中出现的，不能说晋人文章中有'明明上帝'，清华简中就不能有，有了就是作伪的证据"①。

清华简《耆夜》的疑伪，牵涉很多问题，这里我们无法具体讨论。不过就所记周公称颂"明明上帝"来说，符合翦商之前姬周王室所宣示的信仰对象，这和清华简《程寤》《保训》中言文王"受商命于皇上帝"及姬周"用受大命"是一致的。而《尚书》与《史记》相关记载，所诉诸的乃曾经的隐而不彰的"天"或"天命"，是后起的信仰叙事。

周公经历了文王的"受命"，又经验了武王"革殷"而"受天明命"的过程。关于周公，传统文献的记载非常丰富，我们先简单加以梳理，然后将集中考察其信仰经验的复杂性与创造性。关于周公的历史活动，《尚书·周书》提供了较充分的史料，其文献基本可靠。司马迁《史记》的《周本纪》《鲁周公世家》关于周公的叙述也多取材于《周书》。《尚书·周书》记周公事或与周公直接有关的有如下篇章。②

1. 《金縢》。乃记周公辅佑武王、祈神代罚之事。《史记·周本纪》记此事为："武王病。天下未集，群公惧，穆卜，周公乃祓斋，自为质，欲代武王，武王有瘳。"

2. 《大诰》。乃周公辅弼成王、诛三监及淮夷叛周所作之诰命。《史记·周本纪》记为："初，管、蔡畔周，周公讨之，三年而毕定，故初作大诰。"

3. 《康诰》《酒诰》《梓材》。此三篇记周公平定三监及武庚叛乱之后，对封建而治殷遗民的康叔加以训诫的诰命。《康诰》训诫康叔"明德慎罚"，

① 周宝宏：《清华简〈耆夜〉没有确证证明为伪作——与姜广辉诸先生商榷》，《中原文化研究》2014 年第 2 期。

② 《史记·周本纪》有言："初，管、蔡畔周，周公讨之，三年而毕定，故初作《大诰》，次作《微子之命》，次《归禾》，次《嘉禾》，次《康诰》《酒诰》《梓材》，其事在周公之篇。"此处所用皆《今文尚书》篇章，《古文尚书》之《微子之命》、《归禾》（有序无篇）、《嘉禾》（有序无篇），乃至《蔡仲之命》、《将蒲姑》（有序无篇）、《周官》诸篇皆不采。不过，《古文尚书》诸篇中的某些观念，如《蔡仲之命》中的"皇天无亲，惟德是辅"等，也其来有自，《左传》僖公五年载宫之奇语说："臣闻之，鬼神非人实亲，惟德是依。故《周书》曰：'皇天无亲，惟德是辅。'又曰：'黍稷非馨，明德惟馨。'……"说明"皇天无亲，惟德是辅"等，确出自《周书》。

《酒诰》告诫康叔勤政戒饮，《梓材》训示康叔要"罔厉杀人"、怀柔治国。

4. 《召诰》《洛诰》。此两篇记载周公就营建洛邑所作之诰辞。

5. 《多士》《多方》。此两篇分别是周公告诫殷遗民和诸侯方国的训命。

6. 《无逸》《立政》《君奭》。《无逸》《立政》记载了周公归政成王后对成王的告诫，《君奭》记载了周公对召公的告诫。

由《尚书·周书》诸篇可见，周公辅翼武王以克商，践阼代成王而摄政，讨三监武庚以平定叛乱，营建洛邑以巩固东方，训诫殷遗民与方国使归服周命，还政文王而奠定嫡长子继承制，通过对成王与召公的告诫以明周之政教之道。周公一人，实身兼周之祭司、摄政和政教宣化者三重身份。

谈及周公的宗信仰，通常认为其以"天命"为核心，强调"以德配天"。事实上，周公的信仰较为复杂，其中有"上帝"的崇拜，也有对"天"之信仰的强调。

周公信仰"上帝"，在《尚书·周书》的诸多篇章中有充分的体现。《金縢》记载，武王有疾，周公代武王设坛向太王、王季和文王祷告祈求保佑。周公在祷辞中有："乃命于帝庭，敷佑四方"，是说三王在"帝庭"受了上帝之命，所以能够佑助四方、拥有天下。这正表明，"上帝"在周公这里是被作为周人的保护神而信仰的。《大诰》：

> 已！予惟小子，不敢替上帝命。天休于宁王，兴我小邦周，宁王惟卜用，克绥受兹命。今天其相民，矧亦惟卜用。呜呼！天明畏，弼我丕丕基。

周公声言自己绝不敢废弃"上帝"的命令，又言"天"嘉美文王，才使小邦周兴起。这里"上帝"与"天"前后互见，言"上帝"是说上帝垂青于周人，"上帝"具有保护神的色彩；言"天"是说文王因其德行而获得"天"的嘉佑，所谓"天休于宁王，兴我小邦周"。《康诰》：

> 惟时怙冒闻于上帝，帝休。天乃大命文王，殪戎殷，诞受厥命，越厥邦厥民。

这里也是"上帝"与"天"互见，"天"似乎是"上帝"的代指。意为：上帝听说了周德功绩，非常高兴，命令文王灭掉大国殷，代替殷接受上帝赐予的大命并统治它的国家和人民。《召诰》：

> 呜呼！皇天上帝，改厥元子兹大国殷之命，惟王受命，无疆惟休，亦无疆惟恤。呜呼！曷其奈何弗敬？

这里是"皇天"与"上帝"并称，作为地上王国获得天下的合法性依据。《君奭》：

> 公曰："君奭，在昔上帝割申劝宁王之德，其集大命于厥躬。惟文王尚克修和我有夏。……亦惟纯佑，秉德迪知天威，乃惟时昭文王迪见冒，闻于上帝，惟时受有殷命。"

这里周公明确告诉召公，周之代殷而有天下是受"上帝"之命。文王有德而知"天威"，受上帝之命而代殷。这里的"天"或是"上帝"的代名。

不过，周公对"天"之信仰的确有新的发展，需要加以细致的说明。《大诰》：

> 王曰："尔惟旧人，尔丕克远省，尔知宁王若勤哉！天閟毖我成功所，予不敢不极卒宁王图事。"

周公宣示成王告诫周之旧臣之言，说"天"由于文王勤勉的德行而为周指示成功之道。《酒诰》：

> 王若曰："明大命于妹邦。乃穆考文王，肇国在西土。厥诰毖庶邦庶士越少正、御事，朝夕曰：'祀兹酒。'天降威，我民用大乱丧德，亦罔非酒惟行。越小大邦用丧，亦罔非酒惟辜。……弗惟德馨香，祀登闻于天，诞惟民怨。庶群自酒，腥闻在上，故天降丧于殷，罔爱于殷，惟逸。天非虐，惟民自速辜。"

周公以成王命诰康叔，说明文王惟祭祀而用酒的原则，并让其向殷遗民宣示殷之所以丧亡，是因为饮酒而"丧德"，导致"天降威"。"惟德馨香，祀登闻于天"，这里的"天"，也是"惟德是辅"的。《召诰》：

> 我不可不监于有夏，亦不可不监于有殷。我不敢知曰，有夏服天命，惟有历年；我不敢知曰，不其延。惟不敬厥德，乃早坠厥命。我不敢知曰，有殷受天命，惟有历年；我不敢知曰，不其延，惟不敬厥德，乃早坠厥命。今王嗣受厥命，我亦惟兹二国命，嗣若功。
>
> 王乃初服。呜呼！若生子，罔不在厥初生，自贻哲命。知今我初服，宅新邑，肆惟王其疾敬德。王其德之用，祈天永命。

周公总结历史经验，认为有夏和有殷皆曾受"天命"，"惟不敬厥德，乃早坠厥命"，告诫要"疾进德"，以永延天命，所谓"王其德之用，祈天永命"。周公关于"天""惟德是辅"的信仰和政治观念还见之于《洛诰》《无逸》《君奭》《多士》《多方》诸篇，兹不再述。

在周公这里，西周国家的信仰体系基本奠定下来。以"上帝—天"为崇拜对象，以"以德配天"为信仰核心，以"崇皇天上帝"和"敬厥德"为方法，构成了后世中国国家信仰的基本模式。周公的政教实践，从具体内容看，还包括摄政与还政的政治选择，训政与辅政的政治努力，对宗法和封建的制度贡献和施行，乃至制礼作乐的文化建设等。对此，本节不再作具体考察。①这里，我们回到武王特别是周公的信仰经验，来看其信仰系统的形式特征并尝试对其加以说明。

如前所述，武王和周公经历了文王的"受命"，他们的现实处境是通过翦商和周国家的建立与稳固实现历史性的"得命"和"保命"。在此过程中，武王的信仰经验已如此前所分析，他"受天明命"的宣示，透露出由传统的"上帝"信仰转换为"上帝—天"之信仰的信息。现在，我们通过《尚书》的《金縢》和《大诰》，来看周公在其历史境遇中的信仰经验。《尚书·金縢》：

> 既克商二年，王有疾，弗豫。二公曰："我其为王穆卜。"周公曰：

---

① 详细考察可参见拙文《周公的宗教信仰与政教实践发微》，《世界宗教研究》2011 年第 4 期。

"未可以戚我先王。"公乃自以为功，周公乃自以请命为己事。为三坛同
墠。为坛于南方，北面，周公立焉。植璧秉珪，乃告大王、王季、文王。

《金縢》所记，乃武王有疾，周公设坛向太王、王季和文王祭祷，祈求以身为
质代武王受天之罚，龟卜得先王降命而获吉，武王次日病愈。《史记·周本
纪》的记载虽然简略，但说出了周公的处境："武王病。天下未集，群公惧，
穆卜，周公乃祓斋，自为质，欲代武王，武王有瘳。"这里所谓"群公惧"，
当然也包括周公。现在，周公面临着信仰和现实政治的艰难处境。在克商
仅隔一年时，武王有疾，是否预示姬周在短暂的"获命"后为天所抛弃？
在此"天下未集"之时，如武王不虞而崩，是否预示着姬周向天下宣示的
"获天明命"是一个错误？周之翦商是否违背了上天之命？对此，周公不能
不"惧"不"忧"，此"忧惧"与文王"受命"之前的"惕惧"有相同及
不同之处。

　　文王在"待时"的境遇中，经验着对上帝意志的"惕厉"与对殷受命先
王的"恐惧"，周公这里所"惧"的是天的意志，所"忧"的是"命于帝廷"
的三王不能"定尔子孙于下地"。与文王"惕惧"的不同之处在于，周公所
"惧"的是天命，所"忧"的是周之先王。此背后实有信仰上的变化。在文
王的信仰经验中，无论是"受命"还是"保命"，皆以"上帝"为中心，
"天"之信仰是隐而不彰的。在周公这里则是"上帝—天"，并特别重视
"天"，所谓"无坠天之降宝命，我先王亦永有依归"，但称先王"乃命于帝
庭，敷佑四方"（《尚书·金縢》），也显示仍具有"上帝"信仰。后一方面，
甚至可从周公对于先王"尔之许我，我其以璧与珪，归俟尔命，尔不许我，
我乃屏璧与珪"（《尚书·金縢》）之辞，获得特别说明。这实际上表达将"上
帝"视为祖先之所出与民族保护神的信仰延续，也从祭祀的角度表明宗祀先
王以配"上帝"的信仰意义。

　　如果说文王是在"惕惧"中经验着"受命"，并将"顺命"与"明德"
之"中"体验为"保命"的关键。在周公这里，是在"忧惧"中，对"天
命"和由祭祀先王而沟通"上帝"[1] 以获佑的信仰体验。这可视为周公的

---

　　① 从《金縢》所记周公自比武王而自命"予仁若考，能多材多艺，能事鬼神"看，周公自视有
与鬼神交通的才能，他设坛祈祷与龟卜占神，也俨然为周之宗教的大祭司。

"中"。这是周人信仰系统的新发展。我们可以通过《大诰》，在周国家和周公所面临的具体处境中加以说明。

《史记·周本纪》："初，管、蔡畔周，周公讨之，三年而毕定，故初作《大诰》。"关于《尚书·大诰》，孔颖达《正义》曰："武王既崩，管叔、蔡叔与纣子武庚三人监殷民者，又及淮夷共叛。周公相成王，摄王政，将欲东征，黜退殷君武庚之命，以诛叛之义，大诰天下。史叙其事，作《大诰》。"①周公面临着公室背离、殷人复命、远人叛乱的严峻形势。《大诰》乃记周公辅弼成王、诛三监、平淮夷之叛所作之诰命。通过《大诰》我们可以了解周公在周初历史情境中的信仰宣示。《大诰》曰：

> 王若曰："猷！大诰尔多邦，越尔御事。弗吊，天降割于我家不少。延洪惟我幼冲人，嗣无疆大历服。弗造哲，迪民康，矧曰其有能格知天命？已！予惟小子，若涉渊水，予惟往求朕攸济。予不敢闭于天降威用。宁王遗我大宝龟，绍天明……已！予惟小子，不敢替上帝命。天休于宁王，兴我小邦周，宁王惟卜用，克绥受兹命。今天其相民，矧亦惟卜用。呜呼！天明畏，弼我丕丕基。"

周公首先以成王的名义，用"天降割于我家"描述正在经历的严峻形势，承认没有"迪民康"，谨慎地反思能否"格知天命"。"若涉渊水""不敢闭于天降威用"，体现了成王实即周公对于"天命"的畏惧。其后，周公宣示周之获得"天命"，是由于文王"绍天明"，又称成王"不敢替上帝命"而诉诸传统信仰，盖"帝命"既为周人信仰，也是殷的传统信仰，以此宣告殷人"复命"的妄诞。最后称"天休于宁王，兴我小邦周，宁王惟卜用，克绥受兹命"，合"天"与"帝"而言，以"天明畏，弼我丕丕基"回归周人所宣示的"天命"，将天之"明畏"说成要护佑周之功业。《大诰》再说：

> 王曰："尔惟旧人，尔丕克远省，尔知宁王若勤哉！天閟毖我成功所，予不敢不极卒宁王图事。……"

---

① （清）阮元校刻：《十三经注疏（附校勘记及识语）》，上册，第 197 页下栏。

此段是对管叔、蔡叔、霍叔等周之"旧人"所作宣诰，让他们回想文王的勤劳并以"天閟毖我成功所""天亦惟用勤毖我民"告诫叛乱旧臣，宣示自己将为文王所受"天命"而除去天下之疾患。《大诰》又说：

> 王曰："呜呼！肆哉！尔庶邦君，越尔御事。爽邦由哲，亦惟十人，迪知上帝命。矧今天降戾于周邦？惟大艰人，诞邻胥伐于厥室，尔亦不知天命不易！予永念曰，天惟丧殷，若穑夫，予曷敢不终朕亩？天亦惟休于前宁人，予曷其极卜，敢弗于从？……"

周公此处"上帝命"与"天命"并用。前者用来劝告叛乱的诸侯及近臣，所谓"邦君""御事"，要安定邦国应"迪知上帝命"。后者则是谴责"大艰人"即发动叛乱的管叔、蔡叔、霍叔等"不知天命不易"，宣示自己"天惟丧殷"的信念和"天命不僭"的信仰。从《大诰》看，周公对于"上帝"与"天"宣示是有分别的。换言之，对于殷遗民则言"帝命"，对于周人则强调"天命"。"上帝—天"的信仰结构，正是周国家于其历史处境和周公于其艰难情境中的选择。

郭沫若在《先秦天道观之进展》中曾讨论过周人对于天的"怀疑态度"。他说：

> 从这关于天的思想上说来，的确是一大进步。这一进步是应该有的，因为殷人自己那样虔诚地信仰上帝，并且说上帝是自己的祖宗，然而结果是遭到了失败，殷家的天下为周人所得到了，这样还好再信天吗，所谓"天命"，所谓"天威"还是靠得住的吗？这是当然要发生的怀疑。周人一面在怀疑天，一面又在仿效着殷人极端地尊崇天，这在表面上很像一个矛盾，但在事实上一点也不矛盾。请把周初的几篇文章拿来细细地读，凡是极端尊崇天的说话是对待着殷人或殷的旧时属国说的，而有怀疑天的说话是周人对着自己说的。这是很重要的一个关键。[1]

---

[1]　郭沫若：《先秦天道观之进展》，《中国古代社会研究》（外二种），第258—259页。

由我们的考察可知，首先，殷人信仰"上帝"却并不以"天"为信仰的对象，说周人由于看到"上帝"并没有佑助殷人从而怀疑"天命"和"天威"是否可靠，是说不通的。郭沫若没有区分殷周信仰的不同，也没有细致分析周"上帝—天"之信仰系统的复杂性。其次，周人有"天不可信"的说法，但这种说法是否就是对"天"的怀疑也可商榷。所谓"天命不易"，是对殷人或殷的旧时属国所说的，而"天不可信"是周人对着自己说的。周公之所以申言"天命不易"，主要是周公对姬周因德行已经"受命"有充分的肯定，这从周公屡称颂文王之德可知；而周公告诫"天不可信"，并非出于对天的怀疑，而是忧患"不敬厥德，乃早坠厥命"，所以周公在"天不可信"的警诫后，又强调"我道惟宁王德延，天不庸释于文王受命"（《尚书·大诰》）。这样看来，无论是"天命不易"，还是"天不可信"，其背后有着对"德"的强调。"德"是周公"上帝—天"之信仰的关键，即获得"天命"和"帝佑"的关键在于"德"。

周人屡言"德"，见之于《尚书·周书》、《诗经》之《大雅》《周颂》以及周初钟彝铭文。一般认为，周人所言的"德"，是一种具有人文气质的"德性"或"德行"。因此，与殷人"率民以事神，先鬼而后礼，先罚而后赏，尊而不亲"不同，周人表现为"尊礼尚施，事鬼敬神而远之，近人而忠焉"（《礼记·表记》）。"《周书》佚文'皇天无亲，惟德是辅'、'黍稷非馨，明德为馨'、'民不易物，惟德繄物'，正是周初统治者反思尊神敬鬼的殷人骤然亡国的教训而产生的思想成果，并由此产生了人道观念、简朴精神和敬德保民的思想。"①

就周人的"以德配天"来说，"德"之意义的确是"德性"或"德行"，不过就"上帝—天"与"德"的关系而言，"德"仍是在一种宗教的信仰和在行为意义上获得界定的。此外，值得注意的是，就观念的起源和演进来看，"德"与原始信仰和宗教观念的发展有着密切的关系。

20世纪40年代，李玄伯对"德"之起源的"图腾崇拜"说有过说明。他认为，原始社会较为进化的民族，常常以为与本民族的图腾同性质，"德是一种天生的事物，与性的意义相似"，中国古代有所谓"所以生谓之德"（《新书·道德》）的说法，也有"异姓则异德，异德则异类"（《国语·晋

---

① 王晖：《商周文化比较研究》，第177页。

语》）的肯定。德与性，"皆系天生的事物"，"皆代表图腾的生性"，因此"研究图腾社会时，我们仍须不忘德的初义"。①20世纪80年代，斯维至重提李玄伯旧说，进一步从"德"字的形音义诸方面加以论证。他认为，从字形上看，金文"德"之从直，从彳心，直乃"目"字上一"丨"，"目"非象眼目之形，而是象植物之种子，"目"上一"丨"，乃象种子冒出土来，因此"'德'之本义为生，即生殖、生育、生长之意"。②

巴新生进一步研究了殷商时期的"德"。他赞同徐中舒主编的《甲骨文字典》将甲骨文""隶定为"值"，"值"字应为"德"之初文的说法。"从字形视之，'彳'或作''字。乃四通之衢，有行走之义，亦可引申作行为解。''乃一目凝视上方。目上之'丨'乃指示方向。《毛公鼎》铭中之德字，目之上'丨'作''形，'·'指示上方甚明。《毛公鼎》虽为周器，但商周文字的传承关系是不言而喻的。故'值'从字形上看当作视上而有所行止解为宜。"③巴新生认为，由于殷人在祭祀和占卜中所尊奉的是祖先神和至上神上帝，因"值"之意当为遵循祖先神和上帝神的旨意行事之义。"'值'的原始义为顺从祖先神、上帝神的旨意，实为一种祖先崇拜与上帝崇拜的宗教观，并无后世伦理道德之义。考察甲骨值字条用例除少数无主语者外，值的主语皆为殷王。殷王的行为须顺从祖先神与至上神的旨意，这样对殷王的行为亦有规范作用，因此亦有伦理道德的萌芽。"④

无论是李玄伯、斯维至将"德"之观念追述至原始的图腾崇拜，还是巴新生肯定"德"之本字在殷商时期具有祖先崇拜和上帝崇拜的意义，都似乎说明了"德"与宗教信仰有着难以割舍的联系。由此，我们在周人之"德"的"德行"或一般的"德性"意义之外，还应关注"德"的信仰意义及其在政治和伦理上的作用。

在《尚书》中，周公常以文王之德作为周人受命的根据。所谓"天休于宁王，兴我小邦周"（《大诰》），"我道惟宁王德延，天不庸释于天命"（《君

---

① 李玄伯：《中国古代社会新研》，上海文艺出版社1988年版影印本，第129、184页。
② 斯维至：《释德》，载《中国古代社会文化论稿》，台北：允晨文化事业股份有限公司1997年版。
③ 巴新生：《试论先秦"德"的起源与流变》，《中国史研究》1997年第3期。
④ 巴新生：《试论先秦"德"的起源与流变》，《中国史研究》1997年第3期。

奭》)。《诗经·周颂·维天之命》也言："维天之命，於穆不已。於乎不显，文王之德之纯！"文王之"德"的一个重要方面，就是对"上帝"和"天"的虔敬信仰。文王对"上帝""天"与祖先之神灵十分虔诚恭敬，所谓"维此文王，小心翼翼。昭事上帝，聿怀多福"（《诗经·大雅·大明》）；"惠于宗公，神罔时怨，神罔时恫"，"雍雍在宫，肃肃在庙"（《诗经·大雅·思齐》）。这些都是对文王的虔诚之"德"的描述。《尚书·酒诰》所谓"文王诰教小子有正有事，无彝酒"，"弗惟德馨香祀，登闻于天"，在说明"以德配天"的信仰外，也强调祭祀时的内心虔敬。

如果说周人言"德"与"上帝—天"信仰有密切关系，这个关系仍需要讨论。与甲骨文"徝"之字形相较，金文中的"德"字，从直从心，显然强调了信仰和祭祀中内心的虔敬。周公所谓"德"，在经验的意义上自然可引申出"德行"和一般道德意义的"德性"，特别是对于王者而言，但他所推重的"德"，突出了曾经隐而不彰的"天"和"天命"的信仰要素。唯有如此，在解释拥有"帝命"的殷王何以丧失天下时，才能够超越经验的"德行"意义而将其"德性"的丧失诉诸"天命"的转移。殷王"德行"的败坏是否意味着上帝所赋予的"德性"的丧失？对于文王始终是一个需要验证的问题。换言之，"行德"能否使"上帝"赋予自己以"德性"从而"受命"？这是文王在"待时"中不断地通过"阴行德"对"帝命"加以试探的一个重要原因。在此意义上，文王之"德"便不仅是经验上的"德行"，更是源于"帝命"的"德性"。清华简《保训》言："舜既得中，言不易实变名，身滋备惟允，翼翼不懈，用作三降之德。"其中"三降之德"的"德"当然可以用"德性""德行"来作说明，但"降"之一字，即透露出此"德"之源于"上帝"，这体现文王以"帝"为核心的信仰经验。此信仰意义的"德"，在周公那里，被归于"天命"，所谓"维天之命，於穆不已。於乎不显，文王之德之纯"（《诗经·周颂·维天之命》）。

现在我们需要对周公的信仰系统作出说明。如前所述，武王对文王那里隐而不彰的"天"与"天命"信仰作出了明确的宣示，而周公的信仰可以代表周王室和国家信仰的完整形态。为了更好地说明周人信仰系统在周公那里所发生的变化，我们先比较文王与周公的信仰系统，然后加以说明。这个比较可以图示之为：

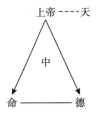

图示（A）：文王的信仰系统　　　**图示（B）：周公的信仰系统**

　　图示（A）（B）分别对文王和周公（由武王开端）的信仰系统作出标示。如此前考察所指出：文王的信仰系统是在等待和验证"受命"的历史处境和"惕惧"的信仰经验中形成的；其信仰对象是"上帝"，周人的传统信仰"天"是隐而不彰的；人王所受之"命"与所怀之"德"，皆源于上帝之赋予；由殷王经验性的"德行"的败坏，可推测"上帝"所赋予"德性"的丧失及"丧命"。武王和周公，经验了历史性的"受命"和现实性的"保命"，他们在"忧惧"的信仰经验中建立起"上帝—天"的信仰结构；人王所受之"命"既来源于"上帝"（以祖先为中介），更源自"天"（以文王为中介），人王所怀之"德"则历史性和信仰性地归之于"天"，以此说明周殪殷"命"和周之得"命"的合法性，也为殷之丧"德"而失"帝命"和周之有"德"以配"天命"（据新信仰而对周人与天下诸国而言）和"帝命"（据传统信仰以对殷人及其旧属国而言），提供信仰的宣示。

　　殷周鼎革时期周人的信仰系统的变化，体现在由传统的"上帝"信仰转变为"上帝—天"的信仰，以及由此带来的"命"与"德"的意义变化。前此，我们已经分析指出，在文王的信仰系统中，"中"是他在"惕惧"的信仰经验中对于"顺帝命"与"怀明德"如何可能的体认。"中"既是文王的信仰经验，也可作为其信仰系统的"形式显示"，以此将"帝命/德"作为文王信仰系统的符码，此"命"与"德"皆源于上帝，因而作为符码区别的两个面向具有相互蕴含与指涉的直接关系。

　　现在我们看到，周公信仰系统已经不能简单地用"命/德"作为系统的符码。因为在"命"这个方面，实际包含"帝命"和"天命"；"德"既源于"天"又因"天命靡常"而应"以德配天"，"天"与"德"的关系是双向的，而非仅由天来"命"德；"德"与"命"，以"天"为中介，也由"帝"作为间接的中介，彼此无直接的关系。要确认周公的信仰系统的符码，我们需要回到周公信仰系统的"意蕴"或"意义"。笔者认为这个有别于文王之"中"的"意义"可称为"大中"。

"大中"这个词，借用于汉唐有关《尚书·洪范》"皇极"的经学解释。如传统所言，《洪范》是武王问政殷遗臣箕子的记录，但这里的"大中"，并非汉唐经学释义的简单运用。《尚书·洪范》：

> 惟十有三祀，王访于箕子。王乃言曰："呜呼！箕子。惟天阴骘下民，相协厥居，我不知其彝伦攸叙。"箕子乃言曰："我闻在昔，鲧堙洪水，汩陈其五行。帝乃震怒，不畀洪范九畴，彝伦攸斁。鲧则殛死，禹乃嗣兴，天乃锡禹洪范九畴，彝伦攸叙。初一曰五行，次二曰敬用五事，次三曰农用八政，次四曰协用五纪，次五曰建用皇极，次六曰乂用三德，次七曰明用稽疑，次八曰念用庶征，次九曰向用五福，威用六极。"

武王所问是"天阴骘下民，相协厥居"之常道为何？箕子则通过"我闻在昔"的历史叙述诉诸"洪范九畴"。在箕子的回答中"帝"与"天"是并用的，言说鲧"汩陈其五行"时，则说"帝乃震怒"，叙述禹之"嗣兴"时，则称"天乃锡禹洪范九畴"。这里，我们不必对武王言"天"而箕子"帝""天"并用再作讨论，唯注意"洪范九畴"中"皇极"之义。从九畴的次序看，"皇极"为"五"，在九畴之"中"。从内容上看，前后四畴分别就五行、五事、八政、五纪、三德、稽异、庶征、五福等事物、德行和政教而作具体说明，唯"皇极"在言及"敛时五福，用敷锡厥庶民"之后，多言安民、事天之原则。《洪范》：

> 五、皇极：皇建其有极。敛时五福，用敷锡厥庶民。惟时厥庶民于汝极，锡汝保极。……无偏无陂，遵王之义；无有作好，遵王之道；无有作恶，尊王之路。无偏无党，王道荡荡；无党无偏，王道平平；无反无侧，王道正直。会其有极，归其有极。曰：皇极之敷言，是彝是训，于帝其训，凡厥庶民，极之敷言，是训是行，以近天子之光。曰天子作民父母，以为天下王。

所谓安民，从民的方面说是无偏无陂、无作好恶，以遵王之道义；从臣子的方面说是无偏无党、无反无侧，以体现王道的平荡正直而会归其"极"；从王的方面说，"皇极"是上帝的彝训，要"是训是行"，使天子的光辉照临，做民父母而为天下王。从《洪范》的历史性看，我们应该相信武王、周公对于"皇极"的彝训会认真地对待。孔安国《传》曰：

> 皇建其有极，大中之道，大立其有中，谓行九畴之义。①
> 孔颖达《疏》曰：
> "皇"，大也。"极"，中也。施政教，治下民，当使大得其中，无有邪僻。故演之云，大中者，人君为民之主，当大自立其有中之道，以施教于民。②

关于"皇极"，汉唐儒家经解直接以"大中"来说明，为九畴实行的原则，被称为"大中之道"。所谓"道"，当然有后世的政教和治民的解释立场。我们这里，借汉唐经说解"皇极"为"大中"及"皇极"在《洪范》中的信仰表述，来说明周公信仰系统的"意蕴"或"意义"。

区别于文王信仰经验"意蕴"的"中"，在武王特别是周公这里，"大中"一面是"绍天明（命）"与"不敢替上帝命"，一面是"敬厥德"（《尚书·大诰》）。"敬厥德"之"德"与"天"是直接且双向关联的，所谓"惟不敬厥德，乃早坠厥命"（《尚书·召诰》）。我们在第一章第三节的考察中已经说明，"上帝"信仰在西周时期并没有式微，"上帝"被周人视为族群之所出。在周公这里，"上帝—天"的信仰具有复杂性。对于"上帝"的虔敬也常常被视为"德"，如"我亦不敢宁于上帝命"，但此关系是通过以祖先为中介的上帝信仰而获得的。而"天"则体现出非族群中心的普遍超越特征，"天"与"德"为双向关联，而非仅是天"命"于"德"的单向关系。上述复杂信仰经验之"意蕴"，不同于文王之"中"，即就上帝之"命"与"德"之单向关联所体验的"中"，而是"大中"。

周公的"大中"，正是在姬周民族"受命""保命"的历史和信仰处境中，就"敬厥德"与"天命"的直接双向关系和以祖先为中介的与"帝命"之间接的单向关联的体验和安顿。相对于文王的"受命"和武王历史性的"得命"，

---

① （清）阮元校刻：《十三经注疏（附校勘记及识语）》，上册，第189页下栏。
② （清）阮元校刻：《十三经注疏（附校勘记及识语）》，上册，第189页下栏。

周公身处更为复杂的历史和信仰处境，在周国家"保命"和"延命"（政治上的"继统"）具体情境中，其个体也经受着紧张、困苦甚至磨难。"大中"可视为周公"忧惧"信仰经验的"意蕴"，是其信仰系统的"形式显示"。正是在"大中"的"意义"上，周公的信仰系统的符码，亦可以标识为"帝命……天命/德"。这个标识仅在"天命/德"区分的两面，具有相互蕴含与指涉的关系。这与文王信仰经验之"中"的"意义"以及"帝命/德"的符码不同。

由文王和周公（包括武王）的信仰经验的考察及其信仰系统的分析和比较，我们可以看到其间存在着连续和断裂。从"上帝……天"到"上帝—天"的信仰，其间存在着连续性和断裂性，后者正是将姬周民族所信仰的"天"引入后发生的。其中的连续性，更主要是传统信仰和历史处境的作用。从信仰系统的整体看，二者呈现出断裂的特征。换言之，"上帝"信仰无法通过自我再制而产生"上帝—天"的信仰。由于"天"之信仰要素的纳入，在周公的信仰系统中，无论是"命"还是"德"都已发生了重要变化。其信仰经验的"形式显示"和信仰系统的符码，已经不同。

现在我们的问题是，在传统"周孔之教"中与周公并称的孔子，他的信仰经验与信仰系统如何？这是下一节要讨论的内容。

三　孔子的信仰经验与信仰系统

描述孔子的信仰经验并对其信仰系统作出分析，是一项困难的工作。仅就信仰经验的描述来说，我们需要回到春秋时期的孔子。这个回到"真实的孔子"的努力，是现代孔子研究中的普遍追求。我们先简单讨论其中的两种取向，以为我们进入孔子信仰世界的努力提供参照。

首先是力求客观地还原孔子的"去圣"取向。这个取向的主要目标，是尽可能地去除后世"圣化的"甚至"神化的"孔子形象，试图回到孔子作为具体人的"经验"。一些诉诸同情理解的传记叙述，对孔子的个体境遇和心态变化有细致入微的刻画和描述，可以帮助了解孔子的处境和心境，但由于所关注的是将孔子还原为具体个体的存在，也往往将孔子生命中与传统信仰相关的体验，看作孔子失意后的卷怀之寄托或理性主义的绪余。[①]或将孔子的

---

① 参见［日］白川静《孔子传》，吴守钢译，人民出版社2014年版，第二章"儒之源流"之"巫史传统""天的思想"两节。

"天命"体验及"予欲无言"的感怀，视为"自身力量有如天道之自然运行"，而加以个体化或自然化。① 此外，一些看似实证或客观的研究，由于欠缺对孔子生命及存在的理解，往往失却在场的生命体验，而将孔子还原成一个精神无所托、理想无所遇的失意者。②

其次是理想地以孔子为目标的"企圣"取向。这个取向，视孔子为理想人格和人文世界超越性的代表，可通过信仰的"体验"或实践的"经验"接近之。此取向在现代新儒家那里有充分的表述。如唐君毅在《孔子与人格世界》一文中，反对仅从观念上"凌空架虚"地演绎孔子思想，或仅就历史文化影响言孔子，他说："我们真要了解孔子之真价值，当直接由其人格之崇敬入手。"③ 为此提出了"体验"问题。唐君毅说："人有一凝聚集中而常觉不足之畏敬之心，人即超越自己之小我，而体现一无限的庄严肃穆之情，便能与无限伟大的人格之无限性相应，而体验之"，"于是我们又可以反省我们自己之体验，而另有一种叙述我自身之体验之语言与思想"。④ 唐君毅以子贡、颜渊和曾子对孔子的体验为例，描述孔子人格之感人至深，并以"圆满的圣贤人格"来说明自己对于孔子人格的体验。此人格，体现为孔子之"真诚恻怛"，"一面是如天之高明而涵盖一切之超越精神，一面是如地之博厚而承认一切之持载精神"。⑤ "企圣"的取向，使得孔子呈现为一人文理性的理想人格，视孔子的信仰经验为人文化成的经验。"企圣"的当代研究，甚至将孔子所言之"天"当作"纯粹理性信仰的对象"，对"天"的崇敬是"对道德法则之神圣性的崇敬"，将孔子学说看作"即哲学即宗教"而以康德意义的"理性的纯粹的道德宗教"规定之。⑥ 毋宁说，这是对孔子的信仰体验哲学化的领悟。

有关"去圣"与"企圣"所涉及的"圣"之信仰问题，将在下章的儒教信仰系统的研究中重点说明。我们接下来对孔子的考察，与前述两种取向的

---

　　① 参见［美］金安平《孔子：喧嚣时代的孤独哲人》，黄煜文译，广西师范大学出版社 2011 年版，第 213 页。

　　② 参见孙秀昌《去圣焉得真孔子——兼与李零先生商榷（一）》《"趣圣"乃得真孔子——兼与李零先生商榷（二）》，《博览群书》2010 年第 9、11 期。

　　③ 唐君毅：《人文精神之重建》，广西师范大学出版社 2005 年版，第 159 页。

　　④ 唐君毅：《人文精神之重建》，第 161 页。

　　⑤ 唐君毅：《人文精神之重建》，第 161 页。

　　⑥ 参见卢雪琨《常道：回到孔子》，广西师范大学出版社 2016 年版，第 66—69 页。

相同之处在于，都力图回到"真实的孔子"。不过，我们不是要还原出一个孔子个体，或将孔子作为一个理想的目标或象征，而是要回到孔子的历史境遇和信仰处境，对孔子的信仰经验加以描述和说明。我们的目标是：描述孔子的信仰经验，关注这个经验的境遇性，并对孔子的信仰系统作出说明。

钱穆先生曾说，为孔子作传，"非患材料之少，乃苦材料之多"①。对于了解孔子的信仰"经验"来说，情况或许正好相反，所患的可能是"材料之少"，我们仅依据《论语》和《左传》的相关记载，并谨慎使用《易传》《孟子》《礼记》等相关材料。②

关于孔子的信仰，现代学术曾从"儒"之身份以及孔子作为"儒"的特征，直接将其关联于传统宗教及其突破。如章太炎的《原儒》提出"儒有三科"，认为：达名之儒"术士也"，类名之儒"知礼乐射御书数"，私名之儒"皆粗明德行政教之趣而已，未及六艺也"。③ 以此看，孔子乃属类名之儒。胡适《说儒》，将儒视为殷民族的教士，殷亡后以治丧相礼为业，乃殷商宗教的继承者，孔子是殷民族"悬记"的复兴英雄，其贡献在于把殷民族部落性的儒扩大为"仁以为己任"的儒，把柔懦的儒改变为刚毅进取的儒。④ 有关"儒"的身份和精神类型的问题，我们将在第五章关于儒教的"身份—角色"系统的研究中作详细讨论。这里要强调的是，孔子的信仰经验与传统身份和信仰有重要关联，这是可注意的。

从传统文献对孔子的描述看，孔子的信仰经验与"礼"直接相关。《史记·孔子世家》："孔子为儿嬉戏，常陈俎豆，设礼容。"另一则材料，也可见青少年孔子对于"礼"的态度。《礼记·檀弓》记："孔子少孤，不知其墓，殡于五父之衢。人之见之者，皆以为葬也。其慎也，盖殡也，问于邹曼父之母，然后得合葬于防。"据《史记·孔子世家》，孔子母卒于孔子十七岁前。《论语·八佾》记载："子入太庙，每事问。或曰：'孰谓鄹人之子知礼乎？入太庙，每事

---

① 钱穆：《孔子传》，生活·读书·新知三联书店2002年版，"再版序"。

② 我们对孔子信仰经验的了解，主要依据《论语》，而参考上述著作能够提供孔子信仰信息的篇章和叙述。而对于相关信息之考证特别是孔子身处的具体情景，则参考钱穆《孔子传》、白川静《孔子传》及金安平《孔子：喧嚣时代的孤独哲人》（原书名直译是《真实的孔子：一个思想和政治的人生》）的相关考证和分析。

③ 参见章太炎《原儒》，载刘梦溪主编《中国现代学术经典·章太炎卷》，河北教育出版社1996年8月版。

④ 参见胡适《说儒》，载姜义华主编《胡适学术文集·中国哲学史》，中华书局1991年版。

问.'子闻之，曰：'是礼也.'"钱穆指出："此事不知在何年？然亦必已出仕，故得入太庙充助祭之役。见称'鄹人之子'者，其时尚年少。当必在三十前。"①

孔子成年后，对礼有繁复的说明并对失礼有尖锐的批判，如"人而不仁，如礼何？""八佾舞于庭，是可忍也，孰不可忍也？"（《论语·八佾》）。但无论是以仁释礼，还是批评失礼，其背后必有孔子信仰经验的对象。从《论语》的记载看，主要是"天"和"人鬼"。我们先看以下两则具体的记载。

《论语·八佾》：

> 王孙贾问曰："'与其媚于奥，宁媚于灶'，何谓也？"子曰："不然，获罪于天，无所祷也。"

《论语·为政》

> 孟懿子问孝，子曰："无违。"樊迟御，子告之曰："孟孙问孝于我，我对曰'无违'。"樊迟曰："何谓也？"子曰："生，事之以礼；死，葬之以礼，祭之以礼。"

上引第一则，乃孔子五十四岁去鲁，在短暂离开卫国而又返回时发生的对话，对话的背景是子见南子这个事件。卫国的大夫王孙贾怀疑孔子由南子而求仕故诘问孔子，以祭深隐之"奥"喻通宫闱，以祭明处之"灶"喻由朝堂，孔子则誓言"获罪于天，无所祷也"。钱穆说："其告王孙贾，亦只谓自己平常行事一本天意，更无可祷，则又何所用媚也。"② 关于此事，子路也有意见，孔子发誓说："予所否者，天厌之！天厌之！"（《论语·雍也》）孔子在此情境下所发誓言，所诉诸的信仰对象是"天"。

上引第二则，记孟懿子问孝，此事不知发生在何年。《左传》昭公二十年记载，孟僖子临终时，曾专门嘱咐家臣让其子孟懿子（何忌）师事孔子而学礼。鲁昭公二十年即公元前 522 年，时孔子刚过而立，想必孟懿子问礼与之相距不远。在本则对话中，孔子就生、死、祭而言孝，其中的以礼葬之与祭

---

① 钱穆：《孔子传》，第 10 页。
② 钱穆：《孔子传》，第 46 页。

之，其对象自然是逝去的先人（人鬼），曾子所言"慎终追远，民德归厚矣"（《论语·学而》），正此谓也。

从文献上看，孔子言"天"和"天命"，《论语》中能就时间有所判断的有如下数则：

> 子畏于匡，曰："文王既没，文不在兹乎？天之将丧斯文也，后死者不得与于斯文也；天之未丧斯文也，匡人其如予何？"（《子罕》）
>
> 子曰："天生德于予，桓魋其如予何？"（《述而》）

此二则，乃孔子周游列国途中所言，其处境《史记·孔子世家》有具体说明亦为人所熟知。孔子斯文在兹的自况与身具德性的自信，正源于"天"之信仰，而非简单的慨叹，其中有严肃的信仰意识和切己的信仰体验。再看：

> 颜渊死。子曰："噫！天丧予！天丧予！"（《先进》）
>
> 子疾病，子路使门人为臣。病间，曰："久矣哉，由之行诈也！无臣而为有臣，吾谁欺？欺天乎？……。"（《子罕》）
>
> 子曰："吾十有五而志于学，三十而立，四十而不惑，五十而知天命，六十而耳顺，七十而从心所欲，不逾矩。"（《为政》）

上三则，可确定发生于孔子晚年居鲁之时。颜渊死，孔子连呼"天丧予"，虽为痛极之叹，但"天"之信仰的真切感受亦溢于言表。子路使门人为臣而服侍病中的孔子，孔子诘问"吾谁欺？欺天乎？"同为"天"之信仰的表露。后一则"五十而知天命"，乃孔子七十岁后于一生之自况所言。

从上述孔子专言"天"的那些话语，可见孔子是以"天"为最高信仰的。然就"畏天命"与"知天命"来看，其所谓"天命"仍具有复杂意义。

《论语·公冶长》有言："孔子曰：'君子有三畏：畏天命，畏大人，畏圣人之言。小人不知天命而不畏也，狎大人，侮圣人之言。'""知天命"与"畏天命"的相同之处，是皆以"天"言"命"。不同之处是，"知天命"之"命"，其源头虽也出于"天"，但主要是就个体而言的"命运"之"命"。如伯牛有疾，孔子叹曰"亡之，命矣夫！"（《论语·雍也》）；司马牛忧愁"人皆有兄弟，我独亡"，子夏宽慰说"死生有命，富贵在天"（《论语·颜渊》）。

此中的"命"，虽诉诸"天"但对天之"作用"及个体的"命运"则持无须把握或无可奈何的态度。其中的"命"，亦如孔子所言"道之将行也与，命也；道之将废也与，命也。公伯寮其如命何?"（《论语·宪问》）此段话的背景，乃公伯寮向季孙诽谤子路，子服景伯告诉孔子，孔子则感慨于自己的道能否施行，则一切听之于"命运"，此"命运"非公伯寮所能左右。如此，前引中"小人不知天命而不畏也"，是说小人对于自己的"命运"不能有严肃和客观的态度，因而不能"敬畏""天命"。严格地说，"畏天命"之"天命"不是个体的"命运"，而就是此前被武王、周公反复申说的"天命"。孔子对此"天命"怀有敬畏之心，并通过尊君和复礼来维持此"天命"之信仰，此乃"畏"与"知"的不同。

《论语》终篇《尧曰》第一章："尧曰：'咨！尔舜，天之历数在尔躬，允执其中。四海困穷，天禄永终。'舜亦以命禹。"（《尧曰》）此"天之历数"正是传统"天命"之谓也。"畏天命"是对神圣的"天命"的敬畏，此思想的源头来源于周初的"天命"观念。《尧曰》最后一章："孔子曰：不知命，无以为君子也；不知礼，无以立也；不知言，无以知人也。""知命"总是遥寄于"天"而直接与个体的"命运"相关并落实于个人的行动上。《论语》终篇《尧曰》的前后两章，言天命各有所取，显示孔子"天命"观的复杂性。由"畏天命"和"知天命"之同异可知，"天命"虽然同样指向"天"，但实有不同："畏天命"之"命"直接源于"天"，而"知天命"之"命"乃更就个体的"命运"而言。① 虽然，前者仍然是孔子"天命"观的主要意义，但"天"的意义也呈现出复杂性，亦即在"知天命"那里，后世"莫之为而为者，天也；莫之至而至者，命也"（《孟子·万章上》）的意蕴，有真实的显露。②

《论语》中孔子言"天"的另一段话，也值得重视：

子曰："予欲无言。"子贡曰："子如不言，则小子何述焉?"子曰："天何言哉? 四时行焉，百物生焉，天何言哉?"（《阳货》）

---

① 1993年出土的郭店竹简《唐虞之道》述虞舜之行，也有相同的表述："夫古者舜处于草茅之中而不忧，登为天子而不骄。处草茅之中而不忧，知命也。"李零：《郭店竹简校读记》，北京大学出版社2002年版，第96页。

② 此"莫之为而为者，天也"的意义，战国时期道家也有述及，如《庄子·大宗师》："死生，命也，其有夜旦之常，天也。人之有所不得与，皆物之情也。"

此段对话，白川静和金安平皆考察认为，乃孔子晚年居鲁时所言。^① 关于"天何言哉"，因有"四时行焉、百物生焉"的描述及反复感叹，传统诠释有不同的理解。代表性的解释，有二。一是将"天何言哉"解释为取法天之自然运行而归为根本，如皇侃《疏》引王弼语："予欲无言，盖欲明本，举本统末，而示物于极者也。"^② 此乃以玄理解儒，隐含着自然之"天"的意义。二是将"天何言哉"解读为"天理流行"。朱熹说："学者多以言语观圣人，而不察其天理流行之实，有不待言而著者。是以徒得其言，而不得其所以言，故夫子发此以警之。"又说："四时行，百物生，莫非天理发见流行之实，不待言而可见。圣人一动一静，莫非妙道精义之发，亦天而已，岂待言而显哉?"^③ 此乃理学家以天理之流行和发用言"天"，可视为义理之"天"。此外，王夫之对前后两句"天何言哉"加以区分解读^④，意在寻求形而上与形而下的统一而强调"此圣人成己成物者，夫何言哉?"^⑤ 也为义理之"天"的辩证和发挥。如果我们能回到孔子"予欲无言"的处境和语境，或许可对"天何言哉"的表述有更切近的体认。

金安平考察孔子晚年归鲁后的心态时，特别提及孔子的"予欲无言"。她说："'隐遁'于'微末'未让孔子感到渺小或沮丧，反而使他超越眼前的横逆。……孔子告诉子贡没有人了解他（'莫我知也夫'），因此他'欲无言'……孔子的无言显示他已超越修养与生命技艺的层次，借由摆脱语言，孔子昭示自身力量有如天道之自然循行。然而即便在这一刻，孔子也因强烈的挫折感而心力交瘁。这是孔子的矛盾。"^⑥金安平这里对"天"的理解，偏向于天之自然义，不过相对于宋儒所言之"天理流行"，似乎更能切近孔子此时的人生体验或信仰经验。白川静将孔子"予欲无言"，与孔子的现实处境以

---

① 参见［日］白川静《孔子传》，吴守钢译，第65—66页；亦参见［美］金安平《孔子：喧嚣时代的孤独哲人》，黄煜文译，第213页。

② 程树德撰，程俊英、蒋见元点校：《论语集释》，中华书局2018年版，第1581页。

③ （宋）朱熹：《四书章句集注》，中华书局2012年版，第181页。

④ 船山在《读四书大全说》中称："向后再言'天何言哉'，非复词也。前云'天何言哉'，言天之所以为天者不言也。后云'天何言哉'，言其生百物、行四时者，亦不在言也。"王夫之著，船山全书编辑委员会编：《船山全书》，岳麓书社2011年版，第6册，第871页。

⑤ （清）王夫之著，船山全书编辑委员会编：《船山全书》，第6册，第873页。

⑥ ［美］金安平：《孔子：喧嚣时代的孤独哲人》，黄煜文译，第213页。

及所置身的巫史传统结合起来作出考察。关于巫的传统，白川静的认识建立在"儒"作为"需"的考证基础上的，"需"就是求雨的巫祝之徒。他引孔子"述而不作，窃比我于老彭"（《论语·述而》），认为老彭的身份正是巫师，孔子"虽说接受了巫祝的传统，但却舍弃了其中的虚伪部分"①。《论语·述而》记载孔子疾病"子路请祷"，所谓"祷尔于上下神祇"，孔子回答："丘之祷久矣。"白川静说："孔子也许一直在凝视着内在，深思怎么从纯粹的精神高度来提升这一传统"，在此方向上，"以古代神巫的生活方式作为典范，从思想和文化上加以追求"的周公正是典范，晚年不复梦见周公的孔子说出"予欲无言"，"孔子也许是想直视所关联的神秘世界"，"万物在流转中显露出原本的实相的世界"。②

金安平和白川静的传记性描述，在有关孔子的文献考证或观念演绎的流行语境中，显得有些个人化和体验化。他们的目标正是要回到孔子活生生的个体存在。只有在阅读他们的整体描述和细致说明时，上述关于孔子的认识才能被真正地体会。无论如何，孔子的"天"和"天命"与其所继承的"天"之文化传统有直接紧密的关联，也包含对传统"天"之信仰的改造。

前此我们考察周公的信仰经验时曾说明，从观念的起源来看，"德"与原始信仰和宗教观念关系密切；就西周早期的"以德配天"来说，由于"上帝—天"之信仰，"德"仍是在一种信仰的意义上获得界定而呈现为"天"与"德"的双向关系。这里要指出的是，在周公那里，"天命"及配天之"德"所赋予的是周王及其宗子。当孔子说"天生德于予"（《论语·述而》）时，"德"已突破了传统，呈现为"德"之主体的变化与"德"之意义的扩展。我们可以从这条线索来了解"天"在孔子那里的改造。

先看孔子"德"之主体的变化与"德"之意义的扩展。就主体来说，孔子既继承了就王者及其宗子言"德"的传统，也将其扩大到一般的治理者和普通人群。就前者来说，既有就国家和社会治理的一般原则言"德"，如"为政以德"，"道之以德，齐之以礼，有耻且格"（《论语·学而》），又有如传统意义，就王者及其宗子言"德"。如孔子说文王"三分天下有其二，以服事殷。周之德，其可谓至德也已矣"（《论语·泰伯》）。孔子"去曹过宋"遇桓

---

① ［日］白川静：《孔子传》，吴守钢译，第 65 页。

② 参见 ［日］白川静《孔子传》，吴守钢译，第 65—66 页。

魋之难而作"天生德于予"的慨叹时，定然不会视自己拥有王者之"天命"，但"子畏于匡"时宣示"文王既没，文不在兹乎?"也透露出孔子绝非以一般身份自我定位，所谓"天之未丧斯文也，匡人其如予何?"此"斯文在兹"，正是"天生德"之"德"，乃"天德"而非"命德"。此"德"来源于天而应遍及所有人。在《论语》中，孔子屡屡述及的正是这种"德性"与"德行"。如，"君子怀德"，"德不孤，必有邻"（《里仁》）；"德之不修，学之不讲，闻义不能徙，不善不能改，是吾忧也"，"志于道，据于德，依于仁，游于艺"（《述而》）；"德行：颜渊，闵子骞，冉伯牛，仲弓"（《先进》）；"主忠信，徙义，崇德也"，"君子之德风，小人之德草，草上之风必偃"（《颜渊》）；"有德者必有言，有言者不必有德"，"以直报怨，以德报德"（《宪问》)，"乡愿，德之贼也"（《季氏》)，等等。在孔子这里，"德"的意义得到了丰富和发展，既是统治原则，也是落实在政治、社会之中呈现为个体的德性和德行。

"天"与"德"的直接关联，在周公及西周的思想中便已经存在，其方式是通过"敬厥德"而"辅天（命）"。如上一小节的分析，在周公的信仰系统中，"天命/德"的两面有着相互蕴含与指涉的关系。当孔子说"天生德于予"时，"德"如何作用于"天"，孔子并未明言。牟宗三认为，孔子乃"践仁以知天"为儒家"成德之教"确立弘规，孟子则以"尽心知性知天"与"存心养性事天"将其"十字打开"，又引《中庸》"肫肫其仁，渊渊其渊，浩浩其天"，指出这是对于"圣人生命之'上达天德'之最恰当的体会"①。我们可以说，在孔子这里，"天"与"德"才普遍具有相互蕴含与指涉的关系。不过，即使如此，"天"与"德"的关系仍然存在着复杂性。《中庸》所述"子曰"，有如下表述：

> 子曰："鬼神之为德，其盛矣乎！视之而弗见，听之而弗闻，体物而不可遗。使天下之人齐明盛服，以承祭祀，洋洋乎如在其上，如在其左右。诗曰：'神之格思，不可度思！矧可射思！'夫微之显，诚之不可掩如此夫！"
>
> 子曰："舜其大孝也与！德为圣人，尊为天子，富有四海之内。宗庙

---

① 牟宗三：《心体与性体》（上），上海古籍出版社 1999 年版，"综论"第 6 页。

飨之，子孙保之。故大德必得其位，必得其禄，必得其名，必得其寿。故天之生物，必因其材而笃焉。故栽者培之，倾者覆之。诗曰：'嘉乐君子，宪宪令德！宜民宜人，受禄于天。保佑命之，自天申之！'故大德者必受命。"

上两则，如果我们接受其确为孔子曾说过的话，那么在"天"与"德"关系上仍然保留着传统的信仰，如："鬼神之为德，其盛矣乎！""大德必得其位""大德者必受命"。客观言之，如果我们不去隔断孔子与传统信仰的关系，上述表述实际体现了孔子对"天""德"关系体验的复杂性。我们知道，在《论语》所记述的孔子话语中，几乎没有传统"上帝"的位置，但"鬼神"仍具传统的天神与祖神之义。前引《中庸》的第一则，便强调"鬼神"的作用和祭祀的虔诚。而后一则，"大德必受命"，则明显是传统天命信仰的表述。更为直接的证据来自《论语》孔子论"鬼神""生死"。对此，我们将尽可能回到如下篇章的"源初"语境加以理解：

> 季路问事鬼神，子曰："未能事人，焉能事鬼？"曰："敢问死。"
> 曰："未知生，焉知死？"（《先进》）

子路问"事鬼神"，所谓"事"为祭祀，朱熹《论语集注》"问事鬼神，盖求所以奉祭祀之义"①。孔子的回答，只言"事鬼"而未言"事神"。程树德"考异"，引日本山井鼎《七经考文》有言："一本作'子路敢问死'，古本'死'上有'事'字。"② 刘宝楠《论语正义》称："事人，犹子事父、臣事君，是也。焉能事鬼，言鬼则神可知，或以'事鬼'下脱'神'字，非也。"③ 笔者认为，《七经考文》所引古本应有其依据，子路所问，或就重在"事鬼"，即祭祀先人。而孔子回答仅言"事鬼"而不及"事神"，盖"事神"，并非一般之"事"。清代赵佑《四书温故录》曰：

---

① （宋）朱熹：《四书章句集注》，第126页。
② 程树德撰，程俊英、蒋见元点校：《论语集释》，第981页。
③ （清）刘宝楠：《论语正义》，《诸子集成》，河北人民出版社1992年版，第1册，第243页。

礼有五经，莫重于祭。古之所为事鬼神者，尝无不至。则子路之问不为不切。夫先王之事鬼神，莫非由事人而推之，故生则尽养，死则尽享。惟圣人为能飨帝，惟孝子为能享亲。云事鬼也，莫非教天下之事人也。吾未见孝友不敦于父兄者，而爱敬能达乎宗庙者也。①

以上赵佑所解，细密而切近。"事鬼神"为祭祀之事，乃子路所问本意。然祭祀"鬼神"有身份之不同。所谓"惟圣人为能飨帝"，即祭祀"上帝"或"天帝"，乃圣人与王者之事；所谓"惟孝子为能享亲"，即祭祀祖先或先人，乃天下人之事。孔子回答仅及"事鬼"，盖"飨帝"非常人所为，"享亲"则天下人应为且可为。所谓爱敬达乎宗庙，必自孝友敦于父兄始，乃孔子"未能事人，焉能事鬼"之本义，"事人"与"事鬼"本非对立，乃为一贯。在此语脉中，子路问"死"，此所谓"死"既非经验意义上的"死亡"，也非对"死"作理论上的追问，"敢问"之"敢"，如杨伯峻引贾公彦说"皆是以卑觸尊不自明之意"②，乃子路对上所言"事鬼"之义不明而触诘问（触）。孔子回问"未知生，焉知死？"正是对前语"未能事人，焉能事鬼"的重申。对此，朱熹引程子所解"知生之道，则知死之道；尽事人之道，则尽事鬼之道"③，正是通贯前后之说。如此，回到孔子的"源初"语境，"未知生，焉知死"之说，是就"鬼神"祭祀之事而言的。孔子仅言"事鬼"，可见其于祀"神"（"天"或"帝"）有清楚的身份意识，而所谓"未知生，焉知死"，并非后世理性主义所谓排斥"事鬼"，而是强调将"事鬼"首先落实在"事人"上，此正如赵佑所说"生则尽养，死则尽享"。再看：

樊迟问知，子曰："务民之义，敬鬼神而远之，可谓知矣。"问仁，曰："仁者先难而后获，可谓仁矣。"（《雍也》）

樊迟问知（智）与仁，最具影响也常被作理性主义引申的是孔子前问之答，所谓"务民之义，敬鬼神而远之"。樊迟此问，在何情境发生，并无记载，但

---

① 转引自程树德撰，程俊英、蒋见元点校《论语集释》，第983页。
② 杨伯峻译注：《论语译注》，中华书局2009年版，第112页。
③ （宋）朱熹：《四书章句集注》，第126页。

从孔子"务民之义"的语义限制看，樊迟所问应是治民之事。刘宝楠称："窃以夫子此文论仁知，皆居位临民之事，意樊迟时或出仕故也。"① 刘氏又说："于鬼称事，神称敬者。礼数故言事，礼疏故言远也。但事亦是敬，故《论语》此文，统言近鬼神。"② 于民来说，祭鬼享亲之礼称"事"，盖民之祭鬼享亲之礼繁复（礼数），故称事；而祭"神"之事，盖有专属，民于"事神"之礼疏，故称"敬"，所谓"远"。"敬鬼神而远之"与前引"季路问事鬼神"章孔子所答专就"事鬼"言之不同，重在言"敬神"。所谓"远之"，有"礼疏"而"远"唯有"敬"之义，亦有"事神"之有专属，民不可渎神之义，抑或也包含孔子对民间社会泛神信仰加以警惕之义。在源初语境中，其意义之丰富，便非理性主义或信仰上的实用主义所能概括。

由以上可见，在"天"与"德"的关系上，传统信仰在孔子这里依然存在，所谓"大德者必受命"，"鬼神之为德，其盛矣乎"。然孔子对于"德"，确有重大的改造：由"天生德"出发，而将"仁"作为核心价值。在孔子这里，"仁"贯彻于"礼"而为"礼"提供了新的意义基础，"仁"也是其他德行的价值指引，对此已毋庸多言。

笔者认为，在孔子"仁"的现代讨论中，李泽厚先生自觉以"文化—心理"结构对"仁"加以说明，提供了对孔子"仁学"复杂性的思考。从我们的研究来说，可借助他的讨论进一步认识孔子"仁"的丰富意义。

在《孔子再评价》中，李泽厚特别关注了"仁学"的理性主义突破及其复杂的意义结构。他认为，孔子思想的核心范畴是"仁"而非"礼"，"后者是因循，前者是创造"，孔子是将"仁"作为思想系统中心的第一人，孔子的"仁学"体现出"实践理性"的整体特征。③ 他解释"实践理性"说：

> 所谓"实践（用）理性"，首先指的是一种理性精神或理性态度。与当时无神论、怀疑论思想兴起相一致，孔子对"礼"作出"仁"的解释，在基本倾向上符合了这一思潮。不是用某种神秘的热狂而是用冷静的、现实的合理的态度来解说和对待事物和传统；不是禁欲或纵欲式地

---

① （清）刘宝楠：《论语正义》，第 127 页。

② （清）刘宝楠：《论语正义》，第 126 页。

③ 参见李泽厚《孔子再评价》，《中国古代思想史论》，人民出版社 1986 年版。

扼杀或放任情感欲望，而是用理知来引导、满足、节制情欲；不是对人对己的虚无主义或利己主义，而是在人道和人格的追求中取得某种均衡。对待传统的宗教鬼神也如此，不需要外在的上帝的命令，不盲目服从非理性的权威，却仍然可以拯救世界（人道主义）和自我完成（个体人格和使命感），不厌弃人世，也不自我屈辱、"以德报怨"，一切都放在实用的理性天平上加以衡量和处理。①

以上李泽厚关于孔子"仁学"之"实践理性"（"实用理性"）② 的评述，揭示了孔子"仁"的复杂性，这种复杂性可以作为我们认识孔子信仰系统的参照。面对礼崩乐坏的现实，孔子强调"仁"的血缘伦理基础，"以仁释礼"，将仁诉诸人的心理欲求与情感，对人的价值加以肯定并强调个体人格的独立和内在动力，的确体现了孔子的"清醒理性精神"。但是，如果从孔子的整体信仰系统来看，这仍然是在"天"之信仰下对"德"及"天德"关系的新发展，仍然不能脱离"天""天命"信仰而独立存在，也没有完全去除传统的"鬼神"观念及影响（李泽厚称之为"存而不论"或"相当高明的回避政策"）。如果我们接受李泽厚关于孔子"仁学"的"实践理性"或"实用理性"的定位，应该将"天"之信仰或"鬼神"信仰的作用，视为"实践"的或"实用"的一部分。③ 在此意义上，所谓"清醒的理性精神"或如牟宗三所言的"践仁以知天"的道德理性精神，所诉诸的只是孔子之"天"的一个向度。此向度将周公"天命"与"德"的关系，进一步发展为"天"与"德（仁）"的关系。甚至"仁"本身即有超越性，为孔子信仰系统的重要组成。当孔子说"志士仁人，无求生以害仁，有杀身以成仁"（《论语·卫灵公》）时，他必有对仁之超越性的体认；当孔子说"仁远乎哉？吾欲仁，斯仁至矣"

---

① 李泽厚：《孔子再评价》，《中国古代思想史论》，第29—30页。

② 在《漫议"西体中用"》一文中，李泽厚使用了"实用理性"的概念，这个概念相对于"实践理性"，摆脱了与康德"实践理性"的可能混淆，更能体现他概念使用的本义，在思想界也更具影响而流行广泛。参见李泽厚《漫议"西体中用"》，《中国古代思想史论》，人民出版社1986年版。

③ 李泽厚也注意孔子"仁学"与传统信仰的关系。在《孔子再评价》中，他是从"礼"之"损益"来说明这种联系，在后来发掘中国古代巫史传统的发展变化时，他将此关系看作传统的巫史传统经由周公的"制礼作乐"的"理性化的体制建树"在孔子这里走向了"充满理性精神的道德—伦理本体的建立"。但无论如何，"理性化"是李泽厚一以贯之的认识。参见李泽厚《乙卯五说》"说巫史传统"，中国电影出版社1999年版。

（《论语·述而》）时，他定有对仁之内在的体验；当孔子说"君子无终食之间违仁，造次必于是，颠沛必于是"（《论语·颜渊》）时，他一定是在描述自己实践仁的艰难经验。

从李泽厚对于"实践理性"或"实用理性"的说明看，其所谓"理性"是对照所谓宗教式的"狂热"和"禁欲"或世俗的纵欲主义和利己主义，而强调"仁学"的合理态度和理性引导；所谓"实践"或"实用"，是比照于纯粹抽象的思辨理性，而强调其满足于解决问题的"实行"或"实用"的经验主义特征。如果孔子的"仁"只是"实践（用）理性"的体现，此"理性"的"实践"或"实用"的定位，很难成为我们说明"仁"之为孔子新的信仰体验的基础。如何认识孔子信仰经验的丰富性？如何把握其信仰系统的复杂性？是我们接下来要讨论的问题。

以上，我们尽可能地回到孔子的信仰经验，对所涉之"天""命""德"之体验加以了解。现在，我们希望对孔子的信仰系统作出说明和分析。这里，不妨先给出孔子信仰系统的图示，以方便讨论。需说明的是，下图所示的孔子信仰系统，正是建立在对孔子信仰经验的描述和分析基础之上。

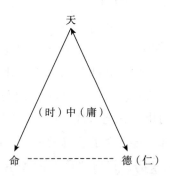

图示（C）：孔子的信仰系统

如果比较上节周公的信仰系统图示（B），可以看到，传统的"上帝"信仰在孔子这里已不再重要，这在孔子信仰经验的考察中已经说明。相较于周公，孔子的"天"之体验更为复杂。既包括传统"上帝—天"之意义的"天"（我们称之为"受命之天"），也包括"天生德于予"意义的"天"（我们称之为"生德之天"），在其信仰系统中，"天"之要素已经进一步分化。至于孔子所信仰的"天"，是否有"自然之天"的意义，经过前述对"天何言哉"语的考察，我们判断其可作自然意义的引申，如在魏晋、唐宋注疏所言。如此，在孔子这里，"天"之信仰要素自身作为系统，已经分化为"受命之天"与"生德之天"。此外，孔子言"天"还隐含着"命数"的意义，这在前述关于"畏天"和"知天"的区分讨论中已经说明。整体分析，孔子的"天"之信仰要素可描述为：

$$
\begin{array}{c}
\text{受命之天——天——生德之天} \\
\text{命数之天} \swarrow \quad \dashleftarrow \text{自然之天}
\end{array}
$$

孔子"天"之信仰的复杂性还体现在，传统"上帝—天"之信仰中配"帝"的祖先神（鬼）的信仰，不再收摄于"受命之天"，而是通过祭祀之"礼"和孝悌之"情"来体现，此皆贯彻着"生德之天"所赋予的"德"（仁）之精神。①

就孔子信仰经验中的"命"来看，"命"分化为"天命"和"运命"两类。所谓"天命"乃来自"受命之天"，其与"德"的关系，也以"受命之天"为中介，所谓"故大德者必受命"（《中庸》）。而对一般人来说，"命"则是"命运"，孔子以此，有"命矣夫"（《论语·雍也》）的感叹。此意味着，对于一般人（包括孔子自己甚至后世所谓"圣人"）来说，有德者不必"有命"。如果探求"运命"背后的原因，也可溯源于"天"。如孟子所说"莫之为而为者天也，莫之致而至者命也"（《孟子·万章上》）。此"命"背后的"天"，源于"命数之天"，也可由自然主义引申出来。前者在孔子那里是"道之将行也与，命也；道之将废也与，命也"（《论语·宪问》），所谓"知命"；后者在孔子那里则可由"天何言哉"引申，庄子对此有道家式的表述："知其不可奈何而安之若命，德之至也。"（《庄子·人间世》）在孔子的信仰系统中，"命"之含义是复杂的，其与"德"的关系则是间接的。整体分析，孔子的"命"之信仰要素可描述为：

---

① 此如孔子弟子有若所言"孝悌也者，其为仁之本与？"（《论语·学而》），董仲舒言"崇本"时说"天生之以孝悌"（《春秋繁露·立元神》），以及前引赵佑《四书温故录》之"惟圣人为能飨帝，惟孝子为能享亲"。

上一节关于周公信仰系统的考察已经说明，在周公那里，"天"与"德"已具有双向的关联，其所谓"德"乃"天命之德"（相应的"天"乃"受命之天"），且主要落在周王及其宗室身上。孔子并不否认此"命德"，所谓"有大德者必有命"，但在孔子"天生德"这里，"德"之主体已是所有的人，每一个体都可成为"德"的主体；"仁"为"德"之核心价值，而区别于周公系统的"辅天命"之"德"，由此有孔子"吾欲仁，斯仁至矣"的主体宣示和"杀身成仁"的个体担当。整体分析，孔子的"德"之信仰要素可描述为：

$$命德之天 \longleftrightarrow 命德—德—仁德/生德之天$$

由孔子"生德之天"的信仰，"德"（仁德）超出传统"天命德"和"德辅天"的关联（此关联不能相互蕴含，盖在经验上"有德者"未必"有命"），在孔子的"仁德"和"生德之天"的关系上，呈现为"天生德"与"德达天"之相互蕴含即"天"与"德"的相互指涉关系。这是孔子改造传统的重要贡献。

由以上孔子信仰诸要素的描述和分析可见，传统的"天""命""德"在孔子这里已经发生了重大变化。亦可以说，诸要素自我分化形成了复杂的二级系统，具有自身的系统特征。"天"之系统分化为"受命之天"与"生德之天"，此二者在"天"之新系统中自为系统并彼此构成"系统/环境"之关系。"天"之系统还以其所隐含的"命数"义及可引申的"自然"义，实际蕴含着更为复杂的"系统/环境"关系和系统分化。"命"之系统分化为"天命"与"运命"，此二者在此新系统中彼此构成"系统/环境"之关系。"德"之系统分化为"天命之德"与"天生仁德"，此二者在此新系统中彼此构成"系统/环境"之关系。此外，上述"天""命""德"的诸系统之间也具有自身与作为环境的其他系统的相互关联。由此，孔子的信仰系统成为新的复杂系统，其复杂性和包容性为儒教的信仰系统奠定了基本规模，也为其后的分化发展提供了可能性。

在此前关于文王、周公（包括武王）的考察中，我们曾分别揭示其信仰之处境中的"惕惧"和"忧惧"的经验。如何整体说明孔子的信仰经验，仍是困难的问题。这不仅是因为孔子的社会历史处境发生了重大变化，还因为孔子个体身份及其境遇与文王和周公有着根本不同。笔者认为，要对孔子的信仰经验加以整体的把握，可以"忧患"来作说明。

"忧患"一词出于《易传》。《系辞下》曰："《易》之兴也，其于中古

239

乎？作《易》者。其有忧患乎？"在其"源初"语境中，"忧患"之切近所指是文王，所谓："易之兴也，其当殷之末世，周之盛德耶？当文王与纣之事耶？"（《系辞下》），但比较孔子与文王乃至周公的信仰经验，直接可观察到的是，孔子之"忧患"常集中于"生德之天"与相应的"德"。在《论语》中，孔子对此有反复说明："德之不修，学之不讲，闻义不能徙，不善不能改，是吾忧也"（《述而》）；"君子忧道不忧贫"（《宪问》）；"不患无位，患所以立"（《里仁》）；"知者不惑，仁者不忧，勇者不惧"（《子罕》）。此"德"之忧，如前面所考察，在文王和周公那里同样存在，但后二者所"忧"之"德"乃来自"帝命"或"天命"。不过，孔子亦有"畏天命"的说法，对传统的"天命"犹有"敬畏"。此外，对于"命数之天"所导致的"运命"，孔子亦有深切感受，此所谓"知命"之"命"。如伯牛有疾，孔子叹曰："亡之，命矣夫！"（《雍也》）如子路遭公伯寮诽谤，孔子感慨："道之将行也与，命也；道之将废也与，命也。"（《宪问》）此前对孔子信仰经验特别是晚年经验的考察，正说明了这一点。

相对于文王之"惕惧"与周公之"忧惧"，孔子之"忧患"呈现出更为复杂的经验特征。这与孔子所身处的复杂历史情景及所经历的艰难个体境遇有直接的关联，由此导致其信仰经验的复杂化与信仰要素的分化。也源自孔子之个体身份与文王、周公存在着根本性的差别。前此我们在讨论孔子何以罕言"帝"以及"受命之天"时，已经作过说明。无论如何，就孔子的信仰经验来说，其"忧患"，以"德"为主而仍存留有传统信仰的特征。在孔子这里，"德"与"命"之"忧患"的主体，也超出传统的王者身份而落实在每一个体身上。

我们可由孔子的"忧患"信仰经验，进一步探求作为其信仰经验"意蕴"的"形式显示"，分析其信仰系统"自我再制"之沟通媒介之"意义"（Sinn）。① 正如我们对孔子信仰所作的观察那样，无论是"天""命"还是"德"，皆发生了自身的分化。分化的原因，在宏观上当然可以诉诸历史文化环境的说明，甚至可具体归于孔子个人的处境，但就信仰系统的微观研究来说，"自我指涉"与"自我再制"，应有助于认识孔子信仰系统自身的复杂性和分化机制。

---

① "意蕴"是在海德格尔信仰经验的现象学分析意义上言之，"意义"则是卢曼所谓系统形式建立的最一般的无法超越的媒介。

我们已经明显地看到，在孔子的信仰系统中，"得命之天"与"生德之天"，"天命"与"运命"，"命德"与"仁德"，双方是通过彼此区分而相互指涉的，离开了一方，另一方皆无法界定或说明。此外，得命之天/生德之天，天命/运命，命德/仁德，作为各自系统的要素的两面是如何沟通的呢？在卢曼那里，系统要素的沟通诉诸具体系统的最一般的无法超越的"媒介"即"意义"，系统是通过"意义"这个媒介，实现自我指涉和再制。笔者认为，对于孔子的信仰系统，不能简单地以"内在性/超越性"这个宗教系统的"符码"来加以说明。这里还是要强调，卢曼对于宗教系统的分析，缘于现代社会系统及其功能的分化事实，他对宗教符码的说明主要是为现代分化了的宗教系统及其功能提供一种分析工具。我们对其加以借鉴来对孔子的信仰系统展开具体分析，也主要是一种工具性的运用。

　　在孔子的"信仰经验"这个微观层面及其信仰系统的研究中，"意义"的说明应奠基于孔子的信仰经验和存在领悟之"意蕴"。通过如上我们对于孔子信仰经验的描述，现在应能够指出：孔子信仰系统的"形式显示"与"中"密切相关，可以"（时）中（庸）"加以描述。我们看到，孔子无时不在"中"的实行中，"中"实行于具体的情境，具有境遇性的时间意义，即"时中"①；在孔子的信仰经验中，"中"的实行不是神秘性的控制或观念性的宰制，而是通贯于一切事物的"用"与"常"②，即"中庸"。

　　如此前考察已经说明的，无论是文王的"中"还是周公的"大中"，皆具有"时中"的意义。文王在"受命"的"惕惧"中"待时"，周公在"保命"的"忧惧"中运作"时机"。现在可以说，孔子在"忧患"的信仰经验和个体体验中，将此时间性系于"天""命""德"之复杂关联的体认和具体行为中。此"中"之意义，脱出"得命"或"保命"的时机运用，是在一切关系中的时间运作和意义实行。换言之，孔子之"中"是"时"与"庸"之一体的运作，"时"即"庸"，"庸"即"时"。因而其信仰经验的"形式显

---

　　① 《中庸》记孔子之言："君子而时中。"金景芳将"时"视为孔子思想与"仁"并列的核心，并视"中"为"时"之派生。参见金景芳、吕绍钢、吕文郁《孔子新传》，湖南出版社1991年版，第四章第一节。

　　② 《礼记正义》记郑玄解"中庸"："名曰中庸者，以记中和之为用也。庸，用也。"记郑玄解"君子中庸"曰："庸，常也。用中为常，道也。"二程以"不易"释"中庸"本于郑玄，朱熹"有平常之训"，其"常"也由"不易"引申。参见程树德撰，程俊英、蒋见元点校《论语集释》，第549页。

示"可描述为"（时）中（庸）"。

这个"（时）中（庸）"的"运作"（实行），有孔子对"天""命""德"复杂关系的体认和把握。虽然我们可将孔子"天生德于予"视为海德格尔意义上的孔子的"重心性处境"，或在系统分析的意义上将两面相互指涉的"生德之天/仁德"看作"中"之运作的转轴，但"中"所实行的是各种具体的关系和情景，也包括"天"之分化所含的具体的"命"与"德"。由此，孔子所谓"中庸"，可如宋明儒学那样，诠释为道德修养的方法和境界，也可在当代语境中将其落实为君子"学以成人"的实践，以说明其所展露的形而上学特征及宗教性①，或者以"上下通达"来对人之存在作"文—化"境遇的诠释②。不过，回到孔子的信仰经验和存在体验，这个"中"之"时"与"庸"的意义关涉甚多，其实行可及信仰系统各要素及各要素的内在分化。如"得命之天/生德之天""天命/运命""命德/仁德"，其两边的彼此区分与相互指涉，只能在"时中"与"中庸"的意义上得以实行和呈现，这植根于孔子的信仰经验自身。

如此，我们才能理解孔子言说"中庸"的丰富意蕴。如孔子说"中庸之为德也，其至矣乎！民鲜久矣"（《论语·雍也》），也说"诚者，天之道也；诚之者，人之道也。诚者不勉而中，不思而得，从容中道，圣人也！"（《中庸》），此乃以人之"德"与圣人之"诚"言中庸。《中庸》又引孔子语："鬼神之为德，其盛矣乎！视之而弗见，听之而弗闻，体物而不可遗。使天下之人齐明盛服，以承祭祀，洋洋乎如在其上，如在其左右"，"郊社之礼，所以事上帝也；宗庙之礼，所以祀乎其先也。明乎郊社之礼、禘尝之义，治国其如示诸掌乎"！此中的"鬼神之德"与祭祀之"诚"，与上面所言的君子之"德"与圣人之"诚"，看似有很大的距离，但也无须通过过度诠释加以弭平，它们皆是孔子信仰经验以及信仰系统复杂性的体现。以此理解《中庸》的第一句"天命之谓性，率性之谓道，修道之谓教"，便可由接下所说的"是故君子戒慎乎其所不睹，恐惧乎其所不闻"之"戒慎恐惧"，获得对孔子信仰经验的复杂性之更为切近的体会。这样，《论语》中孔子所言"吾有知乎哉？

---

① 参见［美］杜维明著，段德智译，林同奇校《论儒学的宗教性：对〈中庸〉的现代诠释》，武汉大学出版社1999年版。

② 参见陈赟《中庸的思想》，生活·读书·新知三联书店2007年版，第1章第三节、第2章第一、二节。

无知也。有鄙夫问于我，空空如也。我叩其两端而竭焉"（《子罕》），以及以"知者过之，愚者不及也"，"贤者过之，不肖者不及也"言中庸之"道"，体现的是"中"在具体处境中的实行，而非仅具有方法论或道德修养论的意义，所谓："人莫不饮食也，鲜能知味也。"（《中庸》）

　　本节对文王、武王特别是周公与孔子的信仰经验作出描述，并试图对他们的信仰系统加以分析。这项工作是否实现了目标，自然可以从诸多方面加以考量。这里的努力是：将那些信仰经验的描述建立在对他们历史和存在处境的观察和描述基础上；对他们信仰系统的分析，也力求有较为坚实的文献和方法依据。当然，在信仰经验的描述上，试图借鉴"形式显示"的现象学方法，以及在信仰系统的分析中引入当代社会系统理论的系统观察和要素分析来加以说明，是否恰当或充分，还可以再作讨论。通过我们的描述和分析可以看到，从文王到周公和孔子，他们的信仰经验确有不同的特征，其信仰系统也确有重要的变化。

第四章　信仰与儒教的信仰系统（下）

上章我们通过文王、周公和孔子信仰经验的描述和分析，揭示了分别作为其信仰经验之"形式显示"的"中""大中""（时）中（庸）"。对于他们的信仰系统来说，它们皆指示了在具体历史和存在处境中对于传统的"帝""天"信仰的调适甚至改造。而汉代以来历史性、制度性地建立起来的儒教，其信仰系统的复杂性，也可通过进一步的分析获得说明。此复杂性，如果仅将其收摄入"命—性—道—教"的系统（如后世对《中庸》的理解那样），很难获得全面和细致的把握。儒教的信仰系统，奠基于中国人历史的和文化的存在理解，并以"神—圣"的结构方式与功能作用呈现。这是儒教信仰系统研究的下一部分工作所需面对和处理的问题。

第一节　存在理解与"神—圣"的十字打开

具体文化的人之存在的理解，与该文化的地理气候环境、生产生活方式、社会的结构和组织形态等有着密切的关系，甚至也可以径直将这种理解看作上述诸种因素综合作用的结果。不过，就人类自身来说，无论人的生存有何种特殊的自然与社会的约束，"人"在存在论的意义上仍然保持着开放性和适应性，"人"在被自然和社会的塑造过程中也在进行着自我的创造。关于儒教信仰系统的研究，在方法上当然可以诉诸宏观的历史社会考察，也可以在微观上从其担纲者的个体"身份"和"角色"等方面加以说明。第一章我们已经处理了上述这个宏观的问题，下一章也将对后一问题作细致说明。这里，我们所关注的是此信仰系统历史地、社会地关涉的"存在理解"。笔者认为，把握此"存在理解"对于说明儒教的信仰系统有着基础性的意义。

M. 兰德曼（Michael Landmann）曾这样描述过人的存在理解与具体文化

的关系。他说："人类的自我解释，他们关于其本身、其本质和命运的概念，都不会不影响到实际当中的事物"，"每种文化的创造都包含了一种暗藏的或隐蔽的人类学"。① 如果我们将古代中国历史地与文化地看作"儒教中国"的话，我们需要探寻那种历史地与文化地与"儒教"相互塑造和影响的存在理解，那种"暗藏的或隐蔽的人类学"。

被称为"人类学之父"的爱德华·泰勒（Edward Teller），其宗教现象的研究建立在考察人类蒙昧状态下万物有灵观念的基础上。虽然这一研究有忽视物质性的生产及存在之于精神文化的作用的倾向，但万物有灵现象及观念的考察，打开了人们认识原始文化和宗教现象的大门。与泰勒通过万物有灵论揭示原始宗教中存在的祷神求赦或邀福不同，弗雷泽（James George Frazer）进一步揭示了原始人试图通过巫术来对神灵加以控制的现象，认为巫术更早于宗教。李申对借用泰勒万物有灵论讨论中国上古的神祇观念有不同的认识。他说："中国古代所称为神的那些对象，至少并不都是一种虚无缥缈的灵，而是一种实实在在的人或兽。"② 因此，他认为中国上古的思想进程，未必是传统的研究如古史辨学派等所主张的"神的人化"或"神话的历史化"，而更可能是"人的神化"和"历史的神话化"。③ 以此可以解释儒教特别是在汉代的儒教信仰中所具有"人的神化"，如将黄帝等"圣王"或"圣人"作为神灵加以祭祀。在笔者看来，就前儒教期的中国人之存在理解来说，原始的万物有灵论仍然是一个基点，我们可以由之出发了解"人的神化"和"神的人化"是在什么样的文化背景中产生的。

考古发现证明，进入文明期前后的中国文化普遍存在着万物有灵与人的灵魂不死的信仰。④ 结合中国神话的研究，还可以发现，这种观念和信仰在进

---

① ［德］M. 兰德曼：《哲学人类学》，阎嘉译，贵州人民出版社 2006 年版，第 8—9 页。

② 李申：《中国儒教论》，第 56 页。李申的批评在其《中国儒教史》上卷中即已提出，参见该书第一章"儒教前史"之"传统的宗教信仰"。

③ 参见李申《中国儒教史》上卷，4—5 页。

④ 如北京周口店山顶洞人遗址发掘的尸骨周围撒有许多红色的赤铁矿的粉粒，所象征的是人的鲜血，可能希望死者在另一世界中复活。新石器时代半坡遗址埋葬儿童的瓮棺葬，其葬具的盆和钵上往往钻一个小孔，据推测可能是供灵魂出入。参见张之恒、吴建民《中国旧石器时代文化》，南京大学出版社 1991 年版，288 页；张之恒《中国新石器时代文化》，南京大学出版社 1988 年版，第 45 页。二里头文化遗址发掘出属宗庙性质的建筑遗存、人牲和礼器，所察祀对象应为祖先神等高级神灵。参见张之恒、周裕兴《夏商周考古》第二章"夏文化的探索和二里头文化"，南京大学出版社 1995 年版。

入文明期后形成了一个天神、地祇、人鬼的三分世界的结构。① 正是在这样一个结构中，人之存在的理解能够得以观察和显示。

上述信仰结构，殷商和周代的宗教祭祀可以作出说明，虽然它经过不断的演化而发展到较高的水平。陈梦家对比《周礼·大宗伯》所记周代祭祀内容，对殷墟卜辞所记祭祀的对象加以分类，揭示了"天神""地示""人鬼"的结构②，并指出周人祭祀体系中"天"的出现和地位的尊崇。③陈梦家说："就卜辞的内容来看，殷代的崇拜还没有完全形式化。这表现于占卜的频繁与占卜范围的无所不包，表现于'殷人尚鬼'的隆重而繁复的祭祀，也表现于铜器、玉器、骨器等器物上所雕铸的动物形象的森严（不同于西周时代的温和和中庸）。但是，祖先崇拜的隆重，祖先崇拜与天神崇拜的逐渐接近、混合，已为殷以后的中国宗教树立了规范，即祖先崇拜压倒了天神崇拜。"④周人祭祀体系的重要变化是，所祭祀的"天神"和"地示"，其对象和范围相比较殷人有显著的扩大，而"人鬼"系统较之殷商"先王，先公，先妣，诸子，诸母，旧臣"，仅有先王，祭祀范围明显地集中了。

祖先崇拜在殷商以后是否压倒了天神崇拜，还可以讨论。但是，"祖先崇拜与天神崇拜的逐渐接近、混合"却是实情。这种接近和混合，在祭祀系统中正表现为以祖先神配祀天神。《礼记·祭法》曰：

> 祭法：有虞氏禘黄帝而郊喾，祖颛顼而宗尧。夏后氏亦禘黄帝而郊鲧，祖颛顼而宗禹。殷人禘喾而郊冥，祖契而宗汤。周人禘喾而郊稷，祖文王而宗武王。⑤

上述说法也见《国语·鲁语》中展禽之言，不能归之于后世儒家的凭空臆撰。"禘""郊"是祭祀天神之礼，应该无误。当然，以"昊天上帝"合称天神，应是周以后才有的。至于"祖"和"宗"，郑玄《注》说乃"祭五帝、

---

① 参见何新《诸神的起源》第六章"神树扶桑与宇宙观念"，生活·读书·新知三联书店 1986年版。也参见叶舒宪《中国神话哲学》，中国社会科学出版社 1992 年版，第 36—37、42 页。

② 陈梦家说："西周时代开始有了'天'的观念，代替了殷人的上帝，但上帝与帝在西周金文和《周书》《周诗》中仍然出现。"陈梦家：《殷墟卜辞综述》，第 562 页。

③ 参见陈梦家《殷墟卜辞综述》，第 562 页。

④ 陈梦家：《殷墟卜辞综述》，第 561—562 页。

⑤ （清）阮元校刻：《十三经注疏（附校勘记及识语）》，下册，第 1587 页中栏。

五神于明堂"，孔颖达《疏》说"祭五天帝、五人帝及五人神于明堂"①，可能来自汉以后儒家的以今度古。任善铭《礼记目录后案》有言："其说祖宗之义虽为汉人所用，实鲁人傅合之言，不与殷周制度合。"② 所谓"祖"和"宗"，乃宗庙祭祀，在祭祀中以先王配祀神灵。《孝经·圣治章》曰："昔者周公郊祀后稷以配天，宗祀文王于明堂以配上帝。"③ "禘""郊""祖""宗"以祖先神与天神相配，隐含了重要的文化信息。其一便是在商周的信仰中，"帝"或"天"被视为族群之所出。孔颖达《礼记正义》曰："《丧服小记》云'王者禘其祖之所自出也'，及《大传》云'礼，不王不禘'，谓祭感生之帝于南郊也。"④ 所谓"禘其祖之所自出"与"祭感生之帝"，乃视族群为至上神之所"生"。陈梦家指出，卜辞的"帝"字共有三种用法：一为上帝或帝，二为禘祭之禘，三为庙号。⑤ 许倬云认为："这些语源上的变化用法即足显示帝与祖灵之间有一定的关系。"⑥

以上说明，无论是商人还是周人，在他们的信仰世界中，皆肯定民族的始祖由神之感生而诞，"帝"被视为族群之所出。以祖先神配祀天神，特别是在周代的祭祀系统中，以始祖、先公、先王配祀昊天上帝，乃上述信仰观念的发展：祖乃神之感生，族乃祖之繁衍，国乃王之兴立。这样，人之存在理解就通过两个方面获得了规定：一是人与天神的关系，一是人与祖神的关系。由前者而有上帝、昊天的天神信仰，有自然神的祭祀，由后者则有祖先神的崇拜。人乃神之后裔，神和祖先构成了人之存在的源头和规定。

周代的"上帝"与"天"的信仰，本书第一章第三节中已有具体的考察。概括地说：周人的"上帝"既是与周人祖先神及自然神有统属关系的至上神，也是周民族的保护神；相比较"上帝"，"天"作为信仰更具有超越族群中心及人格特征的普遍性，同时也表现出较为鲜明的道德理性色彩；从宗教观念看，周人将作为部族起源与保护神的"上帝"作为崇拜对象，又信奉"天"，构成了周人的"上帝—天"的信仰与崇拜。

① （清）阮元校刻：《十三经注疏（附校勘记及识语）》，下册，第 1587 页中、下栏。
② 转引自杨天宇《礼记译注》"祭法第三十二""题解"，上海古籍出版社 1997 年版，第 788 页。
③ （清）阮元校刻：《十三经注疏（附校勘记及识语）》，下册，第 2553 页上栏。
④ （清）阮元校刻：《十三经注疏（附校勘记及识语）》，下册，第 1587 页中栏。
⑤ 参见陈梦家《殷墟卜辞综述》，第 562 页。
⑥ 许倬云：《西周史》（增补本），第 101 页。

我们前面也已指出，对比商周的祭祀体系，周人的祭祀体系中出现了对"天"的尊崇，同时周人所祭祀的天神和地示有显著的扩大，而人鬼则仅有先王，后者的对象和范围明显地集中了。周人的祭祀系统中以祖先神配祀天神，所表现的祖先崇拜与天神崇拜的混合的特征，也是殷商祭祀体系中所不具备的。"天"之信仰之所以在西周建国后被强调，如我们在上一章中的讨论，主要是因为"天"相较于"上帝"更具有非族群的普遍性，"天""惟德是辅"的观念对论证周国家的政权合法性更有说服力。但这并不表明周人以"天—先王—国家"的观念代替了"上帝—先祖先公—民族"的族群意识。毋宁说，这两方面是相互关涉的。后世由于周国家的衰落和王朝的更替，"上帝"所具有的民族保护神的身份性逐渐消退，"上帝"与"天"合一而成为国家宗教的最高信仰，"昊天上帝"或"皇天上帝"成为新国家合法性的来源。

周人"天—先王—国家"的信仰观念实际上是一种"圣王"或"王圣"的观念。对于周人来说，文王、武王，乃至周公，既是"圣"而"王"（"圣"有"通神而圣"与"德合天地"之义，本章第三节有细致说明），同时也是"王"而"圣"，亦即因其王天下之功业而被视为担负"天命"者。在此意义上，"王"以其"圣"而为"天子"，"国"承命于"天"而为"天下"。西周时期的周人，正是在"神—圣"的信仰传统和"天下"的历史境域中确立自身的存在。

对于前儒教时代人之存在理解的把握，除了着眼人与天神（上帝与天）、祖神（先王）的关系，还需考察周人信仰中的自然神崇拜，以及在周人那里占据重要地位的后稷信仰和稷祀活动，这些信仰本身是周人"神—圣"传统的重要内容。

商周在自然神的崇拜上有类同之处。如殷墟卜辞所记载的自然神有日、东母、西母、云、风、雨、雪、社、四方、山、川等。如果加以对照，《周礼·大宗伯》记载的自然神祭祀，也是上述几类。《礼记·祭法》也说：

> 燔柴于泰坛，祭天也。瘗埋于泰折，祭地也。用骍犊。埋少牢于泰昭，祭时也。相近于坎坛，祭寒暑也。王宫，祭日也。夜明，祭月也。幽宗，祭星也。雩宗，祭水旱也。四坎、坛，祭四方也。山林、川谷、丘陵能出云，为风雨，见怪物，皆曰神。有天下者祭百神。诸侯在其地

则祭之，亡其地则不祭。

从祭祀对象的系统性和祭礼祭法的完备看，《礼记》关于诸自然神的祭祀，显然是长期发展的结果，也经过后世儒家的整理与编排，但祭祀本身所包含的宗教观念，仍可以肯定是上古自然崇拜以及商周信仰的延续和发展。"有天下者祭百神"，"诸侯在其地则祭之，亡其地则不祭"，也表现出关于自然神的信仰和祭祀实具有规范社会政治秩序的功能。就实言之，中国从上古以来兴盛不绝的自然神崇拜，主要是由农耕为主的生产方式和生活方式所决定的。本书第一章在讨论先周社会的文明形态时，对此有过说明。在周人的宗教活动中，与农业生产直接相关的是社、稷崇拜和祭祀。

陈梦家曾分析卜辞中的祭土卜辞，他指出"祭土即祭社"，"祭社所以求地利、报地功"，"卜辞之祭土，有二事应加注意：一是社与方的关系，'方'指四方的土地而'土'指生产农作物的土地，两者皆为地示，皆与农事相关，而稍稍不同；二是殷人只有社而无稷，周人的'社、稷'包括培植农作之土和农作培植之谷物。……殷周之始祖传说也表现了不同之点：殷人以喾为始祖，喾与皓、暤通用，而少暤之'暤'义为白，白帝即上帝；周人以田正之稷为始祖，而'稷'是农作物。两者传说中的始祖都与农业生产相关，则是相同之处"。[1] 陈梦家的研究，表明"土（社）"崇拜殷周两个朝代皆有，是殷周农业文明的表现。周人不但祭社，而且祭稷，"稷"既是谷神，也是周人的祖神。周人的社稷崇拜，特别是后稷信仰及稷祀活动，体现出周民族的民族性，也是农耕文明在周人宗教文化上的表现。在周人的国家祭祀系统中，将后稷作为祖先神的稷祀，是沟通人与上帝、人与祖灵的重要宗教活动；而后稷的自然神的身份，也使稷祀与社祀一起在民间祭祀系统中享有极大的影响，是农业社会生产和生活中最重要的祭祀活动。

由以上考察，我们可以将其中所体现的人之存在规定，概括为一种人与"神—圣"关系的理解。上有天神，下有地祇，前有神祖，后有圣王，人存在于天地神明之间，繁衍于神之族裔的血脉之中，生活于圣王创辟的天下中国。人之存在，在"天（神）地（祇）祖（祖神）王（圣王）"的护佑及相互引发中获得领会。在人与"神—圣"的关系中，"天地祖王"并非信仰上的观念，也非仅具崇拜意义的对象，而是在当下的祭祀中与存在者相互开显的共

---

[1] 陈梦家：《殷墟卜辞综述》，第582—584页。

在。此意义，我们可称之为"神—圣"的十字打开。人居于"神—圣"的打开之"中"，领悟存在的意义并获得存在的规定。

这样的存在理解，对西周以后的中国产生了重要影响。在文王、周公和孔子信仰经验中，所谓"中""大中""（时）中（庸）"，可被视为基于此存在领悟在不同境遇中的调适与改造。后世儒教在此基础上，继承了此存在理解下的信仰传统，并将"神"与"圣"关联而发展出一套"神道之教"与"圣道之教"的系统。这是中国文化的"神—圣"传统，也是儒教的"神道"和"圣教"的信仰系统。在社会历史发展过程中，此文化传统和信仰系统虽由内在的紧张和外部的挑战，经历自身的调整、分化，但在前现代的漫长时期，植根于中国历史和社会的儒教，并没有彻底脱出这一文化传统和信仰系统。我们将对此信仰系统得以奠基的"神—圣"结构和功能，作进一步的考察和说明。

第二节　神、神道与神道设教

"神道"是儒教"神—圣"信仰的一个重要方面。讨论儒教的"神道"观念和实践，《周易·观卦·象》之"圣人以神道设教，而天下服"的"神道设教"的说法最引人注目，这也是古代儒者乃至近现代儒学关于"儒教"问题讨论的重点。在本节中，我们将通过对"神""神道""神道设教"观念和信仰的考察，来对儒教的信仰系统的这一向度作出分析。

我们先来看《周易·观卦》：

☲ 坤下巽上

观：盥而不荐，有孚颙若。

《观卦》卦辞"盥而不荐，有孚颙若"，马融注曰：

"盥者，敬爵灌地以降神也，此是祭祀盛时。及神降荐牲，其礼简略，不足观也。国之大事，唯祀与戎。王道可观，在于祭祀。祭祀之盛，莫过于初盥降神。故孔子曰："禘自既灌而往者，吾不欲观之矣。"①

---

① （清）孙星衍撰：《周易集解》，上海书店1988年版，上册，第186页。

王弼注曰：

> 王道之可观者，莫盛乎宗庙。宗庙之可观者，莫盛于盥也。至荐简略，不足复观，故观盥而不观荐也。孔子曰："禘自既灌而往者，吾不欲观之矣。"尽夫观盛，则"下观而化"矣。故观至盥则"有孚颙若"也。①

王弼之注，脱自马融。二注所言，皆明示"观卦"经文是对祭祀活动的说明。在祭祀中，"敬爵灌地以降神"之盥礼，相比较"荐牲"之荐礼，更能体现祭祀者的诚敬和礼之隆盛。

《周易·观卦·彖》曰：

> 大观在上。顺而巽，中正以观天下。观，"盥而不荐，有孚颙若"，下观而化也。观天之神道，而四时不忒。圣人以神道设教，而天下服矣。

《观卦》之《彖传》"观天之神道，而四时不忒。圣人以神道设教，而天下服矣"，虞翻注曰：

> 圣人谓乾，退藏于密而齐于巽，以神明其德教。故圣人设教，坤民顺从，而天下服矣。②

王弼注曰：

> 统说观之为道，不以刑制使物，而以观感化物者也。神则无形者也。不见天之使四时，而四时不忒，不见圣人使百姓，而百姓自服也。③

---

① （清）阮元校刻：《十三经注疏（附校勘记及识语）》，上册，第30页中栏。
② （清）孙星衍撰：《周易集解》，上册，第188页。
③ （清）阮元校刻：《十三经注疏（附校勘记及识语）》，上册，第30页中栏。

虞翻所注，为象数易解。外卦乃乾之退藏于密而为巽，为圣人神明其德教之相；内卦为坤，乃百姓顺、天下服之象。王弼之注，乃"以老庄之学注易"（唐李鼎祚语）。所言之"神道"，实为"神则无形"之自然天道，所谓"不见天之使四时，而四时不忒"。"神道设教"乃圣人体天道自然，使百姓自化自服。

以"天道"解"神道设教"之"神道"，亦为后世儒家所肯定。如北宋理学家程颐《周易程氏传》注曰：

> 天道至神，故曰神道。观天之运行，四时无有差忒，则见其神妙。圣人见天道之神，体神道以设教，故天下莫不服也。夫天道至神，故运行四时，化育万物，无有差忒。至神之道，莫可名言，惟圣人默契，体其妙用，设为政教，故天下之人涵泳其德而不知其功，鼓舞其化而莫测其用，自然仰观而戴服，故曰："以神道设教而天下服矣。"①

这里所谓"神道"，即"天道"运行四时、化育万物的神妙功能。"神道设教"乃圣人体天道之妙用而设为政教。

《观卦》之《彖传》"神道设教"之"神道"，指"天之神道"，所谓"观天之神道，而四时不忒"。"神道"之"神"，体现为使"四时不忒"的神妙作用。王弼将"天道"的神妙作用，明确为天道之自然的功能。程颐乃至朱熹也肯定"神道"之自然的意义，如程颐说："夫天道至神，故运行四时，化育万物，无有差忒。"朱熹也说："四时不忒，天之所以为观也。"② 不过，除了肯定"神道""运行四时"的自然意味外，程朱还强调了儒家关于天"化育万物"的"德"的价值意义，有所谓"天下之人涵泳其德而不知其功"的引申。

由《观卦》经文说明祭祀礼仪的"盥而不荐，有孚颙若"，到《彖传》之"观天之神道，而四时不忒"的断辞，至王弼的道家化解释，以及程、朱的儒家德性论的解读，"神道"显然经历了一个不断被诠释的过程。

笔者认为，就《彖传》本身来说，通过"观天之神道"，而领会到"四

---

① （宋）程颢、程颐著，王孝鱼点校：《二程集》，中华书局 2004 年版，下册，第 799 页。
② （宋）朱熹：《周易本义》，《四书五经》（宋元人注），上册，第 21 页。

时不忒"，确有将"神道"自然化的意味。不过，在关于"神道设教"的注疏中，除有王弼体自然天道使民服的解释之外，也有虞翻"神明其德教"而使天下服的说法，这指示出关于"神道"，仍存在着灵神化的理解。

"神"之字源和本义，来自对自然神的崇拜，后世又合祖先神之"鬼"而成为诸神灵的代称。《说文》："神，天神，引出万物者也，从示、申。"①在甲骨文和金文中，"神"作"申"，不从示。《说文》："申，神也，七月，阴气成，体自申束。"②叶玉森在《殷虚书契前编集释》中说甲骨文的"申"字"象电燿曲折形"，"象电形为朔谊，神乃引申义"。③由此可知，"申"之本义或指闪电，或因闪电能够沟通天地而又威力无穷，古人视之为神灵，遂引申为"神"。无论怎样，"神"之本义源于自然神，是上古人类自然崇拜的反映。后世"天神"与"地祇"系统的建立和分化，是这类信仰和观念的发展。

"鬼"，在甲骨文中"像人身而有巨首之异物，以表示与人身有异之鬼"，"殷人神鬼观念相当发展，鬼从人身，明其皆从生人迁化，故许慎所释与殷人观念近似"。④如果说"神"的观念来自自然崇拜，"鬼"的观念则出自对死去的祖先的崇拜。《正字通·鬼部》："鬼，人死魂魄为鬼。"《礼记·祭仪》："众生必死，死必归土，此之谓鬼。"因为天神、地祇、人鬼皆对人类有主宰福祸的作用，后世遂以"神"来统称。《正字通·示部》："神，阳魂为神，阴魄为鬼；气之申者为神，气之屈者为鬼。"《礼记·乐记》："幽者有鬼神。"郑玄注曰："圣人之精气谓之神，贤知之精气谓之鬼。"不但自然神为"神"，人的魂魄乃至精气也可以被当作"神"看待。《论语·为政》："非其鬼而祭之，谄也。"何晏《注》曰："郑曰：'人神曰鬼，非其祖考而祭之者，是谄求福。'""人神曰鬼"，鬼也可被视为神。实际上，在中国古代思想中，"鬼"与"神"或分而别指，或相为互训，或合为通名，在后者则是天神、地祇和人鬼的统称。⑤

以"变化神奇"或"神妙万物"来解释"神"，是从战国时期的《易传》

①　（汉）许慎撰，（清）段玉裁注：《说文解字注》，上海古籍出版社1988年版，第3页上栏。
②　（汉）许慎撰，（清）段玉裁注：《说文解字注》，第746页下栏。
③　转引自徐中舒主编《甲骨文字典》，第1599—1600页。
④　徐中舒主编：《甲骨文字典》，四川辞书出版社2006年版，第1021页。
⑤　钱锺书《管锥编》第1册"左传正义"之"一四"对之有详细考述，可参见。

开始的。《周易·系辞》有"神无方而易无体","阴阳不测之谓神","知几其神乎","利用出入，民咸用之谓之神"等说法。《周易·说卦》也有"神也者，妙万物而为言也"的概括。不过，即使在《易传》中，也还有鬼神之义的"神"。如《周易·系辞》口：

> 易与天地准，故能弥纶天地之道。仰以观于天文，俯以察于地理，是故知幽明之故。原始返终，故知生死之说。精气为物，游魂为变，是故知鬼神之情状。①
>
> 大衍之数五十，其用四十有九。……显道神德行，是故可与酬酢，可与祐神矣。②

《周易·乾卦·文言》曰：

> 夫大人者，与天地合其德，与日月合其明，与四时合其序，与鬼神合其吉凶。先天而天弗违，后天而奉天时。天且弗违，而况于人乎？况于鬼神乎？③

上述诸语中的"神"，无论作何解释，皆难以否认其为鬼神之"神"。不过由于对易道深远的推崇，又引发出"神妙"之新义。此一形容天道神妙的新的义解，在《易传》中获得了强调，并为后代儒、道二家的注疏与诠释所强化。

值得注意的是，在汉以后的儒者的理解中，与"神道"相关的还有"神道助教"的说法，甚至明确地将"神道设教"解释为"神道助教"。这里所谓"神道"，明显是指被信仰和祭祀的"神灵"。

《左传·僖公十六年》记载"震夷伯之庙，罪之也，于是展氏有隐慝焉"，雷击展氏之庙，是因为其有隐恶。杜预《注》曰：

---

① （清）孙星衍撰：《周易集解》，下册，第546—548页。
② （清）孙星衍撰：《周易集解》，下册，第573—582页。
③ （清）孙星衍撰：《周易集解》，上册，第36—39页。

是以圣人因天地之变，自然之妖，以感动之。知达之主，则识先圣之情以自厉，中下之主，亦信妖祥以不妄。神道助教，唯此为深。①

这里言圣人"神道助教"。孔颖达《疏》曰：

> 《易》称"圣人以神道设教"，故云神道助教，唯此事为深。因此遂汎解《春秋》诸有妖祥之事，皆为此也。②

此处，孔颖达明确地将"神道助教"等同为《易传》"圣人以神道设教"。

《诗经·小雅·十月之交》讽刺周幽王宠幸褒姒，君臣失道，招致天灾人祸。诗曰："日有食之，亦孔之丑。彼月而微，此日而微。今此下民，亦孔之哀。"③ 出现日食是可怕的怪异现象，人民将遭殃。郑玄《笺》曰："君臣失道，灾害将起，故下民亦甚可哀。"④ 孔颖达《疏》有言：

> 然日月之食，于算可推而知，则是虽数自当然，而云为异者，人君者，位贵居尊，恐其志移心易，圣人假之灵神，作为鉴戒耳。……而天道深远，有时而验，或亦人之祸畔，偶与相逢，故圣人得因其变常，假为劝戒，使智达之士，识先圣之深情，中下之主，信妖祥以自惧。但神道可以助教，而不可以为教。神之则惑众，去之则害宜，故其言若有若无，其事若信若不信，期于大通而已矣。⑤

孔颖达言"神道助教"，是为了说明"神道可以助教，而不可以为教"，但此"神道"显然为"圣人假之灵神，作为鉴戒耳"，也就是说，其所谓"神道"乃关于"灵神"的神道。他对"神道助教"的理解，如"使智达之士，识先圣之深情，中下之主，信妖祥以自惧"，正是来自前引杜预《左传注》"知达之主，则识先圣之情以自厉，中下之主，亦信妖祥以不妄"所言。

---

① （清）阮元校刻：《十三经注疏（附校勘记及识语）》，下册，第 1808 页上栏。
② （清）阮元校刻：《十三经注疏（附校勘记及识语）》，下册，第 1808 页上栏。
③ （清）阮元校刻：《十三经注疏（附校勘记及识语）》，上册，第 445 页中下栏。
④ （清）阮元校刻：《十三经注疏（附校勘记及识语）》，上册，第 445 页下栏。
⑤ （清）阮元校刻：《十三经注疏（附校勘记及识语）》，上册，第 446 页上栏。

由以上讨论可见，《易传》"神道设教"的观念在后世的理解和实践中，其"神道"实有"假之灵神"之意。钱锺书先生对《观卦》之《象传》"神道设教"的观念和影响有细致的说明：

> 《象》："圣人以神道设教，而天下服矣。"按《礼记·祭义》："因物之精，制物之极，明命鬼神，以为黔首则，百众以畏，万民以服"，可申说此二句，古人政理之要也。《管子·牧民》篇论"守国之度"、"顺民之经"，所谓"明鬼神"、"祇山川"、"敬宗庙"、"恭祖旧"，不外《观·象》语意。……盖世俗之避忌禁讳（taboos），宗教之命脉系焉，礼法之萌芽苗焉，未可卑为不足道也。[1]

钱锺书引书证，说明"神道设教"为"借鬼神之威，以申其教"，也证明在中国古代，"神道"具有借助"灵神"的意义，有着"避忌禁讳（taboos）"的文化心理基础，是宗教命脉所系和礼法萌芽的关键。

还值得注意的是，在中国古代，儒家言"神道"常常"神""人"对举，有"人神道隔"之说。此种"神道"，显然也非自然之天道，而是鬼神之道。如《尚书·金滕》记载，翦商二年后，武王患重病，太公和召公主张为武王之病向先王占卜，周公反对占卜而使先王忧虑，所谓"未可以戚我先王"，乃设坛祈祷，以己身为质代武王死。孔颖达《疏》曰：

> 周公言武王既定天下，当成就周道，未可以死近我先王。死则神与先王相近，故言近先王。若生则人神道隔，是为远也。[2]

孔颖达此处所言"人神道隔"，是说生王与先王，分处于"人道"和"神道"，二道相隔，应通过代死之身祭接近先王神灵，而非通过占卜迫使先王降佑。

再如，《礼记·表记》有言"鬼尊而不亲"。郑玄《注》曰："鬼，谓四

---

① 钱锺书：《管锥编》，中华书局1986年版，第1册，第18页。

② （清）阮元校刻：《十三经注疏（附校勘记及识语）》，上册，第196页上栏。

时祭祀，所以训民事君也。"① 孔颖达《疏》：

> "鬼尊而不亲"者，鬼，谓鬼神。神道严敬，降人祸福，是尊也。人神道隔，无形可见，是"不亲"也。②

这里的"人神道隔"，正是"神道严敬，降人祸福"，所谓"神道"也指鬼神之道。《礼记·礼器》有言"鬼神之祭单席"，这是说祭祀鬼神时，当为鬼神设席以待鬼神降临而受享。孔颖达《疏》：

> "鬼神之祭单席"者，神道异人，不假多重自温，故单席也。③

《疏》中所言的与人道相异的"神道"，也指鬼神之道。《礼记·郊特牲》有言：

> 笾豆之实，水土之品也，不敢用亵味而贵多品，所以交于旦明之义也。④

这里所谓"旦明"，郑玄注称是"神明"，"'旦'当为'神'篆字之误也"⑤。孔颖达《疏》言：

> "不敢用亵味而贵多品"者，覆释笾豆所以用水土品族之意，言不敢用亵美食味，而贵重众多品族也。何意如此？所以交接神明之义也。神道与人既异，故不敢用人之食味，神以多大为功，故贵多品。⑥

祭祀鬼神设笾豆所陈祭品，不能用人所常吃的美味食物，须用水土中生长出

① （清）阮元校刻：《十三经注疏（附校勘记及识语）》，下册，第 1641 页下栏。
② （清）阮元校刻：《十三经注疏（附校勘记及识语）》，下册，第 1641 页下栏。
③ （清）阮元校刻：《十三经注疏（附校勘记及识语）》，下册，第 1433 页上栏。
④ （清）阮元校刻：《十三经注疏（附校勘记及识语）》，下册，第 1446 页中下栏。
⑤ （清）阮元校刻：《十三经注疏（附校勘记及识语）》，下册，第 1446 页下栏。
⑥ （清）阮元校刻：《十三经注疏（附校勘记及识语）》，下册，第 1446 页下栏。

来的物品，缘于"神道与人既异"。这里与人异的"神道"，也指鬼神之道。"神道"之所以具有鬼神之道的意义，根本原因是对"神"（天神和地祇）"鬼"（祖先神）的崇拜和祭祀本身就是中国古代文化乃至儒教文化的重要内容。

由以上考察可见，在传统儒家思想中，虽然"神道设教"与"神道助教"有时等同而混用，但在具体内涵上往往有很大的差别。所谓"神道设教"，往往倾向于将"神道"解释为自然化或德性化的"天道"。对此，道家如王弼，只重自然义；儒家则兼自然义与德性义而侧重并落实于德性义，特别是在以二程、朱熹为代表的宋儒那里。至于"神道助教"，其所谓"神道"，则是指"灵神"化的"神道"。如此，在儒家关于"神道"的理解中，实际上存在着"德性化"与"灵神化"的并存与紧张。如何看待这种并存与紧张，是我们理解传统儒家"神道"观，进而把握儒家之"教"的关键。

我们注意到，传统的解说和现代的研究，在处理"神道"的"德性化"与"灵神化"的紧张时，往往采取一种政治实用主义的立场，视"神道"与"教"的关系为手段与目的的关系。如孔颖达所说"神道可以助教，而不可以为教"，便是虽承认"灵神化"的"神道"的"助教"作用，却否定其本身可以成为"教"。在今人的研究中，将"神道"与"教"理解为"手段"和"目的"的关系也为常见①，但这种理解也有流于简单化的危险。

笔者认为，对于传统儒家"神道"观念的认识，一方面应将此观念放入其实际发生影响的政教领域加以考察；另一方面，也须将"神道设教"放入《周易·观卦》之经文所描述的由人之祭祀活动所开显的存在境遇，领悟"神道设教"如何在存在论意义上获得奠基。这样，"神道设教"与"神道助教"对我们所呈现的，就不是一个思想观念或理论概念的面向，而是奠基于真实的存在领悟基础上的信仰和实践自身。

客观地看，在先秦之后的儒教政治与教化实践中，"神道设教"通常就是以"神道助教"的方式发挥作用，这里所谓"神道"就是"灵神化"的"神道"。

《荀子·天论》有言："日、月食而救之，天旱而雩，卜筮然后决大事，

---

① 参见郑万耕《"神道设教"说考释》，《周易研究》2006 年第 2 期；卢国龙《道教哲学》，华夏出版社 1997 年版，第 29—30 页。

非以为得求也，以文之也。故君子以为文，而百姓以为神。"① 荀子认为，"神道"之事，对于君子来说，不是为了求得神的护佑，而是文化的施设，而在百姓看来，这就是信仰和祈求神灵。《荀子·礼论》也说："祭者，志意思慕之情也，忠信爱敬之至矣，礼节文貌之盛矣。苟非圣人，莫之能知也。圣人明知之，士君子安行之，官人以为守，百姓以成俗。其在君子，以为人道也；其在百姓，以为鬼事也。"②荀子所言，是对"神道设教"的人文化、人道化的解释，但其前提也是不否认"灵神化"的"神道"之于百姓教化的信仰意义，并不否认百姓信仰鬼神的一般之情，其实质便是实践中的"神道助教"。后世从政治实践的实用目的出发，视"神道"可以"助教"也是得到肯定的。如魏源《古微堂集》内卷一《学篇》云："鬼神之说有益于人心，阴辅王教者甚大；王法显诛所不及者，惟阴教足以摄之。"③ 事实上，汉代儒教成为皇权国家的意识形态并落实为各种政教施设之后，在关于"神道"的理解上，"灵神化"与"德性化"是并存的，而非不能相容；"灵神化"的神道信仰与"德性化"的圣教主张始终相互配合、并行不悖。这便是儒教之为"教"的基本特征。

不过，如果我们只从实际政教实践的施设和作用上，将"神道设教"视为"神道助教"，可能将遮蔽"神道设教"在《周易·观》那里所显示的存在境遇。马一浮曾说："《易》言神道者，皆指用也。如言显道神德行，谓其道至神耳。岂有圣人而假托鬼神之事以罔民哉？设教犹言敷教耳。绝非假设之意。"④ 儒家原始的"神道"观，不能理解成一种"假托"，也不应看成某种实用主义的"施设"，这会使得儒家得以"敷教"的"神道"与"教"断为两橛。我们赞同这样的理解，即"任何意义上的'设教'都已经是由对神道的源始信仰所奠基的，前者任何时候都不过是后者的脱落形式。"⑤ 就今人来说，对于传统的宗教祭祀，乃至日常礼仪，常常因为某种习焉不察的观念遮蔽，或因以今度古的理性揣测，失去了感受和理解的可能。

我们不否认后世关于"神道设教"的概念化诠释和社会政治实践中"神

①　（清）王先谦：《荀子集解》，《诸子集成》，第 3 册，第 211 页。

②　（清）王先谦：《荀子集解》，《诸子集成》，第 3 册，第 250 页。

③　转引自钱锺书《管锥编》，第 1 册，第 18 页

④　刘梦溪主编：《中国现代学术经典·马一浮卷》，河北教育出版社 1996 年版，第 292 页。

⑤　余平：《"神道设教"的现象学视域》，《四川大学学报》（哲学社会科学版）2007 年第 5 期。

道助教"的实用主义运用是思想史和社会史的事实，但是儒教所谓"神道"，实际与中国人的存在领悟和理解密切相关。在当下的祭祀礼仪活动中，存在者与天地祖先的神明相互开显而共在。在这样一种境遇中，人之存在当下既获得通于神明的肯定，所谓"天生烝民，有物有则。民之秉彝，好是懿德"（《诗经·大雅·烝民》），而天地祖先的神明也当下"洋洋乎如在其上，如在其左右"（《中庸》）呈现出来，所谓"卬盛于豆，于豆于登。其香始升，上帝居歆"（《诗经·大雅·生民》）。这样的"神道"，本身即"教"，而非仅为"设教"或"助教"。

第三节　圣、圣王与圣人

圣王与圣人崇拜，是儒教"神—圣"信仰的另一向度。《周易·观卦·彖》"圣人以神道设教，而天下服矣"，实际构画出一个"圣人—神道—教—天下"的文化与政教秩序。在这里，圣人是神道设教的主体。这表明，儒教的崇圣与"神道"信仰有着密切的关联。概括地讲，"圣"之本义即"通神"，儒教所推崇的"圣王"，其本质是"神圣一体"，而"圣人"则体现出"圣道一体"的特征。

关于"圣人以神道设教，而天下服矣"，后世的注释中，除虞翻以象数解"圣人"，所谓"圣人谓乾，退藏于密而齐于巽，以神明其德教"（《周易集解》卷三）之外，对于"圣人"皆不加说明地径直而称。可见在后世"崇圣"的文化气氛中，设教的"圣人"，是一个无须多言的身份指称。值得注意的是，《象》传对《观卦》的卦象又有这样的描述："风行地上，观。先王以省方观民设教。"唐李鼎祚引九家《易》曰："先王谓五，应天顺民，受命之王也。……故以省察四方，观示民俗，而设其教也。"（《周易集解》卷三）如结合虞翻"圣人谓乾，退藏于密而齐于巽"，这里所谓"先王谓五"，正是指上卦巽之九五乾爻。在这里，设教的圣人也被解为"受命之王也"，实即通常所言的"圣王"。事实上，无论是"圣人"还是"圣王"，在后世的解说中都是在政治或教化的意义上言说的。如上一节所说，如果任何意义上的"设教"都已经是由对神道的源始信仰所奠基的，那么关于"圣人"或"圣王"的身份指认，就必须回到"大观在上"的"有孚颙若"的具体情境中，以把握其功能和意义。

在本节中，我们将从中国古代文化的"圣"之观念和崇拜入手，一方面透过"圣"之观念和信仰来把握蕴藏其中的存在理解，另一方面揭示"圣王"与"圣人"信仰的渊源、流变和功能分化。

首先来看"圣"的字源意义与早期文献中的"圣"与"圣人"。"圣"繁写为"聖"。许慎《说文》："圣，通也，从耳，呈声。"段玉裁《说文解字注》："圣从耳者，谓其耳顺，《风俗通》曰：'圣者，声也。言闻声知情。'按聲聖字古相假借。"① "圣"，甲骨文写作𦔻。李孝定《甲骨文字集释》："契文象人上着大耳，从口，会意。圣之初谊为听觉官能之敏锐，故引申训'通'；圣贤之意又其引申也。许君以形声说之，非是。听、声、圣三字同源，其始当本一字。"② 赵成《甲骨文行为动词探索（一）》说，"圣""从人突出耳朵，旁边有一个口，当表示有所听闻之意，当是听闻之义之引申。……卜辞的圣、闻、听在某种意义上相通"③。根据对甲骨文的解读，"圣"最初的意思是指听觉之敏锐，其本意是听闻，"圣"（聖）、"声"（聲）、"听"（聽）三字本为同源，后来才分化而各有所指。与甲骨文相比较，"圣"在金文中增加了"壬"的字形，金文中的"壬"象人挺立土上之形。《说文》："壬，善也。从人士；士，事也。一曰象物出地挺生也。"就"圣"之金文来说，"壬"应从"象物出地挺生也"。徐铉《说文注》："人在土上。"朱骏声《说文通训定声》："按此字从人立土上，会意。挺立也，与立同谊。望、廷皆从此为意。"金文"圣"字，意为人立"土"上，以"耳"听"口"之所宣。

由"圣"之本意引发的问题是，所听闻的对象或声音是什么？什么人能够听闻这种对象或声音？《艺文类聚》引《风俗通》："圣者，声也，通也。言其闻声知情，通于天地，调畅万物。"显然，这里"闻声知情"所闻的"声"非一般的声音，所知的"情"也非一般的情形，这种"声情"是"通于天地"并能"调畅万物"的。《风俗通》所说不必是"圣"之原初的意义，但却告诉了我们"圣"之所听闻非一般的对象或声音。对此，我们需要进一步的考察。

---

① （汉）许慎撰，（清）段玉裁注：《说文解字注》，第 592 页。
② 转引自于省吾主编《甲骨文字诂林》，中华书局 1999 年版，第 664 页。
③ 转引自于省吾主编《甲骨文字诂林》，第 664 页。

《尚书·洪范》曰：

> 五事。一曰貌，二曰言，三曰视，四曰听，五曰思。貌曰恭，言曰从，视曰明，听曰聪，思曰睿。恭作肃，从作乂，明作晢，聪作谋，睿作圣。[①]

周建国初，武王访箕子，箕子告之以"天乃锡禹洪范九畴"，其中的"五事"即"貌、言、视、听、思"五种行为标准。"思曰睿"，郑玄《注》："必通于微"；"睿作圣"，郑玄《注》："于事无不通谓之圣。"孔颖达《正义》曰："思通微，则事无不通，乃成圣也。"[②]《洪范》以"睿作圣"解"圣"，郑玄以"于事无不通"为"圣"，是将"圣"作为思之明睿的结果，其特征是"通"。以"思"之明睿而非"听"之敏锐来理解"圣"，这是对"圣"之本义的改造，所谓"通"并非直接的倾听，而是由思之通微而扩大为无所不通。孔颖达《正义》曰："睿、圣俱是通名，圣大而睿小，缘其能通微，事事无不通，因睿以作圣也。"郑注孔疏以"睿"和"通"解"圣"，也有所本。《礼记·中庸》曰："唯天下至圣，为能聪明睿知"，"苟不固聪明圣知达天德者，其孰能知之"。《中庸》所谓"聪明睿知""达天德"，正是以"睿"和"通"来说明"圣"。

《白虎通·圣人》曰：

> 圣人者何？圣者，通也，道也，声也。道无所不通，明无所不照，闻声知情，与天地合德，日月合明，四时合序，鬼神合吉凶。[③]

《白虎通》言圣人"与天地合德，日月合明，四时合序，鬼神合吉凶"，显然来自《周易·乾卦·文言》"夫大人者，与天地合其德，与日月合其明，与四时合其序，与鬼神合其吉凶"。不过，《白虎通》合"通""道""声"以解"圣人"，其中的"声"，所谓"闻声知情"仍保留了"圣"字的本义，而

[①] （清）阮元校刻：《十三经注疏（附校勘记及识语）》，上册，第188页下栏。
[②] （清）阮元校刻：《十三经注疏（附校勘记及识语）》，上册，第188页下栏。
[③] （清）陈立撰，吴则虞点校：《白虎通疏证》，中华书局1994年版，上册，第334页。

"道无所不通，明无所不照"是这一本义的引申。虽然这种引申在后世被视为"圣"之诠释的要义，但是如果我们从《尚书·洪范》"睿作圣"这一以思之"通微"而至"事事无不通"的解"圣"话语中跳转出来，则会发现"圣"之"闻声知情"的原初意义实包含了重要的文化信息，这就是"圣"的宗教性含义。

《尚书·多方》记载，周公诰诫商之贵族及四方诸侯称，并非上帝舍弃了夏和商，而是夏桀与商纣或"不集于亨"或"不蠲烝"，亦即不能虔诚祭祀上帝，遂导致"天降时丧""天惟降时丧"。其中有"惟圣罔念作狂，惟狂克念作圣"之说，意为：虽然"圣"，如不把上帝的旨意放在心上，就是"狂"；虽然"狂"，但如把上帝的旨意放在心上，就是"圣"。如前所考，听、声、圣乃三字同源，这里的"听"乃出自"圣"之本义。所谓"作圣"即听闻上帝的声音或命令。《尚书·多方》的这段话，实际透露出在周初的语言中，"圣"仍具有"听闻上帝声音或命令"的意义。除这种确定的意义外，"圣"在《诗经》又指一种通神的能力。如《诗经·小雅·正月》："谓山盖卑？为冈为陵。民之讹言，宁莫之惩。召彼故老，讯之占梦。具曰予圣，谁知乌之雌雄？"诗人看到朝政混乱、百姓危殆，祈询上帝，究竟有何憎恨？所谓"召彼故老，讯之占梦"，是请故老和占卜之人来了解神意，这些人具曰"予圣"，夸耀自己能达神意。

由以上考察可见，甲骨、金文的"圣"从耳从口，其本义乃听闻上帝的命令。因听闻上帝神灵的"通神"意义，又引申为"通"，由思之"通微"而引申出"睿作圣"。从字形看，金文中的"圣"，正是"人立土上"以耳听闻发之在上的声音。此所立之"土"，无论理解为"社坛"还是"土地"，其意义皆表明所立之人所听闻的声音乃发自"上帝"或"上天"，此"圣"人，乃能够听闻"上帝"或"上天"命令的人。"圣"人，就其原初身份而言，乃为通神之人。

如果我们脱出秦汉以后经典注疏对"圣人"所作的规定，历史地考察"圣"之性质与"圣"人的身份演变，"圣"及"圣"人，在漫长的历史和文化传统中实际具有不断演变的特征。在中国上古文化的发展中，"圣"之原初意义可能指巫所具有的通神的能力。随着早期国家建立而出现的"绝地天通"的神权垄断，所谓"圣"，体现为具有与上帝、天、先王神灵的沟通能力和祭祀权力，"圣"人是"王"。西周以降，由于社会和文化的发展，所崇拜的

"圣"人是"圣王"与"圣人"。在"圣王"这里，"圣"依然保留了通神能力和祭祀权力的意义而成为王权政治合法性的宗教性表达和证明，但"圣王"之"圣"更多地被视为一种政治和道德的典范，而作为在政治和文化领域中规范王者的标准。对于"圣人"，主要是对于儒家意义的"圣人"来说，虽也包括"圣王"，但就"圣人"作为能与"天地合德"，"道无所不通，明无所不照"的理想人格而言，"圣"的性质又被理性化为"道也""通也"。春秋以降的"圣人"与"圣王"崇拜，建构出后世儒教信仰和政教实践的基本维度，体现了中国文化的复杂性演进。

我们知道，根据《尚书·周书·吕刑》以及《山海经·大荒西经》的记载，"绝地天通"应该是中国上古宗教发展中真实发生的事情。从原始信仰和宗教的演进看，"绝地天通"标志着由重"巫术"向重"祭祀"的演变。这样的演变虽然经历了一个漫长的过程，但配合着王权对神权的垄断，出现了一个新的现象，这就是王者成为宗教的最高的祭司，而传统的个体化的、随机发挥作用的巫觋，则被有组织、规则化且具有持续性的祭司阶层（所谓祝、宗、卜、史）取代。在《周礼》中，我们也可以看到，虽然仍设有"司巫"这一官职，"掌群巫之政令"，但此时的"巫"已归属于负责祭祀之春官大宗伯管辖，其作用也仅限于被旱、丧祭等活动，巫和巫术不再是宗教活动的中心。

刘泽华先生曾考察过中国古代帝王的"神化称谓"，神化称谓君主是通过君主的神格化将君权崇拜变成一种信仰。"神化称谓至迟出现于殷商，到西周以后，一切君主皆被赋予神格。王冠之上加以'帝'、'天'、'天子'之类的称谓表明，在观念上，王与神相差无几，抑或王即是神。"[1] 实际上，被神化称谓的君主还不是神，而是被赋予了神性，是唯一能够与上帝、天沟通的中介。这正是"王"的原初意义。由于王者乃垄断通神权力、具有通神能力的神圣存在，王者本身也就成了"圣"王。就此而言，"圣"王之实，是早于后世儒者所推尊的"圣王"的。当然，这里所谓"圣"王之"圣"，一如其本义，为通神之"圣"。笔者认为，由"圣"王到"圣王"，其间存在着复杂的关联与演变。

刘泽华以"从神化到圣化"为线索考察了春秋之际中国文化的转型。他说："中国传统思想文化观念，以春秋战国为界，此前以崇拜上帝、上天为

---

[1]　刘泽华：《中国的王权主义》，上海人民出版社 2000 年版，第 232 页。

主；其后，以崇圣为主。由崇神向崇圣的转变是中国历史上文化转型时期的一大创造，也是一大特点。"① 这里需要指出的是，刘泽华是将"崇神"与"崇圣"加以区别开的，他所谓"圣"，就基本意义上来说，不是指"通神"，而是后世儒家所言的"睿作圣""道也""通也"。② 刘泽华将"崇圣"视为中国文化以人为中心的理性化的转型。他说："从认识运动看，春秋时期突出圣人，反映了认识的深化，即理性的进一步发展；从历史的运动看，突出圣人，反映了神的功能的下降，人的能动性的上升和对自身力量的信心的增长。"③ 正因为如此，他将春秋以前的王称为"神化"的王，而将春秋以降"崇圣"思潮所推尊的王视为"圣王"，而"圣王"之被推崇，首先是由于"圣"和"圣人"观念的产生。刘泽华区分"神王"与"圣王"，而将"圣王"作为"圣人"崇拜的衍生物，的确把握了春秋以降特别是战国儒家"圣王"理想的新的特征。就三代关于"王"的理解来说，"神性"或"通神的能力"是王的本质所在，而"圣性"或"睿作圣"而"通万物之情"则是后世由儒家文化理想所赋予的。实际上，从中国古代王道政治的具体实践和根本观念来看，"圣性"是奠立在王之"神性"亦即王作为拥有独断的祭祀上帝、天的权力并被赋予帝天之命的基础之上的。"圣王"在后世理想中，虽被赋予"聪明睿智""无所不通"的"圣德"，但就政教实践而言，"神—圣"一体仍是"王"所应具有的基本身份特征。

从现存文献看，"圣王"一词最早见于《左传·桓公六年》："夫民，神之主也，言鬼神之情，依民而行。圣王先成民而后致力于神。故奉牲以告曰'博硕肥腯'，谓民力之普存也。"④ 的确，在这里，"圣王"的基本特征是有以民为先的理性精神，但"圣王"仍需要"致力于神"。在先秦诸子的著作中，《墨子》屡言"圣王"，其"圣王"观念是与"天志""明鬼"的宗教信仰相结合的。《论语》《孟子》罕言圣王，唯一一处见之于《孟子·滕文公章句下》："圣王不作，诸侯放恣，处士横议，杨朱、墨翟之言盈天下，天下之

---

① 刘泽华：《中国的王权主义》，第429页。

② 关于"圣"，刘泽华说："圣本义是睿智聪明，才智逸群。《说文》'圣，通也。'……圣人与天同性，与道同体，把这种人格归之于君主，就产生了圣化的称谓。"刘泽华：《中国的王权主义》，第236页。

③ 刘泽华：《中国的王权主义》，第430页。

④ （清）阮元校刻：《十三经注疏（附校勘记及识语）》，下册，第1750页上栏。

言，不归杨则归墨。"不过，就儒家所推尊的"圣王"来说，其神性的存在并没有被否定。尧、舜、禹、汤、文、武、周公固然是至德之人，但同时也是禀有天命者。值得注意的是，在先秦儒家指导具体政教实践的文献中，如《礼记》，多有关于圣王、王的"神性"的说明。例如，《礼记·曲礼上》："龟为卜，策为筮。卜筮者，先圣王之所以使民信时日，敬鬼神，畏法令也。所以使民决嫌疑，定犹与也。"《礼记·礼运》："故圣人参于天地，并于鬼神，以治政也。处其所存，礼之序也；玩其所乐，民之治也。"上述所言，皆谓圣王或王具有"神性"，政教本身，例如仁义之德与礼乐施设，也藏于"神道"之中。这表明，一旦落实到具体的政治和教化的实践领域，即使后世的儒家，也仍在"神—圣"一体的意义上规定和理解"圣王"。

在春秋以降儒家的"崇圣"文化中，"圣人"被描述为能与"天地合德""道无所不通"的理想人格；"圣"的性质即所谓"德也""道也""通也"。在这样的文化观念下，孔子和孟子所推尊的"圣王"实统属于"圣人"而为此"圣性"所规定，褪去了旧有文化观念中的"通神而圣"的"圣王"特征；"圣人"成为一种理想人格。

孔子说："圣人，吾不得而见之矣。得见君子者，斯可矣。""若圣与仁，则吾岂敢？"（《论语·述而》）孟子借有子之言说："麒麟之于走兽，凤凰之于飞鸟，泰山之于丘垤，河海之于行潦，类也。圣人之于民，亦类也。出于其类，拔乎其萃，自生民以来，未有盛于孔子也。"（《孟子·公孙丑上》）在孔孟这里，圣人是与常人同类而又高于常人的理想人格。正因为如此，即便是尧、舜、禹、汤、文、武、周公这些"圣王"，也是因其"圣"而被视为"圣王"，而非因其"王"而被视为"圣人"。孟子说："规矩，方圆之至也。圣人，人伦之至也。欲为君，尽君道；欲为臣，尽臣道：二者皆法尧、舜而已矣。"（《孟子·离娄上》）尧舜之为圣人，是因其体现了"人伦之至"而足以为后世所效法。正因为如此，孟子亦言："伯夷，圣之清者也；伊尹，圣之任者也；柳下惠，圣之和者也；孔子，圣之时者也。孔子之谓集大成。集大成也者，金声而玉振之也。金声也者，始条理也。玉振之也者，终条理也。始条理者，智之事也。终条理者，圣之事也。"在孟子看来，如伯夷、伊尹、柳下惠这些人，也体现了圣人的某种德性，而孔子之所以是圣人，是因为能够将圣人的德性集大成于一身。

《荀子·哀公》借孔子之口对"圣人"也加以规定："所谓大圣者，知通乎大道，应变而不穷，辨乎万物之情性者也。"这便是以"知通乎大道"来规定圣人。荀子还对"圣人"和"作圣"加以具体说明："圣人也者，本仁义，当是非，齐言行，不失毫厘，无它道焉，已行之亦。"（《荀子·儒效》）"凡禹之所以为禹者，以其为仁义法正也。然则仁义法正有可知可能之理，然而涂之人也，皆有可以知仁义法正之质，皆有可以能仁义法正之具；然则其可以为禹明矣。"（《荀子·性恶》）圣人以仁义为本而能践行之，涂之人如果效法，也可以成为圣人。

　　值得注意的是，荀子看到了"圣"与"王"之间的不同，试图通过推崇"圣王"而消解其中的紧张。荀子说："圣也者，尽伦者也；王也者，尽制者也；两尽者，足以为天下极矣。"（《荀子·解蔽》）圣人能尽人伦之至，此与孟子所言同，王者的功能是创制立法，两者结合起来才能为天下立极。"故天子唯其人。天下者，至重也，非至强莫之能任；至大也，非至辨莫之能分；至重也，非至明莫之能和。此三者，非圣人莫之能尽。故非圣人莫之能王。"（《荀子·正论》）

　　相比较于孟子，荀子文化观念的历史感和现实感均较为强烈。他之所以提出"非圣人莫之能王"的主张，一方面是为了消解"圣""王"之间的紧张，即虽然现实中的王者未必圣，但真正意义上的王者一定是圣人；另一方面也是呼唤新"圣王"之应时而生，以避免因过分强调"圣"之德性而使现实的政教实践踏空。客观言之，在荀子的文化理想中，所谓"圣王"之"圣"是"本仁义"，而非"通神"之"圣"。荀子呼唤"圣王"所透露出的是，如果从政教实践的客观性和现实性出发，"尽伦"与"尽制"不可偏废，"仁义"与"法正"皆为重要。

　　荀子所强调的"尽制"主要是指"隆礼重法"。但是，从中国古代政教实践的事实而言，真正"尽制"始终包括了"神道设教"和"创制立法"的基本内容，帝王的"神化"，也始终是实际政教活动中的最基本的信念。因此，只要儒家的"圣人"一旦从道德人格的理想落实到实际的政教实践中，希冀"圣王"必定成为所祈向的目标。

第四节　儒教信仰系统的结构与功能

　　我们已经对儒教"神—圣"信仰观念作了历史回溯与观念考察。就汉代以后的"儒教"来说，其信仰系统的要素可统称为"神—圣"，即以经过历史发展和演变的"上帝—天"和"圣王—圣人"为信仰和崇拜的对象。本节将对此信仰系统的结构和功能加以分析说明。

一 儒教的信仰系统的结构

（一）作为信仰要素的"上帝—天"

本书第一章的考察已经说明，"上帝—天"的信仰结构是周人信仰的基本结构。姬周民族的宗教信仰受到殷商宗教的影响，但自身有"天"之信仰。"上帝"经过转化仍被奉为至上神乃至周民族的保护神，"天"则被赋予道德理性而展现出超越族群中心的特征。殷周鼎革之后，周人的"上帝"崇拜与"天"之信仰得到了继承和发展。我们前章第三节已经考察指出，在孔子的信仰发展中，"天"被赋予了"生德"的规定，以"生德之天"呈现出伦理化、理性化的转型特征，但仍保留了"受命之天"的维度。

在汉代儒教发展中，"天"被作为"百神之大君"（董仲舒语）而信奉。后世儒教中作为信仰对象的天，一方面有"德性之天"的意义，另一方面始终具有"灵神之天"的意涵。换言之，"德性之天"虽然是儒教"圣人—圣王"崇拜的"价值"源头，但"灵神之天"一直也是儒教信奉之"神道"对象。"天"所具有的这两种属性，成为后世儒教信仰复杂性的重要因素。但无论如何，"上帝—天"始终是儒教的终极信仰。如直至明清，作为儒教信仰象征的北京天坛，其祈年殿所供奉的神主牌位，仍是"皇天上帝"。虽然在汉以后的国家祭祀及其信仰观念的长期发展中，"帝"（上帝）与"天"（昊天、皇天）有时合混，但就祭祀之起源和观念之源头而言，"帝"无疑有着人格神的意味，而天更多理性化的色彩。我们前面也曾说明，周之所以以后稷配祀上帝，是为了神话姬周族群的神圣起源；而以文王配天，则是强调周国家经由文王之德获"天命"的合法性。这一理念在后世儒教国家的郊祭与宗庙祭祀中仍被继承。

"上帝—天"作为信仰要素，在儒教的信仰系统中通过以下三个维度体现，可图示如下：

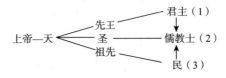

图示（D）：信仰系统的维度

需要说明的是，此为信仰维度的图示，暂时不对其中所涉之"君主""儒教士"和"民"的"身份"和"角色"作具体的分析（详见下一章），仅标识"君主"和"民"对于"圣"（圣人、圣王）的信仰，是以"儒教士"为中介的。在祭祀上，"君主"拥有祭祀"上帝"与"天"的独断权力，"民"则以不同的形式敬奉"天""帝"。在"儒"这里，情况更为复杂，虽不拥有祭天的权力，但肯定圣道合天（通过圣人圣王）的遥契与相通。

　　这里先说明（1）这个信仰维度，即"上帝—天"—先王—君主。《礼记》所描述的"禘""郊""明堂""柴"等由王所行的祭礼，有丰富的文化信息，其核心是对"上帝—天"的崇拜。《礼记·祭法》"有虞氏禘黄帝而郊喾，祖颛顼而宗尧。夏后氏亦禘黄帝而郊鲧，祖颛顼而宗禹。殷人禘喾而郊冥，祖契而宗汤。周人禘喾而郊稷，祖文王而宗武王。"[1] 郑玄注曰："禘、郊、祖、宗，谓祭祀以配食也。此禘，谓祭昊天于圜丘也。祭上帝于南郊，曰郊。祭五帝、五神于明堂，曰祖、宗，祖、宗通言尔。"[2]《礼记》"祭法"追述至上古和三代，客观上是否如其所描述之形式那样齐整和传承有序，当然值得怀疑。不过，如果我们将视界仅限于周以后，特别是将其看成战国乃至秦汉时期儒家在历史追述中对现实政教的擘画，则仍有其历史意义。其实，秦汉以后历代由儒教所主导的国家祭祀，都围绕这一安排而开展和调适。需要特别指出的还有，"禘郊祖宗"中所蕴含的"君主"—"先王"—"上帝—天"的信仰维度，作为宗教观念可能由来已久，其中蕴含着"先王配天""天子遵天""君权神授"的"神道"与"宗法"合一的政教观念，这正是后世儒教信仰内容的重要一维。

　　以"上帝—天"为信仰的核心，在《礼记》中还多有见。如《王制》"天子将出，类乎上帝，宜乎社，造乎祢"，"天子祭天地，诸侯祭社稷，大夫祭五祀"；《郊特牲》"天子适四方，先柴。郊之祭也，迎长日之至也，大报天而主日也"；《礼器》"是故因天事天，因地事地，因名山升中于天，因吉土以飨帝于郊"；《明堂位》"祀帝于郊，配以后稷，天子之礼也"等。这一信仰，在后世儒教国家的国家祭祀中有重要影响，史籍的相关记载颇为繁复，以下结合历史略作说明。

---

① （清）阮元校刻：《十三经注疏（附校勘记及识语）》，下册，第1587页中栏。
② （清）阮元校刻：《十三经注疏（附校勘记及识语）》，下册，第1587页中栏。

汉立国之后，国家祭祀草创，虽粗略混乱，其信仰围绕的正是"帝"与"天"。楚汉争霸期间，刘邦于关中曾问"故秦时上帝祠何帝也"，遂在秦所祠的白、青、黄、赤帝之外立黑帝祠，"命曰北畤"，并下诏称："吾甚重祠而敬祭。今上帝之祭及山川诸神当祠者，各以其时礼祠之如故。"（《史记·封禅书》）汉国家祭祀于孝文帝、孝武帝时期逐渐建立。孝文帝有"制"曰："朕即位十三年于今，赖宗庙之灵，社稷之福，方内艾安，民人靡疾。间者比年登，朕之不德，何以飨此？皆上帝诸神之赐也。盖闻古者飨其德必报其功，欲有增诸神祠。"有司皆曰："古者天子夏亲郊，祀上帝于郊，故曰郊"，"文帝始郊见雍五畤祠"。（《史记·封禅书》）汉武帝初即位，便欲立明堂，行封禅事。于建元六年（前135），至雍地，郊见五畤，此后常三岁一郊，并先后立"太一"、后土之祠，封禅泰山。所谓"太一"，在议礼时便有"天神贵者太一，太一佐曰五帝"的理由，是"帝"分为"五帝"之后所寻求的至上神，实即古之"上帝"，而"封禅"乃古之"燔柴祭天"之礼。汉国家祭祀在成帝时期曾有调整，主持者为丞相匡衡。《汉书·郊祀志》记载，匡衡等曾奏请成帝言："帝王之事莫大乎承天之序，承天之序莫重于郊祀，故圣王尽心极虑以建其制。……长安，圣主之居，皇天所观视也。甘泉、河东之祠非神灵所飨，宜徙就正阳、大阴之处。……天子从之。"虽然后因成帝无嗣，国家祭祀仍复武帝旧制，但从匡衡等所言，不论制度如何调整，其信仰核心没有变化，后平帝时期王莽恢复匡衡主张，也仅仅是制度的调整。

历史地看，儒教国家国家祭祀的较完整形态，成于东汉光武帝时期。后世历代虽有损益，但核心信仰和基本模式没有根本的改变。

建武元年（25），刘秀即位于鄗，在鄗之阳营坛祭告天地，未以祖配。祭文有言："皇天上帝，后土神祇，眷顾降命，属秀黎元，为民父母，秀不敢当。……群下曰：'皇天大命，不可稽留。'敢不敬承！"（《后汉书·祭祀上》）刘秀即位的神圣依据则来自"皇天上帝"的"眷顾降命"。建武二年（26）刘秀定都后，"郊兆于雒阳城南七里"，"为圆坛八陛，中又为重坛，天地位其上，皆南乡，西上，其外坛上为五帝位"，后"乃增广郊祀，高帝配食，位在中坛上，西面北上"。刘秀还于同时，立高庙于雒阳，"四时祫祀""高帝为太祖，文帝为太宗，武帝为世宗"。次年正月，刘秀又立亲庙于雒阳，"祀父南顿君以上至舂陵节侯"。建武十九年（43），又采纳群臣议礼，于雒阳高庙四时加祭孝宣帝、孝元帝，凡五帝，将其父南顿君庙称皇考庙。其祖钜鹿都尉称皇祖考庙，郁林太守称皇曾祖考庙，节侯称皇高祖考庙，由在所郡县侍祠。建武三十二年（56），刘秀巡狩岱宗，"燎祭天于泰山下南方，群神皆从"，"祭地于梁阴，以高后配，山川群神从"（《后汉书·祭祀上》）。

光武时期的祭祀安排，开后世祭祀的基本规模。如唐代《大唐开元礼》所定："昊天上帝、五方帝、皇地祇、神州及宗庙为大祀，社稷、日月星辰、先代帝王、岳镇海渎、帝社、先蚕、释奠为中祀，司中、司命、风伯、雨师、诸星、山林川泽之属为小祀。"（《旧唐书·礼仪》）其中的"大祀""中祀"，其端绪和规模已见于东汉，"小祀"虽或不同，但影响不大。"《大唐开元礼》因其总结过去之礼论，且体例完备，内容缜密，所以后世不论在议礼或编撰礼典时，《开元礼》都是重要的参照，如五代后周时的《大周通礼》，北宋时的《开宝通礼》，基本上都是以《开元礼》为通本。"① 我们也可以说"上帝"与"天"，从汉代儒教建立之后便始终是国家祭祀的主要对象和信仰核心。

还需要说明的是，东汉章帝主持白虎观议论定五经所颁定《白虎通》，对"天"与"上帝"信仰有重要的说明。《白虎通》的首篇《爵》开篇便言："天子者，爵称也。爵所以称天子者何？王者父天母地，为天之子也。""天子"之爵号，来自"以天为父"。"天所以有灾变何？所以谴告人君，觉悟其行，欲令悔过修德，深思虑也。"（《灾变》）此承董仲舒天为"百神之大君"的灾异谴告之说。言"封禅"则曰："始受命之时，改制应天，天下太平，功成封禅，以告太平也。"（《封禅》）言"改朔"则称："明易姓，示不相袭也。明受之于天，不受之于人，所以变易民心，革其耳目，以助化也。"（《三正》）言"三纲"则申之以"三纲法天、地、人"，"君臣法天，取象日月屈信归功天也。父子法地，取象五行转相生也。夫妇法人，取象人合阴阳有施化端也"（《三纲六纪》）。颇能体现《白虎通》之"天"之信仰与祭礼中信仰是相贯通的，是《郊祀》的有关说明："王者所以祭天何？缘事父以事天也。祭天必以祖配何？自内出者，无匹不行，自外至者，无主不止。故推其始祖，配以宾主，顺天意也。"② 林聪舜评价说："这是王者透过祭天的仪式，象征

---

① 张文昌：《制礼以教天下——唐宋礼书与国家社会》，台北：台湾大学出版社中心2012年版，第53—54页。

② （清）陈立撰，吴则虞点校：《白虎通疏证》，下册，第561页。该段文字不见通行本《白虎通》，乃庄述祖所补"阙文"之"郊祀"的内容。

他专擅来自天的权力；以祖宗神配享天神，更表示王者由继承而来的权力的双重正当性。"① 在笔者看来，林聪舜所说的"双重正当性"，指"王权"的正当性来自"神道"和"宗法"。"王者祭天"表现的是"王权神授"的合法性证明。"以祖宗神配享天神"，在祭祀系统里，是以"先王"配享"上帝"，以示其王者世系的神圣性。

如我们此前所考察的，在周的祭祀文化中，对文王因其德性而拥有天命的宣示，使"祖文王而宗武王"以配享"上帝"的祭祀显现出理性化的特征。"上帝"的人格神意味开始有了普遍的理性色彩。这正是后世经义甚至祭祀安排中，"天"与"上帝"有时混同的重要原因之一。海外的汉学研究者也注意到这个现象。如法国汉学家葛兰言（Marcel Granet）说："至少在理论上，封建宗教中占据首要地位的是至高无上的'皇天上帝'或者'昊天上帝'。这语义重复的四个字可以被两两分开并列起来使用；可以说皇天、上帝；或者有时省略为天、帝；甚至可以简称为上、昊而不必与帝或天连用。……有一点很明确，那就是所有的字眼，不管它们是作为整体或单独使用，谈及的都是同样的神圣力量。"② 我们知道，葛兰言的"封建宗教"指中国先秦"封建时期"的宗教，而与汉以后的"官方宗教"区别开来，但他同样强调可依据"封建宗教"（主要根据"鲁国"的史料加以描述）来建构中国宗教发展的整个面貌，"因为成形于鲁国的封建宗教被历朝历代的统治阶级奉为祭祀礼仪的典范"，这个作为典范"封建宗教"的核心是儒家思想，其发展正是所谓"儒教"即"官方宗教"。③ 在笔者看来，葛兰言对"天"与"上帝"的混同的现象所作的观察是客观的，但对其原因的考察则显粗略。

我们再看（2）这一信仰维度，即："上帝—天"—圣—儒教士。在关于儒教信仰的描述中，所谓"儒教士"，下一章讨论儒教的"身份—角色"系统时将加以说明。对于汉以后的儒教士来说，一方面认同甚至维护作为王权之神圣性证明的"天命"，亦即前述（1）那个维度的信仰；另一方面，儒教士对于庶民生活中的"天"之信仰，基本上也持支持维护的态度，特别是作为核心的"敬天法祖"观念，以至于在日常生活中也身体力行之，即使持有

---

① 林聪舜：《儒学与汉帝国意识形态》，上海人民出版社 2017 年版，第 255 页。
② ［法］葛兰言：《中国人的宗教信仰》，程门译，贵州人民出版社 2010 年版，第 38—39 页。
③ 参见［法］葛兰言《中国人的宗教信仰》，程门译，第 2—3 页。

"百姓以为神，君子以为文"（荀子语）的理性态度。此外，对于儒教士来说，"天"还有经"圣人""圣王"为中介的理性沟通道路。在这里，"天"作为信仰对象是"德性之天"，是道德性价值之源。这是"神道"之外的"生德之天"。儒教士一方面以此"生德之天"作为价值之源并通过"圣王"理想之中介以影响和规范"君主"之"命"；此外也以此"生德之天"通过"圣人"沟通天人的典范作用，以实现自身的契天合道的信仰和价值追求并导民化俗，包容和引导庶民的"天之信仰"，由"百姓以为神"而至"君子以为文"。

如此，在"儒"（儒教士）—"上帝—天"这个维度中，"上帝"只具有神权政治的一般意义，而"天"的意义则非常复杂。既有"神道之天"的肯定，也有"德性之天"的强调。当然在先秦儒家那里有时也有"运命之天"与"自然之天"的引申，如我们对孔子"天"之信仰的考察所见。甚至宋儒所言"天道"也有自然意味的强调，如程颐称"观天之运行，四时无有差忒，则见其神妙"①。无论如何，"神道之天"（孔子之"受命之天"）与"德性之天"（孔子之"生德之天"），是最高的信仰与价值之源。此信仰与价值，在儒教士的个体性和社会性的信仰和实践中有充分的表现。对此，我们还将在儒教信仰要素的"圣"（圣王—圣人）的分析中有更具体说明。

最后我们来看（3）这一信仰维度，即"上帝—天"—祖先—民。杨庆堃在《中国社会中的宗教》中曾提出了这样一个问题："如果说，天命和王权的至高无上性是由上天决定的话，那么，老百姓如何开始相信'天命'观念的呢？"②在他看来，普通百姓认为"天高皇帝远"，不那么关注谁当皇帝，所以有理由质疑"天命"的观念是怎样渗透到普通民众那里去的。客观言之，杨庆堃所言的"天命"，是我们前述所说的作为"王权"神圣性及合法性论证的"天"（"上帝"）之"命"。此种"天命"在上古"绝地天通"的宗教改革之后便为"王权"所垄断。但普通民众的"天"之信仰，并不因为这种垄断而中断，"敬天法祖"始终是传统社会普通民众根深蒂固的信仰。因而以社会学的眼光观察民众的"天"之信仰，除了考察政治化的"天命"观念如何渗透到民众的信仰，更重要的是考察皇权垄断之外的民众的"天"之信仰。

---

① （宋）程颢、程颐著，王孝鱼点校：《二程集》，下册，第 799 页。
② ［美］杨庆堃：《中国社会中的宗教》，范丽珠译，第 135 页。

并且我们应该意识到，正因为有着普遍的"天"之信仰，所谓"天命"的神权政治观念才有其稳固的社会和文化基础。

这里要指出的是，在皇权所垄断的"天命"及"天"之祭祀之外，普通民众仍葆有"上帝"（在民间社会这个"上帝"被变换成各种形态）信仰和"敬天""拜天""法天"的信仰权力。客观地看，皇权垄断"神权"的结果，便是普通民众只能以"祭祖"和自然神崇拜（所谓"鬼神"）的方式来指向"上帝—天"之信仰。

后世的祭礼安排乃至汉唐以后家祭、宗祠之祭的兴起对此有充分的体现。如《礼记·王制》"天子祭天地，诸侯祭社稷，大夫祭五祀"，虽不及民众，但祭祀的垄断和等级秩序是明确的。《王制》又曰："天子七庙，三昭三穆，与太祖之庙而七。诸侯五庙，二昭二穆，与太祖之庙而五。大夫三庙，一昭一穆，与太祖之庙而三。士一庙。庶人祭于寝。"祭祖之礼，于庶民也需考虑和安排。

汉刘邦于争霸天下时曾问"故秦时上帝祠何帝也？""对曰：'四帝，有白、青、黄、赤帝之祠。'高祖曰：'吾闻天有五帝，而有四，何也？'莫知其说。于是高祖曰：'吾知之矣，乃待我而具五也。'乃立黑帝祠，命曰北畤。"（《史记·封禅书》）由秦的"白帝"（其实即"上帝"，因秦为诸侯之国不能祠"上帝"，乃假借西方而称"白帝"）、"四帝"，到汉以后的"五帝"，直至郑玄注解《礼记·郊特牲》而言的"五天帝""五人帝"，"帝"之分化，一方面说明社会历史分化使得"祖先神"或"保护神"的信仰观念不复存在，另一方面也促使"天"与"上帝"信仰的混同甚至"上帝"信仰的改变。

就庶民来说，虽然不可以祭祀"上帝"或"五帝"乃至为皇权所垄断的具有象征意义的自然神，但不妨碍其以自己的方式作出改造。如后来逐渐形成的"玉皇大帝"的信仰便是一例。① 以"上帝"来称"玉皇大帝"，在民间至今还留有遗迹。② 不过，在儒教内部，对道教建奉祀玉皇或上帝的庙宇，不乏反对意见，因为按照儒教礼法，只有天子才能祭天。"黄震在为平江府修和观撰写《玉皇殿记》时曾质疑：'礼惟天子祭天南郊，坛而不屋。道家者流谓

① 参见梅莉《玉皇崇拜论》，《湖北大学学报》（哲学社会科学版）2011 年第 5 期。
② 据介绍，辽宁古城盖州（今盖县）西门里大街，有一座建于明洪武十五年（1382）的"上帝庙"，该庙因供奉"玄天上帝（玉皇大帝）"而得名，乃道教的宫观。参见国俭《盖县上帝庙》，《辽宁大学学报》（哲学社会科学版）1983 年第 6 期。

天玉皇，屋而祠之遍州县。礼乎，否耶？'"① 就儒教来说，无论"上帝"的观念如何分化或与"天"混同，但祭祀的权力仍然是皇权独揽的。当然对于这种改造后的信仰，在"神道助教"的意义上也并非完全不可接受。从我们的研究来看，"民"与传统"上帝"的关系，实际上是被"民"与"鬼神"（祖先神和自然神）的关系取代，这是历史演进的必然，也是文化发展的结果。

这里要强调的是，虽然"天"的祭祀权力为君主所垄断，传统中国庶民的"天"之信仰，是贯穿于群体并弥漫于社会生活之中的。所谓"天地君亲师"的普遍信仰便以"天"为首。对此，我们似乎不必再有过多的讨论。还需要述及的是，在这种普遍弥漫的信仰中，"天"之于庶民，其人格神的意味仍颇为强烈，所谓"老天爷"的称谓便是明证。此外，普通民众也相信"天"有"赏善罚恶"的功能。换言之，对其理性的功能仍有执着的期待。甚至"怨天""斥天"也仍然是这种期待或信仰的另类表达，而非"天"之信仰的否定。② 此外，庶民在无可奈何之际除了"怨天"之外，常常也诉之于"天命"，此"命"非"上帝"或"天"之"晓谕"（此为"命之本义"），而是一种莫名的神秘力量，即"运命"，所谓"莫之为而为者也"。

上述"天"之信仰存在于庶民生活的各个方面。杨庆堃所言的作为王权之神圣性证明的"天命"观念对民众信仰的渗透，的确强化了民众的这一信仰。如果我们将此两个方面看作传统"天"之信仰的不同维度，可能更有利于认识彼此的相互影响和作用。

（二）作为信仰要素的"圣"（圣王—圣人）

"圣"是儒教信仰要素中的重要一端，具体言之，即儒教中作为信仰对象的"圣王与圣人"。我们在上一节细致地说明了由"圣"的观念到"圣王"与"圣人"之作为信仰对象的历史与文化开展。我们曾指出，"圣"之本义为"通神"，即"通神而圣"；"圣王"与"圣人"是在先秦由儒家逐渐建构出来的。"圣王"之"圣"，依然保留了通神与祭祀权力的意义而成为王权政治合法性的宗教性表达和证明，同时也被树立为政教典范，在政治和社会领

---

① 梅莉：《玉皇崇拜论》，《湖北大学学报》（哲学社会科学版）2011 年第 5 期。

② 一个具体的例子是《诗经》中"斥天"的内容，它们并非如传统的说法代表了对天命论的否定，而是在变乱时代对天之信仰的执着。对此可参见邹远志《爱之弥深，责之弥切——从变雅斥天诗看西周末期周人对天命的执著信仰》，《湖南师范大学社会科学学报》2001 年第 2 期。

域中成为规范王者、引导王权的标准。"圣人"对于儒家来说，虽也包括"圣王"，但其所谓"圣"更为强调"与天地合德""道无所不通，明无所不照"之理想人格意义。

汉以后儒教所推崇的"圣王"，"神圣一体"仍是其基本特征，作为信仰对象，可为皇权政治的确立政教规范；而"圣人"则具有"圣道一体"的规定，作为信仰的对象，可为社会生活和人格发展树立价值典范。此两点是"圣"作为儒教信仰要素的核心功能。在儒教的"崇圣"文化中，圣王是以尧、舜、禹、汤、文、武、周公为代表；孔子则是圣人的典范，虽然在汉代的文化氛围中孔子也曾被塑造成"素王"。

汉代《白虎通》言圣人（王），虽然出自今文经学并打上了汉代政治的烙印，但对儒教的"崇圣"信仰表述得最为全面。《白虎通·圣人》言"圣人"，重要的见如下六章：

（一）圣人者何？圣者，通也，道也，声也。道无所不通，明无所不照，闻声知情，与天地合德，日月合明，四时合序，鬼神合吉凶。

（二）圣人未殁时，宁知其圣乎？曰：知之。《论语》曰："太宰问子贡曰：'夫子生者欤？'"孔子曰："太宰知我乎？"圣人亦自知圣乎？曰：知之。孔子曰："文王既没，文不在兹乎。"

（三）何以知帝王圣人也？《易》曰："古者伏羲氏之王天下也"，"于是始作八卦"。又曰："伏羲氏殁，神农氏作"，"神农氏殁，黄帝尧舜氏作"，文具言"作"，明皆圣人也。《论语》曰："圣乎尧舜，其由病诸。"

（四）何以言禹、汤圣人？《论语》曰："巍巍乎舜、禹之有天下而不预焉。"与舜比方巍巍，知禹、汤圣人。《春秋传》曰："汤以盛德，故放桀。"

（五）何以言文王、武王、周公皆圣人？《诗》曰："文王受命。"非圣不能受命。《易》曰："汤武革命，顺乎天。"汤武与文王比方。《孝经》曰："则周公其人也。"下言"夫圣人之德，又何以加于孝乎？"

（六）又圣人皆有异表。……①

---

① 以上六点，参见（清）陈立撰，吴则虞点校：《白虎通疏证》，上册，第334—341页。

《白虎通·圣人》关于"圣人"和"知圣"的认识，是儒教的定论。"圣者，通也，道也，声也"，"非圣不能受命"，体现出在汉代儒教文化中，"圣"之通达"天命"的神圣特征。同时，《白虎通·圣人》也肯定"圣"的德性意义，如引《春秋》"汤以盛德，故放桀"，赞美周公"圣人之德"（虽然周公是否能称王同可视之为"圣王"始终是一个问题）。

值得注意的是，《白虎通》明确地提出了"何以知帝王圣人也"的问题。这一问题的提出，意味着在汉代儒教中，"王""圣"之间存在着需要调和的紧张。对于这一儒教始终必须面对的重要问题，《白虎通》的回答是：古帝王之所以为圣人，因其能"作"，所谓"具言'作'，明皆圣人也"。这里的"作"，具体说来，是伏羲氏"作八卦"这样的工作，实则指王者的创制立法，强调的是王者因其政教的创造性活动而为"圣人"。笔者认为，关于此问题，《白虎通》还有另外一个说明，这就是"圣人多有异表"，亦即具有神异之特征。如"黄帝龙颜""尧眉八彩""舜重瞳子""周公背偻""孔子反宇"等。圣人多有异表的原因，是"与神通精者，盖皆天所生也"（《白虎通·圣人》）。这是从"通神而圣"的意义上论证古帝王与圣人（实际是以孔子为代表）相同，是对古代帝王以及被尊为"素王"孔子的"神化"。

《白虎通·圣人》比较完整地描述了儒家"崇圣"的精神谱系，即对沟通神人、创制立法的"圣王"与通达天德、教化人伦的"圣人"的肯定。其中对"圣王"的神化，其实也包含对"圣人"的神化，实出于神道观念与现实政治的考量，却也体现出儒教"崇圣"信仰的复杂面貌。

就三代王者的身份来说，"神性"或"通神的能力"是王之本质所在，而"圣王"所具有的"睿作圣""道也""德也"的德性特征和通达天德的能力，则是后世儒家所赋予的。就实论之，尧、舜、禹、汤、文、武、周公的"圣王"群像，是儒家在其历史发展中塑造出来的。在儒家崇圣信仰的历史开展中，虽然后世儒者多以"圣道一体"的道德理性与理想人格言圣人与圣王，实则这只是传统儒教"崇圣"信仰或观念的一个方面。一旦落实到实际的政教实践上，对"圣王"之"神圣一体"身份的肯定仍是必然的。尧、舜、禹、汤因天命所寄被赋予"神性"，确是儒家"圣王"信仰的真实一面。事实上，那些在历史上可以实证的，如文王、武王和周公等，最为儒家所推崇的还是周公。作为后世儒家竭力推崇并试图再现的圣王典范，周公之周王室大祭司的身份和损益革新、创制立法的政教实践，正体现出"神圣一体"的特征。

"神化"为王权政治提供了"神义"的合法性证明，而"圣化"则是儒教试图引导和限制王权的理性化行为。

从战国开始，孔子便成为儒家的精神象征，孔子成为儒家所推崇的真正的圣人代表。不过，在汉代的儒教实践中，无论是古代的"圣王"还是儒家的"圣人"孔子，仍不可避免地被"神化"了。汉儒对古代帝王乃至"素王"孔子的"神化"，看起来似乎是文化理性的倒退或特殊历史条件下的儒家信仰之歧出，其实背后隐含着儒家崇圣文化的内在紧张。这就是，如果仅仅是"圣化"古代帝王和孔子，亦即仅仅是将古代帝王和素王孔子描述为与道相通、与天地合德的理性化、道德化的理想人格，王者的神人中介身份和王权的神秘性便会被彻底消解，也无法解释历史与现实中客观存在的"悖谬"，即"有德者不必有命"。

李冬君指出："王权的理性化总是适可而止的，圣王一旦在理性化的过程中实现了对必然性的垄断——圣道同体，理性化便会裹足不前，因为彻底的理性化最终必将否定王权。这样王权便从理性化转向神秘化。从实际的政治过程来看，王权不仅需要理性的解释，而且需要神秘主义的非理性因素的参与。秦汉大一统以后，随着'王化'的完成，统治者已餍足了理性，转而寻求神秘化，这样'神化'就取代了'道化'而成为当时政治和文化的中心问题。"① 我们赞同李冬君关于汉代王权"圣化"与"神化"之关系的描述。不过，如果超出汉代具体的历史情形而就两千余年来整体的政教实践而言，与其说"神化"是对"圣化"的反动，毋宁说"神化"本身便是由王者作为"神人中介"的身份所规定的，后世儒家无论如何试图对王权加以"圣化"，皆难以彻底消解王权的"神化"特征。

其实，在荀子那里，儒家已经充分意识到"王"与"圣"之间的紧张。所谓"圣也者，尽伦者也；王也者，尽制者也"（《荀子·解蔽》），"非圣人莫之能王"（《荀子·正论》）。《白虎通·圣人》也只能通过肯定先王之能"作"及"皆有异表"来说明"王""圣"的统一。在王权政治的开展中，希冀"圣王"的出现始终是一个难以实现的理想。客观存在的则是"道"（圣道理想）与"势"（王权至上）之间的冲突。

----

① 李冬君：《孔子圣化与儒者革命》，中国人民大学出版社 2004 年版，第 128 页。

面对"圣王"理想的实际失落，以及"圣"与"王"、"道"和"势"的紧张，唐宋的儒者开始着力发明"圣道"，使崇圣信仰落实到"圣道一体"的"圣人"身上。

唐代韩愈所描述的尧、禹、汤、文、武、周公、孔子的"道统"传承，看似表彰了古代"圣王"，实则是将传统的"圣王"直接等同于儒家的"圣人"。因为其所传之道，是"圣人"孔子的"仁义"之道。朱熹曾说："盖尧舜治天下，夫子又推起道义垂教万世。尧舜之道，非得孔子则后世亦何所据哉？"（《孟子集注·公孙丑章句上》）。明代吕坤有言："故势者帝王之权也，理者圣人之权也"，"庙堂之上言理，则天子不得以势相夺，即相夺焉，而理则常伸于天下万世"（《呻吟语·论道》）。牟宗三在描述儒学在宋以后的新变化时也指出："宋以前是周、孔并称，宋以后是孔、孟并称。周、孔并称，孔子只是尧舜禹汤文武周公之骥尾……但孔、孟并称，则是以孔子为教主，孔子之所以为孔子始正式被认识。"[1] 在具体的政教实践中，不是希冀将王者改造成理想中的"圣王"，成为儒家士大夫现实和必然选择的是"得君行道"。[2]"圣人"崇拜，也成为唐宋以后儒教崇圣信仰的主流，虽然"圣王"仍然是儒教的信仰要素和对象。

二　简述儒教信仰系统的功能

从儒教"神—圣"的信仰结构出发，我们可以用"神道"与"圣教"概括其信仰系统的功能作用。事实上，如果以"结构—功能"的关系加以分析，"神—圣"的信仰结构，正可以从"神道"与"圣教"的功能作用加以解释和说明。换言之，虽然我们不严格遵循"功能优先于结构"的新功能主义的原则，但还是可以强调功能分析对于认识结构及其衍变的重要性。

就儒教信仰系统的"神道"功能来说，可以"神道设教"来概括。其中的具体取向有："神道设教""神道为教""神道助教"。关于"神道设教"，上一章第二节已有详细考察和说明。就"王"和"民"来说，"神道为教"是"上帝—天"之"神道"信仰的主导性取向。由于"教"之对象更多地指

---

① 牟宗三：《心体与性体》（上），第12页。

② 关于宋儒"得君行道"的历史处境和政治努力，参见余英时《朱熹的历史世界——宋代士大夫政治文化的研究》第八章的相关讨论。

向"民",就"王"之"教民"来说,在实际的政教实践中,这种取向是"神道助教"。我们指出,在汉以后的儒者的理解中,所谓"神道助教",其"神道"明显是指被信仰和祭祀的"灵神"。孔颖达说:"圣人假之灵神,作为鉴戒耳……但神道可以助教,而不可以为教。"① "神道助教"虽有理性化的色彩,也没有彻底否定"假之灵神"之意。而"神道可以助教,而不可以为教"的批评性说法,从另一个侧面证明了"神道为教"在政教实践中被普遍运用和接受。

程颐《周易程氏传》:"至神之道,莫可名言,惟圣人默契,体其妙用,设为政教,故天下之人涵泳其德而不知其功。"② 将"神道"说成"天德",则是伦理化的改造。这种理解,与信仰要素"上帝—天"的结构相关。在此结构中"上帝"固然是"灵神化"的,但"天"就其信仰的起源和后世的理性化、伦理化的改造而言,实际上在"神道"的信仰方面打开了一个缺口。这正是儒者能够直言"神道可以助教,而不可以为教"的根本原因。客观言之,在"儒教士"与"上帝—天"的信仰关系和实际的政教实践中,既有"为教",也有"设教",二者一起在社会中发挥重要的信仰功能和政教作用。

再看儒教信仰系统的"圣教"功能。此功能由"圣"之信仰所发挥。它以"圣"(圣王、圣人)为中心,其信仰的核心"圣"由"儒教士"所建构,而"儒教士"也通过此信仰的建构和"教"(教化),影响"君主"与"民"对"圣"(圣王和圣人)的信仰。在"圣"的信仰维度中,"圣"上达"天德",下通过"儒教士"之中介,影响政治生活与社会生活。"儒教士"之政治引导(所谓"圣王"理想)与社会教化(士希贤、贤希圣),以及这种引导和教化在个体的社会实践和道德实践上的落实,被视为成"圣"以达"天德"的道路。溯其根源,此功能发端于"上帝—天"的复杂联结,而通过"儒教士"对"天道"的发明和"圣道"的推崇(如"圣道法天""非圣人莫之能王"等),使"上帝—天"之信仰中的"神道"与"圣教"既相互配合又彼此约制。

由于"圣人法天""圣德达天",在儒教"圣教"的功能中,"圣"与

---

① (清)阮元校刻:《十三经注疏(附校勘记及识语)》,上册,第446页上栏。

② (宋)程颢、程颐著,王孝鱼点校:《二程集》,下册,第799页。

"天"是直接通达的，而"儒"由于"圣道"的建构和"崇圣"信仰的发明，也因其"成圣"之追求与自信，以及"成圣"的工夫与实践，也自认能通达于"圣"。在"王"这一端，"王者"可以垄断神道之维，但需要受到圣道的限制，这个限制是由"儒"所建构和引导的。从"民"之一端说，民可以有儒教正统意义上"神道"信仰，但不能通达"神道"（民仍然会以自己的方式拥有被正统排斥的"神道"信仰，所谓"淫祀""鬼道"），这样，"民"通过"儒"之"教化"的中介，可以通过"崇圣"，拥有通达"天道"和"天德"的信仰道路。这正是儒教教民的理想设计。"圣教"是儒教伦理教化和政治实践的基本功能。"儒"通过"圣道"的建构和"崇圣"信仰的发明，一方面以"圣道"制约"神道"（所谓"神道可以助教，而不可以为教"），用"圣教"引导和规范王权；另一方面也以"圣道"化俗，以"圣教"导民。甚至"君主"之治"民"的"治道"，也不得不接受其价值（"王道法天"）与方法（德政、德治）的规制。

从两汉以后，"圣王"与"圣人"崇拜贯穿于儒教的历史。"圣王"崇拜既是儒教王权合法性论证的基础，在具体的政教实践中也对王权起到了规范甚至限制作用。在民间社会，"圣王"崇拜也成为民众希冀"圣主""明君"的文化和心理依据。就"圣教"导民诸方面来看，儒家的"圣教"贯彻于儒教社会民众的信仰和生活各个层面，使得儒教在民间社会存有"神道"信仰的条件下，又特别警惕"淫祀""鬼道""异教"的影响。

两宋以后的儒教开展，特别重视"天道""天理"的发明并对佛道二教加以批判，便体现出儒教"圣"之信仰的凸显和对"圣教"功能的强调。虽然，儒教的"圣王"和"圣人"崇拜，并没有排除其中的"神道"意味，但肯定与弘扬的是"德性"与"德行"。由此，儒教的"圣教"在民间社会的实践，更能够发挥伦理教化、人格培养、凝聚人群、整合社会的功能。

三　儒教信仰系统的总结与最后分析

以上对儒教信仰系统的诸维度及其功能作出了描述，但是对该系统的考察，仍然需要加以整体观照，揭示系统整体的结构和功能特征，并尝试对儒教信仰系统之自我再制的"意义""媒介"作出说明。

我们已经说明，儒教的信仰系统奠基于历史地和社会地形成的人对"神—圣"的存在理解和领悟。人居于"神—圣"的十字打开之"中"，而获得存在的意义与规定。我们也通过对文王、周公和孔子信仰系统的系统分析，揭示了其信仰系统的延续和发展，并说明了"中"作为其系统形式显示的不同意义。这里要指出的是，儒教的信仰系统正是在此基础上历史地和社会地形成的，并在后世因应社会、历史的需要而由系统要素的分化而呈现出"复杂性"。

我们可由下图，并结合儒教的"身份—角色"系统（下章将详细研究），来说明儒教信仰系统和功能的整体特征。

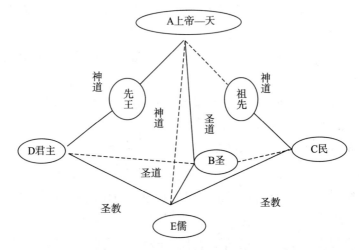

图示（E）：儒教信仰系统及其功能（实线表示直接关系，虚线表示间接关联）

如图所示：

（1）儒教信仰系统的基本要素：A 上帝—天；B 圣（圣王—圣人）

（2）儒教"身份—角色"系统的基本要素：C 民；D 君主；E 儒（儒教士）

（3）儒教信仰系统的结构维度：

神道之维：A—C；A—D；A—E

圣道之维：A—B；E—B；D—B；C—B

（4）儒教信仰系统的功能维度：

圣教之维：E—C；E—D

神教（神道设教、神道助教）之维：A—D；A—C

从上图可见：

A 上帝—天，作为最高信仰，通过以下三个维度体现：（1）"上帝—

天"—先王—"君主";（2）"上帝—天"—"先祖"—"民";（3）"上帝—天"—圣—"儒"（儒教士）。王者拥有祭祀"上帝"与"天"的独断权力，民则以不同的形式敬奉"天""帝"。在"儒"这里，既不直接否定神道信仰，更有以"圣道合天"之遥契与相通（通过圣人、圣王）的途径。"上帝—天"的信仰对于"君主"和"民"来说，具有"神道设教"和"神道助教"的功能。此功能由"儒"之"圣"之信仰对于"上帝—天"的遥契和改造加以理性化、伦理化的限制。

B 圣（圣人—圣王），是儒教信仰的核心，由"儒"（儒教士）历史地和文化地建构出来，形成儒教信仰的"圣道之维"。此"圣道之维"，一方面通过 A——B 将"圣"（圣王—圣人）直接与"上帝—天"相沟通，另一方面通过"圣"（圣王、圣人）对"君主"和"民"加以信仰引导（圣道）和行为规范（圣教），"儒"乃"圣道"的发明者和建构者，也是实现"圣教"功能的中介。

如果从系统分析的视角观察儒教信仰系统的结构和功能，应该肯定：历史性地于汉代建立并在此之后长期发展的儒教，其系统和功能具有复杂性；其系统要素，实际正脱胎于文王，特别是周公和孔子；其系统结构是经由孔子的"损益"并经由汉儒的多维度拓展而形成的；儒教的信仰系统的功能，满足了汉以后中国"皇权宗法制"的政治和社会需要，提供了一套包含"神—圣"的信仰体系，并发挥着"神道"和"圣教"的信仰功能。

必须说明的是，我们对儒教信仰系统结构与功能的整体说明，主要具有"理想型"（ideal Type）的意义。因为在儒教长期的历史发展和复杂的社会适应过程中，其信仰系统的结构和功能总会作出调整。如"上帝"信仰，在汉代以后便被收摄进入国家祭祀体系而与普遍的社会信仰不具有直接的关系（虽然民间信仰中有着各种"上帝"信仰的变形），"天"的信仰长期成为儒教国家和社会的普遍信仰；但在功能上我们可以观察到，"神道设教"乃至"神道助教"，始终是儒教信仰的重要功能，虽然唐宋以后"圣教"功能被普遍强调和发扬。

最后要讨论的是，如果将儒教的信仰系统视为中国人关于"神—圣"的存在理解和领悟，此信仰经验能否以一种"形式显示"来标识？此外，虽然我们可以对儒教信仰系统的历史开展作出具体的考察和描述，但就系统分析本身来说，此信仰系统是如何实现"自我再制"的？笔者认为，如果要对儒教信仰经验的"形式显示"加以标识，仍然离不开"中"。并且只有"中"，才能说明儒教信仰系统在自身开展过程中的"自我再制"。

在上一章我们曾指出关于儒教"信仰系统"的研究需要说明其系统的自我指涉与自我再制机制，并提出现象学关于信仰经验的"从形式上予以自身显示"（形式显示）的探索对此可有所帮助。我们特别讨论了二者的结合以及运用于儒教研究的适切性。就二者结合的适切性来说，"形式显示"的现象学探索，其哲学精神同样体现在涂尔干和卢曼社会系统理论中。就儒教"信仰"的研究来说，"形式显示"的说明及"诠释学—存在论"的哲学道路的借鉴，有助于克服当代社会系统理论"让主体自身堕落为系统"① 的可能局限，避免使系统分析蜕变成一种"元生物学"式的"社会技术"，有助于对并非当代社会系统分化意义上的儒教信仰系统展开分析。这里我们要进一步说明的是，就儒教信仰系统的分析来说，这二者的结合乃在于海德格尔的信仰经验的现象学分析所揭示的"意蕴"与卢曼社会系统分析所指示的"意义"。

海德格尔指出，"在实际生活经验中所经验到的一切都带有意蕴（Bedeut-samkeit）的特质（Charakter）；所有的内容之中都带有这一特质。……经由意蕴的方式（它规定着经验的内容本身），我经验着我所有的实际生活处境"②。这里所说的"意蕴"，并非出于主客关系所言的"价值"，而是一种"纯粹的获知"。海德格尔提出"形式显示"的现象学方法，视之为"意蕴"的自我呈现以及对"意蕴"的"明了"或"诠释"。通过"形式显示"，存在论与诠释学贯通起来。卢曼在20世纪80年代提出系统理论的"范式转换"，以"自我指涉"和"自我再制"代替此前的"系统/环境"区分，"自我指涉"指经由区别与标识的运作来指认出自我。社会所发生的事件是"沟通制造沟通"的自我指涉过程，社会系统的沟通借由"意义"（Sinn）来运作，"意义"是社会系统的每一个形式建立所用的最一般的无法超越的媒介。

我们要说明的是："中"正是儒教信仰经验的"意蕴"，可以之标识儒教信仰经验的"形式显示"；"中"是儒教信仰系统的"意义"，可由之把握儒教信仰系统的"自我指涉"与"自我再制"。

上述两方面的问题皆是复杂问题。关于儒教信仰经验的"意蕴"，我们可

---

① ［德］哈贝马斯：《现代性的哲学话语》，曹卫东等译，第396页。
② ［德］海德格尔：《宗教现象学引论》，欧东明、张振华译，第12—13页。

以先回顾上一章对文王、周公和孔子信仰经验的考察，来尝试作出可能的说明。由上一章对文王、周公和孔子信仰经验的考察，我们曾有如下的认知：文王的信仰系统是在等待和验证"受命"的历史处境和"惕惧"的信仰经验中形成的，其信仰经验的"形式显示"是"中"，即在"惕惧"的信仰经验中对于"顺命"与"明德"的艰难把握。武王特别是周公，经验了历史性的"受命"和现实性的"保命"，他们在"忧惧"的信仰经验中建立起"上帝—天"的信仰结构。周公信仰系统的形式显示是"大中"。它意味着，文王之"顺命"与"明德"之"忧惧"中所体认和把握的"中"，被"敬厥德"与"天命"的直接双向关系和以祖先为中介的与"帝命"之间接的单向关联之体验和把握代替。

在孔子的信仰经验中，传统的"上帝"信仰开始隐而不彰，但"天"之信仰凸显出来并得到丰富性的发展。在孔子的信仰中，"天"既收摄了传统的"上帝"与"天"之信仰，又呈现为一套经过改造的"受命之天"与"生德之天"的系统。孔子并不否认传统的"帝命"或"天命"，所谓"有大德者必有命"（《中庸》），但在孔子"天生德"那里，"德"之主体遍及所有的人并以"仁"之价值呈现。由此将传统"通神而圣"的"圣"和"圣王"观念，改造成新的"圣人""圣王"理想，使得后世的儒教信仰系统得以将"圣"作为信仰的核心。孔子在其"忧患"的信仰经验中，既处身于复杂的历史和文化情景，也经历着艰难的个体处境，无时不处在"中"的实行中，而具有境遇性"时中"体认，也以此"中"之体认通贯于一切事物的"用"与"常"即"中庸"。在孔子的信仰系统中，其形式显示可标识为"（时）中（庸）"。

虽然，我们不可能再对汉代以后儒教建立和开展过程中具体信仰经验（如儒教社会系统各"身份—角色"的信仰经验，以及具体个体的信仰经验），再作描述和分析，然而"中"仍能够体现儒教信仰经验的"意蕴"。这是由"神—圣"之信仰，透显人之存在之"中"；是由"性—命"之纠葛，显露个体生命之"中"；是由"未发—已发"之工夫，体验个体修养之"中"；是由"神道—圣教"之布展，表现社会存在之"中"；是由"天下—中国"，呈现历史文化之"中"。

就"中"作为儒教信仰系统的自我指涉和再制的机制来说。我们看到，"中"在具体的"系统/环境"区分中皆有其"意义"。此"意义"既不可以以西方宗教之传统的"神圣/世俗""上帝/凡人""存有/虚无"的区分来加以说明，事实上也不能够以"内在性/超越性"（此为卢曼对当代宗教社会系统的"符码化"）来加以解释。儒教信仰系统是以"中"为"意义"之媒介，而将儒教信仰诉诸"神—圣"的"存在的领悟"，并在"上帝—天"的信仰及其分化中实现系统的自我再制。

前章对孔子的信仰系统考察，实际已涉及这个机制。例如，在孔子这里，"天"之信仰要素通过"（时）中（庸）"的媒介而分化。"天"收摄了"命"（帝命）并新赋予了"生德"之义，而有"生德之天"与"命数之天"的再制；"命数之天"因"命数"可诉诸必然的意志与自然的因素，又再制造出"自然之天"，由此构成"命数之天"与"自然之天"的子系统；此子系统与"生德之天"形成完整的"天"之系统，完成了"天"之信仰系统的自我再制。我们可观察到的是，在后世儒家或儒教发展的过程中，此整体系统从未被打散，而是在"中"之"意义"的领悟中加以调适或取舍。如荀子由"明于天人之分"而肯定"自然之天"以及排斥"命数之天"，但仍在祭祀的意义上承认"君子以为文，而百姓以为神"（《荀子·天论》）；董仲舒对于"天"之神义化的解释，更离不开对自然"天数"的说明；在王充那里，"命数之天"与"自然之天"以"或使"与"莫为"的形式凸显其间的紧张，但在社会人生的认识上则以"命数之天"为归宿；在刘禹锡那里，"天人"则以"交相胜""还相用"的形式得到辩证的发展。至宋明时期，更将此天之系统与性、命贯通起来，而发展出天道、性命、心性、理气的复杂说明。从儒教的信仰系统自身看，"中"之"意义"大矣！

第五章 儒与儒教的身份—角色系统

本章将对儒教社会系统的"身份—角色"系统展开研究。我们将首先关注"儒"的"身份"起源与演变，并进一步考察汉代儒教建立后作为其文化担纲者的"儒教士"的"身份"及精神类型。在方法上，我们对现代社会学有关"文化身份"的类型学分析范式有所借鉴，但更为关注其背后历史和社会动因及其演变特征，力求避免"类型学"范式因关注区分以及在此基础上的定性（定型）所带来的简单化。本章还将对儒教的"身份—角色"（status-role）系统的结构和功能展开分析和说明。此系统分析意义上的"身份"（status），是指儒教社会系统中具体行动者与其他行动者关系中的"位置"，此关系中的"位置"形成了该系统的结构；"角色"（role）则是指在此系统结构中不同"身份"具有的功能。因而这里的"角色"，是一个功能分析意义上的概念。我们要分析说明，在儒教的"身份—角色"系统中，"儒教士""君主""民"三个重要系统要素的结构关系与功能作用。

第一节 儒之起源的猜想和实证

20 世纪初章太炎的《原儒》和 30 年代胡适的《说儒》，通过语源与语用的考察，引发了关于"儒"之起源问题的持续争论。诸家说儒，有共同之处，即认为儒经历了一种历史的变化，区别在于对于儒的起源和身份的认识不同。章太炎认为，儒最初指"知天文""识旱潦"的"术士"，其身份类似于巫祝，其后演变为知礼乐射御书数的"六艺之士"。① 胡适将章太炎所说的术士

---

① 参见章太炎《原儒》，载刘梦溪主编《中国现代学术经典·章太炎卷》，河北教育出版社 1996 年版。

之儒坐实为"殷民族的教士"，孔子之儒是对殷儒的继承和改造。① 冯友兰和钱穆皆否认儒与殷民族有关，也不主张儒的原初身份是巫祝，而认为儒是贵族政治崩坏后散落民间以相礼和教习六艺为职业之人，至孔子而有以礼乐制度平治天下的儒家。② 郭沫若也根本否认有所谓术士之儒，认为"儒"就是"邹鲁之士缙绅先生"的专号，其身份有作为高等游民的"小人儒"和孔子的"君子儒"。③ 客观言之，诸家分歧最根本之处在于是否承认儒有一个具有巫祝（或教士）身份的起源，至于对于孔子儒家，除了胡适坚持其乃殷儒的改造以及孔子为殷民族的复兴英雄外，对孔子之儒的身份及历史文化作用的判断，并无不同。

　　章太炎以"儒之名盖出于需"的字源解释来说明儒之术士的最初身份，是一种大胆的猜测，所谓"需者，云上于天，而儒者亦知天文、识旱潦"④。胡适受此启发认为《周易·需卦》所描述的正是殷儒在民族亡国之后的基本处境和精神状态，也是一种推测。胡适说："儒字从需，我疑心最初只有一个'需'字，后来始有从人的'儒'字。需卦之象为云上于天，为密云不雨之象，故有'需待'之意"，"这个卦好像是说一个受压迫的人，不能前进，只能待时而动，以免陷于危险……。这就很像殷商民族亡国后的'儒'了。"⑤胡适关于需卦的解释被认为是牵强附会。⑥虽然儒一定有其起源和早期形态，但原初的儒究竟如何，是否如章太炎和胡适所说，是具有巫祝身份的"术士"或殷商宗教的"教士"，仅仅通过推测是难以确定的。笔者认为，关于儒之原初身份的探讨十分重要，虽然儒之身份在春秋以降的历史过程中发生了重要变化，但就儒的演化考察来说，最初的身份和精神类型仍是基本的起点。

　　徐中舒发表于1975年的《甲骨文中所见的儒》，提供了关于殷儒的实证

----

① 参见胡适《说儒》，载姜义华主编《胡适学术文集·中国哲学史》，中华书局1991年版。

② 参见冯友兰《原儒墨》，《三松堂全集》第11卷，河南人民出版社2001年版；钱穆《先秦诸子系年》之"墨翟非姓墨墨为刑徒之称考"，商务印书馆2001年版。

③ 参见郭沫若《驳〈说儒〉》，《青铜时代》，中国人民大学出版社2005年版，第112—116页。

④ 章太炎：《原儒》，载刘梦溪主编《中国现代学术经典·章太炎卷》，第99页。

⑤ 胡适：《说儒》，载姜义华主编《胡适学术文集·中国哲学史》，第632页。

⑥ 冯友兰、郭沫若在各自的说儒文章中详细地讨论了《周易》成书的年代和所属，反对胡适以《周易·需卦》作为殷儒存在的证明。杨向奎也认为胡适《说儒》值得商榷的地方即在于"认为《需卦》就是'儒卦'"，"因而对于《爻辞》和《象传》的解释总是牵强附会"。参见杨向奎《宗周社会与礼乐文明》（修订本），人民出版社1997年版，第445—456页。

性研究。20 世纪 80 年代，他又以《论甲骨文中所见的儒》为题对该研究成果进行了补充修订。① 从学界的反应看，他的早期成果引发了较多的关注，相比较而言，针对其修订成果的评述较少。就徐氏研究来说，后期的补充修订在学术上有重要的发展，也带来一些疑问。

在前期《甲骨文中所见的儒》中，徐中舒重点研究了两个方面的问题：一是"儒字的形音义"，二是"甲骨文中关于子需的卜辞"。第一个方面的研究，最为关键的是字形的考察。徐中舒指出："儒在殷商时代就已经存在了，甲骨中作需字，即原始的儒字"。徐中舒认为，甲骨文中的 夾，便是"需"字，"从'大'从∷，大象人形，∷象水形，整个字象人以水冲洗沐浴濡身之形"。徐中舒指出，此字即金文 夾（父辛鼎），"甲文从大，金文从天，大天二字并象大人之形"。该字在西周早期金文中又伪变为从雨从天的 霙（盂簋）。徐中舒指出："需字的下半部天形为什么又伪变为而？因为汉字受方块字形的约束，雨天二形只能各占一半地位，后人写需字就必须将此天字形压缩成扁体的而字。先有需字，后有而字，而字不见于春秋以前的金文，当是从需分化出来的一个新字。《说文》以为象须（胡须）形，乃就伪变以后的字形为说，实不足据。"② 就文字的考释来说，徐中舒早期研究最重要的判断是，甲骨文中的 夾，乃"需"，是原始的"儒"字。为了证明自己的判断，徐中舒进一步考察了甲骨文中的有关"子需"的卜辞。"甲骨中多载子需之事，子需是一个人名，他和历史上的儒家是有一定渊源关系的"③，他选取去其重复的 10 例"子需"卜辞加以释读分析，得出的结论是："子需为王室主持宾祭典礼，祭祀人鬼（祖先），接待宾客，是一个专职的儒。"④

由于《甲骨文中所见的儒》，仅以记载"子需"的卜辞说明"殷儒"的存在，其论断受到了质疑。如雷庆翼指出："甲骨文中的'子需'，只是一个人名，并非就是一种职业的名称。"⑤ 雷庆翼显然没有注意到该文的修订稿

① 在现存的徐中舒的论文选集中，该文在文后都标明"原载《四川大学学报》（哲学社会科学版）1975 年第 4 期"，但对照原刊论文，该文标题与内容都经过了重要修订。根据刊载修订文的《徐中舒历史论文选辑》之徐中舒于 1984 年 4 月 12 日所作"前言"推断，这一补充性的研究应不迟于 1984 年。

② 徐中舒：《甲骨文中所见的儒》，《四川大学学报》（哲学社会科学版）1975 年第 4 期。

③ 徐中舒：《甲骨文中所见的儒》，《四川大学学报》（哲学社会科学版）1975 年第 4 期。

④ 徐中舒：《甲骨文中所见的儒》，《四川大学学报》（哲学社会科学版）1975 年第 4 期。

⑤ 雷庆翼：《释"儒"》，《学术月刊》1997 年第 4 期。

《论甲骨文中所见的儒》，在该文中，徐中舒补充了"甲骨文中关于儒的卜辞"的内容，进一步列举了作为身份之名的"儒"的卜辞。徐中舒明确地指出："甲骨文中关于需的卜辞约有三十余条。有作为普通名词的丘儒、师儒、儒人之儒，有作为人名的子儒之儒，说明儒在殷商时代就早已存在。"① 徐中舒的补充研究对甲骨卜辞中"需"作为身份性的名称作出了肯定，试图实证性地回答"需"并非一种职业名称的质疑。

修订稿之所以将原论文《甲骨文中所见的儒》改名为《论甲骨文中所见的儒》，除了对"甲骨文中关于需的卜辞"作出补充研究外，还在于进一步讨论了殷商时期"儒"的宗教组织问题。徐中舒认为，"儒"作为身份性的存在，其内部具有上下的隶属关系。如在"子需"这样活动于王室的儒之外，还存在着"儒师般"这样的"师儒"，乃至活动于基层村社中的"丘儒"。"儒""在殷商时代就已形成了一个有组织的宗教团体僧侣制"，"有一个教阶、教区的宗教组织"。②

客观言之，无论是早期的发现，还是接下来的补充性研究，徐中舒关于殷"儒"存在的说明，是建立在对甲骨文 夹 是"需"的考释基础上的。对此，学界也有很多质疑。如叶舒宪说："甲骨文从水的 夹 字究竟是否是需字，也还值得思考。因为需字的古今训义中与沐浴没有直接的关联。"③陈来也有这样的疑问，他说："甲骨文中从人从水的字是否为需字，金文中何以找不到需字的这种用法。"④ 上述疑问，没有涉及徐中舒考释的具体细节。在笔者看来，徐中舒关于 夹 与"需"的字形考释，的确存在具体的问题。如为了说明"需"字的下部的"而"是由甲骨文和金文字形中的"大""天"压缩而来的，他强调"先有需字，后有而字，而字不见于春秋以前的金文，当是从需分化出来的一个新字"⑤。不过，徐中舒主编的《甲骨文字典》收有甲骨文 𠕁，该字被释读为"而"，并以唐兰的考释为证。⑥ 此外，金文中也有不少"而"字的

---

① 徐中舒：《徐中舒历史论文选辑》，第 1216 页。

② 徐中舒：《徐中舒历史论文选辑》，第 1216、1221 页。

③ 叶舒宪：《诗经的文化阐释》，湖北人民出版社 1996 年版，第 225—226 页。

④ 陈来：《古代宗教与伦理》，第 338 页。

⑤ 徐中舒：《甲骨文中所见的儒》，《四川大学学报》（哲学社会科学版）1975 年第 4 期。

⑥ 参见徐中舒主编《甲骨文字典》，第 1045 页。

用例。① 徐中舒关于甲骨文 大 是"需"的考释，还有进一步考证和说明的必要。

如上所述，对徐中舒考释的实证性反驳是："需"字的古今训义与沐浴没有直接的关联，因此从人从∷的大字究竟是不是需字就有很大的疑问。我们先考察"需"字的通常训义。关于"需"字，《说文》："需，䇓也，遇雨不进，止䇓也，从雨而声。《易》曰：'云上于天，需'。"②《说文》训"需"为"止䇓"，从所引义例看，与《周易·需卦》有密切关系。《周易·需卦·象》曰："需，须也，险在前也。刚健而不陷，其义不困穷矣"，明确释"需"为"须"。在《需卦·象》中，"需"何以释为"须"？《说文》的一大贡献是指出"须"是"䇓"字的简省。这里先来看"须"与"䇓"。

"须"，《说文》释曰"面毛也"，本指人的面下须毛。"䇓"，《说文》所收的古体为䇓。"䇓"字增"立"为会意，"立"字《说文》释为"侸也，从人在一之上"。"䇓"，从字形上看，为人立地上仰面翘"须"状，《说文》释曰"立而待也"。③ 由此可知，本义为"面毛也"的"须"字之所以有"止""待"之义，是出于"䇓"字的简省，虽然从字源上说，"䇓"字本是由"须"加上"立"会意而来。

"需"字的通常训义何以为"止䇓"？这里先要讨论徐中舒"先有需字，后有而字"的判断。他认为"而字不见于春秋以前的金文，当是从需分化出来的一个新字"。这一判断实际难以成立。首先，甲骨文中有"而"字。根据唐兰先生的考释，甲骨文中的爪，便是"而"字。唐兰说该字"旧不识，余谓是'而'字"，金文中的爪，"即爪之变，《说文》'而，颊毛也'"。④ 其次，金文中更有不少"而"字的用例。⑤ 关于"而"，《说文》说"而，颊毛也，象毛之形"⑥，"而"字为胡须的象形。高田忠周《古籀篇》指出："而"象颊毛的"正视形"，"彡"象颊毛的"侧视形"；"而"字"实彡字之别出

---

① 参见戴家祥主编《金文大字典》"而"字条，学林出版社1995年版，第3828页。
② （汉）许慎：《说文解字》，中华书局1963年版，第242页。
③ （汉）许慎：《说文解字》，第184、216页。
④ 唐兰：《天壤阁甲骨文存考释》，《甲骨文研究资料汇编》，北京图书馆出版社2000年版，第14册，第626页。
⑤ 参见戴家祥主编《金文大字典》，第3827页。
⑥ （汉）许慎：《说文解字》，第196页。

也"；"须"字乃从"彡"从"页"，以避烦琐。① 由此可以知道，"而"与"须"相通。"需"字的通常训义为"止鎭"，正是由于"而"与"须"相通，"须"为鎭"之简省。事实上，"而"与"鎭"同义的义例，古代文献中还有保留。段玉裁注解《说文》"需"字之"从雨而"曰："而者，鎭之意。……《公羊传》曰：而者何？难也。《谷梁传》曰：而，缓辞也。而为迟缓之辞，故从而。而训须，须通鎭，从而犹从鎭也。"② 段玉裁又说："今字多作'需'、作'须'而'鎭'废矣。"③ 由此可见，"需"和"须"因保留了"鎭"之"立而待"义，而有《需卦·象》"需，须也，险在前也"的解释。

由以上考辨可知，"需"之"止""待"义是由"而"与"须"通假、"须"为"鎭"之简省而得。这提醒我们，虽然"需"之通常训义为"止鎭"，但是这不一定便是其本义。应该肯定，即使传世文献中的"需"字的训义没有"沐浴濡身"义，也无法得出"需"字本无此含义的结论。我们不能以"需"字之"止""待"的通假义来否定"需"字本有"沐浴濡身"义的可能。正因为如此，笔者也不赞同胡适以《周易·需卦》之"需"对"儒"所作的说明，此"需"非名词，而是以"止"或"待"为义的动词。

徐中舒关于甲骨文 字向金文 （需父鼎），再向"从雨从天"（孟簋）直至"从雨而"的"需"字，在字形的演变的考证和说明上是系统的和连贯的，应该肯定。该字最后定型为"从雨而"的"需"，由于"而"与"须"通假，"须"乃"鎭"之简省，"需"便具有了"止""待"之通常训义。该训义并不能确定为"需"字的本义。那么，"需"字的本义有可能是什么呢？如果肯定"需"之字形本是从"雨"从"人"或"天"，"需"具有"沐浴濡身"的意义便是自然的。笔者认为，即使"从雨从人（天）"的"需"字伪变为从"雨而"的"需"字，也没有改变"濡身"的意义。因为从"雨而"的"需"，其义也是雨水淋湿的脸上的胡须。几乎所有的论者都注意到这样一个事实，汉字中从"需"的字大都有"柔软"义，如"糯""懦""孺""蠕"等。水淋湿胡须自然也有"柔软"的特征。《说文》释"儒"曰"儒，柔也"，可以循此而知其义之由来。从音韵方面上来讲，读为相俞切的"需"

---

① 参见戴家祥主编《金文大字典》第 3828 页 "而" 字条。
② （汉）许慎撰，（清）段玉裁注：《说文解字注》，第 574 页。
③ （汉）许慎撰，（清）段玉裁注：《说文解字注》，第 500 页。

字应是与"须"通假而得音，但是，大多数从"需"的汉字，读音多来自读为汝朱切的"需"字，很可能保留了"需"字的古音，否则很难解释这些从"需"的字何以不读为相俞切。

上述考证可以说明三点。（1）徐中舒关于甲骨文"夾"字向金文"需"字演变的考证是成立的；但徐中舒"先有需字，后有而字"的判断不准确。（2）"需"所具有的"止""待"训义是"需"与"须"通假而有，不能以此否认"需"本有"沐浴濡身"义；"需"定型为从"雨而"，与"濡身"义并非没有联系，有水濡须的意义，从"需"的字多有"柔软"义，本于此。（3）从字音上来讲，大多数从"需"的字读为汝朱切，仅是具有"止""待"训义的"需"字读为相俞切，可以间接证明后者应是与"须"通假而得音的。

在早期的《甲骨文中所见的儒》一文中，徐中舒对"儒"之身份进行了初步的说明。他指出："甲骨文中儒字的本义为濡，向我们揭示了这样一个历史事实：儒家的起源决不是班固所说的'儒家者流，盖出于司徒之官，助人君顺阴阳明教化者也'，专门替殷商奴隶主贵族祭祖事神，办丧事，当司仪的那一批人，才算是最早的儒家。"[1] 关于儒之起源，徐中舒与章太炎、胡适一样，皆追溯至早期宗教，也都反对班固"诸子出于王官"的说明，不同之处在于徐中舒的结论是建立在甲骨文与卜辞的实证研究基础上的。不过，在早期研究中，徐先生并没有对儒之身份进行严格的界定，仅一般地称为从事祭祀活动的"司仪"或贬称为"迷信职业者"。更由于早期研究仅以"子需卜辞"为例，也没有对"儒"的内部组织性有所说明。

在修订稿《论甲骨文中所见的儒》中，徐中舒补充研究了"甲骨文中关于儒的卜辞"，进一步列举了作为身份之名的"儒"的卜辞。重要的有以下几则：

（一）丁亥卜，需人（缺）珏乎寒召辛，在四月卜。（《人文》二八九五）

（二）需师般在轉，乎自在之奠。十三月。（《铁》一六八·三）

---

[1] 徐中舒：《甲骨文中所见的儒》，《四川大学学报》（哲学社会科学版）1975 年第 4 期。

（三）贞，乎取丘需。（《明》二三二五）

关于（一），徐中舒指出，在这里，"需人"是作为一个名词出现的，说明儒在殷代已经不是几个人，而是一班人，"珏、寒、辛就应属于儒这一类的人物"①。卜辞（二）说的是儒师般在𩰫地命令𠂤之奠（郑）。徐中舒指出："般是儒师，是儒官之长，𠂤就是隶属于他的一个小儒。在卜辞中，师般和卓屡次出现，统计不下五十余次，都是当时的显赫人物。"② 这则卜辞的确指示了"需人"内部，存在着上下的隶属关系，"这很有些像天主教神甫之间的教阶关系"，卜辞（三）记载了"丘需"。徐中舒指出，"丘儒"之"丘"是村社共同体，"是古代最基层的政治区划"，这说明，在殷商最基层的社会组织中，"儒"也是存在的。

徐中舒从子需之儒这样的王室之儒，到师儒乃至基层村社的"丘儒"的考察，描述了"儒在殷商时代就已经形成了一个有组织的宗教团体僧侣制"③，是一个重大的学术论断。但事实上，这样的论断并没有引发学界的相应回应。笔者认为，其原因可能有两个方面：一是如前所述，在文字学上对甲骨文是否存在"儒"有不同的看法；二是关于殷儒是"一个有组织的宗教团体僧侣制"的判断，涉及殷儒宗教身份的定位和组织形态的说明，是一个新的复杂问题。经过上一节的补充考证，笔者认为徐中舒关于甲骨文中"儒"的文字学考释是成立的。接下来重点考察后一个问题。

事实上，在关于殷儒的补充研究中，徐中舒借鉴了相关的古代宗教研究的成果。如通过对摩尔根关于古代社会"有组织的宗教团体僧侣制"具有普遍性的研究，论证中国殷商时期儒的存在具有相似性。徐中舒还考察了古代印度村社共同体中的婆罗门教僧侣，指出："在印度世业祭司之职的婆罗门僧，在殷代与之相对应的人物就应是丘儒。丘是一个教区，丘儒就是掌管这个教区的祭司。"④ 客观地说，徐中舒借鉴宗教学、宗教社会学来对"殷儒"的组织和身份加以说明，具有重要的方法论意义。不过，将"殷儒"称为宗

① 徐中舒：《论甲骨文中所见的儒》，《徐中舒历史论文选辑》，中华书局1998年版，第1220页。
② 徐中舒：《论甲骨文中所见的儒》，《徐中舒历史论文选辑》，第1220页。
③ 徐中舒：《论甲骨文中所见的儒》，《徐中舒历史论文选辑》，第1219页。
④ 徐中舒：《论甲骨文中所见的儒》，《徐中舒历史论文选辑》，第1224页。

教"僧侣"，将"殷儒"的等级和组织称为"教阶"与"教区"，还不是严格
意义的宗教学描述。

　　值得注意的是，关于殷儒的具体的宗教身份，徐中舒先生的前后研究有
不同的判断。在《甲骨文中所见的儒》中，徐中舒考察了"子虚卜辞"中的
一例：

　　　　从子需、帝子史（事），王其每（悔）。(《续存》1.1859)

这则卜辞占卜的是：武丁让子需和帝子一起举行祭（祭祀人鬼），祖先能否同
意？王会不会因此遭到灾祸？徐中舒指出："甲骨中帝皆指上帝，上帝之子在
甲骨中又称'上子'。甲骨中又有'帝巫'、'帝北巫'、'帝东巫'诸词，巫
就是扮演上帝或帝子的人。……武丁时代，儒事人鬼（祖先），巫事上帝，儒
已从巫分化出来。""从这一件卜辞中，我们既可以看到历史上儒和巫的联系，
又可以清楚地看到从武丁时代以来，巫事上帝，儒事人鬼，两者已经有明确
的分工。"① 徐中舒的这个判断关系甚大，明确肯定了"儒"从"巫"中分化
出来以及"儒"与"巫"的不同分工，"巫事上帝，儒事人鬼"。笔者认为，
这是徐中舒早期研究通过对"子需卜辞"分析而得出的最重要的结论。在修
订稿《论甲骨文中所见的儒》中，徐中舒的结论发生了明确的改变。在修订
稿中，徐中舒没有引用上例卜辞，也放弃了上述判断。他通过对新增的另一
例卜辞的考察而有新的看法。该例卜辞为：

　　　　（缺）戌卜，屮（侑）龏司（祠）钟子需。(《续》5.6.6)

徐中舒指出，龏字，象双手捧龙之形，"龏祠就是古代的龙王庙，是一种拜物
教，说明儒还没有完全从巫中分化出来"②。在修订稿中，徐中舒否定了前说，
明确肯定"儒"没有从"巫"分化出来。徐中舒关于"儒"之身份判断的改
变，一方面说明他对自己的前期判断没有确定的结论，也客观地提醒我们，
"儒"之宗教身份实有其复杂性，需要谨慎对待和进一步的研究。

---

① 徐中舒：《甲骨文中所见的儒》《四川大学学报》（哲学社会科学版）1975 年第 4 期。
② 徐中舒：《论甲骨文中所见的儒》,《徐中舒历史论文选辑》，第 1227 页。

我们接下来需要探究的问题是："殷儒"是什么样的身份性存在？徐中舒"儒在殷代还有一个教阶、教区的宗教组织"的说法是否成立？"殷儒"的精神类型究竟如何？从基本的身份看，殷儒表现出具有组织性的职业化特征。通过徐中舒关于"需"的卜辞研究可知，"需人"作为一个名词，说明儒在殷代是某种身份的通称；"需人"内部，存在着上下的隶属关系，也说明殷儒具有一定的组织性。笔者认为，殷儒具有某种组织性可以基本肯定，但殷代活动于村社共同体中的丘儒，可能与王室之儒和地区性的师儒不同，还没有被完全纳入组织体系中。徐中舒也指出，卜辞"贞乎取丘需"（《明》二三二五），"就是卜以王命征召他，争取用他"①。这表明，儒的组织性在基层是不彻底的，所谓"殷儒""有一个教阶、教区的宗教组织"的判断，并不能完全成立。

关于"殷儒"所承担的宗教功能，如前所述，从"儒"与"巫"的关系上说，在徐中舒的前后研究中有不同的判断。"巫事上帝，儒事人鬼"，"儒"与"巫"有不同的分工，体现出"儒"从"巫"中的分化；而"儒"也从事"祠龙"这样的巫术性活动，又表明"儒还没有完全从巫中分化出来"。笔者认为，这正体现出在人类的文化史上，"巫术"与"宗教"的复杂关系，相应的是"巫师"与"祭司"的身份过渡与区别。

关于"巫术"和"宗教"，相应的是"巫师"和"祭司"，马克斯·韦伯曾进行过比较。他指出，"祭司"是规则化的、有组织的且持续性地关注于影响神的人员，有别于巫师的个人化且随机的作为。"祭司"与"巫师"的不同还在于，祭司具有特殊的知识、固定的教说以及职业的资质，而巫师则是靠着从奇迹所展现出来的个人天赋（卡里斯玛）以发挥其影响力。② 人类学家和宗教学家也注意到这样的情况，这就是在巫师与祭司之间存在着过渡和流动的情况，甚至在有些文化中其身份的区别并非判然有别。如弗雷泽（James George Frazer）虽严格区分巫术与宗教，但他也承认这样的事实，即"在许多世纪里和许多国土上巫术与宗教相融合、相混淆"③。韦伯更为审慎地指出，虽然以祈愿、献祭与崇拜等诸种形式呈现出来的"祭典"和"宗

---

① 徐中舒：《论甲骨文中所见的儒》，《徐中舒历史论文选辑》，第 1224 页。

② 参见［德］马克斯·韦伯《宗教社会学》，康乐、简惠美译，《韦伯作品集》Ⅷ，广西师范大学出版社 2005 年版，第 37 页。

③ ［英］弗雷泽：《金枝》（上），徐育新等译，新世界出版社 2006 年版，第 57 页。

教"与强制性的"巫术"有所区分，"不过，实际上可能找不到任何一个例子可以完全适用于此种区分，因为行之于世界各地的、我们刚才称之为'宗教性的'祭典，其实还带有无数巫术的要素"①。

韦伯对"巫术"和"宗教"，相应的对"巫师"和"祭司"的身份的分别在何种意义上适合于中国古代文化，是值得讨论的。考察文献典籍对中国三代宗教文化的记载，可以明显地发现巫术的作用与影响一直贯穿在祭祀性活动之中。《墨子·兼爱下》记载汤以自己的身体作为牺牲献祭上帝以求雨，说明巫术和祭祀的混合在商初仍是普遍现象。陈梦家先生对卜辞记载的商代禳祓仪式中的巫术内容作出说明，他指出："卜辞禳祓，尚注意及巫术中的巫术物，而以血（尤其犬、豕、羊家畜的血）为最具有巫术能力的。祭祀与巫术在形式上无显著之别。"② 这种巫术与宗教祭祀的混合，相应的是巫师与祭司身份的混同的文化特征，对我们把握"殷儒"的宗教身份有重要的意义，也可避免在借鉴西方宗教学的身份类型区分时，犯简单化的错误。

从殷儒职业活动可以推定其所承担的宗教功能。如作为王室之儒的"子虚"，根据卜辞记载，他的基本职能主要是为王室主持宾祭典礼，祭祀祖先人鬼，接待宾客。徐中舒说："殷王举行宾祭大典，在尊祖敬神的典礼中，团结所有参与宾祭的氏族和部族的首领。这样繁复的伟大场面，必须儒来当司仪……没有精通这一套繁文缛节的儒，主人和宾客，甚至不知站在何处为是。"③ 显然，子虚乃殷王室宗教活动的高级祭司。儒之宗教身份在日本学者白川静的研究中也有印证，他说："牺牲系用巫祝，被当作断发而请雨的牺牲者，需也。需，系含有为需求降雨而断发髡形之巫的意思，如此的巫祝，乃儒之源流也。"④ 徐中舒在考察"子需"这个殷王室的儒所主持的祭祀活动时，对甲骨卜辞中有子需祠祀龙的记载的分析，"说明儒还没有完全从巫中分化出来"⑤，正表明殷儒在祭司和巫师身份之间仍有过渡和流动的状态。

①　［德］马克斯·韦伯：《宗教社会学》，康乐、简惠美译，《韦伯作品集》Ⅷ，第 34 页。
②　陈梦家：《商代的神话与巫术》，转引自［美］张光直《中国青铜时代》二集，生活·读书·新知三联书店 1991 年版，第 60 页。
③　徐中舒：《论甲骨文中所见的儒》，《徐中舒历史论文选辑》，第 1229 页。
④　转引自陈来《古代宗教与伦理》，第 338 页。
⑤　徐中舒：《论甲骨文中所见的儒》，《徐中舒历史论文选辑》，第 1227 页。

从宗教学的眼光看，殷商时代的儒，如"子需"这样的活动于王室的"儒""般"这样的地区性的高级"师儒"，其基本的身份应是参与宗教祭祀活动的"祭司"，由于这些祭祀活动还存在着巫术性的内容，殷儒身上也还混合着"巫师"的某些特征，特别是活动于社会底层的"丘儒"。

"殷儒"的精神类型也是需要探讨的重点。《说文》"儒，柔也"。胡适则从儒乃亡国的殷民族的教士的假设推测儒具有"柔逊的人生观"，视"柔逊"为儒的精神特征。徐中舒认为儒者事神必斋戒沐浴以"致其诚敬"，"诚敬"乃儒的精神特征。"诚于中"则"形于外"，虽然我们可以认为儒作为祭司因其诚敬而显得柔逊，但如从殷儒的特殊地位和功能方面加以考察，其精神类型可能更为复杂。

在殷代，即使地位最高的王室之儒在祭祀活动中也是从王助祭，并不起主导作用。刘源对殷商王室的祭祖礼的考察就说明了这一点。他说："据殷墟甲骨文反映的情况来看，商代后期商王完全控制着王室祭祖仪式。一般说来，王室祭祖仪式的各项活动都是由商王主持或安排的"，"祭祀前的占卜，虽然多见贞人具体操作（有时王也亲自贞问，不过其例少见），但真正主持或安排其事者还是商王，贞人是为王室工作的神职人员。王是占卜活动的主体，要由王，而不是贞人来对占卜结果的吉凶作出判断，卜辞中恒见'王占曰'，就是很好的证明"。[1] 由于王是主祭者亦即最高祭司，即使"贞人"这样的在祭祀前行使占卜功能的人也无独立的地位。我们由此也可推知，作为陪王祭祀的儒，没有独立的地位也是可以肯定的。[2]

据以上分析判断，对于王室和方国的殷儒来说，由于直接从属于王权的神圣秩序，其职业化的组织形式、祭典礼仪的训练，使其更多地具有合理性的精神倾向。此外，由于宗教与巫术在殷商信仰文化体系中并没有完全分离，他们也从事着一些巫术性的活动，其精神中还混合了巫的气质。至于活动于乡里村社中的丘儒，由于他们不参与王室与方国的上层祭祀活动，而更多地服务于基层的村社共同体，其活动应有较多的巫术性内容，其职业化的身份特征和精神的合理性程度会相对较弱。

---

① 刘源：《殷商祭祖礼研究》，商务印书馆 2004 年版，第 314—315 页。

② 马克斯·韦伯也指出，与西方早期的宗教相比，在中国古代始终缺乏一个具有独立身份和权力的祭司阶层。参见［德］马克斯·韦伯《宗教社会学》，康乐、简惠美译，《韦伯作品集》Ⅷ，第 37—38 页。

"儒"不见于西周彝器铭文及传世文献记载，至孔子始有"君子儒"和"小人儒"的提法。这便引发出一个问题，如果"儒"在殷商时代便已存在，为何在西周时期没有关于"儒"的记载？对于徐中舒"殷儒"的考释，这是一个重要问题，如陈来"金文中何以找不到需字的这种用法"的问题便隐含了这样的质疑。① 在徐中舒关于"殷儒"考释的研究中，早期的《甲骨文中所见的儒》并没有涉及这一问题，而在补充研究的《论甲骨文中所见的儒》中，徐中舒对此问题有了回应。他的解释是将"殷儒"与"杀殉"制度联系起来。他结合摩尔根《古代社会》中关于阿兹忒可联盟中僧侣制的出现与捕捉俘虏以"供作神灵牺牲"有密切关系的研究，认为"殷人大批杀殉，他们是以'人作牺牲'作为取得支配人的一种手段的发明者"，殷儒作为有组织的僧侣制的出现与之有明显的联系。② 因此，"西周以后，这个与杀殉有联系的宗教组织，大概没有得到统治阶级的支持，也就不复存在了"③。笔者认为，徐中舒的说法隐含了文明的进步必然对宗教产生作用的认识，但是这样的解释仅仅是一般性的说明或猜测。

笔者认为，"儒"之不见于原始的西周文献，其原因可能有两个方面：一是，如前所述，即使是在殷商，儒在祭司阶层中也属普通，其功能在于助祭，西周以后，儒混同于祝宗卜史，而无须专名；二是，西周时期，殷儒所属的殷商祭司阶层已被压制或分化，作为宗教祭司的儒，或被改造成周国家宗教的祭司，或被分化到地方与原来的"丘儒"相结合而转换了功能，甚至流落民间而靠治丧相礼为生。对此，下节我们再作考察。

第二节　儒之分化与先秦儒士

殷周之际，天命的鼎革虽然发生了，但政治的巩固和信仰的变革却经历了一个较长的过程。在镇抚殷人的过程中，周一方面宣扬新的天命观念，另一方面也吸收和改造殷的贵族，使其服务于周。《尚书·多士》中，周公代成王训示殷贵族更加顺从地臣服于周，所谓"比事臣我宗多逊"，宣称周之所以

---

① 参见陈来《古代宗教与伦理》，第338页。
② 参见徐中舒《论甲骨文中所见的儒》，《徐中舒历史论文选辑》，第1221页。
③ 徐中舒：《论甲骨文中所见的儒》，《徐中舒历史论文选辑》，第1232页。

能够承天命，乃在于"克堪用德，惟典神天"。另外，周朝也试图安抚和利用归殷贵族，强调如果能"尔惟克勤乃事"，"穆穆在乃位"，则会"迪简在王廷，尚尔事有服在大僚"，可以选拔到王廷任职。杨宽曾指出，重用投奔而来的殷贵族中的知识分子，是周朝从文王以来的一贯政策。① 《诗经·大雅·文王》记载了臣服于周的"殷士"在镐京祭祀周之宗庙的情况，使"殷士""侯于周服""无念尔祖""宜鉴于殷"。"由此可知，西周初期镐京朝廷里所使用的殷贵族的数量是不少的。"② 我们可以推断，从商周鼎革到西周政治巩固的这一阶段，有不少的殷贵族和宗教职业者被周国家吸纳和改造。

陈梦家《殷墟卜辞综述》对卜辞所见的殷商的职官作过归纳，计有臣正、武官、史官三类。其中与宗教祭祀活动有关的是史官类中的卜某、多卜和史、卿史、御史等。③ 卜乃卜人之官名，"史、卿史、御史似皆主祭祀之事"④。值得注意的是，甲骨卜辞中没有"祝""宗"的名称。后世如《左传·定公四年》所说的"祝宗卜史，备物典册，官司彝器"中的祝宗，可能到了周代才有其职分。《国语·楚语下》曾对"祝""宗"有过细致的说明。祝乃行宗庙祭祀，明礼仪而事神者，宗乃通祭礼而晓旧典者。⑤ 《楚语》所说，不必视为"祝""宗"的准确说明，但"祝"和"宗"皆为祭祀活动中从君助祭者的身份，是可以肯定的，只不过"祝"看起来因具有某种特殊的禀赋而为具体祭祀活动的施行者，而"宗"则因通晓祭典而具有指导性的职能。《周礼》有"大宗伯"之官，乃统领宗庙祭祀和礼仪的王臣，此外还有"宗人"之称。梁钊指出："天子用者称为大宗伯，是朝廷的官。诸侯所用宗人为公臣，士大夫所用宗人则为私臣。……周代除了宗伯为当然公臣之外，宗人是公臣抑私臣，完全视仪式属公或属私而定。"⑥ 由此推断，在西周时期，由于祝宗的组织化和功能化，儒可能被吸收进各级祝宗的系统之中而不再如传统那样有专

---

① 参见杨宽《西周史》，第167页。

② 杨宽：《西周史》，第168页。

③ 参见陈梦家《殷墟卜辞综述》，第十五章"百官"。

④ 陈梦家：《殷墟卜辞综述》，第520页。

⑤ 《国语·楚语下》："使先圣之后之有光烈，而能知山川之号、高祖之主、宗庙之事、昭穆之世、齐敬之勤、礼节之宜、威仪之则、容貌之崇、忠信之质、禋絜之服，而敬恭明神者，以为之祝"；"使名姓之后，能知四时之生、牺牲之物、玉帛之类、采服之仪、彝器之量、次主之度、屏摄之位、坛场之所、上下之神祇、氏姓之出，而心率旧典者为之宗"。（清）徐元诰撰，王树民、沈长云点校：《国语集解》（修订本），第513—514页。

⑥ 梁钊：《中国古代巫术》，中山大学出版社1999年版，第228页。

门的身份和功能。

《周礼》成书于战国时代，但"近几十年的考古发现多有助于证明《周礼》的内容非向壁杜撰"①。《周礼·天官·大宰》曰："以九两系邦国之民……四曰儒，以道得民。"郑玄注曰："两犹耦也，所以协偶万民，系联缀也。……儒，诸侯保氏，有六艺以教民者。"贾公彦疏释曰："诸侯师氏之下，又置一保氏之官，不与天子保氏同名，故号曰'儒'。掌养国子以道德，故云'以道得民'，民亦谓学子也。"②贾公彦所说的"天子保氏"，载于《周礼·地官·保氏》，曰："掌谏王恶。而养国子以道，乃教之以六艺：一曰五礼，二曰六乐，三曰五射，四曰五驭，五曰六书，六曰九数……凡祭祀、宾客、会同、丧纪，军旅，王举则从之，听治亦如之，使其属守王闱。"③《周礼·地官》所说的"保氏"，为天子之官，乃谏议天子、教育国子的官职。从其对"六艺"分别加以细化来看，有后儒增饰的痕迹，所描述"祭祀、宾客、会同、丧纪"等功能，也颇类于后世儒家。但即使这是后世儒家的构画，"诸侯保氏"称"儒"，"天子保氏"不称"儒"，确也透露出在王室之官中，并没有"儒"的职分，"儒"之身份之下降应是真实的情况。

《周礼·地官·大司徒》有"联师儒"之称："以本俗六……四曰：联师儒。"郑玄注曰："师儒，乡里教以道艺者。"贾公彦疏释曰："此经说安民庶之道以本俗六。安民者本旧也。不依旧俗创立制度，民心不安。若依旧俗，民心乃安。"④这里的"师儒"，是在乡间中教化子弟的人，与殷商时期的"丘儒"一样，存在于基层社会之中，或许大多正由"丘儒"转化而来，此由"本俗"的要求可以推知。至于郑玄所谓"教以道艺者"，应是汉儒对其功能的理想化描述，事实可能并非如此，还应如"旧俗"承担治丧相礼的事务。直至孔子反对"谋食"的"小人儒"，提倡"志于道"的"君子儒"，对当时的"儒"加以改造，"儒"最终以儒家"新儒"的形象出现于中国文化的舞台。

《论语·雍也》所言的"君子儒"与"小人儒"，后儒多有解说。汉孔安国注曰："君子为儒，将以明道。小人为儒，则矜其名。"宋邢昺疏曰："此章

① 陈来：《古代宗教与伦理》，第343—345页。
② （清）阮元校刻：《十三经注疏（附校勘记及识语）》，上册，第648页中、下栏。
③ （清）阮元校刻：《十三经注疏（附校勘记及识语）》，上册，第731页中、下栏。
④ （清）阮元校刻：《十三经注疏（附校勘记及识语）》，上册，第706页下栏。

戒子夏为君子也。言人博学先王之道，以润其身者，皆谓之儒。但君子则将以明道，小人则矜其才名。言汝当明道，无得矜名也。"① 依孔、邢之说，君子儒乃能明先王之道之儒，小人儒则是自矜其才能和名声之儒。以明道或矜名来判别"君子儒"与"小人儒"，是以儒者品行而言的。朱熹注解说："儒，学者之称。程子曰：'君子儒为己，小人儒为人。'谢氏曰：'君子小人之分，义与利之间而已。'然所谓利者，岂必殖货财之谓？以私灭公，适己自便，凡可以害天理者，皆利也。子夏文学虽有余，然意其远者大者或昧焉。故夫子语之以此。"② 朱熹以为公与为私或义利之别言"君子儒"与"小人儒"，显然是以其理学的立场加以分别的。

就《论语·雍也》"女为君子儒，无为小人儒"来说，孔安国和朱熹皆注意到这是孔子教导子夏之言，子夏乃孔门中以"文学"见称者。说孔子嘱子夏勿以个人的才名或私利为追求目标，所谓"无得矜名"，"子夏文学虽有余，然意其远者大者或昧焉"，正是古人"注不离经"原则的体现。不过，"君子儒"与"小人儒"之别不必仅在"明道"与"矜名"或"为公"与"为私"。《论语》中孔子屡言"君子"，谆谆教导弟子以之为榜样，其内涵相当丰富。"君子儒"与"小人儒"之别在孔子这里当有其流品和身份的不同。

孔安国说"君子为儒，将以明道。小人为儒，则矜其名"，程子言"君子儒为己，小人儒为人"，二者所说实有区别。孔安国说"君子儒"乃"君子为儒"，"小人儒"乃"小人为儒"；程子言"君子儒"与"小人儒"，则径直而称，以"为己"与"为人"的品行为区分。孔安国所言，重"君子"与"小人"的身份之别；程子所言，重"君子儒"与"小人儒"的流品不同。如果考察先秦文献，如《尚书》《诗经》等，在先秦，"君子"与"小人"的身份之别是十分重要的。《论语》言"君子""小人"，既重视流品也不忽视身份。孔子言"君子儒"与"小人儒"体现了重视德性品行的特征，但也没有完全脱去身份的观念，体现出"儒"的新特征。

在《尚书·周书》中，"君子"与"小人"之别重在身份。"君子"或指周王，或指王臣及殷周贵族，而"小人"则指百姓。③《诗经》中的"君子"，

---

① （清）阮元校刻：《十三经注疏（附校勘记及识语）》，下册，第 2478 页下栏。
② （宋）朱熹：《论语集注》，《四书五经》（宋元人注），上册，第 24 页。
③ 参见《泰誓》《无逸》《酒诰》《召诰》诸篇。

或指王，或指诸侯王臣，乃至作为贵族男子的通称，有时也为诗中的女主人公用来指称丈夫。①值得注意的是，在《诗经》中，"君子"在个别的篇章中似乎还具有宗教祭司的身份。如《小雅·巧言》"奕奕寝庙，君子作之。秩秩大猷，圣人莫之"，乃说宗庙是"君子"（先王）所作，礼制是圣人的谋划。《大雅·旱麓》描写了"君子"（传统经解认为是"文王"）祭祀神灵、降神祈福的情形，诗中的"君子""清酒既载，骍牡既备。以享以祀，以介景福"，描写了以清酒和牺牲祭祀天帝和祖先神灵以求福佑的情形。当然，说《诗经》的贵族"君子"，其中有宗教祭司，这还只能是一种推测。不过，"君子"或指周王，或指王臣与贵族，他们会担当某种宗教祭祀的职能，应该是可以肯定的。《诗经》中也有"君子"与"小人"的对举，其中的小人则多指普通百姓或君士，"君子"与"小人"之别，乃身份之别。如《小雅·采薇》"驾彼四牡，四牡骙骙。君子所依，小人所腓"，写作为将帅的贵族坐在战车上，而作为普通兵士的"小人"只能凭借着战车来遮挡矢石。《小雅·大东》"周道如砥，其直如矢。君子所履，小人所视"，强调贵族所行，乃百姓所视。《小雅·角弓》"毋教猱升木，如涂涂附。君子有徽猷，小人与属"，主张贵族如果有好的德行百姓就会归服于他。

我们由以上《尚书·周书》和《诗经》相关文献的考察可知，在西周时期，"君子"与"小人"分别指贵族（王、诸侯、王臣、中下级贵族）和低级的武士与普通的百姓，其区别是身份之别，而非德行之别。

有论者提出，在《尚书》《诗经》等文献中，"君子"与"士"不同，相比较"士"只作为某种社会角色的指称，"君子"还特别包含对被指称主体的德行的肯定。② 根据上述考察，我们可以看到，在《尚书》《诗经》中，"君子"还主要是一种贵族身份的称谓。笔者认为，真正实现由强调身份到肯定德行的转变的，是孔子所提倡的"君子"。不过，需要注意的是，即使是孔子所言的"君子"，也并不排斥某种身份的坚持，如孔子及孟荀称扬"士"，儒者以"士"自称，实隐含着一种与"小人"（无论是德行的还是身份的）的自觉区分。

---

①　参见《小雅·蓼萧》《小雅·瞻彼洛》《小雅·桑扈》《小雅·采菽》《小雅·鸳鸯》《大雅·既醉》《国风·关雎》《国风·樛木》诸章。

②　参见俞志慧《君子儒与诗教》，生活·读书·新知三联书店2005年版，第10页。

在《论语》中，所谓的"君子儒"与"小人儒"，只有《雍也》一篇提到，并没有详细的说明。不过《论语》中有多处"君子"与"小人"的对举，如"君子周而不比，小人比而不周"（《为政》）。"君子怀德，小人怀土；君子怀刑，小人怀惠。"（《里仁》）"君子喻于义，小人喻于利。"（《里仁》）"君子和而不同，小人同而不和。"（《子路》）"君子有三畏：畏天命，畏大人，畏圣人之言。小人不知天命而不畏也，狎大人，侮圣人之言。"（《季氏》）等等。由以上可知，与《尚书》《诗经》中以社会身份区别"君子"与"小人"不同，孔子所言的"君子"与"小人"，重在德行的高下。孔子这一重德行而不重身份的立场，正代表了一种新文化与新价值的确立。如此，我们也可以引申说，"君子儒"与"小人儒"是具有不同德行的"儒"。关于"君子儒"所具有的德行，上引诸章包括了敬畏天命、下学上达、和同周泰、反求诸己等方面，稍后再作讨论。这里略作补充的是，在《论语》中，孔子及孔门弟子言"君子"与"小人"，也还有社会身份意义的区别。如"君子学道则爱人，小人学道则易使也"（《阳货》），这里的"小人"，即指普通的百姓，而"君子"则是能"学道"使民之人。可以与此章参看的还有孔子所言之"有君子之道四"："其行己也恭，其事上也敬，其养民也惠，其使民也义。"（《公冶长》）这里的"君子"，上事君，下使民，也是身份。以德行高下来区分"君子"与"小人"，是孔子"君子"观念的重要特征，其中的身份意识，乃传统儒作为祭司之特殊身份的遗留。

就孔子所言的"君子儒"与"小人儒"，当然不能简单地以《论语》中"君子"与"小人"之别来代替说明。但"君子儒"与"小人儒"的区分，实也有德行与身份两个方面。如果考虑到孔子之前儒的生存状态，孔子提倡"君子儒"并非没有儒者社会身份的考虑。关于春秋时期的儒，《墨子·非儒篇》有鲜明的刻画，后世也以之作为"小人儒"的群生像，所谓："繁饰礼乐以淫人，久丧伪哀以谩亲；立命缓贫而浩居，倍本弃世而安怠傲"，"富人有丧，乃大说喜曰：'此衣食之端也！'"。《墨子·非儒篇》所描写的"儒"，或有夸张，但当是可见的儒的形象。这些儒，身份卑贱，靠为人治丧相礼而寄食为生。就其身份来说，当是祝宗之儒流落民间之后的蜕变，丧失了原有的国家宗教祭司阶层对卡理斯玛的分润及理性化气质，而沦为工具化的治丧相礼等实用技艺的操作者。孔子主张作"君子儒"，显然包括对儒之身份的改造。

在孔子那里，"君子"是与"士"相统一的，所谓"君子儒"，其基本的身份是"士"。关于"君子儒"的德行，《论语》除在对比"君子"与"小人"时有所指示外，其他说明的还有："君子务本，本立而道生"（《学而》）；"文质彬彬，然后君子"（《雍也》）；"君子谋道不谋食""君子忧道不忧贫"（《卫灵公》）；"不知命，无以为君子也"（《尧曰》），等等。从德行上看，君子儒最重要的特征是"谋道"，此正与小人儒以"谋食"为务不同；从身份上言，"谋道"的"君子儒"是"志于道"的"士"。由传统的祭司之儒、小人之儒向"志于道"的君子之儒亦即"儒士"的转变，是儒之身份最重要的变化。

我们先来看"君子儒"的"士"之的身份，其后再考察"儒士"的身份与文化担纲作用。在《论语》中，无论是孔子还是孔门弟子，都特别肯定士之"志于道"的品格：

> 子曰："士志于道，而耻恶衣恶食者，未足与议也。"（《里仁》）
> 子曰："志于道，据于德，依于仁，游于艺。"（《述而》）
> 子曰："人能弘道，非道弘人。"（《卫灵公》）
> 子夏曰："百工居肆以成其事，君子学以致其道。"（《子张》）

由孔子的"士志于道"到子夏的"君子学以致其道"，正可见"志于道"是"君子"与"士"的共同特征。在孔门这里，士依仁、据德、游艺，也正和君子儒之仁义、忠恕、知礼、知言一致。因此，"士"实际体现了孔门关于儒的一般身份认同。在《论语》中，孔子屡次回答弟子关于"士"的提问，如：

> 子贡问曰："何如斯可谓之士矣？"子曰："行己有耻，使于四方，不辱君命，可谓士矣。"曰："敢问其次。"曰："宗族称孝焉，乡党称弟焉。"曰："敢问其次。"曰："言必信，行必果，硁硁然小人哉！抑亦可以为次矣。"曰："今之从政者何如？"子曰："噫！"（《子路》）
> 子路问曰："何如斯可谓之士矣？"子曰："切切、偲偲、怡怡如也，可谓士矣。朋友切切、偲偲，兄弟怡怡。"（《子路》）

由子贡、子路之问，我们可以知道孔子所谓"士"具有行己有耻、不辱使命、言行必果、孝悌忠信的特点。与言"君子"偏重于儒者的一般德行不同，孔门言"士"既更重视其个体的道德担当，也强调其实践上的新的作用。如：

> 子曰："朝闻道，夕死可矣。"（《里仁》）
> 子曰："志士仁人，无求生以害仁，有杀身以成仁。"（《卫灵公》）
> 曾子曰："士不可以不弘毅，任重而道远。仁以为己任，不亦重乎？死而后已，不亦远乎？"（《泰伯》）

孔子和曾子皆认为，士之求道、行道是以生命为担当。道之内容虽然可以有多方面的内容，其核心无疑是"仁"。"仁"代表了新的价值。由"游于艺"，"使于四方，不辱君命"，"言必信，行必果"等来看，士已突破传统儒者助祭相礼的狭隘功能，而具有新的实践方式。在孔门这里，儒士（虽然当时无"儒士"之名）区别于传统的祭司之儒与谋食的小人儒，乃为具有新的德性品格和实践方式的新儒。

关于儒士的德性品格和行为方式，《礼记·儒行》有具体说明可参看，以了解假托孔子回答鲁哀公问"儒行"，实代表战国直至秦汉之际儒家对于"儒"（儒士）的自我认知与身份定位。这包括德性上，"忠信以为宝""戴仁而行，抱义而处"等；从政上，"夙夜强学以待问，怀忠信以待举，力行以待取"，"举贤援能"，不仕无道等；修养上，儒之修养在于恭敬备豫、博学笃行、澡身浴德、忠和静正，等等。君子儒的身份是"士"，"儒士"志于道，以仁为本，内修德而外致仕。

余英时曾考察春秋时期士阶层兴起的基本情况。他指出，士阶层的兴起与"封建秩序"解体所带来贵族下降和庶民上升的阶级流动密切相关，士阶层处于贵族与庶人之间，是上下流动的汇合之所。[①] 由于士阶层的扩大，士之性质也发生了变化："最重要的是士已经不复如顾炎武所说的，'大抵皆有职之人'。相反地，士已从固定的封建关系中游离出来而进入了一种'士无定主'的状态。这时社会上出现了大批有学问、有知识的士人，他们以'仕'

---

① 参见余英时《士与中国文化》，第9—21页。

为专业，然而社会上却没有固定的职位在等待着他们。"① 就儒士来说，余英时特别以孔子及孔门弟子为例，说明其中贵族下降和庶民上升的现象。如孔子是从"三后之性"沦为"少也贱"的士；孔门中的颜回和曾点、曾参父子，其先世便为贵族，而子张、颜涿聚等，本为庶民。我们前述的考察也表明，孔门之儒"夙夜强学以待问，怀忠信以待举，力行以待取"（《礼记·儒行》），具有强烈的"致仕"倾向，也体现出士的一般品格。

关于儒士，除了士的一般的阶层特征外，重要的是考察其内在的精神品格与独特的文化作用。作为"君子儒"的儒士是儒在新的历史和文化条件的发展，其品格和作用既不同于传统的祭司之儒，也不同于现实中的"小人儒"，儒士有着独特的价值取向和行为方式。考察儒士的精神品格和文化担纲作用，需要关注的是儒士与传统的祭司之儒及小人之儒的区别。关于君子儒与小人儒的区别，前文已有说明。从行为上看，君子儒重在"谋道"，小人儒则以"谋食"为务；从身份上言，君子儒是致力求仕之士，而小人儒则是沦落民间以助祭相礼为生之人。不过，要进一步把握儒士的精神类型和文化特征，还需要通过与祭司之儒的比较才能够说明。

就文化身份来说，笔者认为，儒士与马克斯·韦伯所说的传道者（Lehrer）非常相近。孔子作为儒士，既是伟大的传道者，同时也由于被视为具有某种卡里斯玛的禀赋，其文化身份在先秦时期即呈现出复杂的特征。我们先来讨论儒士的传道者身份。

马克斯·韦伯指出，祭司和先知皆为宗教伦理化与理性化的担纲者。先知与祭司的区别在于，先知是基于个人的启示与卡里斯玛，而祭司则是因其在一神圣传统中的职务而拥有权威，"'个人'的召唤是决定性因素，先知与祭司即以此区分"②。为了说明先知的精神特征，韦伯又比较了先知与传道者。他说："先知与**传道者**（Lehrer）——之间，有各种过渡的阶段。这些充满新的（或重新发现古老的）睿智的导师，聚集弟子，解答个人疑惑，在公共事务上提供君侯意见，可能还试着说服这些君侯建立一种新的伦理秩序。这些具有宗教或哲学智慧的导师与其弟子间的联络格外强固，且以权威主义的方

---

① 余英时：《士与中国文化》，第20页。
② ［德］马克斯·韦伯：《宗教社会学》，康乐、简惠美译，《韦伯作品集》Ⅷ，第57页。

式来规范，特别是在亚洲的圣法中。"① 韦伯认为，传道者不像先知那样依赖个体性的卡理斯玛，而是依靠自己的睿识以聚集和指导弟子，服务于君王并力求建立新的伦理秩序。根本而言，在韦伯这里，传道者具有不依赖卡理斯玛的非宗教的特征，这是与先知乃至祭司的根本不同。

就孔子的儒士群体来说，他们"志于道"并试图在公共事务上表达自己的意见，他们求仕于君而致力于重建社会的伦理秩序，他们聚集在老师身边求道解惑，为其睿识所感召而非慑服于某种个体性的卡理斯玛。就上述特征来看，孔子的儒士群体实具有传道者群体的一般特征。但可讨论的是，孔子与其儒士弟子之间的联系，看起来并不像韦伯所描述的传道者群体那样是"以权威主义的方式来规范"，归为"道"之认同和"人格"的感召应更为客观。

不少研究强调孔子儒士团体的非宗教、职业化的特征。章太炎的"类名之儒"，实即指儒士，其特征是以礼乐射御书数之六艺而教民；冯友兰和郭沫若则强调儒士所从事的是社会性的职业，相礼教书，性质无异于其他学派乃至农工商贾。② 胡适虽然将儒之起源追溯至殷商宗教的教士并将孔子说成殷民族复兴的悬记英雄，但当谈到孔子儒家的时候，他也肯定了儒士的新的文化身份和精神："从一个亡国的教士阶级，变到调和三代文化的师儒；用'吾从周'的博大精神，担起了'仁以为己任'的绝大使命，——这是孔子的新儒教。"③ 无论是章太炎、冯友兰、郭沫若还是胡适，对儒的认识虽不一致，但对儒士身份的判定大致类似于韦伯所说的传道者。不过，当我们借用马克斯·韦伯文化担纲者的类型学分析来描述儒与儒士的时候，还需注意韦伯理论自身的局限。首先，韦伯的分析基于"理想型"的说明，如关于先知和传道者，他也承认其间实际存在着"各种过渡的阶段"；其次，韦伯在关于中国儒教的分析中，对儒士的理解是一概而论的，没有看到儒士身份的变化。就先秦儒士来说，我们需要在传道者的身份判断的基础上，进一步把握其复杂性。

先秦儒士基本上不在国家宗教的神圣秩序中担任职务，这是他们与作为

---

① ［德］马克斯·韦伯：《宗教社会学》，康乐、简惠美译，《韦伯作品集》Ⅷ，第 65 页。

② 参见章太炎《原儒》、冯友兰《原儒墨》和郭沫若《驳〈说儒〉》的相关论说。

③ 胡适：《说儒》，载姜义华主编《胡适学术文集·中国哲学史》，第 661 页。

宗教祭司的殷商之儒的不同；先秦儒士也不试图通过个体性的卡理斯玛而发挥影响，他们的身份与宗教化的先知也有异。但是，这并不意味着先秦儒士与神圣的世界和秩序没有关联。儒士作为传道者，其所谓道虽然已褪去神道的色彩，但在天道设教或圣道设教中，儒士的"志于道"仍表现出具有宗教性的超越与担当；孔子作为"圣道一体"的代表，不但没有彻底褪去个体性的卡理斯玛色彩，甚至这种色彩随着时代的演进不断获得强化从而成为儒士们的集体认同。

就儒士群体的实践来说，不能说他们与具体的宗教活动无关。如孔子"入太庙，每事问"（《论语·乡党》），"祭如在，祭神如神在"（《论语·八佾》），如公西华以"宗庙之事"言志，所谓"如会同，端章甫，愿为小相焉"（《论语·先进》），一般的儒士也多从事相礼助祭的活动。之所以说儒士已非宗教祭司，主要不在于他们所从事的活动，而在于所志之道已脱出神道，乃天道与圣道。此天道与圣道，如我们在上一章的讨论所指出的那样，在上帝—天崇拜的一体性以及"通神而圣"的本源意义上与神道仍有关联，甚至在孔子这里，天仍以天命的形式保留着至上性与神秘性。当我们说儒士"志于道"有宗教意味时，一方面指他们所志之道具有超出现实的理想特征，另一方面也指他们的担当具有宗教精神。孔子说："朝闻道，夕死可矣。"（《论语·里仁》）"志士仁人，无求生以害仁，有杀身以成仁。"（《论语·卫灵公》）曾子说："士不可以不弘毅，任重而道远。仁以为己任，不亦重乎？死而后已，不亦远乎？"（《论语·泰伯》）此皆表示儒士志道具有宗教牺牲精神，所志之道也具有超越性。余英时在评价士"志于道"时说："中国知识阶层刚刚出现在历史舞台上的时候，孔子便已努力给它贯注一种理想主义的精神，要求它的每一个分子——士——都能超越他自己个体的和群体的利害得失，而发展对整个社会的深厚关怀。这是一种近乎宗教信仰的精神。"[1]

具有某种个体性的卡理斯玛禀赋，似乎在孔子"志于道"的坎坷中为他自己所肯定。厄于宋，困于匡地，子曰："天生德于予，桓魋其如予何？"（《论语·述而》）"文王既没，文不在兹乎？天之将丧斯文也，后死者不得与于斯文也；天之未丧斯文也，匡人其如予何？"（《论语·子罕》）孔子视自己的德行为天之所赋，视所志之道为天之所命。在儒家先秦的发展中，如在孔

---

①　余英时：《士与中国文化》，第 35 页。

门弟子及后继者孟子、荀子那里，孔子的卡理斯玛禀赋，在圣化的过程中也被确认，如子贡屡言孔子，称："固天纵之将圣，又多能也"（《论语·子罕》）；"他人之贤者，丘陵也，犹可逾也；仲尼，日月也，无得而逾焉"（《论语·子张》）；"夫子之不可及也，犹天之不可阶而升也"（《论语·子张》），称孔子是天纵之圣，其德行如日月之明，其不可及犹天。孟子也借有子之言说："麒麟之于走兽，凤凰之于飞鸟，泰山之于丘垤，河海之于行潦，类也。圣人之于民，亦类也。出于其类，拔乎其萃，自生民以来，未有盛于孔子也。"（《孟子·公孙丑上》）所谓"出于其类，拔乎其萃"似乎也肯定了孔子不同于普通人的禀赋。荀子视孔子为"总方略，齐言行，壹统类"而"仁智且不蔽"的圣人。我们在上一章已经考察过，从战国开始，孔子便成为儒家圣人的代表，与王者通神而圣不同，孔子之圣，主要体现为与道相通。因此，在"志于道"的儒士群体中，孔子之被敬仰和推崇，与他的文化理想感召和个体人格魅力有密切关联，更根本的是他已经被视为真正的契天合道者。

先秦儒士一方面"志于道"，肩负着重建新的伦理价值与政治秩序的使命；另一方面，"朝闻道，夕死可矣"的殉道精神以及孔子的圣化，也表明儒士所志之道的具有超越性，传道者们的先知具有神圣性，儒士的精神祈向仍保留着超越和神秘的向度。在汉代儒教的发展中，配合着孔子的"圣化"甚至"神化"，先秦的儒士开始向儒教士转型。这是我们下一节要考察的内容。

第三节　汉初儒教士的精神类型与身份特征

在关于秦汉统一国家历史的一些宏观考察中，"人"的因素，特别是汉儒的历史作用被充分地关注。在《剑桥中国秦汉史》中，崔瑞德（Denis Twitchett）、鲁惟一（Michael Loewe）讨论了秦汉"宗教和知识文化的背景"，强调秦汉思想家特别是儒者，对自然的永恒秩序、人作为万物中心和标准的普遍一致性、社会生活上组织与纪律以及思想上的理性主义的追求。[①] 罗伯特·克雷默（R. P. Kramers）在"儒家各派的发展"一章中，明确地肯定孟子的"理想主义"和荀子的"理性主义"（其社会理论具有"功利主义"色彩）对中国思

---

① 参见［英］崔瑞德、鲁惟一编《剑桥中国秦汉史》，杨品泉等译，中国社会科学出版社1992年版，第698—702页。

想和社会体制的影响，他认为陆贾、董仲舒为帝国制度所作的设计和论证，既继承了传统，也杂糅了法家的实用主义和阴阳家的观念。① 钱穆更为细致地指出，古代的封建社会到战国时已逐步消亡，军人、游士、商人不断由平民社会中跃起而登上历史舞台，秦之统一、覆亡与汉之建立实现了贵族封建制度向平民的文治的政府的过渡，"汉政府自武帝后，逐渐从宗室、军人、商人之组合，转变成士人参政之新局面"，形成了"一个代表一般平民社会的、有教育、有智识的士人政府"。② 钱穆所言之"士人"，正是以"汉儒"为代表。

相比较《剑桥中国秦汉史》的西方撰著者对汉儒的文化理想主义和政治理性（实用）主义的强调，钱穆在肯定汉儒理想主义和理性主义特征的同时，也注意到汉儒文化观念和实践中的宗教性内容。在他看来，汉儒的政治思想有两大要点：其一为"礼乐和教化论"，认为政治的最大责任，在兴礼乐，讲教化，使民间均遵循一有秩序、有意义的生活；其一为"变法让贤论"，包括"圣人受命"，"天降符瑞"，"推德定制"，"王朝德衰，天降灾异"，"禅国让贤"，"新圣人受命"。钱穆进而指出，从学术传统来说前者来自"鲁学"，其特征是流于训诂；后者来自"齐学"，其病是流于怪诞。③

笔者认为，钱穆所述"变法让贤论"正是汉儒思想中宗教性观念的表达。关于汉儒思想中的这种宗教性的观念，通常认为是阴阳五行家灾异与时变思想影响的结果，与先秦儒士"志于道"之人文主义与理性主义相背离，被视为先秦儒学的倒退。但正如钱穆所指出的那样，汉儒思想仍保留了与孔子儒学一脉相承的"礼乐和教化"内容。显然，我们不能将汉代的儒教与先秦儒学等量齐观。先秦的儒学是士阶层为救时之弊而建立的百家学说之一种，汉代的儒教则是统一国家的意识形态和国家宗教。在汉代儒教的观念系统中，"变法让贤"的宗教性表达与"礼乐教化"的文治观念本来便是相容并存的。就此而言，对汉儒的认识，不能仅以儒学的一般标准加以把握，例如思想传统上的齐学与鲁学、经学派别上的今文与古文、哲学观念上的或使与莫为、政治实践上的霸道与王道等，而要进一步认识其儒教的文化担纲者——儒教士的特征。

---

① 参见［英］崔瑞德、鲁惟一编《剑桥中国秦汉史》，杨品泉等译，第 804—809 页。
② 钱穆：《国史大纲》（修订本），第三篇第八章"统一政府文治之演进"。
③ 参见钱穆《国史大纲》（修订本），上册，第 150—152 页。

　　关于儒教士，传统研究很少对其作出专门的考察。刘小枫在《纬书与左派儒教士》一文中指出："谈到儒教，面临的一个问题是：儒教士在哪里？与西方（基督教）或中国的建制化宗教（道教、佛教）的教士组织形态相比，我们找不到儒教士。可是，若孔子的以天道设教事实上已构成了国家化的政制宗教，就必定有教士。孔子作为中国思想和社会的精神楷模的历史形象，相当程度上是由孔子身后的历代儒生塑造出来的，或者说孔子的精神身位与历代儒生是相互塑造的关系，即教主与教士的关系。在中国思想史上，孔子曾被明确尊为教主，那么塑造孔子教主形象的一定是儒教士了。"① 按照刘小枫的观点，儒教士之所以难以在研究中觅其踪迹，主要是因为儒教不是一种建制化的宗教；如果承认孔子是儒教的教主，那么儒教士与教主之间就是一种相互塑造的关系，儒教士实际是存在的；儒教士之所以被忽视，原因在于对于宗教的教条化理解。

　　笔者认为，儒教士之所以隐而不明，还在于从孔子儒家到儒教——相应的是儒士向儒教士的转型——是一个历史过程。刘小枫所说的儒教士与作为教主的孔子之间的相互塑造关系，正是对此历史过程的指认。不过，如果彻底摆脱关于宗教的教条化认识以及坚持儒教存在的历史性，儒教士的身份也不必通过教主与教士的对应关系才能认定。儒教作为一种宗教的存在既然不必以是不是建制性的宗教为标准，其实也不必以是否确立了明确的教主为准则。②

　　如果儒教从汉代起即被作为具有宗教功能的国家信仰和制度而建立起来，汉儒以及后世的儒者皆可视为儒教士。这里需要考察的是先秦儒士向儒教士的转型，借此也可以透视儒教形成阶段的一般面貌。在笔者看来，正是由于大一统皇权国家的文化和政治实践，使得汉代的儒者从传统的儒士转型为儒教士。考察儒士向儒教士的转型，关注儒者身份和精神类型的转变是一个重要视角。

　　在春秋战国的历史发展中，"志于道"的儒士虽然维护体现传统神圣秩序而实已崩坏的"周礼"，但更重要的是试图以"仁道"来重建社会的伦理和

---

　　① 刘小枫：《儒教与民族国家》，华夏出版社 2007 年版，第 2 页。

　　② 即使儒教在汉代历史性地建立起来，孔子的文化身份也还是多元的。在今文经学和谶纬神学那里，孔子是素王和神王，在古文经学乃至宋明儒那里，孔子始终是至圣先师。不能说，只有汉儒中的今文学家才是儒教士，而汉代的古文学家以及宋明儒者不是儒教士。历史地看，肯定孔子的"教主"身份，是一种西方宗教刺激下的现代观念，如康有为模仿基督宗教的孔教国教论，陈焕章的建立孔教会的运动以及当代蒋庆以《春秋》公羊学为骨干的重建儒教论说等。

政治秩序。"仁道"虽然蕴含了体现历史发展要求的新的人文信息，其政治理想也具有道德上的正当性，但由于"仁道"是建立在"亲亲尊尊"的血缘伦理与宗法秩序基础之上的，试图通过求仕于君而在公共事务上表达意见的儒士，在春秋战国打破传统封建秩序的图雄争霸的历史大势下仍然是"迂远而阔于事情"（《史记·孟子列传》）。

上一节曾指出，先秦儒士基本上不在国家宗教的神圣秩序中担任职务，也不试图通过个体性的卡理斯玛而发挥影响，他们既不是宗教祭司，也非宗教化的先知，其基本身份是传道者。如前所述，由于儒士所传之道，没有在社会政治的公共领域发挥实质性的影响作用，因此，先秦儒士的身份，更准确地说，是持有某种"集体信仰"却始终没有进入"公共秩序"的传道者。战国后期的大儒荀子清楚地意识到了这一问题。在《非十二子》中，荀子批评倡导仁义礼智信"五行"的子思、孟子之儒为"略法先王而不知其统"，"僻违而无类，幽隐而无说，闭约而无解"，这是批评其思想上的不切实际、无法获得接受；他也批评行为、容貌模仿圣人而无圣人之行的子张、子夏、子游之儒为"贱儒"，这是批评其实践上的徒有其表、趋于下流。最值得注意的是，荀子虽然推崇孔子、子弓之儒，称其能"总方略，齐言行，壹统类，而群天下之英杰"，但也感叹孔子、子弓之儒"无置锥之地"，"是圣人之不得势也"。所谓"不得势"，便是不为社会发展的潮流所接纳，不能进入社会的公共领域。在他看来，"圣人之得势者，舜、禹是也"，儒家要发展，必须"上则法舜、禹之制，下则法仲尼、子弓之义"。也就是说，儒家既要坚持自己的理想和主张，也需要进入公共领域而作用于公共秩序。荀子之明于天人之分、隆礼重法、化性起伪、明分使群等主张，从学术上看当然是对道、法及诸家理论的吸纳，实际是试图改造儒家而使之真正地发挥作用。

在战国后期，儒士也曾试图在历史变革的关头发挥影响，但没有实际效果。如荀子曾入秦与秦昭王讨论儒者是否有益于"人之国"的问题。他的"法先王""隆礼义"的主张不为秦所接受。荀子虽然称赞秦之形胜材美、风俗淳朴、政治简约，但他最大的感叹还是秦"殆无儒耶"（《荀子·强国》）。客观言之，统一的秦皇权国家的建立为儒士发挥自身作用提供了历史的机遇。

秦始皇二十八年（前219），始皇东巡，与鲁诸儒生议封禅望祭山川之事，这是儒士试图在秦帝国神圣秩序的确立上发挥作用。应该说，儒士的努力是失败的。《史记·封禅书》记载："即帝位三年,东巡郡县,祠驺峄山,颂秦功业。于是徵从齐鲁之儒生博士七十人,至乎泰山下。诸儒生或议曰:'古者封禅为蒲车,恶伤山之土石草木;埽地而祭,席用菹秸,言其易遵也。'始皇闻此议各乖异,难施用,由此绌儒生。"当然,最重要的事件是秦始皇三十四年(前213),淳于越建议始皇帝师古而封建,这是儒士企图在帝国政治秩序的确立上发挥影响。虽然,儒士的政治努力是失败的。通常认为"黜儒生""焚书坑儒"是因为秦始皇行法家之制,或认为是由方士所累,但儒者议封禅"各乖异,难施用",言政治"不师今而学古,以非当世"(《史记·秦始皇本纪》引李斯语),也表现出秦皇权国家的儒士疏远神道、胶固圣教的缺陷。这可能是儒士难以遽然进入大一统皇权国家神圣秩序和政治秩序的真正原因。不过,抓住历史的机遇,作用于皇权国家的神圣秩序和政治秩序已成为儒士的自觉意识和现实目标。如此,陈涉起兵之后,"鲁诸儒持孔氏之礼器往归陈王","缙绅先生之徒负孔子礼器往委质为臣者"(《史记·儒林列传》),便不能如司马迁所言仅是由于"秦焚其业,积怨而发愤于陈王也"(《史记·儒林列传》)。

汉的建立为儒士真正地进入大一统皇权国家的神圣秩序和政治秩序提供了条件。汉初的陆贾质问高祖之于天下"居马上得之,宁可以马上治之乎",便是儒士重新进入皇权国家公共秩序的宣言。叔孙通为汉廷制定朝仪,贾谊反思秦亡教训,上治安策,乃儒士发挥影响于皇权国家的政治秩序的开端。传统史学往往通过经学的传承与发展来勾勒儒学在汉初的影响。其实经学,特别是今文经学的兴盛,更主要的是以神道和圣教为大一统皇权国家的神圣秩序和政治秩序作出设计。至董仲舒上汉武帝"天人三策",传统儒学正式发展成为儒教而进入大一统皇权国家的神圣秩序和政治秩序,成为汉皇权国家的国教。《史记·儒林列传》载:"及今上(指武帝)即位,赵绾、王臧之属明儒学,而上亦乡之,于是招方正贤良文学之士。……及窦太后崩,武安侯田蚡为丞相,绌黄老、刑名百家之言,延文学儒者数百人,而公孙弘以春秋白衣为天子三公,封以平津侯。天下之学士靡然向风矣。"为"群儒首"的董仲舒,可视为汉代儒教士的代表人物,而以"白衣为天子三公"的公孙弘,则是儒教士进入皇权国家公共秩序的形象代言人。"天下之学士靡然向风矣",标志着儒教士成为儒者的新典范。

儒教士与儒士身份的不同,首先在于儒教士能够实际影响皇权国家政治发展和制度建设,而非仅是"以学显于当世"的传道者。无论是陆贾、叔孙通，贾谊、赵绾、王臧，还是董仲舒、公孙弘，皆为当朝有影响之官员，虽然他们或受到了军功贵族的排斥或被汉初的黄老政治压制。最为重要的是，儒教士不但兴圣教，同时也崇神道，其精神类型表现出更为复杂的特征，他们由传统的传道之儒士向包含传道在内而重视政教的儒教士转变。亦即传道之儒向政教之儒的转变。关于儒教士类型的演成，可以陆贾、贾谊、董仲舒这三位重要儒者为例加以说明。

陆贾是汉初最有影响的儒者，持有儒家的政教理想并致力落实于复杂的政治实践中。陆贾具有统一的国家观念，提倡崇道立德、仁义为本的政治原则，主张以古之圣王之道进行制度设计。汉高祖初定天下，尉佗于南越称王，高祖派陆贾出使南越说服尉佗归顺中央政府。陆贾为尉佗分析天下大势，称汉乃"继五帝三王之业，统理中国"，"万物殷富，政由一家，自天地剖泮未始有也"。（《史记·郦生陆贾列传》）对统一皇权国家的前途充满信心。面对统一皇权国家的初兴，陆贾善于总结历史经验，告诫刘邦马上得天下不能马上治天下，著书论秦所以失天下、汉所以得天下以及古今成败存亡之事，"每奏一篇，高帝未尝不称善，左右呼万岁，号其书曰《新语》"（《史记·郦生陆贾列传》）。在《新语》中，陆贾提出了崇道立德、仁义为本的政治原则，所谓"道莫大于无为，行莫大于谨敬"（《新语·无为》）；"仁者道之纪，义者圣之学。学之者明，失之者昏，背之者亡"（《新语·道基》）。在国家政治制度方面，陆贾也有所擘画。如关于皇帝与外戚关系的处理，陆贾主张"夫建大功于天下者必先修于闺门之内"（《新语·慎微》），显然是针对汉初吕后用事的政治局面而言。再如，刘邦崩后诸吕擅权而危少主，陆贾劝说陈平与太尉绛侯合力以挽救局面："天下安，注意相；天下危，注意将。将相和调，则士豫附；士豫附，天下虽有变，即权不分。为社稷计，在两君掌握耳。"（《史记·郦生陆贾列传》）由此可见，陆贾绝非"迂远而阔于事情"的传统儒生。与以"传道"为务的先秦儒士相比，陆贾既坚持传统的儒家之道，也试图通过积极的政治实践使儒家之道作用于新的大一统皇权国家的政道制度。陆贾代表了儒士在汉代转型的开端。

陆贾之后的贾谊，体现了汉代儒士转型的新的发展。贾谊一方面主张以儒家之道作为汉皇权国家的立国之本，另一方面，他更为切近地思考汉皇权国家所面临的实际问题，提出具体的政治方略和制度设计。还值得注意的是，贾谊继承了陆贾思想中隐而不彰的祯祥灾异思想，肯定天命论，成为董仲舒天人感应神学目的论的先河。

贾谊肯定秦统一天下的历史贡献，"近古而无王者久矣。……是以诸侯力正，强凌弱，众暴寡，兵革不休，士民罢弊。今秦南面而王天下，是上有天子也。即元元之民冀得安其性命，莫不虚心而仰上"（《新书·过秦下》）。他反思秦亡的历史教训在于"仁义不施，而攻守之势异也"（《新书·过秦上》）。对于汉皇权国家的建立，贾谊以"汤武受命"说来论证其合法性，赞颂刘邦统一天下乃"兴利除害，寝天下之兵，天下之至德也"（《新书·立后义》）。与陆贾一样，贾谊也肯定汉皇权国家的政治应以仁义为原则，但他更强调"礼"的作用。贾谊指出："道德仁义，非礼不成"，"礼者，所以固国家，定社稷，使君无失其民者也。"（《新书·礼》）关于礼制，贾谊讨论了多方面的具体内容。在《新书·服疑》中，贾谊由服饰制度的区别进而强调名号、旗章、符瑞、秩禄、冠履、衣饰、车马、家室、宫室、器皿、食饮、祭祀、丧葬等方面的等级和秩序。贾谊对"礼制"的强调，其目标是为汉皇权国家建制立统，所谓"下不凌等则上位尊，臣不逾级则主位安。谨守伦纪，则乱无由生"（《新书·服疑》）。关于汉皇权国家的根本制度，如正朔、服色、郊望等，贾谊也多有发明。文帝元年（前179），贾谊上《论定制度兴礼乐疏》，建议汉文帝"宜定制度，兴礼乐"。与先秦儒士乃至之前的陆贾相比较，贾谊又体现出制度儒家的新特征。

作为新儒者的代表，贾谊在政治上有着积极的实践取向。面对汉初皇权国家的政治形势，贾谊深具忧患意识并竭力谋划解决问题的具体办法。他在《陈政事疏》中称："臣窃惟事势，可为痛哭者一，可为流涕者二，可为长太息者六，若其它背理而伤道者，难遍以疏举。进言者皆曰天下已安已治矣，臣独以为未也。"（《汉书·贾谊传》）贾谊根据诸侯"强者先反"的历史教训，主张"众建诸侯而少其力"，建议文帝削藩。面对匈奴之患，贾谊反对和亲的消极政策，主张恩威并施，使之臣服。贾谊还看到汉初政治的诸多弊端，所谓"可为长太息者六"，包括商贾聚敛而民贫，风俗败坏而俗吏不知所务，礼义不张而经制不定，太子受业而左右不正，治民重刑罚而轻礼义，刑上大夫而廉耻不行等。针对这些问题，贾谊皆依据儒家之道提出解决办法。此外，贾谊还对重农、积贮、铸钱等具体经济问题发表看法，不乏真知灼见。贾谊善于处理具体事务、政教并重的实践取向，是新型儒者的特征。

贾谊在政治上的积极进取，曾遭到当朝重臣周勃、灌婴、张相如、冯敬等人的排斥，称他"年少初学，专欲擅权，纷乱诸事"（《史记·屈原贾生列传》），文帝由此疏远贾谊而放其为长沙王太傅。《史记·屈原贾生列传》载："后岁余，贾生征见。孝文帝方受釐，坐宣室。上因感鬼神事，而问鬼神之本。贾生因具道所以然之状。至夜半，文帝前席。"文帝与贾谊宣室谈鬼神，似乎是偶然发生的事情，因为贾谊谒见时正值文帝祭祀之后，"上因感鬼神事，而问鬼神之本"。唐李商隐有诗评论说："宣室求仙访逐臣，贾生才调更无伦。可怜夜半虚前席，不问苍生问鬼神。"（《贾生》）李商隐将宣室夜谈鬼神说成求仙，实际是借古喻今，以汉讽唐。宋王安石再写《贾生》诗："一时谋议略施行，谁道君王薄贾生？爵位自高言尽废，古来何啻万公卿。"王安石主要为文帝与贾谊的君臣关系翻案，至于谈鬼神是否也属于"一时谋议"，并无说明。由于宣室夜谈的内容史籍并无记载，我们也无从知其具体。不过，文帝既然"问鬼神之本"，而"贾生因具道所以然之状"，所谈的内容就不会是搜神述异，而应该是国家的祭祀和信仰之事。正因为如此，汉文帝才有"自以为过之，今不及也"的感慨。我们不能说文帝感慨之处在于不如贾谊了解关于鬼神的奇闻逸事。笔者认为，如果仅以"不问苍生问鬼神"对宣室夜谈加以政治批评，不仅缺乏把握汉皇权国家政治发展大势的眼光，实际上也忽略了贾谊思想的复杂性。

汉初政治的主题是吸取秦亡的教训而稳固地建立起统一的皇权国家。正如崔瑞德、鲁惟一所指出的那样，在汉之前，皇权国家政府是试验性的，并且声名不佳；在汉以后，统一皇权国家的国家形式被接受为组织人的正统的规范形式。[①] 就汉初来看，黄老道家思想、阴阳五行思想、儒家思想乃至被吸取而渗入实际政治中的法家思想，皆为具有竞争性的皇权国家建设思想。不过，无论是"以虚无为本，以因循为用"（司马谈《论六家要旨》）来谋求皇权国家初期安定的黄老思想，还是试图以五德终始来为皇权国家建立作历史论证的阴阳五行学说，乃至在实际政治中已难以单独使用却实际被采纳运用的法家思想，在一个关键性的问题即皇权国家的合法性和皇帝的权源问题皆有缺失。相比较而言，阴阳家的五德终始说虽然为汉皇权国家的建立提供了证明，但其本身却不能成为汉皇权国家巩固和发展的根本指南，因为五德循环的政治理论对于皇权国家的长治久安是危险的。换言之，汉皇权国家的建

---

①　参见［英］崔瑞德、鲁惟一编《剑桥中国秦汉史》，杨品泉等译，第121—122页。

立和发展需要新的思想加以说明和指导。崔瑞德、鲁惟一指出"从神意的角度寻求道德和智能上的根据",正是皇权国家统治合法化所需要的证明。在笔者看来,汉初诸儒思想探索的一个重要的向度是这种关于皇权国家的神义的证明,虽然他们的思想和政治实践同时还包括仁义之道的提倡以及皇权国家制度的具体建设。从陆贾到贾谊,身为传道之儒与重在制度建设的汉初儒者,已显露出教士之儒的雏形。武帝时的董仲舒,则完成了传统儒士向作为政教之儒的儒教士的转型。

董仲舒无疑是汉代儒家最重要的代表人物。关于董仲舒,可以有多重的视角加以把握。如从儒家经学的发展看,董仲舒作为《春秋》公羊学的大师,开启了汉代经文经学的传统;如从儒家思想的发展看,董仲舒吸纳了阴阳家的阴阳五行观念、黄老道家的道法结合的思想,将先秦儒学宗教化,建构出天人感应的神学目的论;如从汉皇权国家意识形态的建设看,董仲舒提出"独尊儒术"的主张,通过"罢黜百家"而统一思想;如从汉皇权国家的制度建设看,董仲舒主张更化改制,奠立大一统皇权国家的政教制度。《汉书·董仲舒传》称董仲舒为"群儒首",揭示了董仲舒在汉代儒家中的重要地位。班固在传中又引刘向言,称董仲舒"有王佐之材,虽伊、吕亡以加,管、晏之属,伯者之佐,殆不及也",也肯定了董仲舒在政治上的影响与作用。我们将通过董仲舒,整体性地把握汉代儒教士的新面目。

关于汉代儒教士的身份和特征,刘小枫在《纬书与左派儒教士》一文中曾提出自己的判断:"儒教士有一些共同的特征:以周公或孔子和其他先圣为精神楷模,倡以德教立国的政治理念,以及我命与道义之天有特殊关系的教士身份意识。德教之制具体说是三代之制,这种制度被神圣化为一种宗教性的文质并彰的制度,所谓宗教性是指这种制度与天的固定关系。儒教士对天当然有自己的看法,这就是道义性的天。……儒教士内部关于以德教之制立国也有争议,此差异在于,鲁儒的德治理念定位于历史已然的王道之治,因此谓右派儒教士;齐儒的德治理念定位于历史未然的王道之治,因此谓左派儒教士。"①刘小枫关于儒教士的基本描述,涉及儒教士的共同特征以及类型的差异。所谓差异,在他看来是左派儒教士与右派儒教士的不同。由于探讨汉代纬书家与儒教士特别是与左派儒教士关系的独特视角,刘小枫对儒教士

---

① 刘小枫:《儒教与民族国家》,第45页。

的精神谱系有细致的讨论。

根据刘小枫《纬书与左派儒教士》，汉代儒教士的精神谱系可概括如下：（1）右派儒教士（鲁儒型），其精神类型是保守的，主张传统的王道之治，重在继承过去的礼制，以孔子为先师；（2）左派儒教士正统派（齐今文家型），其精神类型是激进的，主张德治但倡天谴论，主张受命改制说，圣化孔子，视孔子为"素王"；（3）左派儒教士极左派（纬书家型），其精神类型是神秘的，主张德治但强调受命论，主张受命改制说，神化孔子，视孔子为"黑帝"。

刘小枫关于汉代儒教士精神谱系的划分，在一定程度上受到了经学研究中齐学鲁学之分以及经学传统中今文古文之别的影响，由此也存在着纠缠之处。例如，他无法确切地说明哪些汉代儒者属于右派儒教士，因而笼统地划分出一个"鲁儒"的传统是不够的。实际上，刘小枫所说的右派儒教士与古文经学家的精神类型相同，但汉初鲁儒所习的也是今文经典，而非古文经典。再如，刘小枫将"《春秋经传》"① 视为齐儒所拥立的正典，将《论语》视为鲁儒所拥立的正典②，也是简单化的说法。就《论语》来说，西汉一直有《齐论》和《鲁论》之传，例如汉成帝的老师安昌侯张禹，便先传《鲁论》，再传《齐论》，后以《鲁论》篇目为根据将二者融合成《张侯论》。笔者以为，讨论汉代儒教士的精神类型，所谓齐儒鲁儒之分，实难以说清问题。根据传习经典的今古文来说明汉代儒者的精神类型的不同，虽有客观的依据，但也需谨慎对待，因为经今古文之争，在西汉后期才凸现出来。汉初儒教士的转型和类型，无法透过经学问题获得充分说明。③

需要指出的是，刘小枫的研究主要是受到了马克斯·舍勒和马克斯·韦伯的宗教社会学研究的影响，如精神楷模的位格典范对追随者团体精神类型的作用，身份、阶层与所信仰宗教的类型关系等。特别是在关于左派儒教士——作为正统派的今文齐学家与作为极左派的纬书家——的类型研究中，这种影响尤为明显。刘小枫指出："在比较宗教学和比较思想史上，类型论早

---

① 刘小枫用语。参见刘小枫《儒教与民族国家》，第5—6页。

② 参见刘小枫《儒教与民族国家》，第6—7页。

③ 刘小枫实际上也注意到这一问题，例如在关于王莽新政的讨论中，他明确指出虽然王莽通常被认为是推崇古文经学而依靠古文派取得帝位，但王莽的托命改制与董仲舒的今文家思想一脉相承，实为"当新王"的左派儒教士的革命行动。参见刘小枫《儒教与民族国家》，第59—62页。

已成为一种重要的探究方法"，"在中国思想史论领域也值得建立类型论的分析范式，把经学、纬学、心学、理学、道家、佛家的思想话语冲突置于类型论中来分析"。①刘小枫关于汉代儒教的研究，超出了传统研究的经学、哲学乃至皇权国家政治的狭隘视角，细致地观照了汉代儒教的基本形态以及作为担纲者的儒教士的精神类型，有着重要意义。但是，由于"类型论"的范式强调区分以及在区分的基础上的定性（定型），这一研究对于汉代儒教士整体特征的把握实际上难以周全，对不同类型的儒教士在演进过程中的关联性也无法充分照顾。就方法论来说，类型论同样存在着缺陷。笔者认为，在中国思想特别是儒教的具体研究中，演进论与类型论的结合可能是更好的方法论选择，虽然在实际操作中会面临更大的困难。

在刘小枫关于汉代儒教士共同特征的概括中，"以周公或孔子和其他先圣为精神楷模"，"倡以德教立国的政治理念"，皆可谓精当。但是，在"我命与道义之天有特殊关系的教士身份意识"的描述上，则有可商榷之处。刘小枫说："儒教士对天当然有自己的看法，这就是道义性的天。"汉代儒教士所理解的天，是否仅仅是"道义之天"？事实上，汉代儒教士关于"天"的理解，虽然肯定天的"道义化"，但强调天之"灵神化"是更重要的特征，特别是对他所言的左派儒教士来说。在关于左派儒教士的类型分析中，他实际上又是将天之理解的"道义化"与"灵神化"相区别开来的。例如，他在区别左派儒教士"今文齐家"与"纬书家"的精神类型时，强调纬书话语的神圣性程度高于今文齐学，在天人关系的具体规定上，认为前者所言的祥瑞灾异说实质上是"天义论的人义论"，而后者所言的应符瑞受命改制说更多的是承神仙密教对天的灵神化。关于孔子的身位，刘小枫也指出，在纬书家那里，"对孔子的神化要远胜于今文学"。因此，就"今文齐家"与"纬书家"的身份差异来说，前者是"方士知识化的儒生"，后者为"儒学知识化的方士"。②笔者认为，由于区分左派儒教士"今文齐家"与"纬书家"的精神类型的需要，刘小枫关于"今文齐家"的天之理解是狭隘化的。当他以董仲舒的"谴告说"来印证天之"道义性"时，实际上忽略了董仲舒"天者，百神之大君"（《春秋繁露·郊语》）之"灵神化"的肯定。也正因为如此，刘

---

① 刘小枫：《儒教与民族国家》，第 38 页。
② 刘小枫：《儒教与民族国家》，第 54—59 页。

小枫虽然肯定汉代儒教的宗教性，他说："德教之制具体说是三代之制，这种制度被神圣化为一种宗教性的文质并彰的制度，所谓宗教性是指这种制度与天的固定关系"，但由于教之特征为"德教"，天之内涵为"道义"，所谓宗教性便是去除了"神义性"的"天义论的人义论"。我们姑且不说，在汉代儒者的理解中，三代之制是否仅是一种德教之制而无神教的内容，仅就汉代儒教自身而言，被神圣化的文质并彰的制度，便包含了"灵神化"的神道内容。

如果将演进论和类型论结合起来，对汉代儒教士的考察，既可以把握由先秦儒士到儒教士以及儒教士自身的发展历程，也能够更准确地认识儒教士的精神类型。就儒教士关于天的理解来说，其中有对先秦儒士"道义之天"的继承，无论陆贾、贾谊乃至董仲舒，皆如是。同时，在儒教士的转型过程中，关于天的"灵神化"的理解也由隐而显地凸现出来。本节前面考察已说明，在陆贾的思想中已经有灾异祯祥的天之神义化的内容，这种天之神义化在贾谊那里被试图从制度上加以落实。这表明汉初儒士的思想的复杂性。也就是说，在关于天的理解上，"道义化"与"灵神化"是并存的，而非不能相容。这种特征在董仲舒身上表现得尤为显著，董仲舒可视为汉代儒教士的典型。至于纬书家，也可以通过从这一演进的考察获得溯流从源的说明。

在讨论董仲舒所代表的儒教士的类型特征之前，我们先来看董仲舒政教实践所体现出的儒士转型的新信息。

全面性地参与大一统皇权国家的政教建设并自觉地为大一统皇权国家的王权和政教秩序提供道义性与神义性的证明，是董仲舒最重要的贡献。徐复观在《两汉思想史》中指出："在董仲舒以前，汉初思想，大概上是传承先秦思想的局格，不易举出它作为'汉代思想'的特性。汉代思想的特性，是由董仲舒所塑造的。"① 徐复观强调董仲舒思想中的阴阳五行观念对汉代思想的塑造作用。在笔者看来，董仲舒的典范意义更在于，他是传统的传道之儒转变为适应大一统皇权国家需要的政教之儒的典范，董仲舒关于神道、圣教及王政的观念，不但塑造了汉代的思想，还影响到后世几千年的中国社会。

据《汉书·董仲舒传》，董仲舒颇有儒士之风，"少治《春秋》，孝景时为博士。下帷讲诵，弟子传以久次相授业，或莫见其面。盖三年不窥园，其

---

① 徐复观著，李维武主编：《徐复观文集》第 5 卷，湖北人民出版社 2004 年版，第 216 页。

精如此。进退容止，非礼不行，学士皆师尊之"。因此，以传统的传道之儒视董仲舒也无不可。不过，董仲舒与传道之儒最大的不同，在于他以《春秋》公羊学对儒家之道加以发挥并落实于皇权国家的政教实践。董仲舒的具体政教活动，有上汉武帝《贤良对策》（《天人三策》），事骄王，先后担任江都易王和胶西王相，以及病免归家为汉皇权国家国策顾问等。

汉武帝即位，举贤良文学之士策问。从武帝所提的问题看，如何保天命而使汉祚永延是他最为关心的。武帝在《制》中称："朕获承至尊休德，传之亡穷，而施之罔极，任大而守重，是以夙夜不皇康宁，永惟万事之统，犹惧有阙"，要求贤良之士告之以"大道之要"（《汉书·董仲舒传》）。一般认为，董仲舒在策论中提出"天人相与之际甚可畏也"，是警惧帝王而特主张神道。实际上，天命、神道的问题正是武帝"《制》曰"所策问的核心内容：首先，五帝三王之后，王道大坏，虽有君主与国士以法先王为务，也改变覆亡命运，"固天降命不可复反，必推之于大衰而后息与？""三代受命，其符安在？灾异之变，何缘而起？"（《汉书·董仲舒传》）亦即既对天命有所疑问，又寻问治乱的天命之因。董仲舒在《贤良对策》中说：

> 臣谨案《春秋》之中，视前世已行之事，以观天人相与之际，甚可畏也。国家将有失道之败，而天乃先出灾害以谴告之，不知自省，又出怪异以警惧之，尚不知变，而伤败乃至。以此见天心之仁爱人君而欲止其乱也。自非大亡道之世者，天尽欲扶持而全安之，事在强勉而已矣。强勉学习，则闻见博而知益明；强勉行道，则德日起而大有功：此皆可使还至而有效者也。（《汉书·董仲舒传》）

董仲舒的"天人相与"之天，无疑是神道之天，天通过灾异以"谴告"的方式来警诫帝王。神道之天具有意志和仁爱之心，地上的君王如非大无道，"天尽欲扶持而全安之"。那么，帝王应强勉所行的"道"是什么呢？董仲舒明确说："道者，所繇适于治之路也，仁义礼乐皆其具也。"（《汉书·董仲舒传》）董仲舒所言的"道"是合仁义价值与礼乐制度的儒家的圣教。在董仲舒这里，天之神义论与道义论通过王者的"强勉行道"而寻求统一。这就是董仲舒通过《春秋》公羊学对传统儒学加以改造的核心。

董仲舒言天，内涵十分丰富。其所言之天，是神义之天与道义之天的一体统一。简单地强调天之神义性或天之道义性，皆没有真正把握董氏之天的基本意蕴。董氏言天，大致有三个基本层次：一是自然的天数；二是伦理的天德；三是信仰的天志（君）。三者在董仲舒的思想中是统一的。在三者中，天数虽表现为自然的实证，但却是借用，言天数是为了比附说明天德与天君；而伦理的天德一方面通过自然的天数得到具体的系统安排，所谓"人副天数"，另一方面也要以信仰的天君作为是否落实的仲裁者，所谓"谴告"；作为信仰对象的天君，既表现为自然的天数，也规定着伦理的天德，影响并主宰着国家的政教，所谓"天人相与之际，甚可畏也"。关于"天君""天志""天意"，董仲舒说：

> 孔子曰："君子有三畏：畏天命，畏大人，畏圣人之言。"彼岂无伤害于人，如孔子徒畏之哉！以此见天之不可不畏敬，犹主上之不可不谨事。不谨事主，其祸来至显；不畏敬天，其殃来至暗……。故圣人之言亦可畏也，奈何如废郊礼？天者，百神之大君也，事天不备，虽百神犹无益也。（《春秋繁露·郊语》）①
>
> 受命之君，天之所大显也……故必徙居处、更称号、改正朔、易服色者，无他焉，不敢不顺天志，而明自显也。若夫大纲、人伦、道理、政治、教化、习俗、文义尽如故，亦何改哉？故王者有改制之名，无易道之实。（《春秋繁露·楚庄王》）②
>
> 凡灾异之本，尽生于国家之失。国家之失乃始萌芽，而天出灾害以谴告之；谴告之而不知变，乃见怪异以惊骇之；惊骇之尚不知畏恐，其殃咎乃至。以此见天意之仁而不欲陷人也。（《春秋繁露·必仁且智》）③

无论作何解读，上述所言的"天"皆是有意志的神道之天。董仲舒对神道之天的肯定，具有明确的政治目的：一方面证明"王道之三纲可求于天"，为大一统皇权国家政治作论证；另一方面"屈民而伸君，屈君而伸天"（《春秋繁露·玉杯》）突出神道之天对王权的限制作用。不过，能够沟通天人的仍然是

---

① （清）苏舆撰，钟哲点校：《春秋繁露义证》，中华书局1992年版，第396—398页。
② （清）苏舆撰，钟哲点校：《春秋繁露义证》，第18—19页。
③ （清）苏舆撰，钟哲点校：《春秋繁露义证》，第259页。

受命之君，能见天意的仍然是圣人。所谓"王者有改制之名，无易道之实"，即肯定儒家的仁义之道乃天志的体现；所谓"天地神明之心"唯圣人能见之，则强调天命可畏、圣人法天。在董仲舒这里，天之灵神化与道义化并不存在矛盾，关键在于受命之王者能否行道，亦即王与圣能否合一。

作为儒者，董仲舒与传统儒士最重要的不同在于，他不仅推崇具有道德理想性的圣人人格，还试图通过神义论与道义论的统一追求"王而圣"或"圣而王"的政治目标。儒教士的精神类型，较之于传统的儒士具有复杂性，既有神道信仰，又坚持圣教理念，并在具体的现实政治情景下调适其间的冲突，作出阶段性的取舍，甚至有学派乃至个体的偏向。对于肩负着为汉皇权国家建体立极重任的董仲舒来说，他更强调天的神义性，以完成大一统皇权国家的合法性证明并据之以安排皇权国家的政教制度。

至于后世的儒教士，当作为合法性证明的天命观念成为普遍理念以及政教制度的安排成为定制之后，他们更注重圣教的发扬以抑制天命论的独断和皇权的独裁，如隋唐以降的儒者。笔者不赞成将董仲舒所代表的儒者与后世着重发明圣教的儒者严格区别的做法，如唐代韩愈及宋儒的道统描述那样，因为他们皆承认"天道设教"，仅是由于不同的历史情境对天之神义化与道义化有所偏重而已。在实际的政治活动中，特别是为诸侯国相时，董仲舒表现出的正是发明圣教的儒者形象。如他做江都相时，以儒家的仁义之道和义利之辨规劝怀有异心的江都易王。《汉书·董仲舒传》称他"凡相两国，辄事骄王，正身以率下，数上疏谏争，教令国中，所居而治"。

将神道信仰与圣教主张在皇权国家的制度层面加以落实，也是儒教士的重要特征。以董仲舒为例，他的制度主张，大体有三端：一是体现受命的改制，二是落实圣教的教化，三是具体的国家治理制度的安排，如文制、官制、田制等。

《汉书·郊祀志》记载："武帝初即位，尤敬鬼神之祀。汉兴已六十余岁矣，天下艾安，缙绅之属皆望天子封禅改正度也，而上乡儒术，招贤良。赵绾、王臧等以文学为公卿，欲议古立明堂城南，以朝诸侯，草巡狩封禅、改历、服色事，未就。窦太后不好儒术，使人微伺赵绾等奸利事，按绾、臧，绾、臧自杀，诸所兴为皆废。六年，窦太后崩。其明年，征文学之士。"在上汉武帝的《贤良对策》中，董仲舒强调："臣闻制度文采玄黄之饰，所以明尊卑，异贵贱，而劝有德也。故《春秋》受命所先制者，改正朔，易服色，所以应天也。然则官至旌旗之制，有法而然者也。"（《汉书·董仲舒传》）董仲舒的受命改制说正是承继赵绾、王臧等人，为了适应汉武帝皇权国家政治的需要而提出的。在《春秋繁露》中，董仲舒详述其《春秋》今文经学的三代改制理论，他还细致讨论了郊祭、郊祀、四时之祭等祭祀传统和具体礼仪。董仲舒的受命改制的主张，特别是他的三统说，在武帝太初元年（前104）的改制中得以落实。

董仲舒主张传统儒家的礼乐教化并作出实际的制度安排。他在《贤良对策》中强调："道者，所繇适于治之路也，仁义礼乐皆其具也。故圣王已没，而子孙长久安宁数百岁，此皆礼乐教化之功也。"（《汉书·董仲舒传》）肯定儒家的礼乐教化乃国家长治久安之道。他特别指出："圣人之道，不能独以威势成政，必有教化。故曰：先之以博爱，教以仁也；难得者，君子不贵，教以义也；虽天子必有尊也，教以孝也；必有先也，教以弟也。此威势之不足独恃，而教化之功不大乎！"（《春秋繁露·为人者天》）教化的具体内容就是儒家的仁义孝悌。董仲舒进而主张汉武帝更化改制，重教育，兴太学，立五经博士并于实际政治中礼法并用、尚德轻刑。在国家的具体制度设计上，董仲舒讨论了爵国、服制、官制、考功名（考绩制度），乃至经济制度如度制和田制等。

在董仲舒的精神气质中，似乎还包含某种卡理斯玛的禀赋。《汉书·董仲舒传》载："仲舒治国，以《春秋》灾异之变推阴阳所以错行，故求雨，闭诸阳，纵诸阴，其止雨反是；行之一国，未尝不得所欲。中废为中大夫。先是辽东高庙、长陵高园殿灾，仲舒居家推说其意，草稿未上，主父偃候仲舒，私见，嫉之，窃其书而奏焉。上召视诸儒，仲舒弟子吕步舒不知其师书，以为大愚。于是下仲舒吏，当死，诏赦之，仲舒遂不敢复言灾异。"董仲舒言灾异时变，乃至求雨止雨，颇能反映出神道信仰在他个体身上的影响。董仲舒因之而下狱，也体现出帝王在具体政治中对儒教士卡理斯玛倾向的警惕和限制。不过，我们无须过度夸大儒教士个体身上的卡理斯玛禀赋。实际上，所谓言灾异时变乃至求雨止雨，主要还是一种以实际功用为目标的活动，而在中国古代社会的生产生活中，儒者始终便参与其中并发挥着作用。

董仲舒是由先秦的传道之儒转变为适应大一统皇权国家需要的儒教士的典范。董仲舒关于神道、圣教及王政的思想观念及对政教实践的擘画，确立了儒教士身份和精神类型的基本特征。从汉代开始，儒者就不再是单纯的传道之儒,而是信仰的、制度的"儒教士",虽然他们仍保持着传统的传道之儒的特征,甚至始终以道统的继承者和发明者自居。

最后要说的是,如果说中国学界关于"儒"之身份的历史意识在 20 世纪初期便已萌发,直至 20 世纪末,以美国学界为代表,西方开始意识到"儒"之历史身份的不同。白诗朗(John Berthrong)在 1998 年出版的《儒家之道的转化》中简单地讨论了"Ru"和"Confucian"的差异以及"Confucianism",对"儒生"(Ru)一词是否就是指最早的儒家思想者(Confucian)提出怀疑。这样的观点引发了汉学家们的思考,如陆威仪(Mark Edward Lewis)、齐思敏(Mark Csikszentmihalyi)和戴梅可(Michael Nylan)等,"虽然这些学者之间也存在着很多分歧,但是他们都赞成一个观点:儒家思想从来都不是一个统一的学派"①。对儒家思想多样性的认识产生了两种基本的处理方法:一是用"Confucian"称谓先秦孔子儒家,而将汉代以来的经学家称为"Ru",如戴梅可;一是用"Ru"来指称先秦孔子儒家,而称汉以后的儒家为"Confucian",如齐思敏、陆威仪。戴梅可强调"将孔子与'五经'相联系是公元 2 世纪以来的'政治行为'","汉代以来的经学家们已是用经学来追求政治权力的人"。齐思敏、陆威仪说法的背后隐含着对先秦的孔子(Kongzi)和汉代的孔子(Confucian)的区分。齐思敏认为现在英文 Confucian 一词,包含了太多的汉代以后的孔子形象,而先秦时期的儒(Ru)是一群使用古代礼仪文化为生的人,孔子是"君子儒"的代表;陆威仪则以此区分更为激进地强调,认识"真实"的孔子是不可能的。②

西方的新近研究,试图打破传统关于儒家思想统一性的刻画。由于有对"孔子"形象的变化及儒家经典作用的新认识,遂有先秦儒和汉儒的区分。根据本节的研究,儒之身份经历了"儒士"向"儒教士"的变迁。这里应该就身份及相应的译名作一回应。"儒"在孔子之前便已存在,"小人儒"在孔子时已非常普遍,其译名可以音译的"Ru"为妥当。"儒士"指先秦时期的"孔子儒家",乃孔子所提倡的"君子儒",可翻译为"Ru-shi"。这一译名既揭示了"儒士"由"儒"演变而来,同时也指示了其不同于传统的儒及小人

---

① 参见董铁柱《从"Confucian"到"Ru":论美国汉学界对上古儒家研究的新趋势》,《文史哲》2011 年第 4 期。

② 参见董铁柱《从"Confucian"到"Ru":论美国汉学界对上古儒家研究的新趋势》,《文史哲》2011 年第 4 期。

儒的"士"（Shi）的身份特征。"儒教士"是汉及汉以后"儒教"的文化担纲者。如果我们不把"儒教"仅仅理解为一种思想或学说，而是看成一套包含信仰、制度、生活方式和社会实践的文化综合体，我们也可以随顺传统，将"儒教士"译成"Confucian"。因为在西方的传统理解中，"Confucianism"通常具有复杂的内涵而不仅仅指一种学说，其地位与其他的宗教文化体相当。如果我们用"Confucianism"指称汉代及以后的"儒教"，也可以方便地用"Confucian"来指称其文化担纲者，虽然在此我们不讨论 Confucianism 是不是"宗教"这样的问题。上述译名的确定，是建立在关于"儒"之身份与精神类型演变与分析的研究基础上的。

第四节　儒教的"身份—角色"之"结构—功能"

本节对儒教社会系统之"身份—角色"展开研究。看起来，这与上一节对儒教"担纲者"的分析相类。不过，这里所谓"身份—角色"（status-role），是在系统的"结构—功能"分析意义上使用的。此系统分析意义上的"身份"（status），是指儒教社会系统中具体行动者与其他行动者关系中的"位置"，这些关系中的"位置"形成了该系统的结构；"角色"（role）则是指在此系统结构中不同"身份"所具有的功能作用。我们曾经指出，杨庆堃在《中国社会中的宗教》中对中国宗教的具体分析，便是通过社会身份的结构性关系（社会组织），来把握其中的宗教功能。第二章关于儒教作为"社会系统"的预备性讨论也曾说明，帕森斯"社会行动理论"关于"身份—角色"的分析，可以提供方法论的借鉴。但是在这里，我们不是对具体的社会组织作微观的考察（如杨庆堃那样），也不是从社会理论建构的一般旨趣出发，就现代社会系统的"单元"来作系统分析（如帕森斯和卢曼那样），而仅仅是对儒教"这一社会系统"的"身份—角色"这个系统，作"结构—功能"的考察和说明。

对于儒教"这一社会系统"，我们首先将此系统中行动者的"身份"要素及其结构关系，区分并描述为：

"君主"—"儒"（儒教士或官僚）—"民"

上述要素区分及结构描述当然是宏观的或"理想型"（ideal Type）的，因为儒教社会中的身份存在是复杂的，甚至可在更微观的观察下，对各身份要素作自身系统的进一步的区分。如"民"，其自身系统便可区分出"四民"等不同要素。此外，有些社会身份甚至疏离或出离于这个结构。如道家的"隐者"，逃离儒教信仰却不得不与之调和的佛教徒和道教徒，甚至儒教社会的反叛者等。不过我们所作的身份区分与结构描述也有其理由。首先，作为儒教社会系统的子系统的研究，上述区分是必要的，有助于我们更为整体地观察和描述该系统的结构和功能，虽然在具体研究中我们还会作更微观的考察。其次，这种"身份"要素的区分和结构性说明，可以更为整体地把握共同的信仰取向以及由于身份差异所导致的信仰选择。这与从信仰归属或教义分歧所导致的教派区别与阶层区分（如韦伯宗教社会学所考察的那样）是不同的。

虽然我们对儒教的"身份"要素作出结构性说明，但要认识到这些"身份"始终处于"关系"之中并发挥"角色"的功能作用。甚至往往从"角色"的功能作用出发，"身份"作为系统要素的结构性特征才得以显明。从理论上讲，"身份—角色"即"结构—功能"。因而，我们的研究不对该系统的"结构"和"功能"作单独的处理。

从研究的次序说，我们选择从"君主"与"儒"出发。这是由于"君主"在儒教社会的信仰、政治和经济关系中享有支配性的地位，而"儒"（儒教士）在儒教社会的信仰和教化实践中处于结构性的中间位置并具有功能性的担纲作用。本节将"民"作为最后的考察对象。"民"是儒教社会系统中最复杂的"身份"要素，且其他的"身份"要素和"角色"功能——如"君主"和"儒"——最终都要系之于民。这可视为社会学意义上的"民本"。

一 作为"身份—角色"的"君主"与"儒"

在上一节，我们对儒教汉代建立过程中"儒教士"的身份转型和精神类型作过细致的考察。儒教士与传统儒士的不同，在于他们既肯定神道信仰又坚持圣教理念，成为大一统皇权国家的制度设计者和政教担纲者。上述说明，仍然需要在具体的社会关系特别是与"君主"（皇帝）和"民"的政治经济关系和信仰关系中把握其"身份"和"角色"特征。我们先看"君主"与"儒"（儒教士或官僚）这两个社会"身份"及其"角色"。由于我们在上一节中已经对汉代的"儒教士"与皇权的社会和信仰互动有过说明,这里首先借助对韦伯相关研究的批判性分析,细致说明二者的"身份"和"角色"问题。

马克斯·韦伯在"中国儒教"的考察中,曾描绘过一个由"家产制君主"为顶端构成的社会身份谱系和经济关系谱系,前者是:家产制君主—俸禄官僚阶层—官绅世族;后者是:家产制君主—氏族共同体、村落、城市、行会—私人性经济关系的运作。在两个谱系之间,"家产制君主"通过"巫术性世界图像""祖先崇拜""教道"支配和控制整个社会。而整个社会以基本的生产方式如"家庭经济""小农作经营""家族性产业"等,在基层联系在一起。① 韦伯的这种分析当然是"理想型"的建构,不过,这仍然能够给我们提供一个可以借以分析与批评的对象,有助于更为准确地把握儒教社会中"儒教士"与"君主"的身份与角色。

韦伯曾指出:"所有的支配权利,无论其为世俗的、宗教的、政治的或非政治的,都可以被看作是某些纯粹型(rein Typen)的变化或类似形态。这些纯粹型是根据支配必须要寻求一**正当性**基础(Lgeitimitätsgrundlage)这点而被建构出来的。"② 支配权利必须有其"正当性"(亦译为"合法性")基础。对于支配类型,韦伯作出了"法制的""卡里斯玛的""传统的"三种区分。"法制的支配类型",其特征是"持有权力者下达命令的正当性,是奠基于理性地经由约同、协议或指令所制定出来的规则",在韦伯看来,近代以来逐步建立的"宪政",就是这种支配类型的代表。③ "卡里斯玛的"支配类型,指"被支配者是基于对某一特定个人(Person)之非凡禀赋的信仰,因而服从。"在韦伯看来,举凡巫师、先知、狩猎掠夺或战争团体的首领,以及某种情况下政党的领袖人物等,都具有这种类型的特征。④ 所谓"传统主义的"支配类型(韦伯又简称为"传统型支配"),其代表是"家父长制"以及作为其变形的"家产

---

① 参见〔德〕马克斯·韦伯《中国的宗教——儒教与道教》,简惠美译,康乐所撰写的"导言"第17—18页。

② 〔德〕马克斯·韦伯:《比较宗教学导论——世界诸宗教之经济伦理》,简惠美译,《韦伯作品集》V,第494页。

③ 参见〔德〕马克斯·韦伯《比较宗教学导论——世界诸宗教之经济伦理》,简惠美译,《韦伯作品集》V,第494—495页。

④ 参见〔德〕马克斯·韦伯《比较宗教学导论——世界诸宗教之经济伦理》,简惠美译,《韦伯作品集》V,第496页。

制支配"。"其特质是将不可违犯的规范体系视为神圣；一旦有所触犯，即会招来巫术性或宗教性的灾厄。伴随此一规范体系出现的，是支配者之专断与恩惠肆行的领域。原则上，支配者只以'人的'（persönlich）而非'事的'（sachlich）关系，为其裁断的依据。"① 韦伯认为，儒教便属于这种支配类型。

韦伯的儒教考察关注了儒教国家得以成立的社会学基础，如由封建国家向统一的官僚体制国家的转变，城市与行业、农业、货币、财政、法律等具体制度，以及士人阶层和儒教的生活取向等诸多方面。如前所述，可以大致从"身份"和功能关系（所谓"角色"）两个方面加以把握。在此方面，韦伯的研究虽然深刻，却不乏片面与简单之处。

韦伯对儒教国家"皇帝"的"卡里斯玛"角色作出说明，也强调这种功能地位会逐渐受到削弱。"皇帝必须证明他自身的卡里斯玛资质——证明他是上天宠命的支配者。这完全符合卡里斯玛支配的纯正基础，而世袭性卡里斯玛有递减的趋势。"② 韦伯也同样注意到作为"最高祭司长"的"皇帝"，在"天"之信仰的引导下有"伦理理性化的"的取向，"他必须以人民在他治理下的幸福来证明他乃'天之子'，并且是上天所确认的支配者。如果他做不到，那么他就是缺乏卡里斯玛"③。简单地看，韦伯对"皇帝"的支配权力的说明是恰当的。韦伯将"皇帝"的"卡里斯玛"的"递减"，归因于"卡里斯玛支配"在效应上无法永远保证，如领袖在很长的一段时间中无法创造契机或成功，另外"世袭"所带来的自然后果也是无法避免的。但"卡里斯玛支配"何以能够趋向"伦理理性化"仍缺乏说明，虽然他注意到"天"之信仰的作用。

此外，当韦伯谈到所谓儒教的"担纲者"，即统一国家的"官僚"（韦伯称之为"俸禄阶层——具有文书教养且以现世的理性主义者为其性格特色者"④）时，他一方面承认他们"分润"了家产制君主的"卡里斯玛"⑤，另一方面也将他们的"理性主义"限定为"现世的"，或称之为"实践的理性主

---

① ［德］马克斯·韦伯：《比较宗教学导论——世界诸宗教之经济伦理》，简惠美译，《韦伯作品集》V，第497页。

② ［德］马克斯·韦伯：《中国的宗教——儒教与道教》，简惠美译，《韦伯作品集》V，第67页。

③ ［德］马克斯·韦伯：《中国的宗教——儒教与道教》，简惠美译，《韦伯作品集》V，第69页。

④ ［德］马克斯·韦伯：《比较宗教学导论——世界诸宗教之经济伦理》，简惠美译，《韦伯作品集》V，第463页。

⑤ 参见 ［德］马克斯·韦伯《中国的宗教——儒教与道教》，简惠美译，《韦伯作品集》V，第71页。

义"（praktischer Rationalismus）。他描述说："没有理性的科学，没有理性的艺术活动，没有理性的神学、法律学、医药学、自然科学或者工艺学"，"与西方文明不同的是，没有其他特别是近代理性主义所具有的要素来支持官僚体系，或与之相抗衡。……准此，这个官僚体系所担纲的文化可以被作为一种实验：测试官职俸禄阶层的支配所秉持的实践理性主义，纯粹就其立场，会产生怎样的结果。正统的儒教就是在这种状况之下产生的"。[①] 仿佛儒教的担纲者，不过是家产制君主"卡里斯玛支配"的"巫术的乐园"（韦伯语）中的辛勤园丁，既不幸身陷其中，又须耐心合理地照料着那些奇花异草。韦伯也正是在这个意义上强调儒教整体上缺乏"理性"。

就儒教国家秉承的"普天之下，莫非王土，率土之滨，莫非王臣"（《诗经·小雅·北山》）观念，以及汉儒董仲舒提出并实际被延续的"屈民以伸君，屈君以伸天"（《春秋繁露·玉杯》）的政教安排而言，说儒教国家的君主是"卡里斯玛支配"类型的"君父长"有其合理性。韦伯在列举"家父长制"支配形式时说："详言之，是即家中的父、夫、长辈与氏族长者对家与氏族成员的支配；是主人与领主对隶属民、农奴与解放的奴隶的支配；是主人对家仆与家臣的支配；是君侯对其宫廷或家内的官吏、有职贵族、客与封臣的支配；是家产制君主与君父（Landesvater）对其'子民'（Untertanen）的支配。"[②] 由韦伯的列举可见，所谓"家父长制"，并非一种历史性的描述，而是一种支配类型的概括，其中的一些具体类型显然也适用于儒教国家。不过，韦伯对儒教君王的"卡里斯玛支配"的判断以及作为儒教担纲者"官僚"（"俸禄阶层"）身份和关系的判断，则是简单化的。

客观言之，在儒教国家中"皇帝"因其"天子"的地位被赋予了神性，但这所谓"天"已经历了改造，既是"百神之大君"，又是伦理化、理性化的"天道"。更进一步说，在儒教"上帝—天"的信仰中，君王的"卡里斯玛支配"地位来自这一信仰的"神道"方面；而"天"的伦理化或理性化的改造可与前者相区分并提供制约的作用，在此过程中起重要作用的便是儒教士。董仲舒所谓"屈民以伸君，屈君以伸天"，言"民"言"君"更言

---

① ［德］马克斯·韦伯：《中国的宗教——儒教与道教》，简惠美译，《韦伯作品集》V，第219页。

② ［德］马克斯·韦伯：《比较宗教学导论——世界诸宗教之经济伦理》，简惠美译，《韦伯作品集》V，第497页。

"天"，而能作此申言的是儒教的担纲者——儒教士。正如费孝通所说："在董仲舒的公式里，上是天，中是皇，次是儒，末是民。他抬出天来压倒皇权，使皇权得有所畏。谁知道天意的呢？那是师儒。"①

韦伯的问题在于，他所谓"天"，是农耕民族自然法则与巫术性仪式融合的"道"之体现。② 他关于儒教"天人合一"的理解，虽然强调其中有对自然法则的尊重（如《礼记·月令》），但更倾向于肯定其中的巫术性。如他说："中国的思维已将巫术的泛灵论调和到狄格劳特（de Groot）称之为'天人合一观'（Universismus）的体系中。"③ 此外，韦伯也基本上没有注意到儒教世界中"圣"（圣王与圣人）的信仰维度，而这个信仰的建立，正是出自所谓"巫术的乐园"中的那些辛勤园丁——儒教士。虽然我们不能简单地说，"圣"之信仰的"理性化"和"伦理化"可以等同于韦伯所说的"近代的理性主义"，但是也绝不能说那仅仅是工具性的或实用的"实践理性主义"。如我们在前文考察中所指出的那样，"天"还有经"圣人""圣王"为中介的理性沟通道路，这是"神道"之外的"圣道"。儒教士以此"圣道之天"作为价值之源并通过"圣王"理想之中介以影响和规范"天子"之"天命"。如此，韦伯所指出的君王"卡里斯玛支配"在儒教社会中趋向"伦理理性化"的深层原因，才能获得真正的说明。"士"（官僚、儒教士）与"君主"（家产制君主、皇帝）的身份和信仰关系，也才能得到更准确的把握。

韦伯对封建时代的"士"向儒教国家的"儒教士"（虽然韦伯不使用这个称谓，而常称为"家产制官僚""俸禄阶层"等）的转变也多方面的涉及，虽然其历史意识常为类型抽象方法所扰乱。不过从整体来看，他是将"士"作为中国传统社会重要"阶层"来加以说明的："中国士人正是体现文化统一性的决定性的人物"，"两千多年来，士人（die Literaten）无疑地是中国的统治阶层，至今仍然如此"。④ 在韦伯的可以认为是对起自汉代的儒教士的描述中，我们可以归纳出以下几点：（1）士具有"文献知识"和"文书教养"，

---

① 费孝通：《论师儒》，载费孝通、吴晗等《皇权与绅权》，生活·读书·新知三联书店2013年版，第44页。

② 参见［德］马克斯·韦伯《中国的宗教——儒教与道教》，简惠美译，《韦伯作品集》Ⅴ，第63页及该页注88。

③ ［德］马克斯·韦伯：《中国的宗教——儒教与道教》，简惠美译，《韦伯作品集》Ⅴ，第237页。

④ ［德］马克斯·韦伯：《中国的宗教——儒教与道教》，简惠美译，《韦伯作品集》Ⅴ，第237页。

以出仕于君王为目标；（2）士阶层通过"考试"制度成为获取俸禄的官员或官员候补者，形成一种"身份团体"，具有一种身份性的"生活样式"；（3）士具有将行政导向合理进展的实践取向和"现世的理性主义"性格，但在社会生活中同样被普通民众视为"具有巫术性卡里斯玛"；（4）士的政敌是"苏丹制"和"宦官"，前者体现为君父长个人极端的专制和独裁，后者则强化前者并常讲求巫术而带来灾难。①

应当肯定，韦伯关于"士"的分析是深入细致的，给此后的研究者以重要的启发。不过，我们需要指出的是，"儒教士"并非仅仅在"现世"领域中具有"理性主义"，而且他们也试图在信仰的领域中发扬某种理性主义，这就是"圣王—圣人"的信仰和崇拜。韦伯客观上指出了不但家产制君王具有"卡里斯玛支配"的性格，甚至家产制国家的官僚阶层也具有同样的色彩。就前者来说，当然不会有太多疑问，但后者何以如此？韦伯既诉诸对前者"分润"这样的解释，也同时指出它是由于"巫术性乐园"中民众集体意识所导致的结果。

如果回到我们对汉代儒教士的观察，亦即儒教士实际上既有"神道观念"也有"圣道信仰"，问题就很清楚了。就身份来说，儒教士虽是家产制皇帝的臣子，但又是家产制皇帝"卡里斯玛"的制约者和引导者。对此，韦伯也说："士与苏丹制之间两千年来持续不断的斗争，是从秦始皇时就开始的。此一斗争发生在每一朝代，因为有能力的统治者不断想要借助宦官与贫民崛起者，来摆脱有教养的、士身份阶层的束缚。无数对此独裁形式采取反对立场的士，为了维持其身份团体继续掌权，必须牺牲自己的生命。不过，最后而且再次的，都是士人获胜。"② 韦伯的这个观察有其客观性，但他将士人抗争的胜利归之于由干旱、日食、战败等所昭示的君主"卡里斯玛"的挫败，并视其为回归古典生活方式的努力③，则是简单化了。实际上，最有力的武器仍是儒教士所塑造的"圣王"理想和所宣示"圣道"理念所具有的政治合法性压力。因而，在儒教士与皇帝之间，存在着一种奇特的共生关系：在政治和伦理上，他们是君父与臣子；在经济上，他们是家产制国家的拥有者与经理人；在教

---

① 参见［德］马克斯·韦伯《中国的宗教——儒教与道教》，简惠美译，《韦伯作品集》Ⅴ，第五章"士人阶层"。

② ［德］马克斯·韦伯：《中国的宗教——儒教与道教》，简惠美译，《韦伯作品集》Ⅴ，第203页。

③ 参见［德］马克斯·韦伯《中国的宗教——儒教与道教》，简惠美译，《韦伯作品集》Ⅴ，第203—205页。

化和信仰关系上，后者却对前者有制约和监督作用。

事实上，儒教士与君主的关系，从"身份"和"角色"上看，也非上述概括的那样简单。从担当儒教组织和教化的功能看，传统"四民"中的"士"因其身份的过渡特征，可视为最基层的"儒教士"，退居乡野或作为候补官员的"绅"，则是乡土社会中儒教的最基本的代表，而儒教国家的各级官僚则是儒教最重要的担纲者。与韦伯的支配社会学研究所致力的类型划分和理想型建构不同，中国现代学者如费孝通、吴晗等，便极为重视据历史的考察和实证的调查，来把握儒士特别是"士绅"在儒教社会中的作用。我们可通过这一视角，进一步观察儒教士的"角色"特征。

费孝通在《论绅士》一文中，描述了封建时代"士大夫"的分化和皇权时代的"官僚"的出现。在封建制度中，大夫和士是统治阶级中最低的层级。封建解体带来"朕即国家"的大一统皇权建立，出现了作为皇帝臣仆的"官僚"。他们并不分享"政权"，但也通过皇权制度获得政治和经济上的利益；他们与皇权既合作也有对立，有限制皇权的想法而实际上并不可得。"绅士是退任的官僚或是官僚的亲亲戚戚。他们在野，可是朝廷内有人。他们没有政权，可是有势力。势力就是政治免疫性。"① 吴晗从"绅权"和"皇权"的关系说明了"士大夫"政治地位在历史上的"三变"：第一期从秦到唐，是"共存"；第二期从五代到宋，是"共治"；第三期从元到清，是"降而为奴仆"。② 吴晗的"绅士"的概念较费孝通更为宽泛，其"绅权"在相当意义上还包括对"官僚"权力的说明，可以为认识儒教士与皇权的关系提供参考。

关于"士绅"与"皇权"，费孝通的研究有两个方面的重要论述：一是"道统"与"政统"的关系以及前者对后者的屈服，二是中国乡村的基本权利结构。费孝通指出："任何一种社会结构必然包括一套意识，就是应当如此的态度。它支持着那种结构。"③ 他认为，儒家的观点是最适合皇权时代政治结构的意识形态，其中的很重要的观念就是道统，这个观念有它所根据的"社会事实"。费孝通的"社会事实"未必来自涂尔干的核心概念 social facts，

---

① 费孝通：《论绅士》，载费孝通、吴晗等《皇权与绅权》，第 11 页。
② 参见吴晗《论绅权》，载费孝通、吴晗等：《皇权与绅权》第 64—68 页。
③ 费孝通：《论师儒》，载费孝通、吴晗等：《皇权与绅权》，第 30 页。

但在理论旨趣上有相似之处——肯定它是以社会而不是以个人为基础的。在费孝通看来，传统封建制的解体和"朕即国家"的皇权制建立是历史性的社会巨变，儒家在这一过程中的文化选择有其社会性的基础。他说："儒家的理论是跟着社会事实的演变而逐渐发展的"，"道统并不是实际政治的主张，而是由士大夫阶层所维护的政治规范的体系"，"他们不从占有政权来保障自己利益，而用理论规范的社会威望来影响政治，以达到相同的目的——这种被认为维持政治规范的系列就是道统"。① 我们知道，"道统"观念是宋明新儒学和现代新儒家经常诉诸的观念，此观念可上溯至唐代韩愈，有其文化和思想的意义。不过，费孝通言"道统"更重视其政治意义，特别是政治权力架构中的作用，而不同于新儒家"伦理精神的象征"或"以心传心"的传统叙述（其实在宋明儒那里，道统也有显明的政治意义）。正因为如此，费孝通将其功能描述为"用道统来驾驭或影响皇权，以规范牢笼现实"，孔子是被抬出来作为道统的创始者的"素王"，"传承道统的被称为师儒——'道在师儒'。② 费孝通所言的"师儒"，就是我们所说的汉以后的"儒教士"。

　　基于以上的考察，费孝通以"道统"和"政统"的区分，刻画了中国传统政治的重要结构特征："实际执政的系列——政统——和知道应该这样统治天下的系列——道统——的分别是儒家政治理论的基础，也是中国传统政治结构中的一个重要事实。"③ 我们注意到，在1949年的《中国士绅》（*China's Genry*）④ 中，"政统"与"道统"，便可视为在韦伯"支配"（费孝通称之为"权威"）的意义上所作的区分。他说："社会权威和政权是不同的"，"政权"（政治权威）"通过武力获得"，"社会权威则是针对个人的准则，基于认可和共同的理解"，他说："在中国历史中，秩序建立在两个不同的层次上：民众的日常生活由社会权威来规定，衙门里则是政权的统治。除少数的暴君，衙门是不干涉民众生活的。"⑤ 由此，费孝通揭示了"道统"与"政统"的紧张和中国乡村的基本权力结构。

---

①　费孝通：《论师儒》，载费孝通、吴晗等《皇权与绅权》，第31—32页。

②　费孝通：《论师儒》，载费孝通、吴晗等《皇权与绅权》，第33页。

③　费孝通：《论师儒》，载费孝通、吴晗等《皇权与绅权》，第35页。

④　该书由费孝通于北平对美国人类学家雷德斐尔德（Robert Redfiled）的夫人玛格丽特（Margaret Park Redfiled）的口授编辑而成。参见赵旭东《逝者如斯的结构秩序——费孝通教授英文版〈中国士绅〉翻译后记》，载费孝通《中国士绅》，赵旭东、秦志杰译，生活·读书·新知三联书店2009年版。

⑤　费孝通：《中国士绅》，赵旭东、秦志杰译，第56—57页。

"道统"与"政统"的紧张，表现为前者对后者既规范、限制又妥协、屈服的关系。对此，费孝通曾分别以汉儒董仲舒的失败和公孙弘的成功为例，而有具体的说明。他甚至认为，唐代以后，中国的士人已经成为皇权的依附者，所以对之持有批评的态度。"道统"的代表者所谓"师儒"，在朝的为"官僚"，在野的则是"士绅"。在乡村的权力结构中，费孝通指出存在着"由下而上的政治轨道"，"士绅"便是这个政治轨道的中介。他归纳这种权力结构为：（1）在中国传统的权力体系中存在两个层次：上层有中央政府，下层有以士绅阶层作为管事的自治团体；（2）中央政府的权威是极有限的。由士绅管理的地方事务一般不受中央权威的干扰；（3）从法律上来讲，只有一条自上而下的传达皇帝命令的途径，但是在实际运作中，不合理的命令可以通过官府衙役或地方悬着的乡约或其他此类的媒介人物而得到反馈；（4）自下而上传递影响的机制是由士绅从政或不从政的亲属、同年的非正式压力来实现的，其影响可以直达皇帝；（5）自治团体是在当地人民的具体需要中产生的，而且享受着地方人民所授予的权力，不受中央干涉。① 笔者认为，费孝通的上述概括，基本上说清楚了传统社会权力运作的基本机制，由之可以观察"儒教士"（所谓"士绅"）在"民"与"皇权"关系中的"身份"和"功能"。对此，吴晗也有概括，所谓："官僚是和绅士共治地方的"，"往上更推一层，绅士也和皇权共治天下"。② 这里值得注意的是，费孝通所谓地方"自治团体"，实际上是建立在农业社会的基本经济关系基础上的，具体言之，即建立在地主的土地占有与农民佃作的关系上。因而所谓"治民"，同样包含与皇权国家的利益调整和争夺，有维护自身和农民的取向。

整体看来，中国早期的社会学者多从社会关系特别是权利关系、经济关系方面讨论"儒教士"（在朝的"士"和在野的"绅"）与"君主"及"民"的关系，涉及信仰关系的问题不多，与韦伯的考察形成了鲜明的对比。如费孝通在讨论官僚、士绅与皇权国家的关系时，将"道统"描述为"规范带来的权威"，在讨论"道统"对"王权"的限制时，或将"道统"的规范诉诸"天"之灾异启示，强调"奉天以制约皇权企图的流产"③，或将道统之"道"

---

① 参见费孝通《中国士绅》，赵旭东、秦志杰译，第68—69页。

② 吴晗：《论绅权》，载费孝通、吴晗等《皇权与绅权》，第63—64页。

③ 费孝通说："孔子呼天，这个天是空洞的"，而到了董仲舒，"这个天却被请出来干涉人事"，"灾异说发展到不利皇权时，先就受到压迫"。参见费孝通《论师儒》，第42—45页。

视为一种存在于"真际"而无法落实于"实际"的"道理"①。费孝通的一段话也许能够告诉我们，何以不太多言"教"方面的问题。他说："如果董仲舒再走一步，也许可以到宗教的路子上去，就是由师儒来当天的代表，称为牧师，或主教。师儒再加组织，形成一个教会，获得应归于上帝的归之于教会的权柄，发展下去，可以成为西方的政教关系。但是这并没有发生在中国的历史上。"② 这里有宗教比较的眼光，但无疑是以西方宗教为标准来看待"儒教"。在有关"道统"对民间社会的影响和作用时，费孝通提示"天"之灾异说的影响："灾异说虽则没有做到控制皇权之功，但是却给民间一个重大的刺激，因为这种理论把皇权的绝对性给打击了。如果'天厌之'时，皇权就得改统。"③ 这一点当然重要，可惜其说明仅停留在这里。

作为儒教社会的"文化担纲者"，"儒"在儒教的信仰系统、价值系统和政教系统中都具有中坚的地位，其"身份"处于"君主"和"民"之间，具有广泛的功能作用。关于"儒"（韦伯所言的"家产制官僚""俸禄阶层"，费孝通、吴晗所说的"士绅""师儒"等），在社会的经济活动及其系统中的"身份"特征，在家族、乡村、城镇之社会组织中的"角色"功能，海内外诸多研究成果有丰富的说明。比较而言，中国本土的社会学的研究能够更为切近地观察其中的"社会事实"，也能够较为直接地把握其近代以来的变迁。就儒教"身份—角色"的系统研究来说，这里所牵涉的组织问题以及与社会诸系统的关联等问题很多，难以作更细致具体的考察。

不过，需要具体说及的一点是，在中国传统的皇权国家或儒教社会中，"儒"除了在朝的"官僚"和在野的"士绅"之外，还有最基层的"士"。吴晗的"士绅"研究便特别关注基层的"士"的地位，如"寒族""寒士"，对他们的社会身份及功能角色的考察也极具意义。④ 我们接下来讨论"民"之身份和角色时，将通过考察"四民"中的"士"再加以说明。在此要提醒的是，这些基层之"士"是儒教社会的重要的"身份"要素之一，因其在身份关系中的特殊位置而具有特别的"角色"功能。甚至那些脱离儒教社会或逸

---

① 参见费孝通《论师儒》，载费孝通、吴晗等《皇权与绅权》，第41页。这个说明应受到冯友兰区分"真际"与"实际"的"新理学"哲学的影响。

② 费孝通：《论师儒》，载费孝通、吴晗等《皇权与绅权》，第44页。

③ 费孝通：《论师儒》，载费孝通、吴晗等《皇权与绅权》，第45页。

④ 参见吴晗《再论绅权》，载费孝通、吴晗等著《皇权与绅权》，第75—80页。

出儒教信仰的"身份",也多出于它。"社会变迁,特别社会解组会导致文化一致和群体一体化的某种丧失,并使人们重新'寻找共同体'——寻找他们可以追随的新的价值观和可以依附的新的群体,而这也就意味着信仰的改变——即接受新的宗教。"① 历史上,"逃儒入道""逃儒入佛""弃儒就贾"甚至揭起民间宗教而反叛既有秩序的所谓"挟道作乱",多出自这一社会身份。这是我们考察儒教"儒"之身份和角色时最后要提及的。

二 作为"身份—角色"的"民"

"民"在传统中国儒教社会中,是社会有机体的最重要的组成部分。"民"也是我们儒教社会系统研究所要重点考察的"身份"与"角色"。

对"民"之本义及其历史变化的考察,可以帮助我们一般地了解儒教中"民"之身份与角色状况。就"民"之字义来说,传统的解释往往不脱许慎《说文》"民,众萌也"的说明。"众",言其数量多,而"萌"的传统解释是同"盲",如《广雅·释言》"民之为言萌也,萌之为言盲也",亦如段玉裁说"犹懵懵无知见尔"②。这种解释,视"民"为"盲目"或"懵懵无知"的需要教化的人。此义在汉代及以后颇为流行,如董仲舒"民之号,取之瞑也","譬如瞑者待觉,教之然后善"(《春秋繁露·深察名号》),如孔安国"民者,冥也,当以渐教之"(《尚书正义·君陈》)。但"民"何以同"萌",并训为"盲",也孰不可解。今人关于"民"的古文字研究,因甲骨文、金文和战国帛书材料的帮助,有了新的进展。

商承祚在摹写和释读 1942 年长沙子弹库出土战国帛书时指出:"民为萌之本字,金文作𣱏、𣱏、𣱐象种子冒地而出,上肖子叶,下为其根,引申为凡草木萌芽皆谓之民。民人之民乃借义。"③ 商承祚还提到"有以𣱏为左目形而有刃物以刺之,乃盲其左目以为奴隶之总称",而他自己的看法则是:"民为萌直接产生的文字,当无可疑,后义不能先于先物先义。"④ 这里所说的"盲

①　[美]托马斯·F. 奥戴(O'Dea, T. F.)、珍妮特·奥戴·阿维德(Aviad, J. O'Dea):《宗教社会学》,刘润忠译,中国社会科学出版社 1990 年版,第 119 页。
②　(汉)许慎撰,(清)段玉裁注:《说文解字注》,第 627 页。
③　商承祚:《战国楚帛书述略》,《文物》1964 年第 9 期。引文中"上肖子叶",原文如是,疑应为"上肖枝叶","子叶"不可解,如"子"指"种子",也不应是"上肖"。——引者注。
④　商承祚:《战国楚帛书述略》,《文物》1964 年第 9 期。

其左目"的释义，出自郭沫若的《释臣宰》一文。郭沫若从"民"的金文字形出发，作出以下说明：

> 民字卜辞未见，即从民之字亦未见。殷彝亦然。周代彝器，如康王时代之《孟鼎》已有民字，曰"遹相先王受民受疆土"，其字作，《克鼎》"惠于万民"作，《齐侯壶》"人民"作，均作一左目形而有刃物以刺之。古人民盲每通训，如《贾子·大政下》篇"民之为言萌也，萌之为言盲也"。今观民之古文，则民盲殆是一事。然其字均作左目，而以之为奴隶之总称。且周文有民字而殷文无之（《商书》《盘庚》和《微子》诸篇虽有民字，然非古器物，不能据为典要）。疑民人之制实始于周人，周人初以敌囚为民时，乃盲其左目以为奴征。臣民字均用目形为之。臣目竖而民目横，臣目明而民目盲。此乃对于俘虏之差别待遇。……秦始皇帝喜听高渐离之击筑而霍其目，恐即古人盲目之遗义也。①

商承祚与郭沫若关于"民"之本义的解释，其分歧在于对金文字形的象形解释上。商认为该字象"种子冒地而出"，郭认为乃象"一左目形而有刃物以刺之"。哪一种说法正确？就金文字形来说，关键在于金文"民"上部的字形究竟象萌发的"叶"还是"左目"，实难确定。不过郭说提供了彝文释例，为商说所无，似更为有力。

然而，对郭沫若"民字卜辞未见"说，林洁明有不同认识。他肯定了郭沫若关于金文"民"为象"一左目形而有刃物以刺之"的释读，但认为甲骨文中的等，乃"民"，因而郭沫若"疑民人之制实始于周人"便不成立，亦即"民"字在殷商时期便已经存在。② 从林洁明所举的甲骨文字形来看，确为"刺目"之象。这样，郭沫若关于"民"、原为"奴隶之总称"的说法仍能够成立。虽然，关于是否能释读为"民"字，在甲骨文研究的学者中间并无一致的意见③，但"民"指等级较低且为数众多的一种社会身份，则是

---

① 郭沫若：《郭沫若全集·考古编》第 1 卷，科学出版社 1982 年版，第 70—72 页。

② 参见周法高主编《金文诂林》，香港中文大学出版社 1975 年版，第 12 册，第 6881—6882 页。

③ 如徐中舒主编的《甲骨文字典》，便称该字"从木，从十，所会意不明"。《甲骨文字典》，第 368 页。

各种解释都承认的。

进一步结合历史的考察，对"民"的社会身份与社会关系，可以获得具体的历史的判断，这是把握儒教社会中"民"之身份与角色的基础。

杨宽对西周春秋的乡遂制度和社会结构的研究，提供了历史地认识"民"之身份的具体线索。杨宽指出："乡遂制度，是西周春秋间社会结构的重要特征之一。'乡'与'遂'不仅是两个不同的行政区域，而且是两个不同阶层的人的居住地区。"① 按照《周礼》，周天子王城的城郭以内叫作"国中"，城郭以外的周围地区为"郊"，"郊"以外为"野"。所谓"乡"乃"郊"中设置的行政区域。在"郊"以外和更广阔的"野"之间的则是"遂"。"乡"与"遂"之居民虽然都可以统称为"民"，但有所不同，"遂"的居民有特殊的称呼，叫"甿""氓"或"野民""野人"，是农业生产的主要担当者，是被统治者；"乡"的居民称为"国人"，具有国民的身份，主要负担军赋、兵役和劳役，有参与政治、教育、选拔的权利。"乡"之居民多采聚族而居的方式，其关系在一定程度上仍以血缘关系作为纽带，而"遂"更多地体现为一种地域关系。② 杨宽还进一步考察了春秋时期各诸侯国如齐国、鲁国、宋国等国"乡遂制度"的遗存，得出的结论是："当时的社会结构，主要是由贵族、国人、遂人、奴隶组成。"③ 这里特别需要注意的是，"'国人'是贵族中基层的下层，属于'士'一级，既是国家军队中的甲士、战士，又是贵族基层的支柱"④。

虽然古文字与古文献的研究者多肯定战国以后"民"与"氓""甿"的混用，显示了战国以后上述"民"之复杂身份区分的逐渐模糊或有所混同，但杨宽的历史考察，为我们了解战国以后"民"之变迁，特别是儒教社会中"四民"说，提供了重要线索。

"四民"之说起自先秦，秦汉以后的中国社会，"四民"之分渐成社会的事实。《春秋谷梁传·成公元年》："古者立国家，百官具，农工皆有职以事上。古有四民：有士民，有商民，有农民，有工民。"⑤《国语·齐语》记载桓公问"成民之事若何？"管仲回答："四民者，勿使杂处，杂处则其言哤，

---

① 杨宽：《西周史》，第 395 页。
② 参见杨宽《西周史》，第 396—404 页。
③ 杨宽：《西周史》，第 423—424 页。
④ 杨宽：《西周史》，第 424 页。
⑤ （清）阮元校刻：《十三经注疏（附校勘记及识语）》，下册，第 2147 页中栏。

其事易。"桓公又问"处士、农、工、商若何?"① 所谓"处"就是"定民之居"与"成民之事"。徐元诰注曰："谓使四民各居其职所也，若工就官府，农就田野，所以成其事情也。"② 可注意的是，这里的"四民"乃"士、农、工、商"，其次序与《谷梁传》所言的四民次序不同。显然在桓公和管仲这里，士、农较之工、商更为重要，重士、重农的特征非常明显。如果联系前述杨宽对西周春秋社会结构的考察，士与农正是乡、遂之"民"，其原先的社会组织和身份就非常基本和重要。管仲对如何"处民"作了非常细致的说明，所谓"昔圣王之处士也，使就闲燕；处工，就官府；处商，就市井；处农，就田野"：

> 令夫士，群萃而州处，闲燕则父与父言义，子与子言孝，其事君者言敬，其幼者言弟。……夫是故士之恒为士。
>
> 令夫工，群萃而州处，审其四时，辨其功苦，权节其用，论比协材，旦暮从事，施于四方，以饬其子弟，相语以事，相示以巧，相陈以功。……夫是故工之子恒为工。
>
> 令夫商，群聚而州处，察其四时，而监其乡之资，以知其市之贾，负、任、担、荷，服牛轺马，以周四方，以其所有，易其所无，市贱鬻贵。……夫是故商之子恒为商。
>
> 令夫农，群聚而州处，察其四时，权节其用，耒、耜、枷、芟，及寒，击菒除田，以待时耕；及耕，深耕而疾耰之，以待时雨；时雨既至，挟其枪、刈、耨、镈，以旦暮从事于田野。……夫是故农之子恒为农，野处而不匿。其秀民之能为士者，必足赖也。有司见而不以告，其罪五。有司已于事而竣。③

有趣的是，管仲在讨论"处民"的问题时，"四民"的次序又变为士、工、商、农。其原因在于所谓"处民"乃"勿使杂处"，"杂处则其言哤，其事易"，而士、工、商颇具流动性，相较于农，易杂处，喜议论，善取巧。所以

---

① 徐元诰撰，王树民、沈长云点校：《国语集解》（修订本），第219页。
② 徐元诰撰，王树民、沈长云点校：《国语集解》（修订本），第219页。
③ 徐元诰撰，王树民、沈长云点校：《国语集解》（修订本），第219—222页。

士、工、商、农的次序，并非从身份的重要性言之，而是从社会治理的需要着眼。

管仲的"四民"之说，言之或甚早，但其眼光和逻辑，贯穿了此后两千余年来民之社会组织和社会治理。我们甚至可以说，考察儒教社会中民之"身份"与"角色"，便可以以此为基点。在"四民"说中，无论就身份还是角色来说，士与农都是最重要与最基础的。就"四民"之间的关系来说，士、工、商之子恒为士、工、商，而农之子虽恒为农，但其中的"秀民""能为士"，在阶层上升上是开放的（当然士也可以下降为农甚至工、商，这是从阶层下降的一端来说的）。

管仲的"四民"说，直接说明了统治者与民的统治与教化关系，所谓"处民""使民""令民""定民""教民"等。这种社会关系也一直贯穿于两千余年的中国社会之中。"教民""安民""富民"之说，先秦孔孟多有言之，亦耳熟能详，兹不再述。这里特别提及先秦后期大儒荀子的观念。《荀子·王制》言"为政"，反复说明了"治民""养民""教民"的道理和方法，所谓：

> 天地者，生之始也；礼义者，治之始也；君子者，礼义之始也。……故天地生君子，君子理天地。君子者，天地之参也，万物之摠也，民之父母也。……君君、臣臣、父父、子子、兄兄、弟弟，一也；农农、士士、工工、商商，一也。①

荀子的天道观、人性论在后世儒学的发展中多受诟病，也不占据主流地位，但其"明分使群"、礼法并重的社会政教观念与制度安排，实际上深刻影响了两千余年来的中国儒教社会。荀子所谓"分类"而教，"以类行杂""以一行万"，乃后世不变的"治民""教民"之道。对"四民"来说，乃"农农、士士、工工、商商，一也"，即以礼义法度教化之、规范之。管仲的"处民"与荀子的"类民"，都是将"民"作为治理和教化的对象。"民"之这一身份与地位，在后世基本没有改变。谭嗣同在《仁学》中批评荀学"冒孔子之名，以败孔子之道"，主要集中在"法后王、尊君统"和"喜言礼乐政刑"之"箝制束缚"，故有"二千年来之政秦政也"，"犹利取以尊君卑臣愚黔首"，

---

① （清）王先谦：《荀子集解》，《诸子集成》，第3册，第192—193页。

"二千年来之学，荀学也，皆乡愿也"的批判①，未尝不揭示了儒教社会中的君民关系与民之地位。至于面对晚清之世儒教的困局，说"耶教有民，孔教无民"②，也是愤激之辞。

客观言之，无论是管仲的"处民"还是荀子的"类民"，其"四民"的分疏，在实际的历史开展过程中并非那样简单。在儒教建立的汉代，以至于魏晋南北朝时期，杨宽所描述的西周、春秋时期作为民之最底层的"奴"民仍然存在。这体现了历史发展的惯性以及农耕时代社会关系演进的蠕缓，正如"封建"这种政治社会关系在此阶段仍然有顽固的残存一样。不过，虽有传统的遗存，在儒教社会中，"四民"实具有新的特征。

瞿同祖曾细致分析过汉代社会存在的"阶级"。他说："汉代社会存在许多阶级，每个阶级就是这样一群人，这些人出身于身份或者——借用马克斯·韦伯和其他一些社会学家的术语来说——等级地位（status position）大体接近的家族。"③ 根据身份、财富、权利这些基本维度，瞿同祖将汉代社会的"阶级"划分为七种：皇室与王室、贵族、官员、宦官、平民、客、奴婢。关于"平民"，瞿同祖同样也以"四民"为分类，并引历史材料加以说明。除了在一般意义上肯定汉代士人、农民较工匠、商人地位要高之外，其说明中最应当关注的是对"士"的分析。瞿同祖指出：

> "士"这一用语，就其广义来说，包含了已经进入官场的读书人和身为平民的读书人。因为绝大多数的官员都曾经是读书人，并且许多人在做官之后仍是学者，所以"士""官"之间的区分并不明确，两者经常有交叠的现象发生。但"士"就其狭义来说，则仅指那些专精于读书或者教授而尚未跻身于官场的人。在这些人里面既有热心仕途者，也有不热心于此道者。而一旦他们踏上仕途，就不应该再看作是"士"，而应该看作是"官"。④

我们在本章第二、三两节关于"儒士"与"儒教士"的分析中，说明了

---

① 谭嗣同著，张玉亮汇校：《仁学》（汇校本），浙江古籍出版社 2021 年版，第 97—98 页。
② 谭嗣同著，张玉亮汇校：《仁学》（汇校本），第 26 页。
③ 瞿同祖：《汉代的社会结构》，上海人民出版社 2007 年版，第 71 页。
④ 瞿同祖：《汉代的社会结构》，第 106 页。

"士"之阶层在汉代儒教社会的身份与精神转型。但就作为"四民"之一的"士"来说，瞿同祖的描述实际上揭示了"士"之身份的过渡性。"士"一方面有民的身份，另一方面可以上升为官甚至累世为官而有"士族""世家"。这实际上是说明了儒教社会中"士"之身份与社会关系的过渡性。

从信仰的维度说，儒教中的"儒教士"实具有中介作用，儒教信仰落实于普遍社会，也依赖于"士"（无论是在民还是在官）的作用。此外，"四民"中"士人"与其他身份的关系，瞿同祖也有进一步的说明："士，之所以位于四民之首，原因在于，他们是惟一从事脑力劳动的人群"，"尽管从法律上讲，农民也可以做官，但由于经济上的贫困，也由于无暇学习，因此绝大多数的农民都没有文化，他们被举荐做官的机会也是微乎其微"。① 至于"工"与"商"，在汉代社会有直接针对"商"的限制措施，如汉高祖的"商贾之律"。"工"则按照管仲"处民"的设计，往往也是由官府直接或间接地控制。

我们可以确认，在儒教社会中，"士"和"农"是"民"这一阶层中最重要的两个身份。我们在考察"民"之"身份"和"角色"时，也应以他们为主要对象。

历史地看，在儒教社会漫长的历史过程中，"四民"的"身份"以及对之的认识也有一些变化。此变化在制度上的表现，便是"科举制"的施行。这个制度的前身及其历史发展，吕思勉在《中国制度史》中以"选举"为专题有详细的历史考察和文献引证②，关于"科举制"对于唐宋以后儒教社会身份关系的调整，也有繁多的研究成果可参看，对此我们不再作具体的讨论。

这里要关注的是宋以后"民"之观念的变化，主要是试图调和传统"四民"说对工、商的贬抑。如明代王守仁提出著名的"四民异业而同道"说。这种"新四民"说③，有社会的（主要社会经济发展的需要）、思想的（如阳明所谓"道"，是人人具有的"良知"之心）动因，乃至立教对象（阳明心学重以"四民"为对象，泰州王艮继承并发扬之）的原因。"身份"的变化，

---

① 瞿同祖：《汉代的社会结构》，第106、116页。

② 参见吕思勉《中国制度史》第十五章"选举"，实际"科举"对于儒教社会系统中的"儒教士"之"身份—角色"也有重要影响，亦可参见第十四章"官制"。

③ 余英时在《中国近世宗教伦理与商人精神》一文中将王阳明的前述说法概括为"新四民"说，参见余英时《士与中国文化》，第525—540页。

主要体现为"士"除了向上流动之外，"士"之身份的下降，也是经常的现象，这种现象实受经济、社会等多方面因素的影响。如刘晓东从"生存状态的视角"考察了明代的世人社会，认为由于"经济生活的贫困与经济地位的相对底下""科举渐重与士人社会出路的狭窄""士人人格精神的消解与社会责任的退化"等，导致了实际上的"地位相悖"与"身份悬浮"。① 此外，底层"士人"存在着"身份"混合，也是长期普遍的现象。所谓"耕读传家"，读书为士，就耕为农，因而身份的转换实际上非常自然。在"民"之内部流动性增强的时代，也会出现士之身份向工、商阶层，特别是商人阶层的转变。如明清徽州等地区大量出现的"弃儒就商"现象等。②

　　不过，就两千余年儒教社会"四民"的"身份"来说，我们应当肯定其主要的特征仍然是稳定的："四民"是社会的基层，是被统治与教化的对象；"士民"和"农民"被作为"四民"的中坚，是儒教社会的基石；"四民"中"士民"和"农民"具有向上流动的权利，但"士民"最有实际可能；士农工商之间，在具体的历史条件下有身份的流动，但主要体现为士之身份的下降，虽然不乏"以儒饰贾"乃至"贾而好儒"的情况。

　　以上我们对"民"在儒教社会中的"身份"作出考察。虽然在"角色"即社会关系的功能方面，我们仅从外部说明了"民"之被统治与教化的地位，但是我们明确了"民"之身份要素与外界的关联通道，这就是"士"，以及确认了"士民"与"农民"之儒教社会之"身份"的基层地位与基石作用。这为我们进一步把握儒教社会系统中的"民"之"角色"提供了条件。

　　虽然在儒教中国的社会关系上，"民"是被统治和教化的对象。但就社会"角色"之功能意义来说，"民"既是"治"的对象和"教"的施受者，也反过来对于"治"和"教"发挥作用。如"君主"与"民"，二者之间的社会关系是"治"与"被治"的关系，在实际的政治过程中则处于"对待"关系。身处中国传统政治的人都清楚其中的关联。《荀子·哀公》记孔子言"治"之道："君者，舟也；庶人者，水也。水则载舟，水亦覆舟"，便是最

<hr />

① 参见刘晓东《"地位相悖"与"身份悬浮"——生存状态视角下的明代士人社会地位刍议》，《社会科学战线》2003 年第 2 期。

② "弃儒就商"或"弃儒就贾"，乃明清之际徽州、江南地区出现的一种社会现象。相关研究的评述可以参见梁仁志《"弃儒就贾"本义考——明清商人地位与士商关系研究之反思》，《中国史研究》2016 年第 2 期。

好的比喻。基层的社会宗法组织及其相应施设，如祠堂、私塾、书院、家训、族规、乡约以及经济生活中的赈灾、慈善及城镇经济活动中的行会、商会等自治团体，便从社会生活和经济活动两方面说明了"民"之于"治"的另一方面功能。就儒教所施之"教"的信仰内容来讲，核心的是"神道"和"圣道"（为后期儒教所强调），但此"教"要渗透于日常的社会和伦理生活之中，既需要"儒"的中介，更赖"民"在具体家庭生活和社会活动中的奉行。而普遍存在的民间信仰特别是与"神道"的混杂，也使得儒教之"神道设教"成为必要，且以"神道助教"方式广泛地存在于"民间"社会。由此亦可见"民"之"角色"在儒教信仰领域的功能和作用。

最后要补充说明，"民"之社会"角色"有其经济功能。此功能是通过"家庭"乃至"家族"由"四民"所承担，奠定了两千余年来持久不变的儒教社会的经济基础。此前，我们考察韦伯儒教分析所提出的以"家产制君主"为顶端构成的经济关系谱系时，已经关注这个问题。瞿同祖对汉代社会结构的分析，便特别考察"家族的经济功能"。在他的分析中，家庭是一个生产单位，存在着某种形式的生产分工，亲属之间在经济上互相协助、相互帮助，家庭或者宗族还有为其成员提供慈善救助的功能。[①] 当然，如我们已经提到的，如果扩大开来看，"家庭"和"家族"还有其宗法、教育甚至法律和军事的职能。就"民"之社会生活和经济活动的诸多方面，20 世纪以来的历史学和社会学的已有分门别类的细致研究，本节不再具体涉入。与儒教社会系统研究的相关问题，我们将在下一章讨论儒教的社会嵌含与"结晶化表现"时，还会有所说明。

---

① 参见瞿同祖《汉代的社会结构》，第33—35页。

第六章　儒教的社会嵌含与"结晶化表现"

在本书绪论部分关于"儒教形态"的"引言"中，我们提出应将儒教在社会生活中的"结晶化"作为考察内容。正如涂尔干所说："我们知道，社会生活具有一种既使自己保持同一性又能使自己结晶化的特性。"①在第二章第三节就儒教作为"一个社会系统"的讨论中，我们指出，根据中国传统社会及儒教传统的基本事实，此"结晶化表现"是嵌含（embedding）在社会中的。对于这个特征，杨庆堃在中国宗教的社会学考察中曾以"弥散性"作过指认。当代的中国儒学或儒教研究，大多注意到儒教似乎不具有一套独立的"组织"，也没有一套区分于世俗制度的"制度"。无论如何看待这一现象，总会持有将儒教与其他"制度性"宗教（如中国的佛教、道教；西方的犹太教、基督宗教和伊斯兰教等）作比较或区分的眼光。就将儒教作为"社会存在"并对其"社会系统"加以分析的研究来说，我们并不立足于这个比较性的视角或预设，而是从儒教嵌含于传统社会这个事实出发予以揭示，并对其"结晶化表现"作出说明。

在本章中，我们首先对当代"嵌含"理论及方法作简要的说明和分析，并讨论其运用于儒教形态研究的适切性。其次，将考察儒教社会嵌含中的"结晶化表现"，并对儒教社会系统因内部的紧张和外部冲击所导致的"脱嵌"作出说明。关于儒教的"结晶化表现"诸多具体方面，以及内部紧张和最终的"脱嵌"，由于所涉问题的复杂性，也由于本书的篇幅所限，这里的讨论很难作到具体和充分。我们的目标是要在儒教社会嵌含的认知及其方法上作一些探索。这是本章开始时需要说明的。

---

① ［法］涂尔干：《社会学方法的准则》，狄玉明译，第63页。

第一节 "嵌含""脱嵌"运用于儒教形态研究的适切性

我们所说的"嵌含"以及与之关联的"脱嵌",与近数十年来经济社会学研究的讨论有关。在本节中,我们首先讨论"嵌含"与"脱嵌"概念及其相关方法对于儒教形态研究的适切性。在此基础上,进一步考察儒教的社会"嵌含"问题。

"嵌含"(Embeddedness),最早为波兰尼(Karl Polanyi)所使用,格兰诺维特(Mark Granovetter)则使它成为20世纪80年代以来经济社会学最具理论效应的概念。需要说明的是,Embeddedness 在汉语中有多种译名,如"镶嵌""嵌入"等,这里的"嵌含"译法,出自黄树民的波兰尼《巨变——当代政治与经济的起源》的中译本。笔者认为,"镶嵌"与"嵌入",皆有机械结合的意味,也多少有些同义反复,而"嵌含"的译法更能细致入微地传达出某种交涉与包含的意义。这种意义,对于说明儒教与其所置身的社会以及儒教社会系统诸系统之间的关系,具有启发性。

波兰尼在1944年出版《巨变——当代政治与经济的起源》一书中,批评了18世纪以来由亚当·斯密《国富论》开启的"市场"与"经济人"假设,即"社会分工有赖于市场的存在"以及市场法则的建立基于人类图利嗜好的自然本性。波兰尼指出:"终极来说,这意味着社会的运转只不过是市场制的附属品而已,这就是何以市场对经济体制的控制会对社会整体产生决定性的影响,即视社会为市场的附属品,而将社会关系嵌含于经济体制中,而非将经济行为嵌含在社会关系里。"[1] 通过对人类历史上经济活动的考察,并引证人类学家对原始部落的观察,波兰尼强调:"就一般而言,人类的经济是附属于其社会关系之下的"[2],"直到我们自己的时代之前,市场只不过是经济生活的附属品。一般而言,经济体制是包容于社会体制之内的"[3]。这就是他的"经济行为嵌含于社会关系"的判断。不过,正如弗雷德·布洛克(Fred Block)所指出的那样,这个批判,却使一些人误读了波兰尼的观点。他们误

---

① 〔匈〕波兰尼:《巨变——当代政治与经济的起源》,黄树民译,社会科学文献出版社2017年版,第110页。

② 〔匈〕波兰尼:《巨变——当代政治与经济的起源》,黄树民译,第96页。

③ 〔匈〕波兰尼:《巨变——当代政治与经济的起源》,黄树民译,第123页。

以为波兰尼宣称 19 世纪资本主义的兴起，导致经济体制成功地从社会中"脱嵌"（disembedded）出来，并主导社会。"波兰尼确实说过，古典经济学者希望建立一个能从社会中脱嵌的经济体制，而且他们也鼓励政客们如此做。但波兰尼也强调他们无法也不可能达成此目标。他一再强调，一个脱嵌且完全自律的市场经济只是空想，不可能存在。"① 因而，"脱嵌"这个概念，在波兰尼这里，仅仅是与"嵌合"相对的假设性概念。波兰尼所要说明的是："嵌含"是经济与社会的普遍关系。

格兰诺维特将"嵌含"概念引入经济社会学的研究中，有着自己的问题意识。他在《经济行动与社会结构：嵌含问题》中说，他并不试图将问题局限于非市场社会之中，而是"以现代社会的问题来显示出嵌含观点的价值"②，概括言之即对"经济行动嵌含于社会结构"的具体分析和说明。其要旨在于："将人看作是嵌含于具体的、持续运转的社会关系之中的行动者，并假设建立在亲属或朋友关系、信任或其他友好关系之上的社会网络维持着经济关系和经济制度"，"不仅个体的经济行动受到社会关系网络的影响，经济制度等更大的经济模式同样莫能例外"。③

简单比较可以看出，波兰尼与格兰诺维特对"嵌含"问题的讨论，有着共同之处，这就是反对古典经济学的"市场"和"经济人"假设，强调人的社会本质以及市场嵌含于社会。不同之处在于，从研究层次上看："如果说波兰尼的取向停留于社会理论层面的宣称的话，那么，格兰诺维特的取向则是一个试图连接宏观与微观的中层理论，更容易在经验研究中得到运用。前者是思想性的，虽能给人们带来诸多智识上的启发，但难以作为分析性和操作性的概念工具应用到具体的经验研究；而后者是分析性的，旨在探讨行动者（个体抑或组织）如何嵌入处于社会下位的关系网络或政治文化，对解决中、微观的具体问题富有助益。"④

① ［匈］波兰尼：《巨变——当代政治与经济的起源》，黄树民译，弗雷德·布洛克"导论"第 23 页。

② ［美］格兰诺维特：《镶嵌——社会网与经济行动》，罗家德译，社会科学文献出版社 2007 年版，第 3 页。在该译本中，Embeddedness 被译为"镶嵌"，为统一译法，具体引文中则改为"嵌含"。

③ 符平：《"嵌入性"：两种取向及其分歧》，《社会学研究》2009 年第 5 期。为了保持前后概念使用的统一，在具体引文中，我们以"嵌含"替代"嵌入"。

④ 符平：《"嵌入性"：两种取向及其分歧》，《社会学研究》2009 年第 5 期。

我们注意到，在格兰诺维特之后，关于"嵌含"问题还有多方面的拓展。如在分析框架上，除格兰诺维特所发展的"关系嵌含""结构嵌含"外，还有"认知嵌含""文化嵌含""政治嵌含"等。[①] 此外，在经济社会学的讨论中，"嵌含"的社会情境即社会网的分析也非常盛行。格兰诺维特与斯维德伯格（Richard Swedberg）在为《经济生活中的社会学》所写的"第二版导论"中强调："经济行动是社会情境中的行动，即嵌入社会的行动"。他们指出："简言之，经济行动是'嵌含'于持续存在的个人关系网络的，而不是由分裂成原子的个人完成的。我们用'网络'意指，个人或群体间有规则的一套联系或社会关系。另外，行动因网络成员而被嵌含，因为它表现在与其他人的互动之中"，"'网络'的概念对于经济社会学的分析特别有用，因为它非常接近于具体的、经验的事实"。[②]

波兰尼与格兰诺维特经济社会学中的"嵌含"（也包括"脱嵌"）的概念，在何种意义上适用于儒教形态的研究，需要具体分析和说明。在一般的意义上，我们不涉及对波兰尼与格兰诺维特相关概念和理论的深入讨论与比较。我们关注的问题是，他们对经济"嵌含"于社会的洞察和分析，在理论和方法上，是否对认识儒教形态有所帮助。

经济社会学的"嵌含"概念，在"人"与社会关系的认识上，在对社会学意义上的"社会事实"的理解上，与我们的儒教形态研究是契合的。波兰尼与格兰诺维特对"经济人"假设的否定，蕴含了对"原子式"个人设定的批判。这种设定在经济学上表现为"方法论个人主义"，即"它从个人出发，而且从他或她的行动出发去构想厂商、社会制度和其他宏观现象"，"首先，个人从来不是孤立的，而是与其他个人和群体经常接触的。其次……他一出生就进入先赋的社会世界之中，而且这意味着，当个人出生时，复杂的社会结构总是存在的，而且是经由历史逐步形成的。再次，社会事实，包括社会结构不可能参照个人动机或偏好次序加以解释"[③]。直接的比较便可以看出，

---

① 参见兰建平、苗文斌《嵌入性理论研究综述》，《技术经济》2009 年第 1 期。为了保持前后概念使用的统一，在具体引文中，我们以"嵌含"替代"嵌入"。

② ［美］格兰诺维特、斯维德伯格编著：《经济生活中的社会学》，瞿铁鹏、姜志辉译，上海人民出版社 2014 年版，第 12 页。在该译本中，Embeddedness 被译为"镶嵌"，为统一概念使用，具体引文中改为"嵌合"。

③ ［美］格兰诺维特、斯维德伯格编著：《经济生活中的社会学》，瞿铁鹏、姜志辉译，第 11—12 页。

这里的观点与涂尔干对"社会事实"的分析是一脉相承的。而我们对儒教作为一种"社会事实"的考察也曾经说明，儒教的"人"之规定，也是在社会关系中生成的，无论是个人或某一身份群体，其存在理解、文化信仰和所身处的历史社会条件也是先在的。

　　波兰尼与格兰诺维特对经济"嵌含"于社会的认识，是一种历史的和实证的研究（虽然有不同的时代侧重，在分析上也有层次的差别），与儒教形态研究有相契合之处。儒教形态研究同样是历史的与社会的，对其加以认识不能"以观念代替实在"（涂尔干）。我们关于儒教历史生成的考察，以及关于儒教"社会系统"诸方面的分析，已经显示了儒教"嵌含"于社会的诸多特征。当然，能否以"嵌含"来说明儒教与中国传统社会的关系，最重要的根据在于：这是否符合历史的事实。我们不必像波兰尼、格兰诺维特在普遍意义上强调"经济嵌含于社会"那样，来说明任何宗教或文化传统都嵌含于自身的社会。我们只需要说明儒教与中国传统社会，是否具有"嵌含"关系。

　　符平指出，波兰尼"市场嵌含于社会"可以沿着"实体嵌含"和"形式嵌含"两条思路来理解。"实体嵌含"指市场作为现代社会的一个有机组成部分，"深埋于社会结构之中而体现出相当的社会性，究其本质是作为一种特定的社会构件（social component）而存在"；"形式嵌含"，则是将市场看作经济生活的一种特定组织形式或纯粹的经济关系和制度，"虽与社会有着各种各样不可分割的关联，受其他社会因素的影响和制约，但却是社会的非有机组成部分"，而波兰尼"实事上却是从市场作为社会构建的实体嵌含来阐释市场与社会关系，即承认市场虽是经济的，但它更是社会的，从社会结构中衍生出来，属于社会经济子系统的一部分，两者相生而不相克"①。

　　在此也须说明，当以"嵌含"来说明儒教与中国传统社会的关系时，我们所持也是"实体嵌含"的立场。因为我们通过历史的考察和儒教作为"一个社会系统"的结构功能的分析，也可以看出"儒教"正是中国传统社会的有机组成部分（无论是作为观念还是组织的构件），它与传统社会结构是互容甚至是相生的。我们甚至还可以进一步地指出，在中国传统社会中，不仅仅表现为"儒教嵌含于社会"，在某些方面也表现为"社会嵌含于儒教"。这种儒教与社会"互相嵌含"（互嵌）的特征，并不能与现代社会中"经济嵌含

---

① 符平：《"嵌入性"：两种取向及其分歧》，《社会学研究》2009年第5期。

于社会"作简单地类比,特别是当代经济社会学往往倾向于以"形式嵌含"来说明后者。当然,我们可以借鉴经济社会学关于"嵌含"的一些分析框架和分析方法来开展我们的工作。

关于"脱嵌"(Disembeddedness)的概念,正如研究者所指出:"'脱嵌'的说法不过是波兰尼为阐明其思想主张的一种技巧性措辞和论证策略",因为在波兰尼那里,"市场嵌含于社会"是永恒的,而"脱嵌"是虚假的。① 当我们使用"脱嵌"这个概念来描述儒教"社会存在"所发生的变化时,必须指出,随着中国传统社会的崩解,儒教"脱嵌"于急剧变迁的社会结构,是历史的和经验的事实。在这里,"脱嵌"便不是"嵌含"的假设性对照,而是对儒教命运的客观描述。以"嵌含"与"脱嵌"作为分析框架,把握儒教与传统社会关系以及儒教在此关系中的形态特征与变化,不但可以超越"制度化"与"非制度化"之表面形态的二元区分,从而更细致深入地把握儒教与社会的关系,还能够比较客观地观照儒教的现代命运。

最后还需要说明的是,正如"经济嵌含于社会"中的"经济"并非一个抽象的概念,而总是以具体的"市场""交易""组织""关系"等呈现出来的,"儒教嵌含于社会"也有自己的"结晶化表现",即社会中的具体的观念性和物质性的存在,如信仰、礼仪、身份、道德、法律乃至与之相应的社会构造,如宗庙祭祀、家族组织、教化团体、经典文献,以及物质性施设,如宗庙、孔庙、学宫、书院,等等。对这些"结晶化表现"的考察,同样不能以"制度性"与"非制度性"作表面的描述,而应从社会嵌含的意义上分析其具体存在。

第二节　儒教社会嵌含的基本特征与结晶化表现

本节将运用"嵌含"的具体分析方法,把握儒教社会嵌含的基本特征,认识儒教如何关联于传统社会的社会结构并发挥其普遍影响和作用。在此基础上,我们还将考察儒教在观念和物质上的结晶化表现。并希望通过这个研究,回应传统研究由"制度化与非制度化"等二元区分带来的问题。

① 参见符平《"嵌入性":两种取向及其分歧》,《社会学研究》2009年第5期。

一 儒教社会嵌含的基本特征

对儒教社会嵌含的具体分析，将集中于观念嵌含（cognitive embeddedness）、结构嵌含（stractular embeddedness）和关系嵌含（relational embeddedness）三个方面。

结构嵌含与关系嵌含，是社会学嵌含问题分析的经典框架。"结构嵌含"的理论基础，在一定程度上源自经济学中的"网络分析"，"研究者的视角是网络参与者间相互联系的总体性结构，它一方面强调网络的整体功能和总体结构，另一方面关注企业作为网络节点在**社会网络中**的结构位置。"① 在本节中，我们将关注儒教在社会网络中的结构位置，并尽可能作出分析。

"关系嵌含"的理论来源是社会学中的社会资本研究，"其研究视角集中于基于互惠预期而发生的双向关系"②。将社会资本研究的成果运用到中国传统宗教的研究之中，中国学界已有先例。③ 但"社会资本"的定义是相对宽泛的，科尔曼（Coleman）在《社会学理论的基础》中概括说："社会资本可以由其功能来定义。它不是一个单独的实体，而是多种实体，但具有以下两个共同特征：它们由社会结构的某些方面所组成，而且它们有利于结构之中的个人的特定行动。"④ 这里要注意的是，社会资本研究偏重于功能性分析，我们以"关系嵌含"来讨论儒教与社会的关系，实际上侧重的也是功能性的关系，这与"结构嵌含"的分析相配合，在实际的说明中也有交叉。此外布朗（Brown）关于"社会资本"的微观、中观、宏观的三个维度的区分，可以有所帮助。"其中，微观层面所探讨的是社会实体（个体、组织、团体）如何透过社会网络调动资源。中观层面所探讨的，是连带网络中的社会实体之间的联系类型以及其结构位置如何带来资源。而宏观层面则讨论外在文化、制度与社会等因素对社会网络中联系的影响。"⑤

我们关于儒教"关系嵌含"的分析，当然可以从具体的行动主体——如

---

① 兰建平、苗文斌：《嵌入性理论研究综述》，《技术经济》2009 年第 1 期。

② 兰建平、苗文斌：《嵌入性理论研究综述》，《技术经济》2009 年第 1 期。

③ 参见李向平《信仰、革命与权利秩序——中国宗教社会学研究》，第一章之"宗教资本：出'神'入'圣'"一节。

④ 转引自罗家德《社会网分析讲义》（第二版），社会科学文献出版社 2010 年版，第 256—257 页。

⑤ 罗家德：《社会网分析讲义》（第二版），第 261 页。

"君主"（皇帝）、"儒"（官绅）、"民"（士、农、工、商）——入手展开考察，如社会资本的获得和使用等，主要还是从中观和宏观的维度讨论其社会资源（政治权力、经济权力和文化权力）的获得及相互的连带关系。此外，我们以"系统/环境"关系对"社会系统"诸系统加以把握，当然需要关注各子系统中是否存在"关系嵌含"（此种"嵌含"实际上是存在的，但对其加以分析则是另一复杂问题）。这与我们接下来讲的"认知"和"文化"方面的"嵌含"有直接的关联。

现代经济社会学在"嵌含"分析方面，还有"认知嵌含"（cognitive embeddedness）、"文化嵌含"（cultural embeddedness）等具体框架。"认知嵌含"是"指经济活动的主体在进行行为选择时受周边环境和原有思维意识的引导或限制……从理论上解释了在信息不对称的情况下经验形成的固有思维和群体思维对个体决策的影响"；"文化嵌含"是指"行为主体在进行经济活动时受传统价值观、信念、信仰、宗教、区域传统的制约……国家不同，特别是文化传统的不同，组织进行合作选择的倾向也不同"。① 经济社会学的这些分析框架，当然是由于所分析的是"经济组织"和"经济行动"。就儒教的社会嵌含的研究来说，也应该说明"认知嵌含"（偏重于个体、微观）与"文化嵌含"（偏重于整体、宏观），但主要应该考察以价值和信仰构成的"文化嵌含"，或者可具体称为"信仰嵌含"。对于儒教来说，"信仰"并不排斥"认知"，同时也非抽象，而包含着认知和情感。②

不同于经济社会学讨论经济嵌含大多首先着眼于"结构"和"关系"，我们对儒教的社会嵌含的分析，从"信仰嵌含"开始。这主要因为，儒教作为一种社会存在，首先是一种文化和信仰的存在。儒教的"信仰嵌含"表现在两个方面。其一，儒教信仰的建构离不开既有的历史传统的和具体的社会结构；其二，儒教作为一种社会构件，结构性地嵌含并作用于社会结构和文化传统的发展。

与诸多宗教文化传统在创立过程中经历了精神性的"分离"和信仰上的"突破"（如基督教之于犹太教，佛教之于婆罗门教）不同，儒教在信仰的建构

---

① 兰建平、苗文斌：《嵌入性理论研究综述》，《技术经济》2009 年第 1 期。

② 实际上，经济社会学在分析"嵌含"的具体情境时，也重视"情感"的作用，特别是"社会资本"的微观层次的分析，如"情感网络"和"情感连带"。参见罗家德《社会网分析讲义》（第二版），第 261—263 页。

中既延续了传统，也在因应社会结构变化的过程中纳入新的信仰要素以调适传统。这个既有的历史传统，便是"上帝"与"天"之信仰（本书第二章以及第四章关于儒教的"信仰系统"研究已作详细讨论），而既有社会结构的变迁——由宗法封建制向皇权宗法制的演变——是一个持续的并经历反复的过程（参见本书第二章第四节）。儒教信仰的建构，主要表现为对"上帝"与"天"之信仰的坚持和改造以及新的"崇圣"信仰的建立。前者表现为"上帝—天"之信仰结构的塑成，特别是"天"之理性化和德性化的发展。而"崇圣"既有传统宗教文化的渊源，又通过"圣王"与"圣人"理想的树立打开了新的信仰维度。此新的维度，与"上帝—天"之信仰既有关联（圣—天），又对前者予以"内在"（在内）的制约和调适。在此意义上，我们应该承认儒教的信仰是"嵌含"在传统信仰与社会结构之中的。

奥戴（O'Dea）评论涂尔干、韦伯宗教社会学研究时曾说明宗教或信仰变化的原因在于"社会变迁"，"特别社会解组会导致文化一致和群体一体化的某种丧失，并使人们重新'寻找共同体'——寻找他们可以追随的新的价值观和可以依附的新的群体，而这也就意味着信仰的改变——即接受新的宗教。"[1] 儒教的建立事实上正是因应了具体的历史与社会的变迁，但传统信仰和儒教的信仰之所以具有继承与因应的关系，是因为所谓"社会解组"仅仅在中国社会结构的某一层面发生，这主要是"贵族"制度的消解，在社会结构上由"王—贵族—民"演变为"君主—官僚（儒教士）—民"。历史地看，如我们在第一章末节中所作的分析，这一过程相当漫长也非绝对地彻底。更为重要的是，在儒教社会的漫长时代，建立在农耕文明基础上的社会机体，其基层结构并没有发生根本性的变化，并且在结构方式上始终以"宗法"为纽带。基于历史的眼光和中国社会变迁的考察，我们应当肯定儒教的信仰建构，是这种历史文化传统的和社会结构的产物。

汉代以后，儒教作为一种社会构件，又嵌含在社会结构的新的变化中并发挥着文化和信仰上的新的作用。这个社会结构的新变化表现为皇权国家的建立和官僚（儒教士）取代传统贵族而发挥新的结构性作用。儒教通过传统信仰（上帝—天）的坚持和新信仰维度——"圣道"的建构，论证了皇权的合法性，也为社会确立了"崇圣"的新信仰。在此过程中，儒教并没有否定

---

① ［美］托马斯·F. 奥戴、珍妮特·奥戴·阿维德：《宗教社会学》，刘润忠译，第119页。

和放弃传统"神道",而通过"神道设教"(包括"神道助教")和"圣教"(参见第四章第二节)两个方面,既容纳了传统的"神道"信仰,又将德性化、理性化的"天"以及与"天"相通的"圣"纳入了皇权国家的信仰体系之中。这使得信仰领域中呈现新的特征:"神道"信仰与"圣道"信仰并行而相互牵扯,"圣道"约制"神道"而又在国家意识形态和民间信仰领域为后者留出了普遍的空间。儒教信仰以这种方式,笼罩并渗透皇权国家的整个信仰领域,甚至本土宗教(如道教)和外来宗教(如佛教)在信仰领域的建构,也不得不调适甚至改造自身的信仰形态。

儒教社会嵌含中的"结构嵌含",可以从宏观和微观两个方面加以观察。从宏观的整体方面看,儒教的结构与皇权国家及社会的总体结构相嵌含;儒教的基本功能,也渗透到皇权国家和社会的基本功能之中。与一般宗教通过宗教组织的中介并通过教士和信众与国家和社会发生关联不同,儒教是整体性地、全面地参与社会建构的。这正是传统中国又被视为"儒教中国"的根本原因。

儒教的"身份"要素——君主、官绅(儒教士)、民,是传统社会的主要社会身份;儒教处身传统社会的基本组织之中——上至朝堂社稷,下至宗族村社,举凡一切重要的社会组织中,皆有儒教置身的场域。与特殊的"政教合一"的宗教形态不同,儒教在整体的"结构嵌含"中,实际建构了"政统"与"道统"两分互摄的结构形态。治理天下的政治权力来源于"天命",此为皇权治理天下的合法性依据,但"政统"需受源自"圣道"的"道统"所制约,这是"教化"天下的合法性依据。"君师合一""治教合一"的"圣王(人)",在现实的国家社会中,只是理想的典范而非政治合法性的现实确证。[①] 客观言之,正是通过这种"政统"与"道统"分离,以及"道统"对"政统"范导,儒教得以整体性地嵌合在传统社会的社会结构之中,并发挥凝聚社会、规范权力、教化民众的社会功能。

---

① 黄进兴在《清初政权意识形态之探究:政治化的道统观》中指出:"治教合一"虽为儒家长远以来的政治理想,但这个理想落实到制度结构上,却是分而为二,各由"统治者"和"士人阶层"所承担;宋代以降,"道统"观逐渐发展成形,更赋予"士人"义理的基础,倚之与政权抗衡。清代康熙皇帝欲在皇权的基础上使"治教合一"在象征意义和结构上真正化二为一,使得士人失去批判政治权威的理论立足点。这项研究从另一个方面说明儒教"政统"与"道统"分离的结构形态。该文收入黄进兴《优入圣域:权力、信仰与正当性》,陕西师范大学出版社 1998 年版。

我们还可以在微观上考察儒教中作为"身份—角色"之"网络节点"的"儒教士"与社会结构之间的"结构嵌含"作用。本书第五章关于"儒教士"身份和精神类型的考察，以及对"儒教士"作为身份要素的结构分析已经说明，在儒教社会中，从基层的士（其身份还是属于"民"）、乡绅到国家官僚，儒教士实际构成了皇帝（皇权）与民之间最重要的桥梁，无论是在"圣教"还是"治道"方面。以社会学的眼光来看，在先秦以前的"宗法封建制"中，王权与社会（民）的普遍联系，是通过世袭的贵族和分封的诸侯来连接的。虽有"普天之下，莫非王土，率土之滨，莫非王臣"的宣示，但在王畿之外，王与民并无直接和实质的联系，直接和实质的连接仅存在于王与贵族或诸侯之间。此就是说，王权与民的连带（ties）关系，是一种"弱连带"，而王权与贵族和诸侯之间建立在"宗法制"下的"强连带"，也随着血缘纽带的必然松弛和封建制度的崩解而逐渐弱化。汉代皇权宗法制国家建立后，官绅取代传统的贵族，一方面连接皇权，另一方面连接庶民。而皇权国家所要求的皇权至上和皇权一统的"连带"，也只能通过居间的儒教士（社会身份上为官绅、文化身份上是儒教担纲者）而实现，甚至在所谓"皇权不下县"之君主权力未及的地方，也由基层的儒教士（士绅）发挥着治与教的功能，将儒教绾合在社会结构中由宗法控制的基层。

如前所述，我们对儒教社会嵌含的"关系嵌含"的考察，无法像社会经济学关于"社会资本"的考察那样聚焦于微观的层面，即个体或具体的组织"如何透过社会网络调动资源"[1]，而是在中观和宏观的维度讨论儒教的社会资源（政治权力、经济权力和文化权力）获得及相互的连带关系。

关于中国传统宗教的"社会资本"，李向平曾以"宗教资本"加以说明："就是存在于社会之中的一组信仰、规范和一种社会组织，人们能够借助于它们获得权力与资源，进行合法性的证明或构建意识形态"，"神圣资源"是宗教资本的核心。[2] 他说："按照神圣与世俗、超越世界与现实世界的对峙关系，神圣资源一般不会存在于世俗社会的关系和结构之中，而是存在于这个世界和结构的外面。但是，它也可以被处理为嵌在一个关系结构之中的资源，传统中国的天人合德的关系就是如此。'天'的资源本来出自超越世界，却被处理为内在化

---

① 罗家德：《社会网分析讲义》（第二版），第261页。

② 参见李向平《信仰、革命与权利秩序——中国宗教社会学研究》，第57—59页。

的伦常资源，通过'德'的中介而被内在地镶嵌在这个世界里面，保留一个神圣的符号形式。天上与天下、内在与外在、神圣与世俗。人与神的关系边界不清楚了，宗教资本由嵌入在伦常关系和社会结构中的神圣资源构成。"① 李向平所描述的"神圣资源"，显然以儒家的信仰为核心，所谓"天"与"德"；所描述的宗教资本在社会结构中"嵌入"（嵌含），也正是以儒教为代表。我们虽不以"宗教"或"神圣与世俗"的关系来说明"儒教"，但这里更为准确地说，所谓"神圣资源"是儒教的"神道"和"圣道"，在此意义上李向平将这种社会资本的特征描述为"出神入圣"。不过，就我们的考察来看，儒教在"圣道"之外并未放弃对"神道"的肯定，也没有放弃以"圣道"介入"神道"的权力。实际上正是这种双向连接，使得儒教渗透在社会的政治和信仰结构中，而拥有广泛的政治与文化权力。

此外，马克斯·韦伯所描绘的由家产制君主为顶端，以俸禄官僚阶层、基层乡绅和庶民所构成的经济关系和经济关系中的权力关系，以及瞿同祖在汉代社会结构的分析中所特别考察的"家族的经济功能"等，可以帮助我们进一步从社会嵌含的视角认识儒教的经济嵌含。此项工作这里无法进行，但可以肯定的是，"经济嵌含"和我们已经讨论过的"信仰嵌含"和"身份嵌含"一样，对于认识儒教的"社会嵌含"同样基础和重要。

二 从社会嵌含看儒教的"结晶化表现"

我们提出将儒教作为一种"社会事实"展开形态研究，应该充分关注其社会生活中的"结晶化"内容，这指可以观察到的"社会事实"的观念性和物质性的"结晶化表现"，如礼仪规范、道德规范、法律制度乃至与之相应的社会构造，如家族组织、宗庙社稷、国家设施等。应当说，与之相关的每一个方面，都可成为专门研究的对象。由于受儒教形态整体观照以及儒教社会系统复杂性研究的制约，这里的研究无法深入每一个具体方面。在这里，我们选取一个视角，即从社会嵌含的角度来看儒教的"结晶化表现"。当然这个选择也有其问题指向，即试图突破"制度性与非制度性"乃至"神圣与世俗"等传统二元区分带来的限制。

如前所述，儒教是整体嵌含于传统社会之中的。儒教的信仰既是传统信

---

① 李向平：《信仰、革命与权利秩序——中国宗教社会学研究》，第60—61页。

仰和具体社会结构的产物，又作为一种社会构件，发挥信仰建构和社会建构的功能。儒教的整体结构与皇权国家的社会和政治结构相配合，具有广泛的政治与文化功能。儒教的社会嵌含，使得儒教与所置身的社会之间缺乏明确的界限。儒教的"结晶化表现"，既是儒教自身的观念性与物质性的表现，往往也是皇权国家意识形态和社会组织的建构物。对此，我们可以通过作为儒教社会结晶化的"礼"和"礼制"与代表国家意志和制度的"法"与"法制"的关系为例，加以说明。

传统将"儒教"称为"礼教"自有其意义。儒家从孔子开始，便是"仁""礼"并重，既强调内在的道德自觉又肯定外在的道德规范应建立在这种价值基础之上。孟子将"礼"诉诸"四端"中的"恭敬之心"（又曰"辞让之心"），予之以先验的人性论说明。荀子"隆礼重法"，"礼"之"养"的修养功能特别是"别"与"群"的社会功能得到最为突出的强调。汉代以后，礼制的建立和完善以及以礼治天下的具体要求，落实在儒教的圣教之维与政道之维，是儒教的也是皇权国家维系社会、教化民众的基本方式。从"礼"之本源来看，儒教有"礼本于天""圣人制礼"的认识，其实质在于肯定"礼"有超越性的价值源头，这个价值源头是"神—圣"。①

从礼以制度化的形式落实在社会政治来说，"礼制"从开端的设计便与政治制度嵌含在一起。其最典型性的形态体现在儒教重要的礼典《周礼》上。在那里，所谓"周礼"即"周官"，是一种政治性的制度安排。虽然《周礼》的创作年代可能稍后，也未必完全体现历史的真实，但其观念和制度对后世的社会影响极大，此自不待言。"礼仪三百、威仪三千"，礼规范了社会政治和生活的方方面面，以制度或习俗的形式作用于整个社会。李安宅在关于《仪礼》与《礼记》的社会学考察中指出："中国的'礼'字，好像包括'民风'（folkways）、'民仪'（mores）、'制度'（institution）、'仪式'和'政令'等等，所以在社会学的已在范畴里，'礼'是没能（有）相当名称的：

---

① 其实关于"礼"的神圣起源的认识，不仅体现在儒家的思想系统中，先秦的宗教文化对此也有清楚的证明。《国语·楚语下》记载观射父说"祝宗"："而后使先圣之后之有光烈、而能知山川之号、高祖之主、宗庙之事、昭穆之世、齐敬之勤、礼节之宜、威仪之则、容貌之崇、忠信之质、禋絜之服而敬恭明神者，以为之祝。使名姓之后，能知四时之生、牺牲之物、玉帛之类、采服之仪、彝器之量、次主之度、屏摄之位、坛场之所、上下之神祇、氏姓之出，而心率旧典者为之宗。"肯定"礼仪"的宗教性源头。参见（清）徐元诰撰，王树民、沈长云点校《国语集解》（修订本），第513—514页。

大而等于'文化'，小而不过是区区的'礼节'。"① 大而可视为文化，小而不过细微之节，这正是"礼"与"礼制"全面嵌含在社会全体结构之中的表现。对此，李安宅从衣饰、饮食、居住等"物质文化"和音乐、知识、宗教等"精神文化"，以及社会组织和政治实践等方面，对"礼"和"礼制"的社会化表现作出了详细说明。对此，现代研究有多方面的成果，我们不再过多地述及。② 不过需要强调的是，就儒教"礼"的价值奠基与"礼制"的社会嵌含来说，简单的"神圣和凡俗"的二元化区分与把握，并不能概其实。

"法"与"法制"是皇权国家的意识形态和上层建筑，儒教也将自身的观念和礼制嵌含其中，有着独特的"结晶化"特征。关于这个特征，我们特别从"以礼入法"的视角加以观察。

从思想史的角度看，关于"礼"与"法（刑）"，在儒家那里，由孔子最早对其社会功能加以分别。所谓"道之以政，齐之以刑，民免而无耻；道之以德，齐之以礼，民有耻且格"（《论语·为政》）。强调"为政以德"，肯定"齐之以礼"而反对"齐之以刑"。孟子肯定"仁政"，强调"施仁政于民"要"省刑罚，薄税敛"，不教民养民而使之"陷于罪，然后从而刑之，是罔民也"（《孟子·梁惠王上》）。孔孟从德治主义出发，强调德治与礼治，以刑治为等而下之。战国后期的荀子，开始肯定法的作用，强调礼与法并重，"治之经，礼与刑，君子以修百姓宁"（《荀子·成相》）。虽然荀子也站在儒家立场上，对礼与刑作出区分，"隆礼尊贤而王，重法爱民而霸"（《荀子·强国》），"法者，治之端也；君子者，法之原也"（《荀子·君道》），肯定德治优先于法治，但试图在社会功能上调和礼与刑，是明显的取向。如本书第五章所作的考述，在汉代皇权政治的背景下，儒教士如董仲舒等，自觉地重视"法（刑）"的作用，以《春秋》公羊经义入法。然而，如果从社会史和制度史的视角观察，儒教的礼治对法治的渗透，实际经历了一个历史过程，这个过程正与儒教的发展过程相配合。

在中国学者中，瞿同祖在 20 世纪 40 年代便从社会学方面对中国传统法

① 李安宅：《〈仪礼〉与〈礼记〉之社会学的研究》，上海人民出版社 2005 年版，第 3 页。

② 中国学界除了已经开展的礼制史的研究之外，近年来对"礼""礼制"与传统社会关系的研究也逐渐深入，取得了较为重要的进展，这两方面，分别可以陈成国所著的《中国礼制史》（湖南教育出版社 1991—2002 版，分卷书名后统一）和吴丽娱主编的《礼与中国古代社会》（中国社会科学出版社 2016 年版）为代表。

律加以研究。他指出，法律是社会的产物，是社会制度和社会规范，与风俗习惯有密切的关系，维护着现存制度和道德伦理等价值观念，"它反映某一时期、某一社会的社会结构，法律与社会的关系极为密切。因此，我们不能像分析学派那样将法律看成是一种孤立的存在，而忽略与社会的关系"，在他看来，"中国古代法律的主要特征表现在家族主义和阶级概念上。二者是儒家意识形态的核心，和中国社会的基础，也是中国法律所着重维护的制度和社会秩序"。① 瞿同祖所言的"家族主义"和"阶级"，正是我们传统社会和儒教结构分析中所言的"宗法关系"与"身份结构"。传统法律作为这种社会结构和关系的产物和维护者，与儒教的关系自然密切。瞿同祖曾专门撰著《中国法律之儒家化》一文对此加以说明。这篇文章首先值得注意的地方，在于对儒家的影响和作用与传统法律的历史开展作出了清晰的描述。（1）秦、汉之法律为法家所拟订，纯本于法家精神。（2）法律之儒家化汉代已开其端。汉律虽为法家系统，为儒家所不喜，但自汉武帝标榜儒术后，法家逐渐失势，而儒家抬头，于是重整旗鼓，想使儒家的精华成为国家制度，使儒家的主张借政治、法律的力量永垂不朽。汉律虽已颁布，虽不能一旦改弦更张，但儒家却有许多机会可以左右当时的法律。（3）儒家有系统之修改法律自曹魏始。法典的编制和修订落入儒臣之手，"有更多的机会尽量将儒家之精华——礼——糅杂在法律条文里，一直到法律全部为儒家思想所支配为止"，可以说中国法律之儒家化经魏、晋、南北朝已大体完成，不待隋、唐使然。②

在我们看来，瞿同祖所描述的这个过程，正与儒教从汉代建立、发展到隋唐成熟的过程是同步的。陈寅恪在说明隋唐制度的渊源时，于"刑律"一条特有说明："又古代礼律关系密切，而司马氏以东汉末年之儒学大族创建晋室，统制中国，其所制定之刑律尤为儒家化，既为南朝历代所因袭，北魏改律，复采用之，辗转嬗蜕，经由（北）齐隋，以至于唐，实为华夏刑律之不祧之正统，亦适在本书所讨论之时代，故前仪礼章所考辨者大抵与之有关也。"③ 这里所指明的"礼律关系密切"以及"刑律"与"仪礼"密切相关的儒家化，与儒教发展以及"以礼入法"的时代特征，有密切的关系。

---

① 瞿同祖：《中国法律与中国社会》，中华书局 2003 年版，"导论"第 1 页。
② 参见瞿同祖《中国法律之儒家化》，该文收入瞿同祖《中国法律与中国社会》，为其"附录"。
③ 陈寅恪：《隋唐制度渊源略论稿》，生活·读书·新知三联书店 2001 年版，第 111—112 页。

瞿同祖指出："研究中国古代法律必礼书法典并观"，关于"以礼入法"，他有具体的说明：

> 儒家讲贵贱上下有别，本为礼之所产生，于是八议入于法，贵贱不同罚，轻重各有异。礼，贵贱之服饰、宫室、舆马、婚姻、丧葬、祭祀之制不同，于是这些都分别规定于律中。儒家重视尊卑、长幼、亲疏的差别，讲孝悌伦常，于是听讼必原父子之亲，宜轻宜重，一以服制为断。……不孝之罪特大，不待法律而有专条，隋、唐以来且名列十恶，标于篇首。……儒家说，父为子隐，子为父隐，于是律许相隐，首匿不为罪，不要求子孙为证，更不容许子孙告父祖。礼，有七出三不去之文，于是法律上明定为结婚的条件。一切都源于礼经，关于亲属、继承、婚姻的法律实克说是以礼为根据的。①

这里的说明可谓详细，实际上也仅是例举，但我们已经从中看到儒教之礼嵌含在法律中的具体情况。这种嵌含实际涉及传统礼制和法律的各个方面，以至于瞿同祖说："这些行为规范原都详细地规定于礼书中，后代编制法律时便将这些礼的规范采入法典中，礼加以刑罚的制裁便成为法律。"② 如果说"礼"是儒教的结晶化，那么"法"俨然便是儒教国家的社会结晶体，嵌含着"礼"的精神和"礼"的制度。在此意义上，对这些社会化表现简单地以"制度化"与"非制度化"加以区分，是困难的。作为礼制和法制，它们是制度化的，但从礼俗、法意乃至受其影响的普遍的社会文化心理来看，"制度化"与"非制度化"的界限既是模糊的，也是流动的。③

关于儒教的社会结晶化表现，任继愈曾以"儒的外壳"来说明之："儒的外壳，也有宗教的特征。它信奉'天地君亲师'。君亲是封建宗法制度的核心；《四书》、《五经》、《十三经》是儒教共同诵读的经典；祭天，祭孔，祭祖，是封建宗法制下，自天子到老百姓按等级制度举行的儒教祭祀仪式。蒙

---

① 瞿同祖：《中国法律与中国社会》，第 347—348 页。
② 瞿同祖：《中国法律与中国社会》，第 347—348 页。
③ 我们还可以看到，中国学者关于传统法律与中国社会关系、法律儒家化特别是"以礼入法"问题的研究，也影响到西方汉学家的相关研究。参见［美］D. 布迪、C. 莫里斯《中华帝国的法律》，朱勇译，江苏人民出版社 2011 年版，"第一篇 中国法律初论"。

童入学塾读书，开始接受儒教的教育时，对孔子牌位进行跪拜礼。从中央到地方各州府县都建立孔庙，为孔教信徒定期聚会朝拜的场所。"① "儒的外壳"，正是社会学中社会生活"结晶化"的形象表达。

儒教"结晶化表现"中，常引发争议的是儒教的组织问题。一种观点是将皇权国家的国家组织视为儒教的组织。如李申认为："1911 年以前，儒教没有遭受过严重的失败，它一直是中国古代的国教，所以它也就一直和国家政权没有分离，国家的组织就是它的宗教组织，国家的官吏同时也是神职人员。"② 另一种普遍的认识是，儒教没有如同基督教会、佛教僧团那样独立于社会其他组织之外的组织。这两种认识，皆是从制度化"宗教"的立场来看待儒教。此外，牟钟鉴另辟蹊径，以"中国传统宗法性宗教"来指认历史上的儒教存在，但否定其组织的独立性。"宗法性传统宗教过分地依赖于国家政权和各阶层的族权，自身在组织上没有任何独立性，也没有教徒与非教徒的界限。"③ 牟钟鉴的研究，有许多方面可以与我们的儒教社会嵌含的研究相发明，如他强调"传统的宗教神权与君权、族权、父权紧密地结合在一起，成为社会政治生活、家族生活和精神生活的有机组成部分"，"传统宗教与传统礼俗融为一体"，"宗法性传统宗教同儒家的礼学关系密切"等④，皆为精彩与恰切的分析。

由于我们的儒教形态研究不以既有的"宗教"标准为先设，因而在儒教的组织性问题上有不同于以上判断的认识。笔者认为，在传统中国的皇权社会中，存在着儒教的担纲者，他们的社会身份是官僚、乡绅和士，他们的文化身份是儒教士，这两种身份是嵌含关系。在传统的皇权社会中，国家的组织不等同于儒教的组织，儒教的组织既有嵌含在国家组织中的存在，如以儒教礼法为指导的国家祭祀机构，官方主持祭奠的圣庙、孔庙、先贤祠，隶属于官府的各级教育机构等，也有疏离（并非完全独立）于政治和行政组织的组织性存在，如民间的私塾、书院、村社、祠堂等。总之，从社会嵌含的视角，我们可以对儒教的结晶化表现作出更为客观和全面的分析，虽然这项工作在本书中难以具体细致地开展。

---

① 任继愈：《具有中国民族形式的宗教——儒教》，载任继愈主编《儒教问题争论集》，第 174—175 页。

② 李申：《中国儒教论》，河南人民出版社 2005 年版，第 94—95 页。

③ 牟钟鉴：《中国传统宗法性宗教试探》，载任继愈主编《儒教问题争论集》，第 261—262 页。

④ 牟钟鉴：《中国传统宗法性宗教试探》，载任继愈主编《儒教问题争论集》，第 260—262 页。

第三节　儒教的内在紧张及脱嵌

我们在第一节中已经说明，使用"脱嵌"来说明儒教的历史变迁，并不诉诸一种与"嵌含"作假设性对照的理论分析框架。随着近代以来中国传统社会的崩解，儒教"脱嵌"于急剧变迁的社会结构，是历史的经验的事实。关于这一历史命运，列文森的儒教"走入历史"的"博物馆说"，余英时之儒学作为"魂不附体"的"游魂"比喻，皆是对此"脱嵌"的指认。这些描述和判断，当然会引发基于儒学"常道"信仰的反驳与回应，如当代新儒家对于儒学作为中国伦理宗教的"精神象征"的辩护。① 不过应当认识到，儒教的现代变化，既有外在冲击的社会历史因素，也有自身的结构性紧张和功能失调的内在原因，而后者在儒教的历史发展中是客观存在并不断演变的。就儒教形态的研究来说，我们希望能够从儒教社会系统的内部诸方面来分析儒教的所存在的内在紧张，以此作为整体把握儒教形态的一项最后工作。虽然我们也会涉及儒教近代以来"脱嵌"这个客观的历史事实，但本节仅是对儒教传统形态自身所作的一项观照，并不涉及对此事实的具体分析。

儒教社会系统存在着内在的紧张。从儒教的信仰系统看，"上帝—天"的信仰本身存在灵神化和德性化的张力，这突出表现在儒教的"天命"观上。一方面，"天命"是皇权政治合法性的神义基础；另一方面，儒教的天之德性化又使得"汤武革命，顺乎天应乎人"，成为抛弃既有皇权及改朝换代的理论基础。在实际的历史开展中，"天命"的具体落实通常并不符合儒教的理想，以霸力取天下几乎是历史的常态，"天命"甚至眷顾在儒教看来不具文化正统的夷狄外邦。这种信仰层面和历史层面的紧张，给儒教带来了极大的挑战。历史上，异族入主的天命转移，特别是皇权社会发展到后期，皇权专制主义的日益强化，上述结构与功能中的紧张便趋于激烈，甚至发生变异。

从儒教的"身份—角色"系统看，也存在着内在的紧张。"君主"和"儒教士"（官僚和儒士），在系统中虽然具有支配性的地位，但二者的"身份"和"角色"，即位置和功能之间存在着紧张。"君主"拥有"政统"，实

---

① 纲领性的辩护，可参见牟宗三等《为中国文化敬告世界人士宣言》载封盛祖编《当代新儒家》，生活·读书·新知三联书店1989年版。

际高居专制权力的顶端。"儒"则自居于"道统"，以圣道制约神道，以圣王规范时王，以圣教抗衡皇权专制。其间存在着"道"与"势"、"王"与"霸"、"义"与"利"等普遍的紧张甚至冲突。甚至在"圣道"内部，所谓"体"与"用"、"心"与"迹"等理论性表述，往往正是这种紧张的内化。此外，无论"君主"与"儒教士"的支配地位如何，其"角色"作用总是要落实在"民"的身上，其间存在着政治、经济上的深刻矛盾，希冀"圣君""贤臣"之愿望在现实中总是沦为幻想，最终导致剧烈的社会冲突。

对于上述问题的研究，无疑是一项复杂的工作。因主客观因素的限制，对此问题的讨论，我们仅以东汉末年儒教所遭遇的危机来作具体的说明，其后将选择一条能够整体性地反映儒教内在紧张的思想文化线索，来作较长时段的观察。这个被选择的思想和文化线索，由南北朝分裂与隋唐统一之际的王通发端，贯穿于靖康之难后南宋的朱熹、陈亮之辩，直至明清之际王夫之于"天崩地坼"中的历史文化反思。

历史地看，儒教所遭遇的第一次历史性"危机"，当为东汉后期至三国时代。余英时在考察"汉晋之际士之新自觉与新思潮"时，特别引述朱熹《答刘子澄书》第五通所云：

> 近看温公论东汉名节处，觉得有未尽处，但知党锢诸贤趋死不避，为光武、明、章之烈，而不知建安以后，中州士大夫只知有曹氏，不知有汉室，却是党锢杀戮之祸有以驱之也。且以荀氏一门论之：则荀淑正言于梁氏用事之日，而其子爽已濡际于董卓专命之朝，及其孙或则遂为唐衡之塘，曹操之臣，而不知以为非矣。盖刚大方正之气，折于凶虐之余，而渐图所以全身就事之计，故不觉其沦胥而至此耳！

余英时按："朱子所论党锢前后士大夫精神意态之殊异，甚有见地。此以前士大夫领袖尚具以天下为己任之意识，故其所努力以赴者端在如何维系汉代一统之局于不坠；此以后，士大夫既知'大树将颠，非一绳所维'（见《后汉书》卷五十三《徐稺传》），其所关切者亦唯在身家之保全，而道术遂为天下裂矣！"[1] 余英时所要讨论的是，"以士之自觉为一贯之线索而解释汉晋之思

---

[1]　余英时：《士与中国文化》，第298页。

想变迁"，并称"依此解释，不仅儒学之变为老庄，其故可得而益明，即当时政治、经济、社会各方面之变动而最为近人所措意者，亦未尝不可连贯而参证之"。① 我们这里，正由朱子所揭东汉"党锢之祸"于"士大夫"所致的"沦胥"，来观察儒教所呈现的内在紧张，亦可如余英时一样考察"士"（在这里乃所谓"儒教士"）之所谓"自觉"中的信仰和行为冲突，但不诉诸"全身就事"或"唯在身家之保全"之理解。

自西汉武帝"独尊儒术"之后，儒教成为国家的主流意识形态，深入社会各个阶层，是不争的历史事实。东汉时，由于都城东迁洛阳，在齐鲁、关中地区仍保留以儒学为主的多样文化传统的情况下，洛阳周围的河南、陈留，西南方向渐次以远的颖川、南阳，以及东南方向相毗邻的汝阳诸郡，逐渐成为文化的中心地区。卢云在《汉晋文化地理》中对这一区域文化兴盛的原因有过细致的说明，他特别指出士人与家族的作用：

> 西汉时，士族主要分布于齐鲁、三辅两个地区。东汉时，分布已相当广泛，但以南阳、颖川、汝南一带最为密集。如南阳邓氏、朱氏，颖川韩氏、郭氏、荀氏、钟氏、陈氏，汝南袁氏、应氏、周氏，都是世代衣冠名族。由于拥有政治地位与经济实力，这些家族中，曾产生了大批政治与文化人才。②

在讨论朱熹所举例的颖川荀氏之前，我们不妨先来看南阳朱氏。笔者认为，南阳朱氏体现了儒教士大夫官僚面对后汉皇权国家政治复杂性的一些重要倾向，实为后世党锢之祸中儒教士立场的前导。

南阳朱氏起自朱晖。朱晖早孤，史传所载其少年时代的经历，颇能说明其人品格。朱晖十三岁时，遇战乱，随母亲家族由乡间避乱宛城。道中遇群贼，持白刃劫夺妇女，抢掠衣物，昆弟宾客皆惶迫伏地莫敢动，唯朱晖拔剑上前说："财物皆可取耳，诸母衣不可得。今日朱晖死日也！"强贼见其年少，壮其志，笑称："童子收刀"，最终舍之而去。朱晖的父亲朱岑曾与刘秀同学于长安，为故旧。光武登基后，乃召朱晖为郎。不久朱晖称病去官，入太学

① 余英时：《士与中国文化》，第 287 页。
② 卢云：《汉晋文化地理》，陕西人民出版社 1991 年版，第 69 页。

学习，"性矜严，进止必以礼，诸儒称其高"（《后汉书·朱晖列传》）。永平初年（58），汉明帝之舅新阳侯阴就仰慕朱晖贤德，曾亲自去见朱晖，朱晖避而不见。此后又派遣家丞致礼，朱晖也闭门不受。阴就叹称："志士也，勿夺其节。"（《后汉书·朱晖列传》）朱晖后于章帝朝召拜为尚书仆射，深受嘉纳。和帝即位，窦宪为避弹劾而请求北征匈奴，朱晖又上疏直谏。从朱岑、朱晖二人的出身看，南阳朱氏初为一般的士人家族。观朱晖其人及行事，乃儒家直道而行之士，颇具气节，此可由对外戚阴氏、窦氏的态度可见。

南阳朱氏成为有影响的儒家世族，是在朱晖之孙朱穆时期。朱穆一生与外戚梁冀多有纠葛，其态度正体现了东汉后期儒教士与外戚关系的复杂性。

朱穆年幼便有孝称，及壮则耽于儒学，其学精笃。朱穆初举孝廉时，江淮地区盗贼群起，州郡不能禁止。大将军梁冀素闻朱穆之名，从而征辟朱穆，使他提典军事，颇为亲近信任。汉桓帝即位后，梁冀之妹梁太后临朝，朱穆因梁冀势大亲重，便借推断灾异，劝诫梁冀，希望他扶持王室。朱穆还作《崇厚论》，以儒教崇尚敦笃而斥时风浇薄。《崇厚论》所推重的固然为儒家之教，但值得注意的是其中也引用了道家老子之言："老氏之经曰：'大丈夫处其厚不处其薄，居其实不居其华，故去彼取此。'夫时有薄而厚施，行有失而惠用。故覆人之过者，敦之道也；救人之失者，厚之行也"，主张"世士诚躬师孔圣之崇则"，"希李老之雅诲"。（《后汉书·朱晖列传》）这也可以视为后世儒教调和老氏的先声。由于梁冀骄暴不悛，朝野嗟毒，朱穆则以故吏之谊，再次劝谏，称"君有正道，臣有正路，从之如升堂，违之如赴壑"（《后汉书·朱晖列传》）。梁冀不纳谏言，日益纵放，朱穆无奈致信称："如此，仆亦无一可邪？"（《后汉书·朱晖列传》）

从朱穆与梁冀的纠葛看，外戚也任用儒士，而儒士一旦为外戚所用，便有私谊，更有劝谏之义。在私谊与公义冲突的时候，朱穆以公义为尚，此乃儒士谋道之本色。不过从朱晖、朱穆祖孙对待外戚的态度有所差别来看，至东汉中后期，儒士与外戚集团的关系已趋于复杂化。

相比较而言，朱穆对于宦官集团则有直接的抗争。汉桓帝永兴元年（153），朱穆为冀州刺史。冀州人中有三宦者为中常侍，持檄拜谒朱穆，"穆疾之，辞不相见"。又有宦者赵忠丧父，归葬于安平，僭越陪葬玙璠、玉匣、偶人。朱穆闻之，命所属地方具体查验，地方官吏畏其严明，于是发墓剖棺，陈尸而出，并收监宦者家属。汉桓帝听闻后大怒，将朱穆下于廷尉治罪。此事最后引发了太学书生刘陶等数千人诣阙上书为其辩护，而得以获赦免。史载朱穆"既深疾宦官，及在台阁，旦夕共事，志欲除之"，并上疏言"罢遣宦官，博选耆儒宿德，与参政事"。（《后汉书·朱晖列传》）皇帝震怒，不应，朱穆则伏地不肯起身，从此以后宦者多次虚引事情来诋毁朱穆。

《后汉书·宦者列传》曾追溯宦官制度的历史并详述宦者在东汉政治中的利害作用。言《周礼》置官，已有类似于后世宦者的官职，如阍者守中门之禁，寺人掌女官之戒，《月令》也有"仲冬，命阍尹审门闾，谨房室"之说，因此"宦人之在王朝者，其来旧矣"。汉兴，仍袭秦制设置中常侍官，但也引用士人以参其选。直到东汉开始，宦官全部使用阉者，不再杂调士人，至明帝至和帝年间，"中官始盛焉"。客观言之，宦者集团的兴起与外戚的擅权有密不可分的关系，也与女主临政有直接的关联，其政治上的利害后果也因之而生。如和帝幼弱即位，窦太后秉政，窦宪兄弟专总权威，皇帝相交接的唯有宦官。这一方面使得以郑众为首的宦官得以专谋禁中，另一方面在皇权和外戚发生冲突时，皇帝只能依赖宦官由郑众首谋而诛窦氏兄弟。再如，安帝时邓绥以女主临政，称制下令不出房闱之间，不得不委用刑人。由于安帝不得亲临政事，小黄门李闰与安帝的乳母，常言邓氏欲废安帝而立平原王翼，安帝每每感到愤怒恐惧。待邓太后崩，便诛邓氏并废平原王位，李闰也得封雍乡侯。此后宦者经常在帝位的废立中发挥作用，如宦者孙程拥立顺帝有功，曹腾在桓帝即位时献策，单超、徐璜、具瑗在诛灭外戚梁冀的过程中建功。

外戚与宦官常互为利用，但外戚擅权与宦官弄权在皇权兴废之际常有激烈的冲突，这正是东汉中期以后政治日益败坏的重要原因。范晔评之曰："西京自外戚失祚，东都缘阉尹倾国。"（《后汉书·宦者列传》）其实，相对于外戚王莽所导致的西汉移祚，东汉乱亡实乃外戚与宦官共同倾覆的结果。于此，也可见南阳朱氏所代表的儒教士大夫与宦者直接抗争的意义。而儒教官僚因与外戚在私谊和公义之间的复杂纠葛，也并非能逃脱责任，以致"忠贤所以智屈，社稷故其为墟"（《后汉书·宦者列传》）。

由以上的观察，我们不妨再以颍川荀氏和党锢之祸之诸儒为例，来看东汉中后期儒家世族的政治选择和文化作用。

颍川荀氏起于荀淑，史载其为战国末大儒荀子的第十一世孙，"少有高行，博学而不好章句，多为俗儒所非，而州里称其知人"（《后汉书·荀韩钟陈列传》）。从"博学而不好章句"，善于"知人"来看，荀淑实不同于当世的"章句"之儒，而别有文化特征。所谓"博学"当指诸子之学，而"知人"便不能不离名家或法家一途，所谓"莅事明理，称为神君"（《后汉书·荀韩钟陈列传》）。荀淑于东汉安帝时被征辟为郎中，后迁为当涂令，不久去职还乡，后出补朗陵侯相，顷刻即弃官归养。当时著名的儒士如李固、李膺皆师宗之。荀淑产业有增，则以之赡养宗族和友朋。从出身和行事观之，荀淑乃为有些产业且别有所尚的师儒，并非起于豪门世家，其学术也非"俗儒"之经学。

荀淑八子中最具影响的是第六子荀爽。荀爽字慈明，幼而好学，十二岁便能通《春秋》《论语》，太尉杜乔曾称他"可为人师"，颍川人也称赞说"荀氏八龙，慈明无双"（《后汉书·荀韩钟陈列传》）。桓帝延熹九年（166），荀爽被举孝廉拜为郎中，随即上桓帝对策主张推崇孝道，奏闻后即弃官而去。因党锢之祸，荀爽曾隐居于海上，后南逃至汉水之滨，共十余年，以著述为事，当时人称之为"硕儒"。党禁解除后，荀爽被屡次征辟，皆不就任。汉献帝即位后，董卓辅政，再征辟荀爽。荀爽欲再次隐遁，因官吏挟持难以离开，最后不得不就拜平原相。当荀爽行至宛陵时，董卓又将其追回而任为光禄勋，视事三日后又加拜为司空。荀爽自被董卓征命到登上司空高位，前后不过九十五日，此后随董卓迁都长安。荀爽见董卓残忍暴虐日益其甚，必危社稷，于是辟举才略之士并与司徒王允、长史何颙等人为内谋，欲共图诛董卓，却最终因病而逝。

相对于其父荀淑，荀爽有较为纯粹的经师之儒的特征，但屡征不就，隐遁海上汉滨，也未尝不受其父的影响。至于年近花甲独为董卓所征召而就高位，时人或怀疑其背离了儒士之道。《后汉书》本传论其人曰："荀爽、郑玄、申屠蟠俱以儒行为处士，累征并谢病不诣。及董卓当朝，复备礼召之。蟠、玄竟不屈以全其高。爽已黄发矣，独至焉，未十旬而取卿相。意者疑其乖趣舍。"但范晔的评价却别具立场，认为荀爽的出与处仍不离君子之道，所谓"平运则弘道以求志，陵夷则濡迹以匡时"，"荀公之急急自励，其濡迹乎？……及后潜图董氏，几振国命，所谓'大直若屈'，道故逶迤也"（《后汉书·荀韩钟陈列传》）。此乃朱熹"爽已濡际于董卓专命之朝"所本，但评价立场显然不同。范晔的评价或可谓知人之论。"以儒行为处士"，乃儒家洁身自守之选择，这里所谓"处士"非必道家之体现，但所谓"大直若屈""道固逶迤"，则多少有儒道兼用的意味。儒士参用道家、刑名，正是在混乱的政治局面下的现实选择。

随着汉末政治的日益衰乱，无论是地方的儒士集团还是权倾朝野的儒家世族，皆有重要的变化。我们再看党锢之祸中的儒士，附带以汉末汝南袁氏高门世家为例稍作说明。

汉末党锢之祸由两次事件而酿成。第一次因李膺捕杀张成而事起，第二次是由宦官中常侍侯览授意检举张俭而引发。李膺字元礼，颍川襄城人也，祖父李脩，安帝时为太尉，父李益，曾为赵国相。李膺性格简亢，不喜交接，唯与同郡的荀淑、陈寔为师友。张俭字元节，山阳高平人，其祖先乃西汉开国功臣张耳，其父张成，曾为江夏太守。张俭早年以茂才被征举，但称病不就。

桓帝延熹九年（166），洛阳附近河内郡的张成善说风角（以四方四隅之风而占侯吉凶），推占朝廷当大赦天下，于是唆使其子杀人。李膺时为河南尹，督促收捕其子，不久该子却逢赦获免。李膺愤疾于怀，竟当庭杀之。起初，张成因其占卜方伎而与宦官交通，桓帝也常从其占问。张成的弟子牢修于是上书诬告李膺等人，"养太学游士，交结诸郡生徒，更相驱驰，共为部党，诽讪朝廷，疑乱风俗"（《后汉书·党锢列传》）。天子因此震怒，颁令郡国，逮捕党人，布告天下，收执李膺等人并连及与其交好的陈寔等二百余人，凡有逃遁的则悬赏捕捉。第二年，由于尚书霍谞、城门校尉窦武的上表请求，所涉党人被赦归田里，但记录在案而禁锢终身。

第二次党锢之祸由宦官侯览引起。张俭于桓帝延熹八年（165）任山阳郡东部督邮（地方司法官）。中常侍侯览家族居该郡防东县，残暴百姓，多有不轨。张俭举发并弹劾侯览及其母，请天子诛之，所上皇帝表章为侯览所阻绝。灵帝建宁二年（169），侯览唆使朱并，上书诬告张俭与同郡二十四人别相署号，共为部党，图危社稷，朝廷因此发布捕捉张俭党人的命令。其冤死、流徙以及被废禁者，达六七百人。史载："俭得亡命，困迫遁走，望门投止，莫不重其名行，破家相容。……其所经历，伏重诛者以十数，宗亲并皆殄灭，郡县为之残破。"（《后汉书·党锢列传》）从张俭逃亡，时人重其名行而不惜破家相容乃至宗亲被诛来看，党锢之祸已引发了地方上的激烈抗争。

两次党锢之祸皆与宦官集团有直接的关联，其冲突的背后是儒教士人对汉末朝政的集体抗议。《后汉书·党锢列传》称：

逮桓、灵之间，主荒政缪，国命委于阉寺，士子羞与为伍，故匹夫抗愤，处士横议，遂乃激扬名声，互相题拂，品核公卿，裁量执政，婞直之风，于斯行矣。

从政治原因来说，首先是"主荒政缪"，其次才有"国命委于阉寺"。从所激起的政治反应看，儒教士人对于君主的荒政主要是通过"处士横议""品核公卿""裁量执政"等方式，试图通过政治舆论来影响朝政；而针对宦官集团，儒家士人则以"匹夫抗愤"的姿态，通过"互相题拂"以"激扬名声"，引发社会的广泛支持。因而，儒士集团的政治抗议已经从宦官专权而进一步指向整个朝政，这便引发了皇权的严酷打压。清人赵翼《廿二史札记》"党禁之起"条指出：

　　盖东汉风气，本以名行相尚，迨朝政日非，则清议益峻，号为正人者，指斥权奸，力持正论，由是其名益高，海内希风附响，惟恐不及。而为所贬訾者，怨恨刺骨，日思所以倾之，此党祸之所以愈烈也。[1]

正是由此开始，政治上的"清流""浊流"才泾渭严分，党人之"横议""品核"与"裁量"则有"清议"之名。

　　由"处士"之横议与"匹夫"之抗愤看，当时所谓"清流"除了在朝的儒士官僚外，也包括在野的儒士，他们对朝野的社会舆论有很大的影响。这也表明士人阶层及民间社会，在政治上与东汉皇权出现了真正的疏离。我们还可从党锢之祸中岑晊、范滂二人的遭遇来说明此种疏离。史载岑晊有高才"慨然有董正天下之志"，范滂年轻时"登车揽辔，慨然有澄清天下之志"。（《后汉书·党锢列传》）岑晊于党锢之祸中逃匿于齐鲁之间，终于江夏山中。范滂获释南归时，"始发京师，汝南、南阳士大夫迎之者数千两（辆）"（《后汉书·党锢列传》）。赵翼评说："朝政乱则清流之祸愈烈，党人之立名，及举世之慕其名，皆国家之激成之也。"[2] 党人立名与举世慕其名，既说明当时一般士人仍为名教所笼罩，也说明其时对于社会最具影响的这些基层士人开始

　　① （清）赵翼著，王树民校正：《廿二史札记校正》（订补本），中华书局2012年版，第107页。
　　② （清）赵翼著，王树民校正：《廿二史札记校正》（订补本），第108页。

疏离刘氏皇权。

最后，我们再以汝南袁氏，看汉末儒家高门世族的政治态度及文化选择。东汉汝南袁氏，以汝阴袁绍一族为后世所熟知。袁绍的高祖袁安，为汉章帝时的司徒，"自安以下四世居三公位，由是势倾天下"（《三国志·魏志·袁绍传》）。汝南袁氏，可谓汉末世族大姓的代表。

袁绍最初是以儒家世族子弟的身份并以严守礼教的形象登上汉末的历史舞台的。袁绍少年便被推为郎官，后任濮阳令，遭母忧而去官。三年服丧结束后，追感幼年丧父，又为父亲服丧三年，"凡在冢庐前后六年"（《后汉书·袁绍列传》）。但与一般的儒家士人不同，袁绍显然继承了其生父袁成"壮健好交结"的风格。中常侍赵忠曾在内廷中说："袁本初坐作声价，好养死士，不知此儿终欲何作。"（《后汉书·袁绍列传》）甚至袁绍的叔父太傅袁隗听闻此言召他前来面责，袁绍也终不作改变。袁绍后为大将军何进辟为掾，后任侍御史、虎贲中郎将、佐军校尉、司隶校尉等，已转从军事。不过在汉末的政治变局中，袁绍仍是以维护皇权的儒家世族身份号召天下。如汉灵帝崩驾后，袁绍曾劝外戚何进外御董卓、内胁太后以诛宦官。及董卓欲废少帝而立献帝时，袁绍则公然反对而避祸逃往冀州。从当时城门校尉伍琼等人规劝董卓毋追杀袁绍的话，可以看出袁氏一族的影响。伍琼等人说："袁氏树恩四世，门生故吏遍于天下，若收豪杰以聚徒众，英雄因之而起，则山东非公之有也。"（《后汉书·袁绍列传》）董卓于是遣使授袁绍为渤海太守。后袁绍起兵讨董卓，约天下义兵而为盟主，以致叔父袁隗及宗族在京师者，皆被董卓诛灭。史载："是时豪杰既多附招，且感其家祸，人思为报，州郡蜂起，莫不以袁氏为名。"（《后汉书·袁绍列传》）袁绍在当时被视为"宽仁容众""智勇迈于人"的天下之杰。

这里要说明的是，袁绍的最后覆亡，固然因军事上失败于曹操，也有矜愎自高、外宽内忌、短于从善的性格因素，甚至兄弟阋于墙的内部原因，但文化上的因素也值得重视，这便是受儒家世族传统所累，失去"挟天子而令诸侯"的战略主动。

兴平二年（195），汉献帝东归洛阳，途中车驾为李傕等追迫于曹阳。沮授劝说袁绍："将军累叶台辅，世济忠义。今朝廷播越，宗庙残毁，观诸州郡，虽外托义兵，内实相图，未有忧存社稷恤人之意。"劝请袁绍"西迎大驾，即宫邺都，挟天子而令诸侯，稸士马以讨不庭"（《后汉书·袁绍列传》）。沮授所言，一方面基于对天下大势与人心的洞彻。当时天下州郡，虽托为义兵，实乃暗有所图，无忧虑社稷、抚恤百姓的愿望。另一方面则以袁氏"世济忠义"的家世传统相感召，希望袁氏能够"挟天子而令诸侯"以匡扶社稷。袁绍本欲采纳沮授的主张，但却遭到了郭图、淳于琼的反对。二人称："汉室陵迟，为日久矣，今欲兴之，不亦难乎？且英雄并起，各据州郡，连徒聚众，动有万计，所谓秦失其鹿，先得者王。今迎天子，动辄表闻，从之则权轻，违之则拒命，非计之善者也。"（《后汉书·袁绍列传》）二人所言，毫无任何的君臣道义，纯为法家"霸道"之言，所谓"秦失其鹿，先得者王"。沮授不得不再三力言极辩："今迎朝廷，于义为得，于时为宜。若不早定，必有先之者矣。"我们知道，之后的局势竟为沮授所言中了。建安元年（196）曹操迎天于许昌，从此汉末政局翻开了新的一页。

袁绍最终没有迎驾汉献帝的原因何在？史家评论说："帝立非绍意，竟不能从。"（《后汉书·袁绍列传》）即袁绍本来反对废少帝而立献帝，所以没有听从沮授的建议。如果对比曹操和袁绍的所为，我们还可以看到更为复杂的文化原因。袁绍本为儒家世族，反对董卓废少帝而立献帝，本出于儒教的君臣之义，并因此累及家族而获大难。因而当沮授以儒家大义感召他时，袁绍本来是接受的。但郭图、淳于琼以霸道法术劝之，也并非没有道理。"挟天子"固然可以"令诸侯"，但动辄听命于天子，则权势变轻，违背天子之命，则有抗命之责，因而"非计之善者也"。不过"非计之善者也"的考量虽然出于霸术，但其成立的基础仍然是"动辄表闻"，即随时听命于天子。袁绍之所以在依违取舍之间最终丧失了战略主动，正在于其仍在王道和霸道间挣扎。相比较于曹操，后者在此问题上更为决断，盖曹操本就少受儒家名教羁绊而有纯任刑名法术之意。在汝南袁氏这里，我们可以看到传统儒家世族在汉末之际的复杂心态。

我们由汉末儒教所遭遇的历史性危机观察，可见大一统皇权国家在政治上的结构性矛盾，也可知儒教自身所存在的紧张。关于前者，我们只能简单地说明。这便是"皇权宗法制"自身存在的问题。我们在第一章第五节曾讨论过秦汉之前的宗法封建国家的权力关系的结构性矛盾，所谓"宗法纽带"随着血缘关系的分化而自然松弛以及"以赏赐换忠诚"所导致的自我瓦解。就汉以后大一统皇权国家的政治制度来说，我们曾以"皇权宗法制"概括说明，指出其特征是"宗法与政治组织的分离"，在政体上成就了君主集权的皇权国家体制，而社会生活的机体仍由"宗法"所维系，乃君主专制的国家政体与宗法控制的社会机体的相互结合与作用。如果我们观察汉末现实政治权力的实际运作，其中皇帝、外戚、宦官与官僚士大夫乃至世族大家便存在于这种结构性关系和紧张之中。其复杂性在于，"皇权"系统自身也受宗法制约，此为君主权力的继承问题，体现在皇帝废立的选择上，皇权结构中的"外戚"问题也与此相关而引发儒教官僚和地方儒士在合法性上的敏感甚至斗争。此外，所谓儒教世家或世族，在政治上必然要尊奉皇权，但其自身组织仍然是以宗法来维系，此便引发了朱熹和余英时所说的"全身就事"或"身家之保全"之问题。以政体上的皇权专制与社会机体的宗法维系这个视角来观察，唐宋以后的变化，端在大家世族之被催抑而一般的儒士阶层的发展和壮大，但普遍的基层社会仍由宗法所组织和结构。

从儒教的信仰系统来说，无论是一般的儒士阶层，还是世族大家，对皇权合法性的认识仍由"天"或"天命"信仰所主导，此一信仰的合法性正在于皇权是否符合"天命"本身。而"天命"的证明无论如何仍在"神—圣"这个维度上体现。汉代儒教说明天命固然常取"天人感应"之神道一途，但此说明仍需体现在时王之德和现实政治的清明上。此乃儒教信仰系统的内在紧张。以此观察，曹魏代汉以及晋代魏，皆取"禅让"之形式，便非仅可视为诳诈，背后有着深刻的文化和信仰原因。从儒教的"身份—角色"系统来说，作为儒教之中坚（间）的儒教士（包括儒教官僚和基层社会的儒教士），其对皇权的竭力维护与疏离选择，也可在此信仰条件下加以了解。他们身上的"王"与"霸"、"道"与"势"的艰难抉择乃至个体信仰的分化（如魏晋以后佛道的文化参与信仰渗入），正是此内在紧张的体现。

现在，我们还将选择一条能够整体性地反映儒教内在紧张的思想文化线索，作较长时段的观察。如前所述，这条被选择的线索，乃由王通开端而至王夫之结束。

这条线索之所以选择王通为开端，首先是由于王通个体及其思想在儒教史上所呈现的特异色彩。如：突破传统圣人崇拜的自我"拟圣"；与传统王霸观念和华夏中心主义相冲突的"帝元魏"；对儒教经典作大胆的"续经"；在"圣教"理论上的"心迹"之判与主张"三教可一"，等等，皆体现出儒教系统的内在紧张。其次，从隋唐以后的儒教开展看，王通始终是一位"在场"者。他曾在宋初的儒学复兴运动中获得推赞，随即于理学思潮兴起后遭到贬抑，直至南宋朱熹、陈亮"王霸义利"之辩，他的思想仍然是重要的讨论对象，而在新儒学的心学系统中，陆象山与王阳明也屡次论及王通，直至在王夫之的文化伤痛和历史反思中，王通仍然是所诉诸的对象，体现了儒教内在紧张在历史过程中的具体面相。借助这条线索，我们能够观察儒教的结构性紧张及功能性调整。

王通，字仲淹，道号文中子，生于隋文帝开皇初年，卒于隋炀帝大业十三年（617）。王通于《隋书》无传，旧《唐书·王绩传》仅简略记为"隋大业中名儒"。《旧唐书·王勃传》记之稍详："祖通，隋蜀郡司户书佐。大业末，弃官归，以著书讲学为业。依《春秋》体例，自获麟后，历秦、汉至于后魏，著纪年之书，谓之《元经》。又依《孔子家语》、扬雄《法言》例，为客主对答之说，号曰《中说》。皆为儒士所称。"作为隋代隐逸大儒，王通"续经"、模仿孔子《论语》作《中说》，在儒家思想史上颇为另类，后世也招致多方面的批判，其思想际遇实较早地显示了儒教的内在紧张。

《中说》之对话体乃模仿《论语》。在《中说》中，王通被称作"文中子"或径直称"子"，全篇皆见"子曰""子游太乐"等类似的表达，显有"拟圣"之意。我们注意的是，王通自号"文中子"，其语录被称为《中说》，皆以"中"标明。张沛在说明《中说》一书的流传时，特别考察对"中"的解释。如宋人阮逸"序"："大哉，中之为义！在《易》为二五，在《春秋》为权衡，在《书》为皇极，在《礼》为中庸。谓乎无形，非中也；谓乎有象，非中也。上不荡于虚无，下不局于器用，惟变所适，惟义所在，此中之大略也。'中说'者，如是而已。"清人汪绂《汪子遗书》："亘古今、横四海，而无弗在焉者，中也；修之则吉，悖之则凶。此《文中子》指要也。"谢无量也说："文中子学说，以执中为要，故其书曰《中说》。"①

如果回想第三章我们对文王之"中"、周公之"大中"和孔子之"（时）中（庸）"之信仰经验及其"形式显示"的说明，这里的"中"便有着特殊的思想史意义。在本节的考察中，因记载王通的材料所限，我们已无可能再对王通的信仰经验作具体的描述，但可以简单地说明几点，以见王通对于"中"的理解。

首先，王通对于周公、孔子非常推崇，《中说》也多次言及"中"，且非常重视"中国"这个文化观念。《天地篇》曰：

① 转引自张沛《中说校注》，中华书局 2013 年版，"前言"第 2—3 页。

子曰："吾视千载已上，圣人在上者，未有若周公焉。其道则一而经制大备，后之为政，有所持循。吾视千载而下，未有若仲尼焉，其道则一而述作大明，后之修文者，有所折中矣。千载而下，有申周公之事者，吾不得而见也。千载而下，有绍宣尼之业者，吾不得而让也。"①

王通视周公为"千载已上"圣王的代表，作经制为后世所依，视孔子为"千载而下"圣人的代表，述作发明周公政教使后世折中于其间。在这里，王通自言"千载而下，有绍宣尼之业者，吾不得而让也"，而称"有申周公之事者，吾不得而见也"，显然是严格区分"圣王"与"圣人"，而以作"圣人"自任，此区分亦可见儒教中儒教士对于"圣王"与"圣人"的区隔。不过《天地篇》又记：

子曰："唐虞之道直以大，故以揖让终焉，必也。有圣人承之，何必定法？其道甚阔，不可格于后。夏、商之道直以简，故以放弑终焉，必也。有圣人扶之，何必在我？其道亦旷，不可制于下。如有用我者，吾其为周公所为乎？"②

此言"唐虞之道"与"夏商之道"皆有其优缺点，优点分别为"直以大"和"直以简"，缺点分别是"甚阔，不可格于后"与"亦旷，不可制于下"，并声言："如有用我者，吾其为周公所为乎？"这里是从儒教"圣道"出发评价古之"圣王"，所谓"吾其为周公所为乎"，不是作周公，而是作周公之发明道和圣教之所为。

正是在此"千载之下"的历史意义上，王通对于《尚书》所言之"皇极"、《易传》所言之"时中"才有所体会。他说："安得皇极之主，与之共叙九畴哉？"（《中说·周公篇》）这里的"皇极之主"在《尚书》的历史语境中是武王和周公。王通又说："《易》，圣人之动也，于是乎用以乘时矣"，"大哉，时之相生也！达者可与几矣"。（《中说·问易篇》）王通言"礼"也

---

① 张沛：《中说校注》，第58页。
② 张沛：《中说校注》，第57—58页。

说："礼其皇极之门乎？圣人所以向明而节天下也。其得中道乎？"（《中说·礼乐篇》）在此意义上，王通言"中国"便非简单的地域指认，而是"圣教中国"的儒教说明。《中说·述史篇》载：

> 董常曰："大哉，中国！五帝、三王所自立也，衣冠礼义所自出也。故圣贤景慕焉。中国有一，圣贤明之。中国有并，圣贤除之邪？"子曰："噫！非中国不敢以训。"①

此处王通所谓"非中国不敢以训"之"中国"，是圣王之所立、圣贤之所明，衣冠礼义之所出。其"中"之意义，便可追溯至我们第三章第三节所考察的，由文王、周公到孔子的"中"之信仰经验和形式显示，具有深远的历史文化意义。

其次，经过两汉一统后长达五百年的国家分裂和"中国"乱离，王通的历史和政教观念已不同于汉代儒教士。他必须面对实际历史所表现"道"与"势"、"王"与"霸"冲突并对其中的紧张作出说明，这是"中说"之为"中"的另一问题。对此，王通主张通过肯定两汉的"帝制"而回复三代的"王道"。《中说·天地篇》哉：

> 文中子曰："二帝三王，吾不得而见也，舍两汉将安之乎？大哉，七制之主！其以仁义公恕统天下乎？其役简，其刑清，君子乐其道，小人怀其生。四百年间，天下无二志，其有以结人心乎？终之以礼乐，则三王之举也。"②

所谓"二帝三王"，乃尧、舜和禹、汤、周文王，为儒家"王道"政治的理想代表；"七制之主"，指汉代高祖、孝文、孝武、孝宣、光武、孝明、孝章七帝。王通志在恢复王道，但历史经验告诉自己"甚矣！王道难行也"（《中说·王道篇》）。王通认为，通过标举两汉进而"终之于礼乐"，则"三王之举"才可能复归。正因为如此，王通的《续书》是从两汉开始的。《中说·

---

① 张沛：《中说校注》，第180—181页。
② 张沛：《中说校注》，第56页。

王道篇》载：

> 薛收曰："敢问《续书》之始于汉，何也？"子曰："六国之弊，亡
> 秦之酷，吾不忍闻也，又焉取皇纲乎？汉之统天下也，其除残秽，与民
> 更始而兴其视听乎？"①

这里的立场，正是儒教历史地建立五百年后的儒教士的新立场。汉代的君主
虽然不是"圣王"，但以其"势力"则能够统天下、与民更始，开历史之新
篇。《中说·述史篇》记：

> 董常曰："《元经》之帝元魏，何也？"子曰："乱离斯瘼，吾谁适
> 归？天地有奉，生民有庇，即吾君也。且居先王之国，受先王之道，予
> 先王之民矣，谓之何哉？"董常曰："敢问皇始之授魏而帝晋，何也？"子
> 曰："主中国者，将非中国也。我闻有命，未敢以告人，则犹伤之者也。
> 伤之者，怀之也。"②

董常问王通所著《元经》何以"帝元魏"，即为何以北魏武帝的年号纪年。
王通说："乱离斯瘼，吾谁适归？天地有奉，生民有庇，即吾君也。""帝元
魏"是从社会政治的实际出发，肯定北魏的政治实践的客观作用。董常又问，
为何其《元经》又以东晋安帝、恭帝纪年纪北魏道武帝皇始年间入长安而主
中原。王通称："主中国者，将非中国也"，实感伤晋祚为北魏所代，所谓
"伤之者，怀之也"，正是感之于"中国"文化正统之丧失。

最后，在儒教史上，王通先于唐代的李翱、柳宗元等，最早对儒教融通
佛道二教的可能性提出看法，主张"三教可一"。《中说·问易篇》：

> 子读《洪范谠议》，曰："三教于是乎可一矣。"程元、魏徵进问：
> "何谓也？"子曰："使民不倦。"③

---

① 张沛：《中说校注》，第 11—12 页。
② 张沛：《中说校注》，第 181—182 页。
③ 张沛：《中说校注》，第 135 页。

从内容上看，王通的"三教可一"是从三教的社会功能上（使民不倦）来肯定三教有共同之处，所谓"可一"。于此也可见儒教在王通时代的思想文化处境和王通"中"的信仰调适。从思想史的角度看，王通的"三教可一"较宋以后理学家"出入佛老"所展开的融摄为狭窄。宋元时期，倡"三教一致"的主要是佛道方面，如北宋佛教方面的契嵩、智圆，道教方面的张伯端以及金元时期的王重阳，直到明代，"三教合一"这个说法才在儒教内部得到使用，特别在阳明后学那里。从儒教方面说，主要是对佛道的心性理论与工夫修养的借鉴，所谓"合一"还是"可一"。这是儒教之"圣教"，在功能领域面对佛道二教的挑战所作的新调整。

宋明时期，理学家贬抑王通，多集中于其"续经"问题，实因不认同其历史与政教观念。与北宋初期柳开、石介、韩琦等人对王通续经加以肯定相反，理学家程颐、朱熹对续经之事或加以怀疑，或在根本上加以否定。如程颐说"文中子续经甚谬，恐无此"①。朱熹嘲讽说"文中子续经，犹小儿竖瓦屋然"②。心学一派的陆九渊则批评王通续经为"僭窃僭越""不可与入尧舜之道"。③ 与王通主张通过肯定两汉的"帝制"而回复三代的"王道"不同，理学家和心学家的历史观主流是推尊三代、贬抑汉唐。如朱熹在《王氏续经说》一文中评价道："盖既不知其学不足以为周孔，又不知两汉不足以为三王，而徒欲以是区区者比而效之于形似影响之间"。④ 象山的批评则更为激烈："《续书》何始于汉，吾以为不有以治王通之罪，则王道终不可得而明矣。"⑤ 程、朱与象山对王通的批判，出于王霸、义利的分别。其所蕴含的理论问题则在朱熹、陈亮之辩中有充分的揭露，实反映了儒教自身存在的紧张。

对于王通"续经"，陈亮赞为"孔氏之志也"⑥，《宋史·陈亮传》称"其学自孟子后唯推王通"⑦，他重新编次《文中子》（《中说》）并加以传布。陈亮关于王霸、义利问题的思考，虽由现实问题所激，其思想本于王通。邓

① （宋）程颐、程颢著，王孝鱼点校：《二程集》，上册，第262页。

② （宋）朱熹著，黎靖德编：《朱子语类》，中华书局1986年版，第3270页。

③ （宋）陆九渊著，钟哲点校：《陆九渊集》，中华书局1980年版，第383页。

④ （宋）朱熹：《朱子全书》，上海古籍出版社、安徽教育出版社2002年版，第23册，第3282页。

⑤ （宋）陆九渊著，钟哲点校：《陆九渊集》，第383页。

⑥ （宋）陈亮著，邓广铭点校：《陈亮集》（增订本），中华书局1987年版，第250页。

⑦ （元）脱脱等撰：《宋史》卷四三六《陈亮传》，中华书局1977年版，第12941页

广铭在详细考述朱熹、陈亮之辩的过程的基础上指出："朱陈之间关于王霸义利的争辩，是因为陈亮不承认朱熹说他有'义利双行，王霸并用'的主张而引起的。"①

宋孝宗淳熙十一年（1184）朱熹写信给陈亮，劝其"绌去'义利双行、王霸并用'之说，而从事于惩忿窒欲，迁善改过之事，悴然以醇儒之道自律"②。陈亮复信称将他说成"义利双行、王霸并用"，是误解：

> 自孟、荀论义利王霸，汉唐诸儒未能深明其说。本朝伊洛诸公，辨析天理人欲，而王霸义利之说于是大明。然谓三代以道治天下，汉唐以智力把持天下，其说固不能使人心服，而近世诸儒遂谓三代专以天理行，汉唐专以人欲行，其间有与天理暗合者，是以亦能长久。信斯言也，千五百年之间，天地亦是架漏过时，而人心亦是牵补度日，万物何以阜蕃而道何以常存乎？③

陈亮认为，说"三代以道治天下，汉唐以智力把持天下"，并"不能使人心服"，若如此，则三代以后"天地亦是架漏过时，而人心亦是牵补度日"。朱熹的历史观继承了程子区分王道和霸道的历史退化观念，所谓"三代之治，顺理者也。两汉以下，皆把持天下者也"④，而陈亮则反对简单贬抑汉唐，"谓之杂霸者，其道固本于王也"，"却是直上直下，只有一个头颅做得成耳"⑤，肯定王霸义利为一体之统一。在此后的书信往复中，陈亮的说法虽有退让，如承认"三代做得尽者也，汉唐做不到尽者也"⑥，但其基本立场始终未变。朱熹回书批评陈亮"今乃欲追点功利之铁，以成道义之金"⑦，陈亮仍坚持"天地间何物非道"，如"赫日当空"，强调"不应二千年之间有眼皆盲也"。⑧

---

① 邓广铭：《朱陈争论中陈亮王霸义利观的确解》，《北京大学学报》（哲学社会科学版）1990年第2期。

② （宋）陈亮著，邓广铭点校：《陈亮集》（增订本），第359页。

③ （宋）陈亮著，邓广铭点校：《陈亮集》（增订本），第340页。

④ （宋）程颐、程颢著，王孝鱼点校：《二程集》，上册，第127页。

⑤ （宋）陈亮著，邓广铭点校：《陈亮集》（增订本），第340页。

⑥ （宋）陈亮著，邓广铭点校：《陈亮集》（增订本），第348页。

⑦ （宋）陈亮著，邓广铭点校：《陈亮集》（增订本），第368页。

⑧ （宋）陈亮著，邓广铭点校：《陈亮集》（增订本），第351—352页。

关于朱陈之辩，自 1982 年美国学者田浩（Tillman）出版《功利主义儒家——陈亮对朱熹的挑战》后，将陈亮视为"功利主义儒家"而与朱熹肯定道德价值的永恒完善之传统加以区分，便成为一般的认识。不过中国学者在具体的研究中并非没有不同的看法。如邓广铭在 1984 年至 1989 年的一项研究中指出："我们只应当把陈亮称做'王道霸道一元论者'和'仁义功利一元论者'，而决不应再跟在朱熹后边，称陈亮为'义利双行、王霸并用'的主张者，或称他为'功利主义者'。"① 张汝伦在《朱陈之辩再思考》中反思"功利主义"（utilitarianism）之于陈亮思想的适切性，指出朱陈的分歧并非在是否要功利，而在更加深刻的历史哲学和政治哲学的层次，陈亮主张"形上形下一元论"，而朱熹则是"价值与事实的二元论"，其焦点在于"如何看待历史和如何改变现实政治"② 。上述研究在思想探究和哲学判断上扭转和深化了关于朱陈之辩的认识。我们仅从陈亮思想的判定入手，说明在"如何看待历史和如何改变现实政治"方面，从王通到朱熹、陈亮以至于船山的思想线索。

对于王霸、义利，陈亮与王通一样，也努力寻求其统一性，试图以王道之政治理想与道义之道德理念统驭后者。从理论上看，王通肯定本迹、体用在"隐显"意义上的统一。陈亮言"天地间何物非道"，强调道在事物之中，通贯于历史过程。这里的问题是，落实到历史与政治领域，与器、用一体的道，以何种方式存在并显现自己？

在王通的思想语境中，对此历史问题的说明便落实在"心"上，更准确地说是落实在"七制之主"的"心"上。在王通那里，被宋明理学家奉为圭臬的古文《尚书·大禹谟》的十六字"心传"早已出现。在《中说·问易篇》中，王通说："'人心惟危，道心惟微'，言道之难进也；故君子思过而预防之，所以有诚也。"

王通以"心"来说明道之"隐显"并以此解说三代两汉的历史问题和王道霸道的政治问题。他虽否认"帝制出乎王道"，认为"后之帝者，非昔之帝也"，但称赞"七制之主""以仁义公恕统天下"（《中说·天地篇》），视其为"其心正，其迹谲"，强调"人能弘道"（《中说·问易篇》），希望经由两

① 邓广铭：《朱陈争论中陈亮王霸义利观的确解》，《北京大学学报》（哲学社会科学版）1990 年第 2 期。据该文文末附识"1984 年初稿，1987 年第一次修改于日本东京，1989 年冬再次修改于北京大学朗润园"，该文写作于 1984 年，定稿于 1989 年。

② 张汝伦：《朱陈之辩再思考》，《复旦学报》（社会科学版）2012 年第 3 期。

汉而回复三代。陈亮在《勉强行道大有功》文中，肯定"天下岂有道外之事哉，而人心之危不可一息之不操也"，"盖人心之危，道心之微，出此入彼，间不容发，是不可一息而但已也"。①"勉强行道大有功"乃董仲舒策进汉武帝之语，陈亮借解此语，称赞汉武帝"其意亦非止于求功夷狄以快吾心而已，故将求功于圣人之典，以兴三代比隆"，为"道心"的客观表现；另外，他也说"一失其正，则天下之盛举皆一人之欲心也，而去道远矣"②，批评汉武帝快其"欲心"。这样，"道"并非不在汉唐的历史之中，其表现端在于"心"，特别是"人主之心"，"人主之心，贵乎纯一无而间杂，苟其心之所用有间杂之病，则治道纷然无所底丽，而天下受其蔽者矣"。③陈亮对王霸义利一体之统一的肯定，与王通以"心"说明道之"隐显"是一致的。由于"道"以及体道的"道心"是"本"，道与道心之"用"为"迹"，"迹"之治与不治，无碍道在事中。由此，将陈亮肯定为"王道霸道一元论者"或"仁义功利一元论者"便可成立，同时也可将其视为"形上形下一元论"者。与之相对照，朱熹在哲学上划开了"形上形下"（理气或道器），在历史与政教观上则区分王霸义利（三代与汉唐）、道心人心（天理与人欲），自然无法接受陈亮的主张，而视陈亮寻求统一性的努力为"追点功利之铁以成道义之金"。

客观言之，无论是陈亮寻求王霸义利之统一性的努力，还是朱熹严分王霸义利而肯定三代之为历史之理想以及道德之为政治活动的纯粹价值，皆是理论上的问题。毋宁说，朱陈之辩所揭示的，是儒教在面对历史变迁和政治实践时所具有的内在紧张。这种紧张存在于儒教"天命"的历史目的论的理论诉求、"圣道"的道德至上论的价值祈向（朱陈皆是如此）与社会历史开展的客观力量、皇权政治的现实病痛之对立中。关于这种紧张，文中王通曾以"甚矣！王道难行也"（《中说·王道篇》）的感慨早有述说。

我们注意到，王阳明便一反理学家反对王通的态度，称其为"贤儒""后世之大儒"，赞其《续经》"更觉良工心独苦"④。其苦心孤诣，想必已为意识到儒家传统在历史和政治诸方面走向危境的阳明所感。

---

① （宋）陈亮著，邓广铭点校：《陈亮集》（增订本），第 101 页。
② （宋）陈亮著，邓广铭点校：《陈亮集》（增订本），第 100—102 页。
③ （宋）陈亮著，邓广铭点校：《陈亮集》（增订本），第 194 页。
④ （明）王阳明：《王阳明全集》，上海古籍出版社 1992 年版，第 7、1022、19 页。

王夫之在《读通鉴论》中说"德不崇，心不精，王通之所以不得为真儒也"①，对王通有直接的批评；在《读四书大全说》中也借评价"子张氏之儒"批评陈亮为"杂取侠烈事功，以尽皇帝王伯（霸）之藏"②。但面对天崩地坼的历史和文化变局，王通的历史文化心绪一定引发了船山的共鸣。他关于"理势合一""理随势易"的思想探索，便是在这个方向上的努力。在这个方向上留下身影的还有顾炎武、黄宗羲、戴震等。不过，更大的历史和社会巨变在等待着儒教，这就是传统社会的解体与儒教的彻底"脱嵌"和坍塌。

　　还要提及的是，王夫之收入《柳岸吟》集中《读文中子》诗二首，便直接以王通《中说》的"理语"入诗，实乃船山借王通而表述自己的历史文化心绪。《读文中子》一："乐天知命夫何忧，不道身如不系舟。万折山随平野尽，一轮月涌大江流。"其二："天下皆忧得不忧，梧桐暗认一痕秋。历历四更山吐月，悠悠残夜水明楼。"此二诗的首句，语出王通《中说·问易篇》："魏徵曰：'圣人有忧乎？'子曰：'天下皆忧，吾独得不忧乎？'问疑，子曰：'天下皆疑，吾独得不疑乎？'徵退，子谓董常曰：'乐天知命，吾何忧？穷理尽性，吾何疑？'"③ 在此对答中，魏徵问圣人是否有犹疑，王通回答："天下皆忧，吾独得不忧"，"天下皆疑，吾独得不疑"，而对董常则称"乐天知命，吾何忧？穷理尽性，吾何疑？"二说不同，王通解为"徵所问者迹也，吾告汝者心也"，亦即有"心迹之判"，"心"与"迹"，在普通人处有所分别，在"适道者"并无不同，并不妨碍其统一或为一。王通的"忧""乐"之别与"心""迹"之判，所反映的正是儒教之"圣道"之教所存在的历史性紧张。王夫之所谓"梧桐暗认一痕秋"的一抹"秋痕"，早已隐现于王通所揭示的儒教之内在紧张及历史运会之中。这一历史运会，在王船山那个时代的当下，便如"历历四更山吐月，悠悠残夜水明楼"所描写的那样黯淡和伤痛。于此，我们便可理解船山"理势合一""理随势易"之历史观念的新探索。

　　牟钟鉴在描述"宗法传统性宗教"的历史命运时曾指出，当中国从传统社会向近现代社会转变的时候，具体地说，在辛亥革命和袁世凯倒台之后，

①　（清）王夫之著，船山全书编辑委员会编：《船山全书》，第 10 册，第 761 页。
②　（清）王夫之著，船山全书编辑委员会编：《船山全书》，第 6 册，第 881 页。
③　张沛：《中说校注》，第 127—128 页。

那种传统宗教便"整体上坍塌了，剩下的只是余音的缭绕和民间习俗的惯性作用"①。在笔者看来，这个描述正适用于说明儒教近代以来"脱嵌"的历史命运。对此，我们可以从儒教形态的视角再作检视。

中国传统儒教是建立在农耕文明基础上的宗法皇权社会的产物。近代以来，随着西方军事、经济、政治和文化的冲击，中国社会的经济基础、社会结构、文化生态发生了剧烈变化。单一的小农经济被彻底打破，皇权制度最终解纽，以宗法维系的社会基层日益分化，这是儒教解体的根本原因。就儒教自身来说，其整体性的结构和功能逐渐被破坏乃至彻底瓦解。主要表现为"神—圣"信仰的迷失以及传统"圣教"与"治道"功能的瓦解。

所谓"神—圣"的迷失，是指在近代理性主义和科学主义的冲击下，传统的"天命"信仰和"崇圣"价值丧失其传统意义，不复具有维系社会和人心的神圣性。这正是张灏所描述的中国思想危机中的最深层次的"危机"——"意义危机"（the crisis of meaning），"当新的世界观和新的价值系统涌入中国，并且打破了一向借以安身立命的传统世界观和人生观……之时，问题变得更加困扰。各种争执不下的新说使得传统价值取向的象征日益衰落，于是中国人陷入严重的'精神迷失'的境地，这是自中古时代佛教传入中土后所未有的"②。当然，这种"神—圣"的"祛魅"是伴随着各种政治与文化运动的。

康有为立孔教为国教运动，看起来是要重建儒教的神圣性，但对西方宗教的模仿恰恰是儒教传统神圣性丧失的表现。五四前后"打倒孔家店"的激进主义思潮，不但使得儒教的神圣象征得到彻底的破坏，而且也使得儒教丧失了影响社会的教化功能。列文森对袁世凯的帝制复辟与儒教运动，作出过一个发人深省的简要评价："他真正的目的是乞灵于某种神圣，而非再制造一种神圣"③，"越来越失去影响的儒学，与其说是一种教义，还不如说是一种情感，它与共和主义者对过去价值的怀疑论相对抗，并且准确无误地和当时所有的复辟帝制的运动建立了联系"④。这里所乞灵的"神圣"，便是传统儒

---

① 牟钟鉴：《中国传统宗法性宗教试探》，载任继愈主编《儒教问题争论集》，第 262 页。
② 张灏：《新儒家与当代中国的思想危机》，《张灏自选集》，上海教育出版社 2002 年版，第 86 页。
③ ［美］列文森：《儒教中国及其现代命运》，郑大华、任菁译，第 150 页。
④ ［美］列文森：《儒教中国及其现代命运》，郑大华、任菁译，第 156 页。

教的"神—圣"信仰。这种"神—圣"信仰因其与共和主义和民主主义时代潮流的要求相去甚远，并因在实际政治中不幸地被借尸还魂，终成被时代抛弃的牺牲品。

儒教嵌含于传统社会，传统社会也历史性地嵌含于儒教。儒教脱嵌于现代社会，现代社会也历史性地脱嵌于儒教。传统社会的解体与儒教传统形态的解体，是同时发生的一体两面。在现当代的历史情境下，多种努力也在寻求"儒教"的再生及回到生活世界。如康有为建设"国教"的文化主张与社会实践，新儒家"人文教"的思想文化探索，乃至当下的"重建儒教"的倡言，等等。本章对儒教之社会嵌含、内在紧张和脱嵌的分析和说明，是就儒教形态所作的内在说明。就我们的研究旨趣来说，所有关于儒教的价值重建和回归生活世界的实践努力，都应该建立在"朝向儒教自身"即对传统儒教形态的认识和反思的基础之上。

代结语：儒教现代转型问题的思考[*]

在传统中国，儒教作为一种精神性的、制度性的社会存在，嵌含在社会的机体之中，具有复杂的形态特征。20 世纪，随着中国传统社会的解体，"儒教"经历了痛苦的"转型"，逐步退入观念领域，成为文化反思、意识形态批判、哲学建构等思想和学术的"对象"。20 世纪后期至 21 世纪的前 20 年，中国思想界出现了"重建儒教"的思潮，力图通过具体的文化实践和制度设计，探求儒教重新回到生活世界和社会领域的道路，引发了广泛的争论。客观地看，儒教的现代"转型"与"重建"问题的研究，不简单是一个学术问题，而是与中国当代社会与文化建设密切相关的实践问题。

笔者认为，在当下和未来的相当长的一段时间内，关于"儒教"的现代建设问题，既需要清醒的自我定位，更需要艰苦的创造性工作。"儒教中国"难以再临，"中国儒教"可以期许。这一判断，是建立在对儒教传统形态和中国社会历史进程的认识基础上的。

"儒教中国"之所以难以再临，可以从对儒教与传统社会的关系的观察中得到证明；更主要的是，中国已历史性地从传统的农耕文明、宗法社会向工业、后工业文明和多元、开放社会演进，不会再有单一的"儒教中国"的社会土壤。我们对儒教传统形态的把握，历史性地指认了儒教作为中国传统社会的"社会存在"和公共—集体的行为方式，与传统社会的生产方式和生活方式相契合，嵌含于传统中国的社会结构之中而发挥着自己的功能和作用。

就传统儒教自身的结构而言，在现代社会首先遭遇破坏的是其社会系统的结晶化表现，如传统的宗法制度、礼法规范以及相应的社会组织构造，其次是信仰、价值、认知等思维方式和情感方式遭遇挑战，面临着"意义的危

---

[*] "代结语"的基本内容，曾以《关于儒教传统形态与现代转型问题的思考》为题，发表于《福建论坛》（人文社会科学版）2013 年第 1 期，这里有删改。

机"。由此在功能方面，传统儒教逐渐丧失了在整合社会、安顿生活、建构制度等方面的全能和优势。人们通常将现代儒教的历史命运，归因于文化上的反传统主义和政治上的激进革命。虽然我们不能假设历史，但就中国现代社会的历史开展而言，即使没有上述两重因素，儒教的传统形态在现代社会也很难为继。就此而言，在当代的儒教重建中，试图借传统之"尸"以还"魂"的努力，其志虽可嘉焉，但在多元文化和价值经由对话、交流以争其擅场的新时代，这一目标实难以实现。

客观言之，传统儒教在遭遇其现代命运之际便一直努力转型和重建。康有为将传统儒教改造为基督宗教式的"国教"是一种转型和重建；现代新儒家退守儒学"形上的世界"而将传统儒教定位成"人文教"也是一种重建；中国香港、印尼、马来西亚的孔教会更是一种儒教的当代宗教形态。如前所述，近二十年来，很多儒家思想与文化的坚守者也提出了诸多的建设方案。笔者敬重他们的努力，在这里也结合儒教传统形态问题的思考，贡献一点自己的建议。

笔者认为，"中国儒教"的当代建设应该走"铸新魂、塑新形、赋新体"的道路。这里的"新魂""新形"，其所谓"新"不是"新旧对立"之"新"，而是"周虽旧邦，其命维新"之"新"。至于"新体"，是指当代和未来中国与世界的社会存在和文化发展。如何理解所谓"新"，需要儒家价值和理想的坚守者能够对于中国与世界的社会发展和文化运会，有前瞻性认识和创造性回应。

先说"铸新魂"与"赋新体"。根据对儒教传统形态的考察，传统儒教之所以能够从汉代以来成为两千余年中国社会的主导性信仰与意识形态，是因为其作为一种"社会存在"，能够适应和满足宗法社会的社会需要与皇权政治的政治需要，能够提供一套安顿生命与生活的信仰和情感方式。这正是传统儒教与传统社会"形（体）神相即"的特征。儒教的现代衰落，实际上是传统社会之"体"崩解所带来的必然结果。体之不存，魂将焉附？

笔者最初思考儒教现代转型问题，是沿着上述思路而有"铸新魂以附新体"之思。①"新魂"是经过创造性发展而来的儒教的新精神、新价值，"新体"是当下和未来的社会需要。这一认识看似对治了儒教现代转型所面对的

---

① 参见拙文《论当代儒家思想的新开展》，《福建论坛》（人文社会科学版）2004 年第 8 期。

困境，但经过不断的思考，始意识到"附新体"的提法有大的问题。虽然理论的生命力在于满足现实的需要，但"附新体"的说法，还是将儒教的新精神和新价值视为社会之"体"的依附性和工具性的存在，而这正是传统儒教的历史病痛所在。

儒教在现代社会里，如果失去超越性，便不能真正挺立价值；如果缺乏批判性，便无法有效地发挥作用。正因为如此，这里笔者将"附新体"改为"赋新体"。"赋"字诸义中，有"禀受"和"给予"两个基本义①，为"赋新体"所取。所谓"禀受"，是指儒教的"新魂"是来自社会"新体"的需要；所谓"给予"，是指儒教的"新魂"，以其超越性的价值和批判性的精神，给予社会和人心以范导和安顿。这样，儒教转型的"铸新魂"与"赋新体"便具有现代特征和时代意义。

至于"新体"与"新魂"的内涵，前者需要现实性的把握和未来性的前瞻，后者则需要清醒的自我认知和创造性的发展。对此，我们还需要深入地思考和研究。不过，就一般的认识而言，中国社会正在经历着从传统向现代的转型，正在迈向更民主、更文明的社会。在这一过程中，超越性价值的需求，个体生命的安顿，公平和正义的满足，人与自然的协调，家国天下的协和等，都将是当代社会所需要的。对此，儒教的转型在"铸新魂"的过程中既有传统资源可以挖掘转化，也有来自不同文明、宗教、思想的价值可以对话借鉴。同样，对于现代性给人类带来的负面影响、当代社会存在的问题与危机，儒教同样可以以自己传统的价值和经过创造性转化的新价值加以对治，为人类社会提供具有竞争性的价值与文化选择。

所谓儒教现代转型的"塑新形"的问题，是儒教现代实践方式和表现形式的问题。传统儒教作为"社会存在"，有其观念性和物质性的"结晶化表现"，如礼仪规范、道德规范、法律制度乃至与之相应的社会构造，如宗庙社稷、家族组织、国家设施等。随着传统儒教的衰落，儒教原有的观念性和物质性的"结晶体"，不可避免地经历了变化、改造甚至消亡。"世异则事异，事异则备变"，未来儒教的实践方式和表现形式必然要有新的途径和方式。究竟以何种方式形成儒教新的"结晶化"，其表现方式如何？当然，在儒教转型的过程中既可以恢复好的传统，也可作新的规划。但无论如何，实践方式和

---

① 参见《汉语大字典》（缩印本），湖北辞书出版社、四川辞书出版社1992年版，第1517页。

表现形式仍是由"铸新魂"的要求和"赋新体"的需要来决定的。当下儒教转型的建设性道路，仍然需要落实到对儒教自身的研究和创造性发展上来，对于能够恢复儒教生机的不同实践方式和表现形式，皆可以作有益的尝试。

如果儒教有不可取代的价值，儒教便不会消亡；如果儒家价值的坚守者仍葆有文化的创造力，儒教便可以重光。通过"朝向儒教自身"的工作，可以为这个创造性转化贡献一点力量。

参考文献

一

《马克思恩格斯文集》第 1 卷，人民出版社 2009 年版。

《马克思恩格斯文集》第 9 卷，人民出版社 2009 年版。

《毛泽东选集》第 2 卷，人民出版社 1991 年版。

二

（汉）司马迁：《史记》，中华书局 1982 年版。

（汉）班固：《汉书》，中华书局 2007 年版。

（汉）许慎：《说文解字》，中华书局 1963 年版。

（汉）许慎撰，（清）段玉裁注：《说文解字注》，上海古籍出版社 1988 年版。

（南朝宋）范晔：《后汉书》，中华书局 2007 年版。

（宋）程颐、程颢著，王孝鱼点校：《二程集》，中华书局 2004 年版。

（宋）陈亮著，邓广铭点校：《陈亮集》（增订本），中华书局 1987 年版。

（宋）陆九渊著，钟哲点校：《陆九渊集》，中华书局 1980 年版。

（宋）朱熹：《朱子全书》，上海古籍出版社、安徽教育出版社 2002 年版第
　　23 册。

（宋）朱熹：《四书章句集注》，中华书局 1983 年版。

（宋）朱熹著，黎靖德编：《朱子语类》，中华书局 1986 年版。

（元）脱脱等撰：《宋史》，中华书局 1977 年版。

（清）陈立撰，吴则虞点校：《白虎通疏证》，中华书局 1994 年版。

（清）皮希瑞：《经学历史》，中华书局 2008 年版。

（清）阮元校刻：《十三经注疏（附校勘记及识语）》（上、下），浙江古籍出
　　版社 1988 年版。

（清）孙星衍撰，陈抗、盛冬铃点校：《尚书今古文注疏》，中华书局 2004
　　年版。

（清）孙星衍撰：《周易集解》，上海书店 1988 年版。

（清）苏舆撰，钟哲点校：《春秋繁露义证》，中华书局 1992 年版。

（清）王夫之著，船山全书编辑委员会编：《船山全书》，岳麓书社 2011 年版。

（清）徐元诰撰，玉树民、沈长云点校：《国语集解》（修订本），中华书局
　　2002 年版。

（清）赵翼著，王树民校正：《廿二史札记校正》（订补本），中华书局 2012
　　年版。

《四书五经》（宋元人注）中国书店 1985 年版，上、中、下册。

《诸子集成》，河北人民出版社 1992 年版。

程树德撰，程俊英、蒋见元点校：《论语集释》，中华书局 2019 年版。

黄怀信、张懋镕、田旭东撰：《逸周书汇校集注》，上海古籍出版社 2007
　　年版。

刘尚慈译注：《春秋公羊传译注》，中华书局 2010 年版。

谭嗣同著，张玉亮汇校：《仁学》（汇校本），浙江古籍出版社 2021 年版。

王利器撰：《新语校注》，中华书局 1986 年版。

许维遹撰，梁运华整理：《吕氏春秋集释》，中华书局 2017 年版。

阎振益、钟夏校注：《新书校注》，中华书局 2000 年版。

杨伯峻译注：《孟子译注》，中华书局 1960 年版。

杨天宇译注：《礼记译注》，上海古籍出版社 1997 年版。

张沛：《中说校注》，中华书局 2013 年版。

三

曹书杰：《后稷传说与稷祀文化》，社会科学文献出版社 2006 年版。

陈梦家：《殷墟卜辞综述》，科学出版社 1956 年版。

陈来：《古代的宗教与伦理》，生活·读书·新知三联书店 1996 年版。

陈明主编：《儒教新论》，贵州人民出版社 2010 年版。

陈明：《儒学的历史文化功能》，学林出版社 1997 年版。

陈寅恪：《隋唐制度渊源略论稿》，生活·读书·新知三联书店 2001 年版。

陈戍国：《中国礼制史》，湖南教育出版社 1991—2002 版。

陈赟：《中庸的思想》，生活·读书·新知三联书店 2007 年版。

戴家祥主编：《金文大字典》，学林出版社 1995 年版。

何新：《诸神的起源》，生活·读书·新知三联书店 1986 年版。

丁山：《古代神话与民族》，商务印书馆 2005 年版。

方东美：《生生之德》，台北：黎明文化事业公司 1989 年版。

费孝通、吴晗等：《皇权与绅权》，生活·读书·新知三联书店 2013 年版。

费孝通：《中国士绅》，赵旭东、秦志杰译，生活·读书·新知三联书店 2009 年版。

傅斯年著，刘梦溪主编：《中国现代学术经典·傅斯年卷》，河北教育出版社 1998 年版。

傅伟勋：《从西方哲学到禅佛教》，生活·读书·新知三联书店 1989 年版。

傅伟勋著，商戈令选编：《生命的学问》，浙江人民出版社 1996 年版。

干春松：《制度化儒家及其解体》，中国人民大学出版社 2003 年版。

高宣扬：《鲁曼社会系统理论与现代性》（第 2 版），中国人民大学出版社 2016 年版。

高宣扬：《当代社会理论》（第 2 版），中国人民大学出版社 2017 年版。

顾颉刚：《古史辨自序》，河北教育出版社 2003 年版。

顾颉刚：《顾颉刚选集》，天津人民出版社 1988 年版。

郭沫若：《中国古代社会研究》（外二种），河北教育出版社 2004 年。

郭沫若：《奴隶制时代》，中国人民大学出版社 2005 年版。

郭沫若：《郭沫若全集·考古编》第 1 卷，科学出版社 1982 年版。

郭齐勇、郑文龙编：《杜维明文集》第 1 卷，武汉出版社 2002 年版。

郭伟川：《两周史论》，北京图书馆出版社 2006 年版。

何新：《诸神的起源》，生活·读书·新知三联书店 1986 年版。

胡厚宣：《甲骨学商史论丛初集》，河北教育出版社 2002 年版。

胡适：《白话文学史》，上海古籍出版社 1999 年版页。

《胡适学术文集（中国哲学史卷）》，中华书局 1991 年版。

黄进兴：《优入圣域：权利、信仰与正当性》，陕西师范大学出版社 1998 年版。

侯外庐：《中国古代社会史论》，河北教育出版社 2003 年版。

金春峰：《汉代思想史》，中国社会科学出版社 1997 年版。

金景芳、吕绍钢、吕文郁：《孔子新传》，湖南出版社 1991 年版。

金耀基：《金耀基社会文选》，台北：幼狮文化事业公司 1985 年版。

李安宅：《〈仪礼〉与〈礼记〉之社会学的研究》，上海人民出版社 2005 年版。

李冬君：《孔子圣化与儒者革命》，中国人民大学出版社 2004 年版。

李零：《郭店竹简校读记》，北京大学出版社 2002 年版。

李民、张国硕：《夏商周三族源流探索》，河南人民出版社 1998 年版。

李卿：《秦汉魏晋南北朝时期家族、宗族关系研究》，上海人民出版社 2005 年版。

李申：《中国儒教史》（上下卷），上海人民出版社 2000 年版。

李申：《中国儒教论》，河南人民出版社 2005 年版。

李向平：《信仰、革命与权利秩序——中国宗教社会学研究》，上海人民出版社 2006 年版。

李玄伯：《中国古代社会新研》，上海文艺出版社 1988 年版影印本。

李学勤主编：《中国古代文明与国家形成研究》，云南人民出版社 1997 年版。

李学勤主编，清华大学出土文献研究与保护中心编：《清华大学藏战国竹简（壹）》，中西书局 2010 年版。

李泽厚：《中国古代思想史论》，人民出版社 1986 年版。

李泽厚：《乙卯五说》，中国电影出版社 1999 年版。

林聪舜：《儒学与汉皇权国家意识形态》，上海人民出版社 2017 年版。

鲁迅：《中国小说史略》，上海古籍出版社 2006 年版。

刘述先：《儒家思想开拓的尝试》，中国社会科学出版社 2001 年版。

刘述先著，东方朔编：《儒家哲学研究：问题、方法及未来开展》，上海古籍出版社 2010 年版。

刘小枫：《儒教与民族国家》，华夏出版社 2007 年版。

刘小枫选编：《海德格尔与有限性思想》（重订版），孙周兴等译，华夏出版社 2007 年版。

刘泽华：《中国的王权主义》，上海人民出版社 2000 年版。

柳诒徵：《中国文化史》，东方出版中心 1996 年版。

卢雪琨：《常道：回到孔子》，广西师范大学出版社 2016 年版。

卢云：《汉晋文化地理》，陕西人民出版社 1991 年版。

吕大吉：《西方宗教学说史》，中国社会科学出版社 1994 年版。

吕思勉：《中国制度史》，上海教育出版社 1985 年版。

吕思勉：《中国民族史》，中国大百科全书出版社 1987 年版。

吕思勉：《秦汉史》，上海古籍出版社 2006 年版。

罗家德：《社会网分析讲义》（第二版），社会科学文献出版社 2010 年版。

马一浮著，刘梦溪主编：《中国现代学术经典·马一浮卷》，河北教育出版社 1996 年版。

牟宗三：《心体与性体》，上海古籍出版社 1999 年版。

牟宗三：《中国哲学的特质》，上海古籍出版社 1997 年版。

牟钟鉴、张践：《中国宗教通史》（修订版），中国社会科学出版社 2007 年版。

彭国翔：《儒家传统：宗教与人文主义之间》，北京大学出版社 2007 年版。

钱杭：《周代宗法制度史研究》，学林出版社 1991 年版。

钱穆：《国史大纲》（修订本），商务印书馆 1996 年版。

钱穆：《两汉经学今古文平议》，商务印书馆 2001 年版。

钱穆：《孔子传》，生活·读书·新知三联书店 2002 年版。

钱锺书：《管锥编》，中华书局 1986 年版，第 1 册。

秦家懿、孔汉思：《中国的宗教与基督教》（第 2 版），生活·读书·新知三联书店 1997 年版。

秦明瑞：《系统的逻辑——卢曼思想研究》，商务印书馆 2019 年版。

瞿同祖：《中国法律与中国社会》，中华书局 2003 年新 1 版。

瞿同祖：《汉代的社会结构》，上海人民出版社 2007 年版。

任继愈主编：《儒教问题争论集》，宗教文化出版社 2000 年版。

苏国勋、刘小枫主编：《二十世纪西方社会理论文选Ⅰ——社会理论的开端和终结》，上海三联书店 2005 年版。

唐兰：《天壤阁甲骨文存考释》，《甲骨文研究资料汇编》，北京图书馆出版社 2000 年版，第 14 册。

唐君毅：《人文精神之重建》，广西师范大学出版社 2005 年版。

王国维：《观堂集林》，河北教育出版社 2003 年版。

王国维：《古本竹书纪年辑校》，《王国维全集》第 5 卷，浙江教育出版社、广东教育出版社 2009 年版。

王晖：《商周文化比较研究》，人民出版社 2000 年版。

王宇信：《甲骨学通论》（增订本），中国社会科学出版社 1993 年版。

王震中：《中国文明起源的比较研究》，陕西人民出版社 1994 年版。

吴丽娱主编：《礼与中国古代社会》，中国社会科学出版社 2016 年版。

徐复观著，李维武主编：《徐复观文集》第 5 卷，湖北人民出版社 2004 年版。

徐旭生：《中国古史的传说时代》，广西师范大学出版社 2003 年版。

徐中舒：《徐中舒历史论文选辑》，中华书局 1998 年版。

徐中舒主编：《甲骨文字典》，四川辞书出版社 2006 年版。

许倬云：《西周史》（增补本），生活·读书·新知三联书店 2001 年版。

杨伯峻译注：《论语译注》，中华书局 2009 年版。

杨向奎：《中国古代社会与古代思想研究》（上下），上海人民出版社 1962、
　　1964 年版。

杨向奎：《宗周社会与礼乐文明》（修订本），人民出版社 1997 年版。

叶舒宪：《中国神话哲学》，中国社会科学出版社 1992 年版。

叶舒宪：《诗经的文化阐释》，湖北人民出版社 1996 年版。

游唤民：《周公大传》，湖南人民出版社 2008 年版。

余英时：《士与中国文化》，上海人民出版社 1987 年版。

余英时：《朱熹的历史世界》，生活·读书·新知三联书店 2004 年版。

俞志慧：《君子儒与诗教》，生活·读书·新知三联书店 2005 年版。

于省吾主编《甲骨文字诂林》，中华书局 1999 年版。

章太炎著，刘梦溪主编《中国现代学术经典·章太炎卷》，河北教育出版社
　　1996 年版。

张文昌：《制礼以教天下——唐宋礼书与国家社会》，台北：台湾大学出版社
　　中心 2012 年版。

张祥龙：《从现象学到孔夫子》，商务印书馆 2001 年版。

张之恒：《中国新石器时代文化》，南京大学出版社 1988 年版。

张之恒、吴建民：《中国旧石器时代文化》，南京大学出版社 1991 年版。

张之恒、周裕兴：《夏商周考古》，南京大学出版社 1995 年版。

中国社会科学院考古研究所编：《殷周金文集成》（修订增补本），中华书局
　　2007 年版，第 1、4 册。

郑师渠：《晚清国粹派》，北京师范大学出版社 1997 年版。

朱凤瀚：《商周家族形态研究》（增订本），天津古籍出版社 2004 年版。

周法高主编：《金文诂林》，香港中文大学出版社 1975 年版。

四

［爱尔兰］德尔默·莫兰：《现象学：一部历史的和批评的导论》，李幼蒸译，中国人民大学出版社 2017 年版。

［意］罗伯托·希普里阿尼：《宗教社会学史》，高师宁译，中国人民大学出版社 2005 年版。

［法］涂尔干：《社会学方法的准则》，狄玉明译，商务印书馆 1995 年版。

［法］涂尔干：《宗教生活的基本形式》，渠东、吉喆译，上海人民出版社 2006 年版。

［法］涂尔干：《自杀论》，冯韵文译，商务印书馆 1996 年版。

［法］涂尔干：《社会分工论》，渠东译，生活·读书·新知三联书店 2000 年版。

［法］葛兰言：《中国人的宗教信仰》，程门译，贵州人民出版社 2010 年版。

［德］加达默尔：《真理与方法》上卷，洪汉鼎译，上海译文出版社 2004 年版。

［德］哈贝马斯：《现代性的哲学话语》，曹卫东等译，译林出版社 2004 年版。

［德］海德格尔：《宗教现象学引论》，欧东明、张振华译，载孙周兴、王庆杰主编《海德格尔文集·宗教生活现象学》，商务印书馆 2018 年版。

［德］D. 霍斯特：《是分析社会还是改造社会—— 哈贝马斯与卢曼之争》，《国外社会科学》2000 年第 3 期。

［德］克内尔、纳塞希：《卢曼社会系统理论导引》，鲁贵显译，台北：巨流图书公司 1998 年版。

［德］M. 兰德曼：《哲学人类学》，阎嘉译，贵州人民出版社 2006 年版

［德］卢曼著，基瑟林编：《社会的宗教》，周怡君等译，台北：商周出版社 2004 年版。

［德］卢曼：《社会的经济》，余瑞先、郑伊清译，人民出版社 2008 年版。

［德］卢曼：《法社会学》，宾凯、赵春燕译，上海人民出版社 2013 年版。

［德］斯宾格勒：《西方的没落》，齐世荣等译，商务印书馆 1991 年版，上册。

［德］马克斯·韦伯：《中国的宗教——儒教与道教》，简惠美译，《韦伯作品集》V，广西师范大学出版社 2004 年版。

［德］马克斯·韦伯《比较宗教学导论——世界诸宗教之经济伦理》，简惠美译，《韦伯作品集》Ⅴ，广西师范大学出版社 2004 年版。

［德］马克斯·韦伯《宗教社会学》，康乐、简惠美译，《韦伯作品集》Ⅷ，广西师范大学出版社 2005 年版。

［加］贝耶尔：《论卢曼的宗教社会学》，载［德］卢曼《宗教教义与社会演化》，刘峰、李秋零译，中国人民大学出版社 2003 年版。

［美］杜维明著，段德智译，林同奇译：《论儒学的宗教性：对〈中庸〉的现代诠释》，武汉大学出版社 1999 年版。

［美］罗泰《宗子维城：从考古材料的角度看公元前 1000 年至前 250 年的中国社会》，吴长青、张莉、彭鹏等译，上海古籍出版社 2017 年版。

［美］罗泰《论中国考古学的编史倾向》，陈淳译，《文物季刊》1995 年第 2 期。

［美］罗泰、李志鹏：《考古：匡正书本上的历史》，载张冠梓主编《哈佛看中国》，人民出版社 2010 年版，第 205 页。

［美］格兰诺维特：《镶嵌——社会网与经济行动》，罗家德译，社会科学文献出版社 2007 年版。

［美］威廉·詹姆斯：《宗教经验之种种》，唐钺译，商务印书馆 2002 年版。

［美］金安平：《孔子：喧嚣时代的孤独哲人》，黄煜文译，广西师范大学出版社 2011 年版。

［美］列文森：《儒教中国及其现代命运》，郑大华、任菁译，中国社会科学出版社 2000 年版。

［美］李峰：《西周的灭亡——中国早期国家的地理和政治危机》，徐峰译，上海古籍出版社 2007 年版。

［美］詹姆斯·C. 利文斯顿：《现代基督教思想》下卷，何光沪译，四川人民出版社 1999 年版。

［美］罗伯特·K. 默顿：《社会理论与社会结构》，唐少杰、齐心等译，译林出版社 2006 年版。

［美］托马斯·F. 奥戴、珍妮特·奥戴·阿维德：《宗教社会学》，刘润忠译，中国社会科学出版社 1990 年版。

［美］T. 帕森斯：《社会行动的结构》，张明德等译，译林出版社 2003 年版。

［美］索罗金：《汤因比的历史哲学》，载［英］阿诺德·汤因比《历史研究》

中译本"附录"，曹末风译，上海人民出版社 1966 年版。

［美］格兰诺维特、斯维德伯格编著：《经济生活中的社会学》，瞿铁鹏、姜志辉译，上海人民出版社 2014 年版。

［美］梯利亚基恩：《涂尔干与胡塞尔——实证主义精神与现象学精神之比较》，任元彪译，载苏国勋、刘小枫主编《二十世纪西方社会理论文选Ⅰ——社会理论的开端和终结》，上海三联书店 2006 年版。

［美］蒂利希：《信仰的动力学》，成穷译，商务印书馆 2019 年版。

［美］蒂利希：《存在的勇气》，成穷、王作虹译，商务印书馆 2019 年版。

［美］杨庆堃：《中国社会中的宗教》，范丽珠译，上海人民出版社 2007 年版。

［美］杨庆堃：《儒家思想与中国宗教之间的功能关系》，段昌国译，载《中国思想与制度论集》，台北：联经出版社 1976 年版。

［美］张光直：《中国青铜时代》，生活·读书·新知三联书店 1983 年版。

［美］张光直：《青铜时代》（二集），生活·读书·新知三联书店 1991 版。

［日］白川静：《西周史略》，袁林译，三秦出版社 1992 年版。

［日］白川静：《孔子传》，吴守钢译，人民出版社 2014 年版。

［匈］波兰尼：《巨变——当代政治与经济的起源》，黄树民译，社会科学文献出版社 2017 年版。

［英］帕特里克·贝尔特：《二十世纪的社会理论》，瞿铁鹏译，上海译文出版社 2005 年版。

［英］A. R. 拉德克里夫-布朗：《原始社会的结构和功能》（一）（二），丁国勇译，九州出版社 2007 年版.

［英］约翰·希克：《上帝与信仰的世界——宗教哲学论文集》，王志成、张彩虹译，中国人民大学出版社 2006 年版。

［英］约翰·希克：《理性与信仰：宗教多元论诸问题》，陈志平、王志成译，四川人民出版社 2011 年版。

［英］弗雷泽：《金枝》，徐育新等译，新世界出版社 2006 年版。

［英］安东尼·吉登斯：《资本主义与现代社会——对马克思、涂尔干和韦伯著作的分析》，郭忠华、潘华凌译，上海译文出版社 2007 年版。

［英］阿诺德·汤因比：《历史研究》，曹末风译，上海人民出版社 1966 年版。

［英］崔瑞德、鲁惟一编：《剑桥中国秦汉史》，杨品泉等译，中国社会科学出版社 1992 年版。

〔英〕维特根斯坦：《哲学研究》，李步楼译、陈维杭校，商务出版社 1996年版。

〔英〕维特根斯坦：《哲学研究》，蔡远中译，九州出版社 2007 年版，英汉对照本。

Christian Borch, *Niklas Luhmann*, Taylor & Francis Group, 2011.

Ezra Delahaye, "Re-enacting Paul. On the theological background of Heidegger's philosophical reading of the letters of Paul," *International Journal of Philosophy and Theology*, Vol. 74, No. 1, 2013.

Lothar von Falkenhausen, *Chinese Society in the Age of Confucius* (1000 – 250 BC): *the archaeological evidence*, UCLA Cotsen Institute of Archaeology Press, 2006.

Niklas Luhmanns, *A Systems Theory of Religion*, edited by André Kieserling, translated by Dabvid A. Brenner & Adrian Hermann, Stantord University Press, 2013.

Shu-hsien Liu, "The Religious Import of Confucian Philosophy: It Traditional Outlook and Contemporary Significance", *Philosophy East and West*, Vol. 21, No. 2, April, 1971.

Talcott Parsons, *Toward a General Theory of Action*, Harvard University Press, 1951.

Talcott Parsons, *The Social System*, Collier-Macmillan Canada Ltd, 1964.

Stanley E. Porter, "*An Introduction*", edited by Stanley E. Porter, *Paul: Jew, Greek, and Roman*, Brill, 2008.

Rodney L. Taylor, *The Religious Dimension of Confucianism* State University of New York Press, 1990.

Paul Tillich, *Dynamics of Faith*, Harper & Brothers, 1957.

Paul Tillich, *The Courage To Be*, China Social Science Publishing House, 1999.

Joachim Wach, *Sociology of Religion*, University of Chicago Press, 1944.

C. K. Yang, *Religion in Chinese Society*, Waverland Press, 1991.

五

巴新生：《试论先秦"德"的起源与流变》，《中国史研究》1997 年第 3 期。

晁福林：《"墙盘"断代再议》，《中原文物》1989 年第 1 期。

晁福林：《论殷代神权》，《中国社会科学》1990 年第 1 期。

陈良武：《"清华简"〈耆夜〉与〈西伯戡黎〉》，《兰台世界》2012 年 9 月
　　（下）。

邓广铭：《朱陈争论中陈亮王霸义利观的确解》，《北京大学学报》（哲学社会
　　科学版）1990 年第 2 期。

董铁柱：《从"Confucian"到"Ru"：论美国汉学界对上古儒家研究的新趋
　　势》，《文史哲》2011 年第 4 期。

方钦：《小农经济与儒家信仰》，《学术研究》2010 年第 12 期。

冯友兰：《原儒墨》，《三松堂全集》第 11 卷，河南人民出版社 2001 年版。

符平：《"嵌入性"：两种取向及其分歧》，《社会学研究》2009 年第 5 期。

傅斯年：《夷夏东西说》，载刘梦溪主编《中国现代学术经典·傅斯年卷》，
　　河北教育出版社 1996 年版。

郭齐勇：《当代新儒家对儒学宗教性问题的反思》，载傅永聚、韩钟文编《二
　　十世纪儒学研究大系：儒家宗教思想研究卷》，中年书局 2003 年版。

国俭：《盖县上帝庙》，《辽宁大学学报》（哲学社会科学版）1983 年第 6 期。

胡适：《〈吴虞文录〉序》，《吴虞文录》，黄山书社 2008 年版。

胡适：《说儒》，载姜义华主编《胡适学术文集·中国哲学史》，中华书局
　　1991 年版。

胡谦盈：《南邠碾子坡先周文化遗存的性质分析》，《考古》2005 年第 6 期。

黄怀信：《清华简〈保训〉补释》，《考古与文物》2013 年第 2 期。

黄俊杰：《论儒学的宗教性内涵》，《台大历史学报》1999 年第 23 期。

季羡林：《儒学？儒教？》，载任继愈主编《儒教问题争论集》，宗教文化出版
　　社 2000 年版。

贾海生：《洛邑告成祭祀典礼所奏乐歌考》，《文学遗产》2001 年第 2 期。

贾海生：《周公所作乐舞通考》，《文艺研究》2002 年第 3 期。

姜广辉：《〈保训〉"十疑"》，《光明日报》2009 年 5 月 4 日第 12 版。

姜广辉：《〈保训〉疑伪新证五则》，《中国哲学史》2010 年第 3 期。

姜广辉：《清华简〈耆夜〉为伪作考》，《故宫博物院院刊》2013 年第 4 期。

兰建平、苗文斌：《嵌入性理论研究综述》，《技术经济》2009 年第 1 期。

李桂民：《周原庙祭甲骨与"文王受命"公案》，《历史研究》2013 年第 2 期。

李庆霞：《斯宾格勒与汤因比的文化形态学的异同》，《社会科学战线》2003
　　年第 1 期。

李若晖：《〈尚书·洪范〉著作时代补证》，《中原文化研究》2014 年第 1 期。

李生龙：《王船山对"理语"入诗之思考和对性理诗之仿效与矫正》，《船山学刊》2010 年第 3 期。

李学勤：《清华简〈保训〉释读补正》，《中国史研究》2009 年第 3 期。

李学勤：《论清华简〈保训〉的几个问题》，《文物》2009 年第 6 期。

梁启超：《阴阳五行说之来历》，《饮冰室合集》文集之 36，中华书局 1989 年版。

梁仁志：《"弃儒就贾"本义考》，《中国史研究》2016 年第 2 期。

廖明春：《清华简〈保训〉篇"中"字释义及其他》，《孔子研究》2011 年第 2 期。

刘起釪：《〈洪范〉成书时代考》，《中国社会科学》1980 年第 3 期。

柳诒徵：《论中国近世之病源》，《学衡》1922 年第 3 期。

马迎辉：《海德格尔与思的哲学的建基——一项以"形式"问题为基点的考察》，《福建论坛》（人文社会科学版）2018 年第 1 期。

茅盾：《中国神话研究 ABC》，《茅盾说神话》，上海古籍出版社 1999 年版。

梅莉：《玉皇崇拜论》，《湖北大学学报》（哲学社会科学版）2011 年第 5 期。

苗润田、陈燕：《儒学：宗教与非宗教之争》，载任继愈主编《儒教问题争论集》，宗教文化出版社 2000 年版。

牟钟鉴：《中国传统宗法性宗教试探》，载任继愈主编《儒教问题争论集》，宗教文化出版社 2000 年版。

牟宗三等：《为中国文化敬告世界人士宣言》，载封祖盛编《当代新儒家》，生活·读书·新知三联书店 1989 年版。

倪梁康：《胡塞尔选集》"编者引论"：《埃德蒙德·胡塞尔的现象学》，上海三联书店 1997 年版。

牛清波：《清华简〈耆夜〉研究述论》，《文艺评论》2017 年第 1 期。

清华大学出土文献研究与保护中心：《清华大学藏战国竹简〈保训〉释义》，《考古》2009 年第 6 期。

沈长云：《论殷周之际的社会变革》，《历史研究》1997 年第 6 期。

斯维至：《释德》，《中国古代社会文化论稿》，台北：允晨文化事业股份有限公司 1997 年版。

孙秀昌：《去圣焉得真孔子——兼与李零先生商榷（一）》，《博览群书》2010
　　年第 9 期。

孙秀昌：《"趣圣"乃得真孔子——兼与李零先生商榷（二）》，《博览群书》
　　2010 年第 11 期。

孙周兴：《形式显示的现象学——海德格尔早期弗莱堡讲座研究》，《现代哲
　　学》2002 年第 4 期。

童书业：《论宗法制与封建制的关系》，《童书业古代社会论集》，中华书局
　　2006 年版。

王恩田：《凤雏庙号卜甲与商纣王伐周》，《殷都学刊》2016 年第 4 期。

王连龙：《对〈保训"十疑"〉一文的几点释疑》，《光明日报》2009 年 5 月
　　25 日第 12 版。

王连龙：《清华简〈保训〉篇真伪讨论中的文献辨伪方法论问题》，《古代文
　　明》2011 年第 2 期。

王仲荦：《关于中国奴隶制社会的瓦解及封建关系的形成问题》，《文史哲》
　　1956 年第 3、4、5 期。

仵君魁：《周原甲骨来源辨》，《中国考古学研究论集——纪念夏鼐先生考古五
　　十周年》，三秦出版社 1987 年版。

夏鼐：《什么是考古学》，《考古》1984 年第 10 期。

萧兵：《"中"源神桿说》，《中国文化》第九期，生活·读书·新知三联书店
　　1993 年版。

徐中舒：《甲骨文中所见的儒》，《四川大学学报》（哲学社会科学版）1975 年
　　第 4 期。

杨天宇：《西周郊天礼考辨二题》，《文史哲》2004 年第 3 期。

杨向奎：《关于周公"制礼作乐"》，《文史知识》1986 年第 6 期。

杨祖汉：《儒学的终极关怀》，《鹅湖月刊》1990 年第 3 期。

叶文宪：《古史问题新论——关于重构中国古代史体系的思考》，《中国史研究
　　动态》2001 年第 1 期。

尹兆坤：《范畴直观与形式显示——胡塞尔与海德格尔前期现象学方法的异
　　同》，《现代哲学》2013 年第 1 期。

余平：《"神道设教"的现象学视域》，《四川大学学报》（哲学社会科学版）
　　2007 年第 5 期。

袁银传：《析小农的皇权政治心理及其形成原因》，《武汉大学学报》（人文社会科学版）2000 年第 1 期。

张岱松：《清华简〈保训〉篇"中"字研究综述》，《唐山学院学报》2019 年第 1 期。

张广智：《西方文化形态史观的中国回应》，《复旦学报》（社会科学版）2004 年第 1 期。

张灏：《新儒家与当代中国的思想危机》，《张灏自选集》，上海教育出版社 2002 年版。

张柯：《论"形式显示"在海德格尔思想中的实际位置》，《世界哲学》2017 年第 4 期。

张汝伦：《朱陈之辩再思考》，《复旦学报》（社会科学版）2012 年第 3 期。

张祥龙：《海德格尔的形式显示方法和〈存在与时间〉》，《中国高校社会科学》2014 年第 1 期。

郑万耕：《"神道设教"说考释》，《周易研究》2006 年第 2 期。

朱海斌：《海德格尔形式显示的现象学方法》，《同济大学学报》（社会科学版）2013 年第 5 期。

朱凤瀚：《商周时期的天神崇拜》，《中国社会科学》1993 年第 4 期。

祝总斌：《关于王通的〈序六经〉与〈中说〉》，《中华文史论丛》2015 年第 2 期。

邹衡：《论先周文化》，《中国考古学会第一次年会论文集》，文物出版社 1980 年版。

邹远志：《爱之弥深，责之弥切——从变雅斥天诗看西周末期周人对天命的执著信仰》，《湖南师范大学社会科学学报》2001 年第 2 期。

［美］张光直：《早商、夏和商的起源问题》，载郑杰祥编《夏文化论集》，文物出版社 2002 年版。

后　记

书稿是在国家社会科学基金项目（编号：11BZJ038）结项成果的基础上，于两年多的新冠肺炎疫情中继续研究和完善，并在今年这个漫长炎热的夏季完成修订和定稿。个体的感受和感想，在自然的力量和历史的变局面前，真是微不足道！这里仅就本书说一点最后要说的话。

完成书稿后回头审视，直接的感受是，这里的工作是不是一件"得筌忘鱼""得蹄忘兔"的事情？"筌""蹄"，是指儒教研究新的方法尝试。从"回到儒教自身"的最初愿望，到"朝向儒教自身"的最后结果，这自然可归于"回到"历史"真实"本身便是无法企及的，不过无论是"回到"还是"朝向"，努力的方向和方法的探索尝试是这项工作一开始便有的"自觉"。我想，任何好的学术工作应有这个努力，是否有所进展，则可付诸严肃的学术批评。

至于"儒教自身"，则不应是被置定的"对象"，虽然这项研究对社会理论的诉诸及具体研究中的方法取径难以避免"对象化"倾向。就我来说，对"儒教"的感受，与个人的生活和思想的历程有关。我喜欢自己到处走一走。有时回想，走过的地方，曾经驻足的时空，仿佛有某种信息留存，以至于在日后的特定情境或处境中作用于个人的生命。在被疫情封足的特殊时期，留存于生命中的一些时空片段常常浮现。洪水侵袭的淮河的沉寂港口，孟津大桥上望见的在河之洲，南大北园西南楼外寂静的夜色，环渤海湾的艰苦游旅，殷墟和陶寺的夏日骄阳，穿越河西走廊时相伴的梵音，南大国学班课堂上那些真诚和有趣的心灵，以及每到一处只要还在便会瞻仰的孔庙。这里要说感谢，便感谢这些生命的时空以及时空中相伴和离开的人！

个体的习气也会体现在学术上。习惯于为自己无知的领域所吸引，不断逡巡以至于忘其来路，这是我的缺点。无论如何，在这项工作上已流连太久。未来要继续的是牟宗三思想的再探索，以及包含道学和佛学的那个广义的"玄学"。最后要感谢的是中山大学哲学系（珠海）的邓联合教授，在疫情防控期间让我感受到南溟的波光和气象。也特别感谢中国社会科学出版社的郝玉明老师，作为责任编辑，她的耐心和细致，在这个特殊阶段给了我最大的鼓励和支持！

白欲晓
2022 年中秋于南大和园寓所